普通高等教育市场营销专业系列教材

网络营销

第3版

主　编　魏兆连　杨文红
副主编　赵晶琴　顾永静

机械工业出版社

本书从实用的角度出发，系统地介绍了网络营销的理论基础、操作方法和营销策略，体系完整，内容翔实、新颖，具有较强的可操作性和实战性。本书共19章，内容包括网络营销概述、网络营销常用方法、搜索引擎营销、搜索引擎优化、网络营销导向的企业网站研究、网络推广、淘宝运营和营销推广、许可 Email 营销、博客营销、微信营销、新媒体营销、网络营销实践、网络市场与网络消费者、网络市场调查、网络营销产品策略、网络营销价格策略、网络分销渠道策略、网络营销促销策略以及网络营销实训。实训项目以培养学生网络营销的动手能力为目的，均可以在互联网平台上实现。

本书可作为高等院校市场营销、电子商务专业的教材，也可作为经管类其他相关专业的教材，还可供企业营销人员参考。

图书在版编目（CIP）数据

网络营销／魏兆连，杨文红主编．—3版．—北京：机械工业出版社，2021.8（2023.1重印）

普通高等教育市场营销专业系列教材

ISBN 978-7-111-68515-9

Ⅰ．①网…　Ⅱ．①魏…②杨…　Ⅲ．①网络营销－高等学校－教材　Ⅳ．①F713.365.2

中国版本图书馆 CIP 数据核字（2021）第117271号

机械工业出版社（北京市百万庄大街22号　邮政编码100037）
策划编辑：曹俊玲　责任编辑：曹俊玲
责任校对：李　伟　封面设计：张　静
责任印制：刘　媛
涿州市般润文化传播有限公司印刷
2023年1月第3版第3次印刷
184mm×260mm·18.5印张·457千字
标准书号：ISBN 978-7-111-68515-9
定价：52.00元

电话服务	网络服务
客服电话：010-88361066	机　工　官　网：www.cmpbook.com
010-88379833	机　工　官　博：weibo.com/cmp1952
010-68326294	金　　书　　网：www.golden-book.com
封底无防伪标均为盗版	机工教育服务网：www.cmpedu.com

前　言

网络不仅改变了人们的观念、生活方式和工作方式，而且正在改变和影响着企业的管理观念、生产方式和经营方式。网络营销是互联网技术发展的必然产物。

网络与经济的紧密结合推动着市场营销走向崭新的营销理念和营销模式。网络营销是利用信息化技术进行的营销活动，不再是互联网企业的专利，已被很多企业运用。网络营销是广大企业、营销组织，特别是中小企业提升经营能力、开展电子商务的切入点，是企业参与国际市场竞争最便捷、最快速的渠道之一，是企业最大范围获取网上商机、开辟客户资源、建立庞大的网上客户群的有效形式。

结合网络营销快速发展的特点，为满足我国高等院校网络营销课程的教学需要，我们编写了本书。本书在完善网络营销理论体系的基础上，突出实用性，注重通过实践深化读者对理论的理解，使本书更具实用性。

本书自 2011 年出版以来，深受广大读者的欢迎，数次重印，已累计发行几万册。网络营销理论与实践发展很快，为了全面提高本书的质量，我们对全书进行了修订，将一些新的科研成果充实到了本书内容中。关于本书的具体修订工作，特做以下几点说明：

（1）基本保持原书的体系、结构不变，依然突出其实用性。

（2）增加了网络推广漏斗模型在搜索引擎营销中的应用，其分析步骤在书中相应部分做了说明；增加了第 11 章新媒体营销，该章介绍了新媒体营销传播的手段和方法；增加了第 12 章网络营销实践，该章分析了企业开展网络营销活动的发展阶段以及各个阶段的工作重点；增加了实训 14 新媒体营销，该实训介绍了企业如何运用新媒体开展营销活动。

（3）本书配有电子课件，使用本书作为教材的教师可登录机械工业出版社教育服务网（www.cmpedu.com）注册后免费下载。为方便高校教师教学，每章都增加了电子版练习题及答案，适合雨课堂在线教学。

本书由魏兆连、杨文红担任主编，赵晶琴、顾永静担任副主编，参加编写工作的还有严明茜、顾善发、闫敏、姜永波、朱文龙和姜作鹏。

在本书编写过程中，参阅了国内外许多相关资料，在此谨向这些资料的作者致谢。

由于编者水平有限，书中不足之处在所难免，敬请读者批评指正。

编　者

目 录

第1章

网络营销概述

本章要点

- 网络营销产生的基础与发展阶段
- 网络营销的基本概念
- 网络营销的理论基础

网络营销是以互联网为主要手段的一种新型营销方式，尽管历史较短，但已经在企业经营策略中发挥着越来越重要的作用，网络营销的价值也被越来越多的实践应用所证实。本章主要介绍网络营销的基础理论知识，包括网络营销的产生与发展、网络营销的概念以及网络营销的理论基础等内容。

1.1 网络营销的产生和发展状况

1.1.1 网络营销产生的基础

在互联网高速发展的今天，网络已不仅是一种工具，而且已经成为人们生活、工作中密不可分的伙伴，为此利用网络进行商务活动的网络营销应运而生。网络营销的产生有其特定的基础，综合来看，它是由科学技术的发展、消费者价值观念的变革和商业竞争等因素促成的。

1. 技术基础——现代电子技术和通信技术的应用与发展

20 世纪 90 年代初，网络技术得以广泛应用与发展，并对各个行业产生了重要的影响，这在一定程度上改变了人们的生活、工作、学习方式，也极大地改变了人类社会信息交流的方式和商业运作的模式。互联网的出现与飞速发展，以及带来的现实和潜在效益，促使企业积极利用新技术来变革企业经营理念、经营方式和营销方法，网络技术为企业实施网络营销奠定了坚实的技术基础。

2. 观念基础——消费者价值观念的变革

当今企业正面临着前所未有的激烈竞争，市场正在由卖方市场向买方市场演变，消费者主导的营销时代已经来临。面对更为纷繁复杂的产品和品牌，消费者心理与以往相比呈现出新的特点和趋势，表现在以下几个方面：

（1）个性化消费正在回归，心理上的认同感已成为消费者做出购买产品或服务决策的先决条件，消费者不仅要自主选择产品或服务，而且更希望拥有最符合自己需求的个性化产品。

（2）现代社会不确定性因素的增加和人类追求心理稳定和平衡的欲望，促使消费者的主动性逐渐增强，消费者主动通过各种可能途径获取与产品有关的信息并进行比较分析。

（3）由于新生事物不断涌现，消费者的心理转换速度趋向与社会发展同步，消费行为表现为经常更换产品或品牌，消费者的忠诚度下降，产品的生命周期不断缩短。

这些变化客观上促使企业必须采用新的、更有效的营销方式来维持和发展客户，而网络营销的实时性、交互性正好满足了企业的这种需要。

3. 现实基础——日益激烈的商业竞争

随着市场竞争的日益激烈，企业为了在竞争中占据优势，都想方设法吸引客户。一些传统营销手段即使在一段时间内能够吸引客户，也难以长久使企业盈利。经营者迫切需要营销变革，以尽可能降低产品从生产到销售整个供应链上所占用的成本和费用的比例，缩短运作周期。而网络营销使产品销售成本降低，企业经营规模不受场地的限制，便于采集客户信息等，这些都使得企业的经营成本和费用降低，运作周期缩短，从根本上增强了企业的竞争优势。

由此可见，在网络技术发展的推动下，在消费者观念变化的引导下，在商业竞争的刺激下，网络营销应运而生。

1.1.2 网络营销的产生与发展

1. 网络营销的产生

网络营销的出现源于电子商务的普及，而电子商务的普及源于互联网技术的飞速发展和电子商务在商业领域的广泛应用。

电子商务的前身可以追溯到20世纪60年代至70年代间建立起的第一套电子销售系统——用于飞机票销售的计算机预约系统。这样的电子商务平台是一套属于某个企业的专用系统，价格昂贵，操作复杂。随后，又有银行、保险公司等大型公司加入到建立自己电子销售系统的行列。从20世纪70年代开始，由于计算机技术、通信技术、网络技术的飞速发展，电子商务也得以迅速发展和普及，诞生了一些专门为企业间电子商务提供服务的地区或国家性的专用增值网络，并且电子商务本身的技术也在不断发展并逐步形成标准，这就是在互联网应用于商业领域之前广为流传的电子数据交换（electronic data interchange，EDI）技术。

1969年，阿帕网（Advanced Research Projects Agency，ARPA）问世，直到1994年，第一批网页和浏览器出现，互联网才得以迅速发展和普及。互联网迅速取代各国或各公司内部的专用增值网络，成为全球电子商务的主要平台。互联网的出现，掀起了一场轰轰烈烈的信息技术、网络经济大革命。

网络营销正是伴随着互联网的快速发展而迅速崛起的。

1994年被认为是网络营销诞生的“元年”。根据《人民日报》的报道，1994年8月11日，美国的NetMarket公司成功完成了世界上第一笔网络零售交易。然而此时，还很少有传统企业认识到互联网的商业价值。

1994 年 10 月，美国《连线》（*Wired*）杂志网络版网站（Hotwired. com）上首次出现了 AT&T 公司等 14 家客户的旗帜广告，开创了网络广告的先河。

基于互联网的知名搜索引擎雅虎（Yahoo）、WebCrawler、InfoSeek、Lycos 等也相继于 1994 年诞生。另外，由于发生了“第一起利用互联网赚钱”的“律师事件”，人们开始对电子邮件（Email）营销进行了深入思考，也直接促成了网络营销概念的形成。从这些事实来看，可以认为网络营销诞生于 1994 年。

2. 网络营销的发展

网络营销的发展是以互联网技术的发展为基础的，可以说，互联网技术的发展史就是网络营销的发展史。将网络营销的发展历程分为三个阶段，如表 1-1 所示。

表 1-1　网络营销的发展历程

时　间　段	发 展 阶 段	代 表 方 法
1994—2004 年	Web 1.0 时代	网络广告、搜索引擎营销、电子邮件营销、即时通信营销、BBS① 营销
2005—2015 年	Web 2.0 时代	博客营销、播客营销、RSS② 营销、口碑营销、体验营销、SNS③ 营销
2016 年以后	Web 3.0 时代	精准营销、嵌入式营销、Widget 营销、数据库营销

① BBS 即 bulletin board system 的简写，译为电子公告牌系统。
② RSS 即 really simple syndication 的简写，译为简易信息聚合。
③ 关于 SNS，详见第 6.4.2 小节。

（1）Web 1.0 时代的网络营销。20 世纪 90 年代，随着计算机的普及和信息技术的发展，互联网迅速地商业化，以其独有的魅力和爆炸式的传播速度成为人们关注的热点。商业利用是互联网前进的发动机，一方面，网点的增加以及众多企业和商家的参与使互联网的规模急剧扩大，信息量也成倍增加；另一方面，更刺激了网络服务的发展。

Web 1.0 是第一代互联网，起始于 20 世纪 90 年代，主导其发展的就是以互联网和信息技术为代表的技术创新。以新浪、搜狐、网易为代表的综合性门户网站和谷歌、百度为代表的通用搜索网站是 Web 1.0 的典型体现。

Web 1.0 的时代，也可以理解为 2004 年以前的互联网模式。在这一时期，客户上网主要是浏览信息与搜索信息，流量和广告是这一时期互联网商业模式的核心体现。

Web 1.0 的网络营销与传统的线下营销在理论上并无明显差异，消费者还是作为“读者”或“听众”，延续着被动的信息接收。在这个时代，网民的身份只是一名网络读者，或者是一名网络信息接收者。而这个时代的网络营销主要体现为以广告投放为主的网络宣传推广。

在互联网 Web 1.0 时代，网络营销包括网络广告、搜索引擎营销、电子邮件营销、即时通信营销、BBS 营销等。

1）网络广告。网络广告即广告商在第三方网络平台投放关于产品或服务的广告以提高品牌知名度和销售收入。Web 1.0 背景下，伴随着互联网的快速发展和网民的大量增加，网络广告日益成为消费者生活中不可缺少的媒体形式，网络广告成为 Web 1.0 时代广告主实施网络营销的重要方式之一。

2）搜索引擎营销。搜索引擎营销分为搜索引擎优化、付费搜索两种。

搜索引擎优化是通过对网站结构（内部链接结构、网站物理结构、网站逻辑结构）、高质量的网站主题内容、丰富而有价值的相关性外部链接进行优化而使网站对客户及搜索引擎更加友好，以获得在搜索引擎上的优势排名，为网站引入流量。

付费搜索重点体现为关键字广告或竞价广告，即广告商通过网民搜索结果页上的广告位来实现营销目的。

3）电子邮件营销。电子邮件营销是以订阅的方式将行业及产品信息通过电子邮件的方式提供给所需要的客户，以此建立与客户之间的信任和信赖关系。电子邮件作为互联网的基础应用服务之一，绝大部分公司及网站都在利用电子邮件营销方式。

4）即时通信营销。顾名思义，即时通信营销即利用互联网即时聊天工具进行推广宣传的营销方式。

5）BBS 营销。BBS 营销即基于网络社区、网络论坛开展的营销活动。

（2）Web 2.0 时代的网络营销。2003 年，许多熬过了网络泡沫经济困境的上市网络企业都在第四季度实现了盈利。随后，业界和学术界都对互联网泡沫进行了反思。2004 年，O'Reilly Media 公司的 Dale Dougherty 和 MediaLive 公司的 Craig Cline 在一场头脑风暴论坛上，首次提出了“Web 2.0”的概念。

Web 2.0 是互联网的一次革命性的升级换代，由原来的自上而下的由少数资源控制者集中控制主导的互联网体系，转变为自下而上的由广大客户集体智慧和力量主导的互联网体系。

2004 年，美国学者蒂姆·欧雷利（Tim O'Reilly）提出：Web 2.0 的内在含义包括“网络作为平台（the web as platform）、采摘集体智慧（harnessing collective intelligence）、内在数据驱动（data is the software release cycle）、轻重级规划模型（lightweight programming models）、超越了单一设备水平的软件（software above the level of a single device）、富含了充分的使用者体验（rich user experiences）”。Web 2.0 强调以单个平等个体为核心的“去中心化”、发挥以每个“草根”为基础的群体智能、突破网络社会的信息虚假瓶颈，通过个人与群体间的自组织协同效应，力求构建真实、互动的网络社会。

Web 2.0 由于充分发掘了个人的主动性与积极性，极大地解放了个人的创作和潜能，使得互联网的创造力发生了历史性的提升，因此从根本上改变了 Web 1.0 时代互联网为少数人所控制和制造的影响。Web 2.0 时代将互联网的主导权交还给了网民，使个人成为真正意义上的主体，由成千上万的网民所形成的动力充分地推动了 Web 2.0 的发展。Web 2.0 时代无论是从理念还是从技术角度都在实践着网民个性化和网络社会化。这里可以将 Web 2.0 描述为以微博、社会化网络、视频、图片、论坛等网站为代表，依据六度分隔、XML、AJAX 等新理论和技术实现的互联网新一代模式。

1）Web 2.0 网络营销的特点。Web 2.0 的核心理念可以归结为它所包含的三大文化，即自由、开放和共享。自由是个人化的前提，开放是自组织的基础，共享是信息化的核心。Web 2.0 代表了未来互联网的发展，其带来的是理念上的发展，具有去中心化、草根性、真实性、自组织协同性、主体参与性等独特属性。

① 去中心化。去中心化是 Web 2.0 最显著的特征。可以看到，在 Web 2.0 的典型应用中，“人”被提到了很高的高度，每个人作为一个平等的主体而存在，他们在接收信息的同时也在创造信息，传播主体的不确定性，使得博客（Blog）、社会化网络服务（SNS）、维基（Wiki）等诸如此类的 Web 2.0 应用出现了去中心化的特征。去中心化，同时又意味着 Web

2.0 具有开放性和共享性特征。

② 草根性。草根性是 Web 2.0 的核心属性。以前只有作家、记者等才能撰写并发表专业文章，现在普通大众都可以通过写作与大家分享自己的心情、经验或技术。此处的草根性，是指精英草根化和草根精英化。

③ 真实性。在 Web 1.0 时代，网络大都为虚拟社区、虚拟个体，但 Web 2.0 的基本原则是真实。亚马逊（Amazon）公司的前首席科学顾问安德烈亚斯·S. 维根（Weigend）认为："随着 Web 2.0 应用范围的扩大，它的内容的真实性和引导性会表现出来，客户长时间在网络上创作，已经建立了类似于现实世界的声誉，只有这样才能在 Web 2.0 环境下的网络聚群中生存。"因此，真实性是 Web 2.0 的必然要求和本质属性之一。

④ 自组织协同性。Web 2.0 发挥的是自组织的力量。个人与个人之间、个人创造的内容与内容之间，以及个人汇聚的群体与群体之间都是通过标签（Tag）、RSS 自组织而联结起来的，他们结合成为一个个有着共同特征的网络群体。因此，Web 2.0 发挥的是网络的自组织协同效应，以自组织的方式让人、内容和应用等充分"活动"起来，使协同力量最大限度地爆发。

⑤ 主体参与性。Web 2.0 采用的是一种客户参与和贡献的构架，改变了以往"只读"的属性，将网站变得既可读又可写。这种人人均可参与的性质，一方面，体现在网站内容上，通过鼓励客户参与构建网络，使网站的服务更具吸引力；另一方面，通过开放应用程序编程接口（application programming interface，API），利用客户的参与和贡献，形成一个围绕网站服务的良性生态网络，增强了 Web 2.0 服务的功能与竞争力。

2）Web 2.0 网络营销的推广方式。随着互联网发展至 Web 2.0 时代，网络应用服务不断增多，网络推广方式也越来越丰富，包括博客营销、播客营销、RSS 营销、口碑营销、体验营销、SNS 营销。

（3）Web 3.0 时代的网络营销。Web 3.0 正处于孕育状态，尽管对其没有明确的定义，但是可以肯定的是，Web 3.0 时代是一个个性化的时代，个性化将成为网络营销的新特点，网络营销商要做的不再是漫无目的地乱发网络广告信息，只需要通过搜索引擎将自己的营销网络或信息与相应的搜索词进行结合，就能轻松地进行产品推广。与现有的关键词竞价排名不同，时代的个性化搜索结果完全基于客户的自身需求，是按照客户给定的智能化代理程序进行筛选之后得到的结果，因此，更容易让人接受。

Web 1.0 以静态、单向阅读为主；Web 2.0 是以互动为特征的实时网络；Web 3.0 将以个性化为特征，提供更多人工智能服务。

基于 Web 3.0 时代网络营销的特点，目前已经出现了以下几种新的网络营销方法：

1）精准营销。企业通过分析客户在互联网上的相关信息，分析出客户的嗜好与消费倾向，向客户提供合适的营销广告。广告的呈现可以是传统的网页广告，也可以采用 Email 形式以及短信等数据库营销手段或者结合搜索引擎营销手段，采取搜索结果与广告相绑定的方式进行广告传播。真正实现精准营销，最大限度降低企业投放广告的成本。精准营销在 Web 3.0 技术下可以实现为其他营销方式提供客户精确定位，进一步降低企业的成本，规避风险。

2）嵌入式营销。在 Web 3.0 技术下，企业通过客户行为模拟，可以方便地获得竞争对手的营销反应。企业在分析客户行为为其制订营销方案的同时也分析竞争对手的行为，从而制订出符合客户价值、与企业资源能力相匹配的独特的营销方案，进而维持与客户的良好关系。

3）Widget 营销。企业可以为客户在其博客或个性化主页提供 Widget，Widget 是一种提供在线功能和内容的应用软件，其分布遍及潜在的海量的网站。Widget 代表着一种全新的广告方式，与其他传统的在线广告不同，Widget 是由客户上传到网站上的，故 Widget 是客户驱动的，而不是由商家推动的。结合这种新的技术可以实现企业与客户间直接对话，快速获得营销反馈并及时调整营销策略，提高营销效率。

4）数据库营销。数据库营销是企业通过收集和积累大量的消费者数据，经过处理后预测消费者的购买倾向，预估消费者购买产品的概率，并利用这些数据为产品进行精确定位，有针对性地制作营销信息，以达到引导消费者购买产品的目的。当前数据库营销已经得到广泛应用，而在 Web 3.0 的条件下，企业可获得更加精确与丰富的客户数据。主要的数据库营销手段有定向直邮、电子邮件营销等。

1.1.3 我国网络营销的发展概况

相较于互联网发达的国家，我国的网络营销起步较晚，大致发展阶段如下：

1. 中国网络营销的传奇阶段（1997 年之前）

自 1994 年美国人利用互联网技术，通过 Email 发布广告的形式赚得第一桶金之后，网络营销风起云涌，一时间充塞各类市场。但这一现象对当时的我国民众来说，还只是一个传奇。1994 年 4 月 20 日，我国国际互联网正式开通，网络广告的诞生以及基于互联网的知名搜索引擎 Yahoo、InfoSeek、Lycos 等相继出现，这一年被认为是我国网络营销诞生的元年。

但在 1997 年之前，我国的网络营销一直处于神秘的状态，公众、企业对网络营销的概念及方法认知不明确，是否产生效果主要取决于偶然因素，多数企业对于互联网几乎一无所知。在早期有关网络营销的文章中，经常会看到某个企业在网上发布产品供应信息，而后接到大量订单的故事，并将网络营销的作用人为地加以夸大。现在看来，即使这些故事真实可信，也只是在互联网上信息很不丰富的时代产生的传奇罢了，距离网络营销的实质还相差甚远。

2. 我国网络营销的萌芽阶段（1997—2000 年）

根据中国互联网络信息中心（CNNIC）发布的《第一次中国互联网络发展状况调查统计报告（1997 年 10 月）》的调查结果，到 1997 年 10 月底，我国上网人数为 62 万人，WWW 站点数约 1500 个。无论是上网人数还是网站数量均微不足道，但发生于 1997 年前后的部分事件标志着我国网络营销进入萌芽阶段，如网络广告和 Email 营销在我国的诞生、电子商务的促进、网络服务（域名注册和搜索引擎）的涌现等。到 2000 年年底，多种形式的网络营销被应用，网络营销呈现出快速发展的势头并且逐步走向实用。

与我国网络营销密切相关的事件有以下几个：

（1）网络广告和 Email 营销的诞生。1997 年的几个事件为网络营销从概念走向实用发挥了一定的启蒙作用，这也是我国早期网络营销的萌芽。

1）1997 年 2 月，专业 IT 资讯网站 ChinaByte（www.ChinaByte.com）正式开通免费新闻邮件服务，到同年 12 月，新闻邮件订户数接近 3 万。

2）1997年3月，在ChinaByte网站上出现了第一个商业性网络广告（广告采用468像素×60像素的标准旗帜）。

3）1997年11月，我国首家专业的网络杂志发行商“索易”开始提供第一份免费网络杂志。1998年12月，索易获得第一个邮件赞助商，这标志着我国专业Email营销服务的诞生。

还有一些外资Email营销专业服务商，如“现在网”（http：//www. xianzai. com）等，也在1997年相继诞生，为Email营销服务的规范操作发挥了积极作用。

（2）电子商务网站对网络营销的推动。1995年4月，第一家网上中文商业信息站点“中国黄页”（www. chinapages. com）开通。这是我国最早的企业信息发布平台，也让上网的企业了解了最基本的网络营销手段——发布供求信息。这种简易的网络营销方法直到现在仍然为许多企业所采用。在随后的几年中，不断出现各种专业的商贸信息网，既有各个行业的专业门户网站，也有综合性的商业信息供求平台。1999年，以阿里巴巴为代表的一批B2B网站不仅让企业间电子商务的概念走热，而且也为中小企业开展网络营销提供了广阔的空间。电子商务的另一个重要分支——网上零售（B2C、C2C）的发展也为网络营销概念的推广发挥了积极的作用。进入1999年之后，我国的电子商务开始迅速发展。以网上零售为例，其标志是诞生了以“8848”为代表的一批电子商务网站，风险投资大量投向B2C网站，媒体将电子商务捧上了天，虽然这并不足以体现网上零售业当时的真实情况，但在客观上为网络营销概念的传播发挥了一定的作用。

（3）企业网站建设从神话走向现实。1997年前后，网站建设是一项技术性非常强的工作，非一般企业计算机操作人员所能掌握，作为企业建立网站必不可少的域名注册也曾经是我国企业感到困难的事情，不仅费用昂贵而且注册非常麻烦，建立网站服务器的价格更是让一般企业难以承受，同时还存在着网络访问速度慢且接入通信费用高的问题。这些客观因素严重制约了网络营销从神话走入现实的步伐。一些企业尝试利用网络服务商提供的免费个人主页空间和免费电子邮箱作为网络营销的基本工具，开展网络营销的方法也不过是到一些免费信息发布平台和网络社区张贴产品信息。这种游击战方式的网络营销很难为企业带来实际的效果，也使得一些企业对早期的网络营销失去了兴趣。随着中国频道、新网、万网等一批域名的注册和虚拟主机服务商的诞生及其销售服务体系的建立，企业建站的域名注册和空间租用问题变得简单了，从此基于企业网站的网络营销才逐渐成为网络营销的基本策略。

（4）搜索引擎对网络营销的贡献。在1998年之前，一些网络营销从业人员和研究人员将网络营销主要理解为网址推广，其核心内容是将网站提交到搜索引擎上。当时的一些观点甚至认为，只要将网址登录到雅虎网站（www. yahoo. com）并保持排名比较靠前（根据雅虎网站所列目录的排名或者关键字搜索的结果），网络营销的任务就算基本完成了。如果可以排名在第一页甚至前五名，那么就意味着网络营销已经取得了成功。在当时网上信息还不很丰富的情况下，雅虎作为第一门户网站，是大多数上网者查找信息的必用工具。企业如果能够在雅虎上占据一席之地，则被客户发现的机会的确很大。这种主要依赖搜索引擎来进行网站推广的时代称为传统网络营销阶段。

1997年前后，除了中文雅虎之外，我国也出现了一批影响力比较大的中文搜索引擎，如搜狐、网易、常青藤、搜索客、北极星、若比邻等都是这个时期诞生的，并且为企业利用搜索引擎开展网络营销提供了最初的试验园地。后来，随着门户网站的崛起和搜索技术的迅猛发展，尤其是 2000 年 1 月百度搜索引擎的出现，一些早期的搜索引擎在 2000 年之后开始日渐衰退甚至销声匿迹，但这些搜索引擎对网络营销的启蒙发挥了重要作用。

（5）互联网泡沫破裂刺激网络营销的应用。到 2000 年年底，我国的网络营销应用已经具备了基本的外部环境，一些新的网络营销方法（如网络会员制营销等）也开始在我国的网站上出现，但总体来说网络营销仍处于概念阶段。网络营销应用的戏剧性变化开始于 2000 年 4 月，这应该感谢互联网泡沫的破裂。在纳斯达克股票市场剧烈震荡之后，投资人逐渐对新兴的网络公司失去信心。在融资越来越艰难的情况下，“烧钱”的网络公司也不得不考虑盈利之道，从此走上了与传统企业相结合到服务传统企业的道路，各类网络营销服务商相继出现，这也在很大程度上促进了网络营销的应用。从总体上来说，2000 年是网络营销开始走向实际应用的一个重要转折期，为网络营销进入应用和发展阶段打下了一定的基础。

3. 我国网络营销的应用和发展阶段（2001—2003 年年底）

进入 2001 年之后，网络营销已不再是空洞的概念，而是进入了实质性的应用和发展时期，主要特征表现在以下几个方面：

（1）网络营销服务市场初步形成。尽管网络营销服务市场至今仍不完善，但在 2001 年之后，以“企业上网”为主要业务的一批专业服务商开始快速发展，一些公司已经形成了在该领域的优势地位，这种状况也标志着我国的网络营销服务领域逐渐开始走向清晰化。域名注册、虚拟主机和企业网站建设已经比较成熟，成为网络营销服务（实际上是广义的网络营销服务）的基本业务内容。其他比较有代表性的网络营销服务包括：大型门户网站的分类目录登录、专业搜索引擎的关键词广告和竞价排名、供求信息发布等。另外一些比较重要的领域，如专业 Email 营销、电子商务平台等，也取得了明显的发展，并出现了一批具有较高知名度的规范的服务商。同时，以出售收集邮件地址的软件、贩卖客户邮件地址、发送垃圾邮件等为主要业务的“网络营销公司”也在悄然发展，成为影响网络营销服务健康发展的噪声。

（2）企业网站建设发展迅速。根据中国互联网络信息中心的统计报告，2001 年、2002 年、2003 年年底，我国的 WWW 网站数量分别为 242739 个、293213 个、473900 个，其中绝大多数为企业网站，企业网站数量在快速增长，这也反映了网站建设已经成为企业网络营销的基础。

（3）网络广告的形式和应用不断发展。从 2001 年开始，网络广告在表现形式、媒体技术等方面开始发生变化，如规格尺寸不断加大，表现方式更加丰富多样，通过网络广告可以展示更多的信息等。进入 2002 年之后，我国两家网络广告媒体——新浪和搜狐均取得了令人瞩目的业绩。由于费用相对较高，网络广告当时主要还是为一些知名信息技术（IT）公司和大型企业所采用。

（4）Email 营销市场环境亟待改善。Email 营销是国内较早诞生的一项网络营销专业服务，垃圾邮件导致的糟糕的网络营销环境使得部分用户对 Email 营销产生了误解，要么把所有的商业邮件误以为是 Email 营销，要么把所有的商业邮件都认为是垃圾邮件，大量的垃圾邮件破坏了正规的 Email 营销的声誉和网络环境。

（5）搜索引擎向深层次发展。从 2001 年后半年开始，国内的搜索引擎服务收费商陆续开始了收费登录服务，登录搜狐分类目录开了收费的先河，引领国内搜索引擎服务营销进入收费阶段。收费服务自然会影响部分网站登录的积极性，不过也为客户提供了更多专业的服务，从功能上为网络营销提供了更为广阔的发展空间，从而提高了营销的效果。从当时的发展趋势看，搜索引擎营销仍然是企业在网站建设之后最主要的推广手段之一，也成为网络营销专业服务的重要业务内容。

（6）网上销售环境日趋完善。建设和维护一个完善电子商务功能的网站并非易事，不仅投资大，还要涉及网上支付、网络安全、商品配送等一系列复杂问题。随着一些网上商店平台的成功运营，网上销售产品不再那么复杂了，电子商务不再是网络公司和大型企业的特权，而逐渐成为中小企业销售产品的常规渠道。

4. 我国网络营销服务市场的高速发展阶段（2004—2008 年）

2004 年之后，我国网络营销的最主要特点之一就是第三方网络营销服务市场蓬勃兴起，包括网站建设、网站推广、网络营销顾问等付费网络营销服务都获得了快速发展。这不仅体现在网络营销服务市场规模的扩大，同时也体现在企业网络营销的专业水平提高、企业对网络营销的认识度和需求层次提升，以及更多的网络营销资源和网络营销方法不断出现等方面。

2004—2008 年我国网络营销发展的阶段特征可归纳为以下几个方面：

（1）企业网站数量缓慢增长，网站建设专业水平有待提高。根据中国互联网络信息中心的统计，到 2005 年年底，我国 WWW 网站数量为 69. 4 万个，其中企业网站所占比例为 60. 4%（419176 个），与 2004 年年底的 406022 个企业网站相比，年增长率仅 3. 2%。与我国 2000 万家左右的企业相比，企业拥有独立网站的比例还比较低。从增长率方面来看，企业网站数量的增长不仅低于 WWW 网站总量的增长率（3. 8%），而且明显低于域名数量、上网人口等指标的增长率。企业网站增长相对比较缓慢，反映了前几年企业网站建设发展速度较快，只重视数量而忽视了质量，因为网站专业水平等因素的制约，使得企业网站未能为企业带来明显的效益，从而影响了更多企业建设网站的积极性。

（2）网络营销服务市场继续快速增长，新型网络营销服务不断出现。在网络营销服务市场规模不断扩大的同时，网络营销服务产品类别也在不断增加。其中 3721 中文网址（后曾更名为“网络实名”）、百度搜索引擎关键词广告等获得了企业的认可，成为付费网络推广的主要模式。网络营销管理工具（例如网站访问统计分析系统、实时在线服务工具等）、专业的网络营销顾问咨询服务、网络营销培训等，也逐步为企业所接受。

（3）企业对网络营销的认识程度和需求层次提升。企业对网络营销的需求层次是一个难以量化的指标，不过通过对一些事例的分析可以发现，企业对网络营销的认识和需求产生了明显的转变。至少有两个信号表明企业的网络营销需求层次在不断提升：①企业更希望获得完整的网站推广整体方案而不仅仅是购买孤立的网站推广产品（如分类目录登录、搜索引擎竞价广告）；②规范的网站优化思想获得越来越多的认可。网站优化已经成为网络营销经营策略的必然要求，如果在网站建设中没有体现出网站优化的基本思想，那么在网络营销水平普遍提高的网络营销环境中是很难获得竞争优势的。

（4）搜索引擎营销呈现专业化、产业化趋势。搜索引擎营销是当时网络营销中最具活力的领域，经过几年的发展，传统的登录免费搜索引擎等简单初级的推广手段已经不适应网络营销环境，搜索引擎服务提供商适时地推出诸如关键词竞价广告、内容关联广告等产品（如百度的主题推广和搜狗的搜索联盟等），进一步增加了搜索引擎营销的渠道，并且扩展了搜索引擎广告的投放空间。对于企业营销人员来说，也就意味着开展搜索引擎营销需要掌握的专业知识更加复杂，如对于网站优化设计、关键词策划、竞争状况分析、推广预算控制、客户转化率、搜索引擎营销效果的跟踪管理等，搜索引擎营销已经逐渐发展成为一门专业的网络营销知识体系。

（5）更多有价值的网络资源为企业网络营销提供了新的机会。随着互联网经济再度火热，出现了越来越多的网络营销资源，其中包括可用的免费推广资源以及网络营销管理服务，如免费网络分类广告、网上商店平台、免费网站流量统计等。

网络营销资源的增加不仅表现在免费资源的数量上，同时也表现在网络营销资源可以产生的实际价值方面。例如，领先的 B2B 电子商务平台通过与搜索引擎营销策略相整合，为潜在客户获取 B2B 网站中的商业信息提供了更多的机会，从而提高了 B2B 电子商务平台对企业网络营销的商业价值，也使得 B2B 电子商务打破了原有的只有付费会员登录才能获取商业信息的局面。在这一方面，阿里巴巴、慧聪等行业领先者已取得了突破性进展。这些更具价值的网络营销信息传递渠道，增加了中小企业网络营销成功的机会。

（6）网络营销服务市场直销与代理渠道模式并存。网络营销服务市场目前主要的产品和服务包括以域名注册、网站建设、企业邮局等为代表的基础网络营销服务，以及竞价广告、网络实名/通用网址、B2B 电子商务平台等网络推广产品。目前国内网络营销服务市场直销与代理渠道并存，部分基础网络营销服务已经形成了完善的电子商务模式，但传统代理渠道在网络推广产品市场仍然是主流。

（7）基础网络营销服务全面实现电子商务化。在网络营销服务领域，值得特别肯定的是提供包括域名注册、虚拟主机、企业邮局等产品在内的基础网络营销服务商。这些服务商并不完全依赖传统的代理销售渠道，而是走代理商和网上直接销售相结合的道路，并且整个业务流程的电子商务化日益完善，从域名注册、域名解析，到虚拟主机和企业邮局等产品的在线购买、在线支付等环节，都可以方便地实现客户自由购买、自助管理。这些基础网络营销服务商已经率先成为国内最先进的电子商务企业。这不仅代表着我国网络营销服务已经达到一个崭新的高度，也预示着网络营销服务的电子商务化是完全可以实现的，代表了先进的网络营销产品销售模式。基础网络营销服务商成功地全面实现了电子商务化，也为网络营销其他领域的服务商做了表率。这些服务商的成功经验表明，在线直接销售并未影响代理渠道的销售，因为客户的购买方式和需求毕竟是不同的，一些互联网应用水平较高的客户更看重在线购买的便捷性。

（8）新型网络营销概念和方法受到关注。随着 Web 2.0 思想逐渐被认识，出现了一些网络营销概念，如博客营销、RSS 营销等，这些新型网络营销方式正逐步为企业所采用。2002 年“博客”的概念在国内出现，后来成为互联网上非常热门的词汇之一。国内不仅出现了一批有影响力的中文博客网站，而且利用博客来开展网络营销的实践尝试早已开始，部分博客网站开始提供企业博客服务，为企业网络营销提供了新的模式和新的机会，因而博客在网络营销中的应用也成为令人关注的研究领域。

事实上，到 2008 年，博客营销已经成为企业网络营销的主流方法之一。

5. 我国网络营销的社会化阶段（2009—2013 年）

在这个阶段，以网络营销社会化为基本特征，其特点大致可归纳为以下几点：

（1）网络营销开始向全员网络营销发展。博客营销形式灵活多样，Web 2.0 人人皆可参与，这些互联网服务为全员网络营销奠定了技术基础和思想基础。每个人都成为网络营销的组成部分，全员网络营销的影响将是持久而深远的。

（2）Web 2.0 营销思想进一步深化，出现了更多的新型网络营销平台。Wiki 平台营销、问答式社区营销等多种形式的 Web 2.0 应用平台，为企业开展网络营销提供了平台和工具，使得网络营销的形式更加丰富多彩。

（3）社会化媒体网络营销蓬勃兴起。2012 年以后，微博几乎与 QQ 等网络工具一样成为上网用户必不可少的互联网应用之一。这个阶段 SNS 蓬勃发展，出现了一批有代表性的 SNS 网站，如人人网、开心网、新浪微博、腾讯微博等。以微博营销为代表的社会化媒体营销成为 2010 年之后最热门的网络营销分支领域之一。

（4）网络营销与网上销售的结合日益紧密。进入 2010 年之后，大量企业和个人在淘宝等第三方平台建设自己的网上专营店和旗舰店，同时，一部分企业开始建设自己的网上商城，消费者可以通过企业官方网站而不是第三方 B2C 平台实现在线购买，如飞机票在线购买、酒店网上预订，以及部分消费类电子产品和品牌服装的网上直销都呈现出蓬勃生机，这标志着真正的电子商务时代的到来。

另外，这一阶段的团购电子商务模式如雨后春笋般出现，也显示了电子商务环境已经基本成熟。

（5）部分传统网络营销模式影响力逐渐降低。由于营销人员对新型网络营销资源的关注，使得部分传统网络营销模式的受关注程度降低，例如曾经作为主流网络推广模式的 B2B 电子商务平台。虽然逐渐被冷落，但是 B2B 电子商务平台仍有较强的生命力。

（6）手机上网及移动网络营销的重要性不断增强。手机网络营销已经出现了多种类似于个人计算机（PC）网络营销的模式，不过总体来说还不够清晰，尚未成为网络营销的主流。

6. 2013 年之后网络营销发展的情况

（1）移动网络营销。2013 年，我国移动互联网用户达到 5 亿，网民在移动端的时间占比达 22%。第四代（4G）网络时代的到来，改变了移动互联网、大数据营销与视频营销，引发了一场大数据革命。传统移动广告平台一直以旗帜（Banner）广告为核心形式，但受制于图文表现力、广告尺寸和互动方式，其价值空间被长期制约。随着 4C[⊖]产业带来的移动互联网营销价值的核裂变，表现力更强的视频广告成为整个行业角逐的焦点。

（2）大数据营销。随着大数据时代的到来，营销已经变成了技术、商业、艺术的三轮驱动，以数据和技术来驱动的广告变得越来越重要。大数据时代要求企业从大量数据中寻求对用户新的洞察和对市场新的分析，开拓新的营销模式，以满足企业精准营销的需求。在大数据时代，基于实时的数据挖掘技术，广告公司可以不断更换创意，必要时，甚至可以使用上百个不同创意的广告来量身投放，如针对单独的受众投放定向广告。新的规则出现，新的可能性也得以诞生，传统的营销模式到了必须要做出改变的时候了，既熟悉网络媒体特性，又懂得技术和数据挖掘，并且在此基础上提供内容创意，成为传统广告公司的转型方向。

（3）视频营销。视频营销是指主要基于视频网站为核心的网络平台，以内容为核心、以创意为导向，利用精心策划的视频内容实现产品营销与品牌传播的目的。其具有感染力

⊖ 4C 即 Computer（计算机）、Communication（通信）、Consumer electronics（消费类电子产品）和 Content（内容）。

强、形式内容多样、创意新颖、互动性强、主动传播、传播速度快、成本低廉等优点。

2013 年以来，随着腾讯、优酷、爱奇艺移动端视频 App 的快速发展、我国视频用户越来越多地使用移动设备观看视频，以视频为代表的新媒体产品已经逐渐成为网络客户的新的集聚地。越来越多的人喜欢通过短视频来分享生活，分享自己的见闻，越来越多的企业开始使用视频开展营销活动，移动端成为各视频企业之间的必争之地，即将普及的 5G 网络通信技术为视频营销的发展提供了有力的支持。

（4）微营销。在未来，品牌不再是活在广告牌上，而是活在粉丝中。微营销不再简单地是指微信、微博、微视频营销，而是个体关注的回归与人性的释放。微营销对应的是消费者通过微渠道将口碑、体验充分释放，品牌弱化与碎片化。因此体验式营销和口碑营销越来越重要，售后营销服务将变得跟售前及售中服务同等或者更重要。

（5）全域营销。全域营销是包含地面营销、传统营销、互联网营销、移动互联网营销的全渠道的营销方式。在购物时，消费者会使用移动设备查询相关信息，如商店的具体位置、商品信息、价格对比、优惠和促销活动等。而在移动互联网庞大且精准的数据支持下，只要通过人群定向、网站定向、关键词定向、行为定向等方式，就能准确找到目标客户。

1.1.4 我国网络营销面临的主要问题

与传统的营销模式相比，新兴的网络营销模式因高速、即时、互动、全球性等特点无疑具有明显的优势。但是，由于网络的虚拟性，在实践中它也不可避免地存在着一定的不足。

1. 网络营销理论研究不足

目前，国外的网络营销理论研究还不够系统，国内的研究也比较欠缺。从现有的学术期刊、商业杂志、著作等出版物以及网络媒体来看，与网络营销相关的议题虽然不少，但是真正对网络营销进行系统的理论研究，或者在某些方面有独到研究的内容却很少，许多理论的实践性不强。

2. 对网络营销的观念意识不强

尽管近几年网络营销是一个热门词，但越是热门的词语大家对其概念、实质的理解就越是不到位。受传统营销观念的影响，人们往往对那些看不到、摸不着，打着网络广告的产品不信任，并且由于网络营销的方便性，一些营销手段已恶化为垃圾营销模式。当人们看到随处刊登的网络广告时，反而会对产品产生厌烦的心理。人们对网络营销的认识不足、意识不强，很大程度上阻碍了网络营销的发展。

3. 网络法制建设有待健全

网络欺诈是互联网出现后的新型诈骗方式，由于网络的虚拟性，网络营销面临着产品质量保证问题、信息安全和保密问题、消费者隐私保护问题等。倘若没有健全的法制对违法行为进行打击，虚拟市场的秩序将很难维持，网络道德风险问题将日益严重，会阻碍网络营销的实施和电子商务的发展。

4. 企业网络营销缺乏策略

尽管网络营销的方法众多，但是尚未形成完整的体系。许多企业并不完全理解网络营销，以为只要在网上发布信息、建立电子商务网站，或者投资进行网络广告便是实施了网络营销，致使我国网络营销市场规模不断扩大，但发展趋势并不明朗。

1.2 网络营销的内涵

1.2.1 网络营销的基本概念

2004 年，美国市场营销协会（American Marketing Association，AMA）对市场营销的概念进行了重新界定：市场营销既是一种组织职能，也是组织为了其自身及利益相关者的利益而创造、传播、传递客户价值，管理客户关系的一系列过程。网络营销则是指组织运用信息技术创造、传播、传递客户价值，并对客户关系进行管理的活动，目的是为组织和利益相关者创造收益。可狭隘地理解为，网络营销就是将信息技术应用到传统营销活动中。

网络营销是一个广泛的概念，就物理手段来讲，它包括互联网的信息高速公路、数字电视网、电子货币支付方式等；就所包含的过程来讲，它应包括网上信息收集、网上商业宣传、电子交易、网上客户支持服务等。

网络营销在国外有许多提法，如 Cyber Marketing，Internet Marketing，Network Marketing，E-Marketing，Online Marketing 等，不同的单词词组有着不同的含义。Cyber Marketing 是指网络营销是在虚拟的计算机空间进行的。Internet Marketing 是指在互联网上开展的营销活动。Network Marketing 是指在网络上开展的营销活动，这里所指的网络不仅是互联网，还可以是一些其他类型的网络，如增值网络（VAN）等。

目前，比较常用的是“E-Marketing”这一表述，E 是指数字技术，包括了计算机技术和网络技术，表达了电子化、信息化和网络化的含义，既简洁明了，又与电子商务（E-Business）相互对应。

与许多新兴学科一样，“网络营销”同样也没有一个公认的、完善的定义。从广义上说，凡是以互联网为主要手段进行的并为达到一定营销目标的营销活动，都可称为网络营销（或网上营销）。也就是说，网络营销贯穿于企业开展网上经营的整个过程，包括从信息发布、信息收集、网站建设与推广到开展网上交易为主的电子商务阶段，网络营销一直都是一项重要内容。

下面对网络营销定义中涉及的一些问题给予必要的说明。

1. 网络营销不是孤立存在的

网络营销是企业整体营销战略的一个组成部分，网络营销活动不可能脱离一般营销环境而独立存在，在很多情况下，网络营销理论是传统营销理论在互联网环境中的应用和发展。对于不同的企业，网络营销所处的地位有所不同。以经营网络服务产品为主的网络公司，更加注重网络营销策略，而在传统的工商企业中，网络营销通常只是处于辅助地位。由此也可以看出，网络营销与传统市场营销策略之间并没有冲突，但由于网络营销依赖互联网应用环境而独具特点，因而有相对独立的理论和方法体系。在企业营销实践中，传统营销和网络营销往往是并存的。

2. 网络营销不等于网上销售

网络营销是为最终实现产品销售、提升品牌形象的目的而进行的活动。网上销售是网络营销发展到一定阶段产生的结果，但并不是唯一结果，因此，网络营销本身并不等于网上销售。这可以从以下三个方面来说明：

(1) 网络营销的目的并不仅仅是促进线上销售，在很多情况下，网络营销活动不一定能实现线上直接销售的目的，但可能会促进线下销售，并且可以增加客户的忠诚度。

(2) 网络营销的效果表现在多个方面，如提升企业的品牌价值、加强与客户之间的沟通、拓展对外信息发布的渠道、改善客户服务等。

(3) 从网络营销的内容来看，网上销售也只是其中的一部分，并且不是必须具备的内容，许多企业网站根本不具备网上销售产品的条件，网站主要是作为企业发布产品信息的一个渠道，通过一定的网站推广手段，实现产品宣传的目的。

3. 网络营销不等于电子商务

网络营销和电子商务是一对紧密相关又具有明显区别的概念，初次涉足网络营销领域者对这两个概念很容易混淆。比如，企业建一个普通网站就认为是开展电子商务，或者将网上销售产品称为网络营销等，这些都是不准切的说法。网络营销不等于电子商务，主要有下面两个方面的区别：

(1) 网络营销与电子商务研究的范围不同。电子商务的内涵很广，其核心是电子化交易，电子商务强调的是交易方式和交易过程的各个环节，而网络营销注重的是以互联网为主要手段的营销活动。网络营销和电子商务的这种关系也表明，发生在电子交易过程中的网上支付和交易之后的商品配送等问题并不是网络营销所能包含的内容，同样，电子商务体系中所涉及的信息安全、法律保障等问题也不适合全部包括在网络营销中。

(2) 网络营销与电子商务的关注重点不同。网络营销的重点在交易前阶段的宣传和推广，电子商务的标志之一则是实现了电子化交易。网络营销的定义已经表明，网络营销是企业整体营销战略的一个组成部分。可见，无论是传统企业还是基于互联网开展业务的企业，无论是否具有电子化交易的发生，都需要网络营销；但网络营销本身并不是一个完整的商业交易过程，而是为促成交易提供支持。因此，它是电子商务中的一个重要环节，尤其在交易发生之前，网络营销发挥着主要的信息传递作用。从这种意义上说，网络营销是电子商务的基础，电子商务可以被看作网络营销的高级阶段，一个企业在没有完全开展电子商务之前，同样可以开展不同层次的网络营销活动。

4. 网络营销不应被称为“虚拟营销”

“虚拟营销”又称“虚拟经营”，是指企业在组织上突破有形的界限，只保留其中最关键、最核心的功能（如生产、营销、设计、财务等功能），而努力将其他功能虚拟化，即企业内没有完整执行这些功能的组织，而是借助企业外部提供。所以，对于某些已经掌握核心资源或具有核心竞争力的中小企业来说，采用虚拟经营方式是一个事半功倍的极佳战略。中小企业可以虚拟人员，借企业外部人力资源弥补自己人力资源的不足；也可以虚拟功能，借企业外部的力量来改善劣势的部门；还可以虚拟工厂，企业集中资源，专攻附加值最高的设计和营销，委托人工成本较低地区的企业加工生产。例如，美国耐克公司的发展便是“虚拟营销”成功的典范。耐克是一个既无生产车间又无销售网络的企业，只拥有在全球具有核心竞争力的运动设计部门和营销部门，生产和销售全部虚拟化，通过外部组织来完成。

有人说：网络营销是“虚拟营销”，这种说法是错误的，把网络的特点和网络营销的特点等同和混淆了。开展和进行网络营销的过程，是在网络的“虚拟”空间进行的。但是营销活动本身都是实实在在的，而且比传统营销方法更容易跟踪和了解消费者的行为。比如，借助网站访问统计软件，可以确切知道网站的访问者来自什么地方，在多长的时间内浏览了哪些网页，企业可以知道访问者的 IP，也可以知道企业发出的电子邮件有多少访问者打开、有多少访问者点击了其中的链接，还可以确切知道下订单的客户的详细资料，利用专用的服务工具甚至可以与访问者进行实时交流，所以每个客户都是实实在在的。因此，可以得出这样的结论：网络营销是在虚拟空间进行的现实的商务活动和商务交易，是实体商务市场的网络化转移和网络化发展。

5. 网络营销是对网上经营环境的营造

网络营销的外部环境和内部条件构成网络营销的基本环境。

影响网络营销的外部环境因素包括上网客户数量及人口统计特征、上网客户对网络营销的行为、上网企业的数量及结构、带宽等基础网络服务状况、网络营销专业服务市场状况（如搜索引擎、电子邮箱）等。

影响网络营销的企业内部条件包括企业领导人对待网络营销的态度、基本的上网条件、合适的专业人员、必要的营销预算等。

外部环境为开展网络营销提供了潜在客户，以及向客户传递信息的各种手段和渠道，而内部条件为有效营造网上经营环境奠定了基础。

外部环境因素不是一个企业可以决定的，但却影响着企业网络营销的应用状况，而企业的内部条件是可以创造的。因此，网络营销的开展需要内部条件与外部环境的相互作用和协调，对于外部环境要适应和选择，而对内部条件要创造和利用。只有从外部环境和内部条件两个方面来进行网络营销诊断，分别找出其中的关键因素，并采取合理的手段加以改进才会有更好的结果。

例如，搜索引擎在网络营销中具有非常重要的作用，搜索引擎为企业提供了被客户发现的机会，但并非每个企业的网站都能被搜索引擎收录并在搜索结果中位居前列。因此，企业为了推广自己的网站，获得理想的排名效果，就必须研究各个搜索引擎的算法规则、对网站设计的一般要求等，以适应搜索引擎的要求。可见，开展网络营销的过程，就是充分利用内部条件与外部环境因素建立关系的过程，这些关系发展好了，网络营销才能取得成效。

1.2.2　网络营销的特点

市场营销中最重要的是在组织和个人之间进行信息的广泛传播与有效的交换，如果没有信息的交换，那么任何交易就会变成无本之源。互联网技术发展的成熟、联网的方便性和成本的低廉，使得任何企业和个人都可以很容易地将自己的计算机或计算机网络连接到互联网上。遍布全球的各种企业、团体、组织以及个人通过互联网跨时空地连接在一起，使得相互之间信息的交换变得更加有效。因为互联网具有营销所要求的某些特性，所以网络营销呈现出以下特点：

1. 跨时空

由于互联网能够超越时间约束和空间限制进行信息交换，因此使脱离时空限制达成交易成为可能，企业能有更多的时间和更大的空间进行营销，每周 7 天，每天 24 小时随时随地地向用户提供全球性的营销服务，以达到尽可能多地占有市场份额的目的。

2. 交互式

企业可以通过互联网向消费者展示产品目录，通过网上交易平台提供有关产品信息的查询，和消费者进行双向互动式的沟通，收集市场情报，进行产品测试与消费者满意度的调查等。因此，互联网是企业进行产品设计、产品信息发布以及提供服务的最佳工具。

3. 人性化

在互联网上进行的促销活动具有一对一、理性、消费者主导、非强迫性和循序渐进式的特点，这是一种低成本、人性化的促销方式，可以避免传统的推销活动所表现的强势推销的干扰。并且，企业可以通过信息提供与交互式沟通，与消费者建立一种长期的、相互信任的良好合作关系。

4. 整合性

在互联网上开展营销活动，可以完成从产品信息的发布到交易的收款和售后服务的全过程，这是一种全过程的营销渠道。另外，企业可以借助互联网将不同的传播营销活动进行统一的设计、规划和协调实施，通过统一的传播资讯向消费者传达信息，从而避免不同传播渠道中的不一致性所产生的消极影响。

5. 高效性

网络营销可以应用计算机存储大量的信息，帮助消费者进行查询，所传送的信息数量与精确度远远超过其他传统媒体。同时，能够适应市场的需求，及时更新产品陈列或调整产品的价格，因此，能及时、有效地了解和满足消费者的需求。

6. 经济性

一方面，网络营销使交易的双方通过互联网进行信息交换，代替传统的面对面的交易方式，营销成本大大降低；另一方面，网络营销实际上是一种直销方式，因而可以减少商品流通的中间环节，并且可以减轻库存压力，降低企业的经营风险。

7. 技术性

建立在以高技术作为支撑的互联网基础上的网络营销，要求企业在实施网络营销时必须有一定的技术投入和技术支持，必须改变企业传统的组织形态，提升信息管理部门的功能，引进懂营销与计算机技术的复合型人才，这样才能形成和增强本企业在网络市场上的竞争优势。

1.2.3 网络营销与传统营销的联系与区别

网络营销作为一种新兴的营销方式，并不是要取代传统营销，而且也不可能取代传统营销，两者之间存在一定的联系与区别。

1. 网络营销与传统营销的联系

网络营销虽然以新的媒体，新的方式、方法和理念实施营销活动，但它脱胎于传统营销，是对传统营销的继承、创新与发展，两者有着不可分割的联系，具体表现在：

（1）两者的目标相同。无论是网络营销还是传统营销，其营销理念是一致的，都是通过各种手段与渠道，使消费者的需求和欲望得到满足，使企业的产品得到很好的宣传与销售。

（2）网络营销以传统营销为理论基础。网络营销的实质依旧是企业的市场营销，是借助于互联网这个新兴的技术形式，以传统营销为理论基础发展起来的，无论它如何发展都摆脱不了营销的本质。

（3）两者无法取代。网络营销与传统营销并行不悖，谁也无法取代谁，而且往往两者相互配合，网络营销手段可为传统商务服务，传统营销手段也可为电子商务服务。

2. 网络营销与传统营销的区别

网络营销基于互联网与电子商务发展起来，必然与传统营销存在差异性，并且这种差异性对传统营销产生了不小的冲击。网络营销与传统营销的区别表现在：

（1）市场全球化。由于互联网具有超越时间约束和空间限制进行信息交换的功能，它使企业脱离时空限制达成交易成为可能，从而使企业面临一个更为广阔的、更具选择性的全球市场。

（2）产品个性化。首先，从营销角度来看，通过网络可以对大多数产品进行营销，即使不通过网络达成最终的交易，网络营销的宣传和沟通作用仍需受到重视。其次，网络营销可真正直接面对消费者，实施差异化营销（一对一营销），并且消费者可以自由选择自己感兴趣的内容观看或购买，这是传统营销所不能及的。

（3）价格公开化。消费者可以通过网络对所需的产品价格进行全面的比较和选择，极大地提高了价格的透明度。

企业采用网上直销方式，其销售成本比较低，所以产品的价格可以低于传统销售方式的价格，从而产生较大的竞争优势。同时也要注意，由于减少了销售的中间环节，产品的邮寄和配送费用也会一定程度上影响产品的销售成本和价格。

（4）促销方式多样化。在促销方式上，网络营销本身可采用电子邮件、网页、网络广告等方式，也可以借鉴传统营销中的促销方式，形式多样的促销活动更能吸引消费者。

（5）渠道直接化。厂商可以通过网络直接与消费者进行联系并完成销售，使商品流通过程大为缩短，使销售渠道更加直接化。

网络营销的基本要素仍然是产品、价格、促销和分销渠道四个方面，虽然这四个要素的内容有了较大的变化。

1.2.4　网络营销的职能

网络营销的职能包括八个方面：网络品牌建设、网站推广、信息发布、销售促进、销售渠道建设、客户服务、客户关系增进、网上调研。网络营销的职能不仅表明了网络营销的作用和网络营销工作的主要内容，同时也说明了网络营销所应实现的效果。

（1）网络品牌建设。网络营销的重要任务之一就是在互联网上建立并推广企业的品牌。知名的网络品牌可以使企业的产品在网上迅速得到推广，提升企业的整体形象。网络品牌建设是以企业网站建设为基础，通过一系列的推广措施，达到客户和公众认知和认可企业的目的。在一定程度上，网络品牌的价值甚至高于通过网络获得的直接收益。

（2）网站推广。网站推广是网络营销最基本的职能之一，尤其对于中小企业，由于经营资源的限制，开展大规模促销活动等的宣传机会比较少，因此通过互联网手段进行网站推广的意义显得更为重要。网站推广的目的是让更多的消费者对企业网站产生兴趣并通过访问企业网站、使用网站的服务来达到提升品牌形象、促进销售、增进客户关系、降低客户服务成本等目的。

（3）信息发布。网络营销的基本思想就是通过各种互联网手段，将企业的营销信息以高效的手段向目标消费者、合作伙伴、公众等群体传递，因此信息发布是网络营销的方法，也是其基本职能之一。互联网为企业发布信息创造了优越的条件，不仅可以将信息发布在企业网站上，还可以利用各种网络营销工具和网络服务商的信息发布渠道在更大的范围传播信息。

（4）销售促进。市场营销的基本目的是为增加销售提供帮助，网络营销也不例外。各种网络营销方法大都直接或间接地具有促进销售的功效，并且这些促销方法并不限于促进线上销售，事实上，网络营销对于促进线下销售同样很有价值。

（5）销售渠道建设。线上销售是企业销售渠道在网络上的延伸，线上销售渠道建设并不限于企业网站本身，还包括建立在专业电子商务平台上的网上商店，以及与其他电子商务网站不同形式的合作等。

（6）客户服务。互联网提供了更加方便的在线客户服务手段，从形式最简单的 FAQ（常见问题解答）到电子邮件、邮件列表，以及在线论坛和各种即时信息服务等，客户服务对网络营销效果具有重要影响。

（7）客户关系增进。客户关系对于开发客户的长期价值具有至关重要的作用，通过网络营销的交互性和良好的客户服务手段增进客户关系，成为网络营销取得长期效果的必要条件。

（8）网上调研。网上调研具有调查周期短、成本低的特点。它不仅为制定网络营销策略提供支持，也是整个市场研究活动的辅助手段之一，合理利用网上调研手段对于市场营销策略具有重要价值。

网络营销的各个职能之间并不是相互独立的，而是相互联系、相互促进的，网络营销的最终效果是各项职能共同作用的结果。只有各项职能充分协调并发挥各自的作用，才能让网络营销的整体效益最大化。

1.2.5 网络营销的主要工作内容

网络营销是一项系统性的工作，主要工作内容包括但不限于以下几点：

（1）制定网络营销战略规划，例如模式、定位、运营思路、团队组建、投入预算及效果预估。厘清思路，确定目标和发展步骤，明确专业分工，控制项目整体进度。

（2）网络营销策略制定。不同的企业在市场中的地位不同，在采取网络营销实现企业营销目标时，必须采取与企业相适应的营销策略，包括产品策略、价格策略、渠道策略和促销策略。

（3）营销型网站策划建设。打造集销售力、传播力、公信力于一体的、具有良好客户体验的营销型网站平台。同时要考虑搜索引擎优化（SEO）因素。

（4）网站销售力提升。销售力、转化率是网络营销的核心。

（5）网络营销整合传播推广。利用网络技术手段解决企业的传播难题。

（6）网络营销数据分析运营。通过建立涵盖搜索引擎排名监测分析、网站访问统计分析、网站咨询统计分析、网站销售统计分析等的一整套科学数据分析体系，持续提升企业的网络营销运营效率。

（7）网络营销运营团队规划及管理控制规划。实现计划、组织、领导、控制的管理循环，打造高效的网络营销运营团队。

1.3 网络营销的理论基础

网络营销手段的变化，使得传统营销理论需要得到进一步完善和发展，需要对网络的特性和新型消费者的需求、购买行为进行重新考虑，形成具有网络特色的营销理论。当前的网络营销理论基础主要包括整合营销、软营销、直复营销、关系营销等。

1.3.1　网络整合营销理论

整合营销是一种对各种营销工具和手段进行系统化结合，根据具体环境进行即时性的动态修正，以使交易双方在交互中实现价值增值的营销理念与方法。而建立在互联网基础上的整合营销，称为网络整合营销。

网络整合营销就是在深入研究互联网资源、熟悉网络营销方法的基础上，从企业的实际情况出发，根据不同网络营销产品的优缺利弊，整合多种网络营销方法，为企业提供网络营销解决方案。

网络整合营销主要有三个方面特点：①传播资讯的统一性，即企业用一个声音说话，消费者从各种媒体所获得的信息都是统一的、一致的；②互动性，即企业与消费者之间展开富有意义的交流，企业能够迅速、准确、个性化地获得消费者的反馈信息；③目标营销，即企业的一切营销活动都应围绕企业目标来进行，以实现全程营销。

网络整合营销从理论上离开了在传统营销理论中占中心地位的 4P（product、price、place、promotion，即产品、价格、渠道、促销）策略理论，而逐渐转向以 4C（customer、cost、communication、convenience，即消费者、成本、沟通和便利性）策略理论为基础和前提。网络整合营销把消费者的需求放到了首位，企业利润和产品定价应符合消费者的意愿，产品的分销应考虑消费者的便利性，促销形式应能使企业与消费者真诚有效地进行双向沟通。

1.3.2　网络“软营销”理论

网络“软营销”理论是针对工业经济时代的大规模生产为主要特征的强势营销而提出的新理论，它强调企业在进行市场营销活动时，必须尊重消费者的感受和体验，让消费者乐意、主动地接受企业的营销活动。

1. 网络软营销与传统强势营销的区别

强势营销是工业化大规模生产时代的营销方式。在传统的营销活动中最能体现强势营销活动特征的是两种常见的促销手段：传统广告和人员推销。对于传统广告，人们常常会用“不断轰炸”这个词来形容，它试图以一种信息灌输的方式在消费者的心目中留下深刻印象，至于消费者是否愿意接受、需不需要这类信息则从不考虑，这就是一种强势。人员推销也是如此，它根本不考虑被推销对象是否需要，也不征求消费者的意愿，只是根据推销人员自己的判断，强行展开推销活动。

“软营销”的特征主要体现在：在遵守网络礼仪的同时通过对网络礼仪的巧妙运用，获得一种微妙的营销效果。概括地说，“软营销”和强势营销的根本区别就在于：“软营销”的主动方是消费者，而强势营销的主动方是企业。个性化消费需求的回归也使消费者在心理上要求自己成为主动方，而网络的互动特性使消费者成为主动方真正有了可能。他们不欢迎不请自到的广告，但他们会在某种个性化需求的驱动下自己到网上寻找相关的信息和广告，此时的情况是企业在那里静静地等待消费者的寻觅，一旦消费者找到你了，这时你就应该活跃起来，使出浑身解数把他留住。

2. 网络“软营销”中的两个重要概念

网络社区（network community）和网络礼仪是网络营销理论中所特有的两个重要的基本概念，是实施网络“软营销”的基本出发点。

网络社区是指互联网上那些由具有相同兴趣、目的，经常相互交流，互利互惠，能给每个成员以安全感和身份意识等特征的企业或个人所组成的团体。网络社区也是一个互利互惠的组织。

网络礼仪是互联网自诞生以来所逐步形成与不断完善的一套良好、不成文的网络行为规范，如分享知识、尊重他人隐私等，网络礼仪是网上一切行为都必须遵守的准则。

1.3.3 网络直复营销理论

直复营销（direct marketing）又称为直接营销。美国直复营销协会（ADMA）的营销专家将它定义为：“一种为了在任何地点产生可以度量的反应或达成交易而使用一种或几种广告媒体的互相作用的市场营销体系。”

直复营销是不经过门市，通过各种媒介直接在买卖双方之间完成交易的一种分销形式。也可以理解为一种无店铺销售。它是个性化需求的产物，是传播个性化产品和服务的最佳渠道。销售方式的分类如图 1-1 所示。

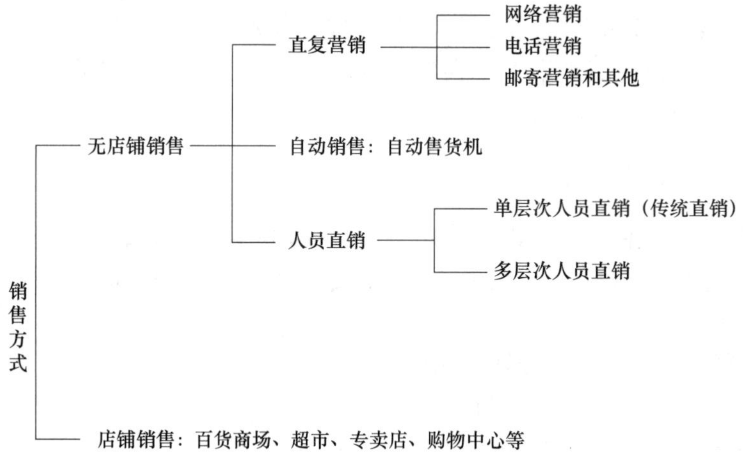

图 1-1 销售方式的分类

直复营销中的“直”（其实是“直接”）是指不通过中间分销渠道而直接通过媒体连接企业和消费者。在网上销售产品时，消费者可以通过网络直接向企业下订单付款；直复营销中的“复”（其实是“回复”）是指企业与消费者之间的交互，消费者对这种营销努力有一个明确的回复（买还是不买），企业可以统计到这种明确回复的数据。由此可以对以往的营销效果做出评价。

直复营销与直销（direct selling）的概念是有区别的，如今许多人把两者混为一谈，尤其是传销被禁之后，不明真相的人大有谈“直”色变的味道。直复营销是运用产品目录、邮件、电话网络等媒介进行的，直复营销中没有上门的推销员。而人员直销则是雇用独立的直销员来完成销售，惯用的手法是一对一沟通、家庭聚会、拜访潜在消费者等。

直复营销与传统的市场营销的最根本区别是，前者能使直复营销人员和消费者之间建立起直接的联系。这样，直复营销人员就能了解每一位消费者的偏好和购买习惯，从而开展有针对性的营销。

1. 直复营销的种类

随着电话、电视以及互联网等多种媒体的出现，直复营销的形式也不再局限于邮购活动，而是变得越来越丰富。常见的直复营销形式主要有以下几种：

（1）直接邮寄营销。直接邮寄营销是指营销人员把信函、样品或者广告直接寄给目标消费者的营销活动。在使用这些名单时，应注意名单的重复，以免同一份邮寄品两次以上寄给同一个消费者，引起消费者反感。

（2）目录营销。目录营销是指营销人员给目标消费者邮寄目录，或者备有目录随时供消费者索取的营销活动。经营完整生产线的综合邮购商店使用这种方式比较多，如蒙哥马利·华德公司（Montgomery Ward）、西尔斯·罗巴克公司（Sears Roebuck）等。

（3）电话营销。电话营销是指营销人员通过电话向目标消费者进行的营销活动。电话的普及，尤其是 800 免费电话的开通使消费者更愿意接受这一形式。现在，许多消费者通过电话询问有关产品或服务的信息，并进行购买活动。

（4）直接反应电视营销。直接反应电视营销是指营销人员通过在电视上介绍产品，或赞助某个推销产品的专题节目而开展的营销活动。在我国，电视是最普及的媒体，电视频道也较多，许多企业都在电视上进行营销活动。

（5）直接反应印刷媒介。直接反应印刷媒介是指在杂志、报纸和其他印刷媒介上做直接反应广告，鼓励目标消费者通过电话或回函订购，从而达到提高销售量的目的，并为消费者提供知识等服务。

（6）直接反应广播。广播既可作为直接反应的主导媒体，也可作为其他媒体的配合者，使消费者对广播进行反馈。随着广播行业的发展，广播电台的数量越来越多，专业性越来越强，有些电台的受众甚至是某个特别的或高度的细分小群体，这为直复营销人员寻求精确目标提供了机会。

（7）网络营销。网络营销是指营销人员通过互联网、传真等电子通信手段开展的营销活动。目前，像书籍、计算机软硬件、旅游服务等已普遍在网上开展营销业务。

上述几种直复营销方式可以单独使用，也可以结合运用。

2. 直复营销的特征

（1）直复营销特别强调营销人员与消费者之间的“双向信息交流”，以克服传统营销中的“单向信息交流”方式所造成的营销人员与消费者之间无法沟通的致命弱点。

（2）直复营销活动强调在任何时间、任何地点都可以实现企业与消费者的“信息双向交流”。

（3）直复营销的一对一服务，为每个作为目标的消费者提供直接向营销人员反映情况的通道，这样企业可以通过消费者的反馈，找到自己的不足之处，为下一次直复营销活动做好准备。由于互联网的方便、快捷性，消费者可以方便地通过互联网直接向企业提出购买需求或建议，也可以直接通过互联网获取售后服务。同时，企业也可以从消费者的建议、需求和希望得到的服务中找出企业的不足，从而改善经营管理，提高服务质量。

（4）直复营销活动最重要的特性是其营销的效果是可以测定的。直复营销作为营销活动的一部分，与现代消费者的联系越来越密切。一方面，现代社会生活节奏不断加快，使消费者用于购物的时间渐趋减少；另一方面，信息、通信技术的发展以及信用系统的不断健全，为直复营销的发展提供了契机。总之，直复营销强调根据有关个人的信息进行分析决策，从节约交易成本方面减少了消费者的感知付出，从而使消费者的价值得到提升。

1.3.4 关系营销

关系营销是把营销活动看成一个企业与消费者、供应商、分销商、竞争者、政府机构及其他公众互动作用的过程。其核心是建立和发展与这些对象的良好关系。关系营销的本质特征可以概括为以下几个方面：

（1）双向沟通。在关系营销中，沟通应该是双向的而非单向的。只有实行广泛的信息交流和共享，才能使企业赢得各个利益相关者的支持与合作。

（2）合作。关系一般有两种状态：对立与合作。只有合作才能实现协同，因此合作是双赢的基础。

（3）双赢。关系营销旨在通过合作增加关系各方的利益，而不是通过损害其中一方或多方的利益来增加其他各方的利益。

（4）控制。关系营销要求建立专门的部门，了解消费者、分销商、供应商及营销系统中其他参与者的态度，由此了解关系的动态变化，及时采取应对措施。

关系营销的核心是维护与客户的关系，为客户提供高度满意的产品和服务，通过加强与客户的联系，提供有效的客户服务，保持与客户的长期关系，并在此基础上开展营销活动，实现企业的营销目标。实施关系营销并不是以损害企业利益为代价的。根据研究，争取一个新客户的营销费用是维护一个老客户费用的五倍，因此加强与客户的联系并提高客户的忠诚度，是可以为企业带来长远利益的。关系营销提倡的是企业与客户的双赢。

思考题

1. 网络营销产生的基础是什么？
2. 我国网络营销的发展经历了哪几个阶段？
3. 谈谈我国企业目前在网络营销过程中存在的问题。
4. 与传统营销相比，网络营销有哪些特点？
5. 网络营销与传统营销的区别有哪些？
6. 为什么说网络营销不等于网上销售？
7. 从网络营销的产生和发展角度，说明网络营销是企业今后营销发展的趋势。
8. 网络营销的基本职能有哪些？
9. 有人说：网络营销就是企业网站建设，对不对？
10. 什么是直复营销？在互联网上的直复营销具体表现在哪几个方面？
11. 什么叫网络“软营销”？它有哪些特征？
12. 简述网络“软营销”理论的基本出发点。
13. 分别简述 4P、4C 和整合营销理论的出发点。
14. 整合营销的基本思想是什么？
15. 简述 Web 2.0 时代网络营销的特征与推广方式。

第2章

网络营销常用方法

本章要点

- 无站点网络营销方法
- 基于企业网站的网络营销方法

网络营销方法是对互联网工具、资源和服务的有效应用，目前常用的网络营销方法很多，每一种互联网工具和资源都可以相应地产生一种或多种网络营销方法。例如，常用的信息获取工具包括搜索引擎、电子邮件、即时通信等，相应地就有搜索引擎营销方法、电子邮件营销方法、即时通信营销方法等。由于互联网工具处于不断发展演变之中，同时，新的工具不断涌现，因此以网络营销工具和资源为依托的网络营销方法很难用穷举的方式罗列。

在传统的以实践应用为导向的网络营销方法体系中，通常以企业网络营销应用状况，即是否拥有自己的企业网站为分类思路，将网络营销分为无站点网络营销和基于企业网站的网络营销方法两大类。无站点网络营销只能依赖其他第三方网络平台来开展，即使拥有自主运营管理的企业网站，同样可以利用第三方网络平台进行网络推广。随着企业网络营销应用的深入和成熟，目前多数企业都有自己的网站，甚至有多个关联网站。因此，基于网络营销职能，营销可分为两类：基于第三方网络平台的网络营销方法和基于企业官方网站的网络营销方法，如图 2-1 所示。

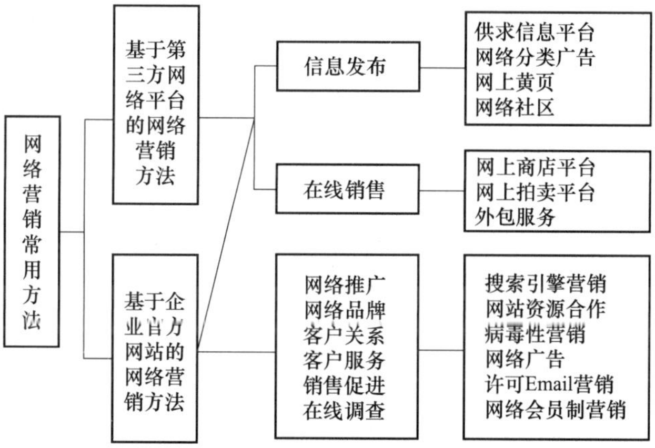

图 2-1　常用的网络营销方法体系

2.1 基于第三方网络平台的信息发布方法

信息发布是目前网络推广的一种重要形式。企业没有建立自己的网站，可以利用互联网上的资源（如供求信息平台、邮件列表等）发布自己企业的信息和产品信息，达到宣传和促销的目的。开展初级的网络营销，如果运用得当，无站点网络营销同样可以取得满意的效果。

当然，这些方法对于拥有官方网站的企业开展网络营销同样有效。

1. 供求信息平台

供求信息平台是目前应用最为普遍和有效的网络推广方式之一。目前，国内成熟的 B2B 供求信息平台如阿里巴巴，无论从会员注册数量还是会员的活跃程度来说都是当之无愧的“国内霸主”，其服务分为收费会员和免费会员。免费会员可以自主发布各种供求、合作、代理信息，可以上传产品图片，可以通过查询销售某类产品的供应商信息进行市场调研等商业数据整理。同时提供免费且较简单的模板网站。对于那些精打细算或抱着试试看态度的企业老板是一个不错的选择。如果愿意，可以再申请一个域名指向该网页，即可享受免费服务。

当然收费会员可以建立自己的产品库，可以通过认证得到更多企业的信任，更重要的是可以得到目前采购商的详细联系信息，这是免费会员所无法享受到的服务。

其他如慧聪网、中国制造网也是不错的综合类供求信息平台，中国化工网等专业平台也取得了不错的业绩，这要根据企业所处行业进行选择。

2. 网络分类广告

网络分类广告是网络广告中比较常见的形式，分类广告具有形式简单、费用低廉、发布快捷、信息集中、便于查询等优点。

我国现在最常见的分类广告站点主要以两种不同形式存在：一种是专业的分类广告网站，如 58 同城、赶集网；另一种是综合性网站开设的相关频道和栏目，如新浪、搜狐等。

3. 网上黄页

在线黄页服务来源于电话号码黄页，简单说就是企业名录和简介，通常具有一个网页，企业用来发布基本信息，如产品介绍、企业新闻、联系方式，可以发布一定数量的文字和图片信息。

在线黄页服务与电话黄页相比有更多的优越性，如企业信息可以随时更新、便于用户检索等。典型的黄页服务如中国黄页网（http：//www. yellowurl. cn/）、行业黄页网（https：//www. huangye88. com/）。

4. 网络社区

Web 2. 0 时代最突出的标志是网络社区的兴起，它包括 BBS、SNS、聊天室、博客等形式在内的网上交流空间。网络社区不仅具备交流的功能，实际上也成为一种营销场所和工具。

网络社区把具有共同兴趣的访问者集中到一个虚拟空间，达到成员相互沟通的目的，从而达到商品的营销效果。

2.2　基于第三方网络平台的在线销售方法

无论是否拥有企业网站，企业都可以利用网上商店、网上拍卖、外包服务等方式开展网上销售工作，让互联网真正成为企业新型的销售渠道。

1. 网上商店

网上商店是指建立在第三方提供的电子商务平台上的，由商家自行开展电子商务的一种形式，正如同在大型商场中租用场地开设商家的专卖店一样。这是一种比较简单的电子商务形式。现在大多数门户网站和专业电子商务公司都提供网上商店平台服务，如天猫、京东、拼多多等。

网上商店的作用主要表现在两个方面：一方面，网上商店为企业扩展网上销售渠道提供了便利的条件；另一方面，建立在知名电子商务平台上的网上商店增加了客户的信任度，从功能上来说，对不具备电子商务功能的企业网站也是一种有效的补充，对提升企业形象并直接增加销售量具有良好效果。

2. 网上拍卖

网上拍卖是电子商务领域比较成功的一种商业模式，国外一些知名网站如 eBay 等已经取得了很好的经营业绩，在国内也已经有几家具有一定规模的网上拍卖网站。这种方式比较简单，只要在网站进行注册，然后按照提示很容易就可以发布产品买卖信息，不过网上拍卖的成交率和价格水平等评价指标现在还没有统计数据，而且拍卖经历的过程较长，最后的结果也具有较大的不可预测性。无论如何，作为一种全新的电子商务模式，值得做一些尝试。

因为网上拍卖是 C2C 交易平台，以零售为主，一般交易额不大。对于企业来说可以借此宣传产品和企业形象。

3. 外包服务

6688 公司（http：//www. 6688. com/CommerceService. shtml）创建于 2002 年，公司创始人是被媒介称为“中国电子商务第一人”的王峻涛先生，6688 公司不仅为大型企业提供完整的解决方案和业务外包，也为中小企业提供业务外包式的网络直销服务。

企业只要提供产品资料，协商好结算价格，负责按照订单发货即可，无须支付任何费用，6688 全面负责从网页设计、商品维护、客户服务、订单管理到网络推广的全过程。

2.3　搜索引擎营销

搜索引擎是应用最广泛的网络服务，每天有上千万网民通过搜索引擎寻找各种信息。所谓搜索引擎营销（search engine marketing，SEM），就是当用户利用搜索引擎进行信息搜索时，在搜索结果中展示的信息获得用户的关注，并且吸引用户通过单击搜索结果的链接来到网站获取更详细的信息，从而实现网站或产品的推广。

搜索引擎营销的基本形式包括搜索引擎竞价排名和搜索引擎优化。

竞价排名，顾名思义就是通过竞争出价的方式，获得某个网站的有利排名位置。其中搜索引擎的 PPC（pay per click，每次点击付费）属于竞价排名的先驱，主要是以点击量付费，如果没有被用户点击，则不收取推广费。

其具体做法是，广告主在购买该项服务后，通过注册一定数量的关键词，按照付费最高者排名靠前的原则，购买了同一关键词的网站按不同的顺序进行排名，出现在用户相应的搜索结果中。

搜索引擎优化（search engine optimization，SEO）也叫自然排名，是针对搜索引擎对网页的检索特点，让网站建设各项基本要素（网站结构、内容和外部链接等）适合搜索引擎的检索原则，从而使搜索引擎收录尽可能多的网页，并在搜索引擎自然排名结果中排名靠前，最终达到网站推广的目的。

2.4 B2B 电子商务平台营销

2000 年前后的网络营销，除了将网址提交给搜索引擎（分类目录）之外，其他最常用的网络营销方法就是在 B2B 电子商务平台以及类似的行业供求信息平台上发布信息，这种免费信息发布方式对网络营销的影响是非常大的，尤其对于培养企业营销人员的网络营销意识产生了积极而深远的影响。

1. B2B 电子商务平台的网络营销价值

B2B 电子商务网站是常见的供求信息发布平台（如阿里巴巴、慧聪网等），平台上积聚了大量供应商和采购商，因而具有网络营销信息在平台内部及外部传播的双重价值。

（1）实现多渠道信息发布，提高企业信息的网络可见度。在 B2B 平台发布信息，是企业的外部网络营销信息源，对于提高企业信息的网络可见度的作用是显而易见的。尤其一些大型 B2B 平台，具有良好的搜索引擎优化基础，比发布在企业官方网站的信息更容易被搜索引擎检索到。例如，以一些中小企业名称或者日用小商品产品名称为关键词进行搜索，如生日蜡烛批发、水晶饰品配件厂、眼镜用品及配件、塑料包装袋等，不难发现，在搜索结果中多项信息来源于阿里巴巴、慧聪网、义乌购、中国制造网等第三方 B2B 电子商务平台。可见，合理利用 B2B 网站平台的信息发布功能，可以在很大程度上弥补企业网站的不足，甚至可以在一定程度上替代企业网站的部分功能（尤其是内容贫乏的网络名片型企业网站）。

（2）实现企业信息在 B2B 平台内部的可见度。大型 B2B 平台上活跃着众多供应商和采购商，网站巨大的访问量意味着 B2B 平台内部的用户形成了一个“内部交易市场”。这种特点与 B2C 网上商店平台、第三方博客和微博平台等都有一定的相似性，充分利用平台内部的推广资源，扩大企业信息在 B2B 平台内部的可见度，在平台内部获得潜在用户，是 B2B 平台网络营销的又一重要价值所在。

许多大型 B2B 网站都有各种免费网络推广资源，如博客、论坛、Wiki、在线问答等，同时也有站内搜索、内部广告资源和各种推广机会。为企业提供在平台内部的可见度是 B2B 网站最重要的网络营销价值所在。

如果说 B2B 平台提高企业信息的外部网络可见度是锦上添花，那么获得平台内部可见度则是 B2B 平台的核心价值体现。

（3）利用 B2B 平台提高中小企业网络可信度。提高网络可信度不仅是建立网络品牌的要求，对网络营销效果也有举足轻重的影响。通常来说，网络可信度建设是中小企业网站的薄弱环节，借助于大型 B2B 网站，可在一定程度上提高企业的网络可信度。例如，阿里巴巴的“诚信通”认证标识对信息发布者获得潜在用户的信任具有明显的作用。

此外，当用户通过搜索引擎检索到若干条相关的产品供求信息时，对于非知名网站域名的搜索结果可能存有一定的戒心，但对于知名网站域名的网址则可以放心地点击。

经过十多年的发展，B2B 电子商务平台的网络营销价值已经日趋完善，但 B2B 平台的价值还远没有得到发挥，大多数企业对 B2B 平台的深层次应用还远远不够，通常处于粗浅的水平，因而降低了 B2B 平台应有的价值。

以阿里巴巴（https：//www. 1688. com/）为例，只要注册为会员并通过审核，就具备了发布供求信息及使用站内服务的资格，并可获得网站模板，拥有二级或者三级独立域名，这对暂时没有网站的企业也是一种弥补。

2. B2B 电子商务平台的操作

B2B 平台网络营销看起来并不复杂，但让这种信息发布方式的网络营销真正发挥作用则需要像网站运营及推广那样投入足够的精力，并且要掌握正确的操作方法和技巧。

根据经验，利用 B2B 电子商务平台实现信息发布和传播需要重视一些细节方面的操作，举例如下：

（1）产品描述应尽可能详细。在发布产品型号、图片、产地等基本信息的同时，也应该加上详尽的产品描述，尤其要考虑潜在用户可能关心的问题，应尽可能详细。另外，产品名称如果有多种表达方式，应该尽量用详细的描述结合简称或者别名，仅仅用企业自己习惯的产品名称简称或者型号，可能会让用户难以理解。

（2）网站信息发布及维护。在网上发布信息之后，还要不定期地进行维护和管理，保持信息的有效性。另外，有些网站平台在信息排列方式上，也可能根据产品发布时间排序，最新发布的信息出现在前列，增加了被用户发现的机会。此外，时不时到搜索引擎上搜索一下自己发布的信息，查看用重要关键词是否可以检索到。如果检索不到，不妨分析一下原因并找到解决办法。

（3）持续关注同行的网络推广动向。在很多领域，网络营销的竞争日趋激烈，比同行专业一点点，就可能获得成功。因此，要不断关注同行企业的网络营销动向，尤其是在网络推广方面专业水平较高的同行，不断从中学习经验，调整和完善自己的网络营销方法。

（4）掌握与潜在用户的网络沟通技巧。电子商务平台信息发布属于比较初级的网络推广，从用户获取信息、网络咨询和贸易谈判到最终成交之间还有很远的距离，除了要在信息发布和维护等方面注意技巧之外，还要对潜在用户的行为习惯等方面有充分的了解。掌握各种网络沟通工具的特点和使用技巧，实现与潜在用户更好地沟通，对网络推广的最终成效具有重要影响。

总之，B2B 电子商务平台推广是一种简单可行的网络营销方式，其网络营销价值仍有待深入挖掘，历经多年的发展至今仍受到企业的重视，这本身也说明了这一点。但这种网络营销并不是随便就可以做好的，毕竟要在数以千计同类信息中获得潜在用户的关注不是随随便便可以做到的事情。

2. 5　B2C 电子商务平台营销

在 B2C 网上商店平台开设网上商店，不仅为中小企业开展电子商务提供了便利，对大型知名企业开展网络销售同样具有非常重要的意义。事实上，目前超过一半的企业除了有自己的官方网站外，还在淘宝等大型网上商店平台开设了自己的旗舰店或者专卖店，表明网上商店在企业中已经获得了广泛应用。

1. B2C 网上商店的网络营销价值

B2C 网上商店的网络营销价值并不仅限于销售本身，对于产品的网络推广、企业网络品牌、用户行为分析等方面同样会产生积极的作用，这里将 B2C 网上商店的网络营销价值归纳为以下几个方面：

（1）快速实现从网络推广到网络销售的飞跃。网上销售是网络营销的主要营销职能之一，利用第三方电子商务平台可以大大简化企业开展电子商务的流程，不需要自行建设功能较为复杂的 B2C 网络平台，而是直接将产品的网络推广与网上销售结合在一起，让网络营销直接转化为销售额。

（2）提高产品的网络可见度，发挥网络推广的作用。与 B2B 等第三方网络平台一样，发布在网上商店平台的产品信息，尤其是有吸引力的产品信息，不仅可以获得平台内部用户的关注，一些产品信息还可以通过搜索引擎检索、用户之间的直接信息传递等方式获得更大范围的传播。

（3）网上商店平台有利于提高产品的可信度。建立在知名电子商务平台的网上商店，其网络商务行为受电子商务平台的规范和约束，因此，对于非知名企业来说，可能比自建 B2C 网站更容易得到用户信任。

（4）借助于网上商店平台实现对网络调研及购物用户行为的研究。当企业官网没有独立的 B2C 功能，或者企业在线销售还没有形成一定规模时，利用网上商店平台的数据对行业竞争状况以及用户行为进行研究，是网上商店经营的额外收获。

（5）网上商店是对企业官方网站和产品的辅助推广。如果网店运营人员特意将平台的用户引入到企业官网，应该有很多简单易行的办法。企业官方网站与网上商店互相关联推广，也是网上商店平台社会价值的体现。

2. B2C 网上商店的开店流程

（1）选择网上商店平台。网上开店不仅依托网上商店平台（网上商城）的基本功能和服务，而且客户主要也来自该网上商城的访问者，因此，平台的选择非常重要。不同网上商店平台的功能、服务、操作方式、管理水平、收费水平等可能存在一定的差异，不过总体来说这些基础功能和服务有一定的相似之处。各 B2C 平台最大的差异在于平台的用户数量、可以为网店提供的推广资源等。一般来说，访问量越大的 B2C 网站平台，对网店的潜在推广价值也越大，这就是大多数企业开设网上商店时主要选择淘宝网等电子商务平台的原因所在。当然，各个网上商店平台有自己的特点和优势，企业可根据需求选择一家或多家 B2C 平台开展经营活动。

（2）网上商店的布置和建设。表面看起来基于网上商店平台的网店布置并不复杂，一般的专业网店平台具有丰富的功能和简单的操作界面，通过模板式的操作即可完成网上商店的设置，但是要想让自己的网店具有特色并能充分吸引用户的关注，还是需要花费很多精力的。图片设计、文案策划、产品定价、服务承诺、促销活动……没有一项工作是可以随便做好的。

（3）网上商店的运营推广。网上商店的运营推广绝不比运营一个企业网站简单，而且部分 B2C 平台可能还有一定的网络推广限制，除了模板化的网站架构之外，甚至可能限制通过搜索引擎等外部网络资源进行推广。因为企业可发挥的空间非常有限，更多的是要充分了解平台内部的网络推广资源，充分提高平台内部的网络可见度。网上商店的推广方法可参考基于第三方网络平台的网络营销方法来进行。

2.6　许可 Email 营销

电子邮件营销是在用户事先许可的前提下，通过电子邮件的方式向目标用户传递有价值的信息的一种网络营销手段。Email 营销有三个基本因素：基于用户许可、通过电子邮件传递信息、信息对用户是有价值的。三个因素缺少一个，都不能称之为有效的电子邮件营销。

因此，真正意义上的电子邮件营销也就是“许可电子邮件营销”。基于用户许可的 Email 营销与滥发邮件不同，许可 Email 营销比传统的推广方式或未经许可的 Email 营销具有明显的优势，比如可以减少广告对用户的滋扰，增加对潜在用户定位的准确度，增强与用户的关系，提高品牌忠诚度等。

开展 Email 营销的前提是拥有潜在用户的 Email 地址，这些地址可以是企业从用户、潜在用户资料中自行收集整理的，也可以利用第三方的潜在用户资源。

2.7　博客营销

简单来说，利用博客向用户传递有价值的信息就是博客营销。无论是企业官方博客还是基于第三方博客平台的企业博客，都具有实现博客营销的条件。因此，在介绍博客营销的一般原理和方法时，不必细分博客平台的具体形式，因为它们的基本原理都是一样的，只是在操作方式上有一定的差异。

冯英健先生根据对博客营销实践的研究于 2005 年 2 月提出了一个博客营销的定义：“博客营销是一种基于个人知识资源（包括思想、体验等表现形式）的网络信息传递形式。因此，开展博客营销的基础问题是对某个领域知识的掌握、学习和有效利用，并通过对知识的传播达到营销信息传递的目的。”

可见，博客营销是知识营销的一种具体表现形式。如果没有受人关注的内容，纯粹的商业信息在博客环境中是不受欢迎的，这也是博客营销与供求信息发布平台作用的最大区别，即开展博客营销的前提是拥有对用户有价值的、用户感兴趣的知识，而不仅仅是广告宣传。

冯英健先生为知识营销下的定义如下：“知识营销是通过有效的知识传播方法和途径，将企业所拥有的对用户有价值的知识（包括产品知识、专业研究成果、经营理念、管理思想以及优秀的企业文化等）传递给潜在用户，并使其逐渐形成对企业品牌和产品的认知，将潜在用户最终转化为用户的过程和各种营销行为。”

可以看出，博客营销与知识营销的思想是完全吻合的，可以说博客营销是以互联网为主要传播手段的知识营销，即利用互联网为潜在用户传递有价值的信息。

2.8　微博营销

SNS 营销是利用社会化网络进行营销信息传递和交互的一种网络营销方法，其核心是通过人的社会关系网络资源的扩展，实现信息分享和传播，实际上是一种网络口碑营销与传统信息发布方式相结合的综合网络营销模式。

在所有 SNS 营销模式中，微博营销是发展最快、应用最广的模式之一。

微博即微型博客（micro blog）的简称，其雏形出现于 2005 年。全球第一个真正的微博是 2006 年推出的 Twitter，创始人是博客技术先驱 blogger. com 的创始人埃文·威廉姆斯（Evan Williams）。尽管类似的微博服务如雨后春笋般地出现，但 Twitter 一直保持着领先的优势，成为微博的代名词。

自 2009 年 8 月新浪微博在国内强势推出之后，微博迅速成为继博客之后普及率最高的互联网应用之一，基于微博平台的微博也成为网络营销最热门的领域之一。到 2012 年，几乎所有大型门户网站都开设了微博服务，其中新浪微博和腾讯微博是用户量最大的微博平台。

1. 微博的主要特点

相对于传统的博客，微博的特点主要表现在下列几个方面：

（1）微博信息发布更便捷。首先，微博对内容没有严格要求，这就使得用户可以便捷地完成一篇微博的写作（哪怕只有几个字符）。其次，微博发布方式很多，例如微博用户可以通过微博网站、客户端软件、手机客户端、手机短信、邮件、即时通信、多种定制的开放式应用软件、博客等及时发布微博信息。

（2）微博信息传播速度更快。博客信息的传播与传统网站信息传播模式类似，主要依赖于用户主动访问博客、订阅博客更新通知、通过搜索引擎检索等方式，而微博通过用户之间的互相传播（转发、@ 等）可以形成快速传播，一条热门信息几乎可以像即时信息一样在极短的时间内传递给大量用户，因而微博具有时效性强的特点。

（3）微博用户之间的交互性更强。在微博平台上，每个用户都可以通过多种方式与他的“关注者”通过微博内容转发、评论、私信、@ 等方式产生互动和再次传播。这里所谓的“关注者”，实际上并没有统一的称呼，Twitter 称之为“follower”，新浪微博叫“粉丝”，无论名称如何，其实质都一样，即可以及时看到自己发布的信息并且通过某些方式产生互动的用户。

（4）微博平台具有行业集中的特点。由于微博传播主要通过用户之间的交互进行，在一个微博平台上，用户量越大，这种传播效果越显著，因此这种特点决定了微博不可能像博客那样每个企业甚至每个用户自己都经营一个独立的微博网站。微博活动通常集中在大型微博网站平台上，使得微博服务行业高度集中，领先的几个平台占有了绝大多数用户份额，这一特点意味着微博平台蕴藏着巨大的网络营销价值（在一定程度上类似于早期大型 B2B 电子商务平台，如阿里巴巴网站）。

由于微博的上述特点，自从微博开始被人们所了解，微博与网络营销就产生了必然的联系，微博营销的概念也就应运而生。

2. 微博的网络营销功能

根据近年微博在网络营销中的应用状况，微博的网络营销功能可归纳为下列几个方面：

（1）与官方博客一样，官方微博可作为官方信息发布的另一个渠道。

（2）企业官方微博也是企业网络品牌必不可少的组成部分。

（3）企业微博的关注者（“粉丝”、听众）是很有价值的网络营销资源，与其他资源（如网站注册用户）一样具有长期网络营销价值。

（4）微博可以作为网络推广活动的平台，对产品推广、促销等产生直接效果。

（5）微博是有效的在线互动工具，与即时通信（IM）一样，在客户服务、客户关系方面发挥积极作用。

（6）合理利用微博，可以实现微博内容与企业网站/博客内容的相互融合和相互推广。

（7）微博具有病毒性营销的天然属性，是网络口碑传播最有效的工具之一。

（8）微博可应用于网络市场调研、用户行为研究等方面，是网络营销研究的辅助工具之一。

（9）借助于搜索引擎的实时搜索等功能，微博信息也可以实现搜索引擎传播，从而进一步提高了微博信息传播的价值和企业信息的网络可见度。

进入 2013 年之后，以新浪微博为代表的微博平台功能仍处于快速发展之中，随着更多功能和应用的推出，微博的网络营销价值也必将进一步得以体现和扩展。

3. 微博营销的基本步骤

（1）选择用户数量大、有影响力、集中了目标用户群体的微博平台，在此平台上开设企业微博账号，获得发布信息的基本资格。

（2）完善微博账户设置，体现企业的基本信息，让别人通过微博简介等信息就可以了解企业的基本信息并产生信任感，如品牌名称、核心产品、独特优势、与品牌相关的个性统一资源定位符（uniform resource locator，URL）等。

（3）获得尽可能多的关注者（“粉丝”、听众），关注者的数量越多，企业微博信息就获得关注和传播的机会就越多，当然这不是一朝一夕之功，需要与微博内容建设一样付出长期不懈的努力。

（4）微博信息源创作及发布，与企业网站和博客的内容创建一样，有价值的微博内容是微博受到用户关注的基础，这是一项持久的、连续的工作，保持微博的持续更新以及用户关注是微博营销的基本功。

（5）充分利用微博平台的各种网络推广机会营造企业微博营销环境，如关注并参与各种热点活动、发起各种活动与微博用户进行互动等，都有利于进一步扩大微博的影响力，并不断积累更多的用户资源。

（6）将病毒性营销的原理应用于微博活动中，通过微博用户网络资源放大微博传播效应，如获得影响力较大的用户转发、引发多数用户的共鸣而自愿转发等。

一个人发几条微博并不难，难的是长期坚持不懈地将微博当作互动营销工具持续地运转，浅尝辄止无法体现微博营销的价值。相对于一般规模的企业网站，企业微博的运营难度可能更高，因为要保持信息的实效性和微博运营人员的互动性等，就需要付出更多的精力。

2.9　网络会员制营销（网站联盟）

1. 什么是网络会员制营销（网站联盟）

网络会员制营销是指通过计算机程序和利益关系将无数个网站连接起来，将商家的分销渠道扩展到世界的各个角落，同时为会员网站提供一个简易的赚钱途径，最终达到商家和会员网站的利益共赢。一个网络会员制营销程序应该包含一个提供这种程序的商业网站和若干个会员网站，商业网站通过各种协议和计算机程序与各会员网站联系起来。

简单地说，利用网站联盟的方式开展的网络营销就是网络会员制营销。网络会员制营销是按效果付费的网络推广模式之一。

一般认为，网络会员制营销由亚马逊公司首创。亚马逊于 1996 年 7 月发起了一个“联合”行动，其基本形式是这样的：一个网站注册为亚马逊的会员，然后在自己的网站放置各类产品或标志广告的链接，以及亚马逊提供的商品搜索功能，当该网站的访问者点击这些链接进入亚马逊网站并购买某些商品之后，根据销售额的多少，亚马逊会付给这些网站一定比例的佣金。从此，这种网络营销方式开始广为流行并吸引了大量网站参与，这个计划现在称为“网络会员制营销”。

除亚马逊之外，百度联盟、当当联盟、携程网站联盟、网易网站联盟、凡客诚品网站联盟，都是开展网络会员制营销的成功案例。正如一些航空公司的网站自己在线销售飞机票的同时，也通过携程等第三方飞机票代售网站销售。

2. 网站联盟的网络营销价值

借助于网站联盟平台，可以实现网络会员制营销模式的以下网络营销功能：

（1）按效果付费，节约广告主的广告费用。广告主的广告投放在加盟会员网站上，与投放在门户网站不同，一般并不是按照广告显示量支付广告费用，而是根据用户浏览广告后所产生的实际效果付费，如点击、注册、直接购买等，这样不会为无效的广告浏览支付费用，因此网络广告费用更为低廉。

另外，对于那些按照销售额支付佣金的网站，如果用户通过加盟网站的链接引导进入网站（如当当网），第一次并没有形成购买，但用户仍然会记着当当网的网址，以后可能直接进入网站而不需要继续通过同一会员网站的引导，那么当当网并不需要为这样明显的广告效果支付费用，因此对于商家来说更为有利，这种额外的广告价值显然胜过直接投放网络广告。

（2）为广告主投放和管理网络广告提供了极大的便利。网站联盟为广告主向众多网站同时投放广告提供了极大便利。在传统广告投放方式中，广告主通过广告代理商或者直接与网络媒体联系，由于各个网络媒体对广告的格式、尺寸、投放时间、效果跟踪方式等有很大的差别，一个厂家如果要同时面对多个网络广告媒体，工作量是巨大的，这也在一定程度上解释了为什么只有少数门户网站成为广告主投放网络广告的主要选择。实际上大量中小型网站，尤其是某些领域的专业网站，用户定位程度很高，广告价值也很高，但因网站访问量比较分散，广告主几乎无法选择这些网站投放广告，这无论是对于广告主还是网站主来说都是损失。网站联盟形式完全改变了传统网络广告的投放模式，让网络广告分布更为合理。与网络广告投放的便利性一样，广告主对于网络广告的管理也比传统方式方便得多。有些网络广告内容的有效生命周期不长，或者时效性要求较高，如果要在大量网站上更换自己的广告，操作起来也是很麻烦的事情。采用网站联盟模式之后，只要在自己的服务器上修改一下相关广告的代码，不希望出现的广告即刻消失，而新的广告立刻就会出现在加盟网站上。

（3）扩展了网络广告的投放范围，同时也提高了网络广告投放的定位程度。相对于传统的大众媒体，定位性高一直是网络广告理论上的优势，但在传统门户网络广告投放的模式下，实际上很难做到真正的定位。即使选择某个相关的频道，或者某个专业领域的门户网站，也无法做到完全定位。基于内容定位的网络广告则真正做到了广告内容与用户正在浏览的网页内容相关，更为重要的是，这种定位性很高的网络广告可以出现在任何网站上，从而扩大了网络广告的投放范围。在这方面 Google AdSense 已经做了表率，在采用网站联盟策略之前，Google 的关键词广告只能出现在搜索结果页面上，由于网页空间有限，使得大量的广告没有机会出现，对于广告主和广告媒体来说都是损失。通过联盟方式，Google AdSense 成功地将关键词广告投放在众多相关的网站上。

（4）大大扩展了商家的网上销售渠道。网络会员制最初就是以网上销售渠道的扩展取得成功而受到肯定的，其应用向多个领域延伸并且都获得了不同程度的成功，直到现在，网络会员制营销模式仍然是在线销售网站拓展销售渠道的有效策略之一。以国内最大的中文网上书店当当网来说，自从 2001 年开始当当联盟以来，经过多年的发展，至今仍然非常重视这一在线销售渠道策略。2004 年 10 月当当联盟栏目进行了全新改版，增加了更多会员可供选择的链接形式，并改进了账户查询等技术功能。国内另一家知名网上零售网站卓越网（后被亚马逊收购，更名为“亚马逊中国”），也在 2004 年开放了网站联盟，这充分说明了网上零售商对于网站联盟价值的肯定。

（5）为加盟会员网站创造了将流量转化为收益的机会。对于加盟的会员网站来说，通过加盟网络会员制计划可以获得网络广告收入或者销售佣金，将网站访问量转化为直接收益。一些网站可能拥有可观的访问量，但因为没有明确的盈利模式，网站的访问量资源便无法转化为收益，通过参与会员制计划，可以依附于一个或多个大型网站，将网站流量转化为收益，虽然获得的不是全部销售利润，而只是一定比例的佣金，但相对于自行建设一个电子商务网站的巨大投入和复杂的管理而言，无须面临很大的风险，这样的收入也是合理的。

对于内容为主的网站，获得广告收入是比较理想的收益模式，通过加盟广告主的联盟计划可获得广告收入。浏览一些资讯网站可以发现，网页上显示的广告很多是百度联盟提供的广告。

（6）丰富了加盟会员网站的内容和功能。有时网站适当增加广告内容的点缀能发挥意想不到的作用，不仅让网页内容看起来更丰富，也对用户获取更多信息提供了方便，尤其当网络广告信息与网站内容相关性较强时，广告的内容便成为网页信息的扩展。对于广告主为在线销售型的网站，比如当当网上书店，加盟会员在网站上介绍书籍内容的同时，如果用户愿意，可以根据加盟网站的链接直接开始网上购书行动，尤其是当网站为读者精心选择了某一领域最有价值的书籍时，这就为用户选择书籍提供了更多的方便。如果网站联盟计划中提供了会员网站可以利用的功能，则进一步扩展了会员网站的功能，如 Google AdSense 除了提供基于内容定位的广告之外，还为会员网站提供搜索功能。用户利用 Google 搜索时，如果单击了搜索结果中的关键词广告，同样也会为会员网站带来获得收益的机会。

（7）利用了病毒性营销的思想，形成强有力的网络推广资源。病毒性营销的价值是巨大的，一个好的病毒性营销计划远远胜过投放大量广告所获得的效果。网络会员制营销正是利用了病毒性营销的基本思想。更重要的是，这些加盟会员成为可以长期利用的有效的网络推广资源。

3. 网络会员制营销的基本流程

一个成功的网络会员制营销，通常需要包含以下流程：

（1）网站（广告主）提供网站联盟平台。平台应具备的基本功能包括会员注册及管理、广告代码管理、广告效果跟踪、佣金管理、会员招募及服务等。

（2）通过有吸引力的佣金提成政策和丰富的广告模式，获得网站主（即网络广告投放的网络媒体）的关注并成为网站联盟的会员网站。

（3）网站主通过网站联盟后台，选择适合自己网站的网络广告形式（如旗帜广告、漂浮广告、文字链接、搜索框等），将相关网络广告代码添加到网站的适当位置。

（4）联盟平台程序跟踪记录网站主网站的广告展示、用户浏览以及点击行为，当产生预订的转化结果时，核算网站主应获得的佣金。

（5）当联盟会员（网站主）通过广告投放或者其他网络推广实现的佣金达到一定额度时，联盟网站（广告主）为会员网站支付佣金。

网站联盟转化的形式可能有多种。例如，对于B2C电子商务网站，通常是完成实际销售并在规定期限内未产生退货的有效订单金额的百分比作为佣金支付给联盟会员；对于百度或Google搜索引擎广告的转化，通常是指用户点击了网站主网站上投放的来自网站联盟的广告，以每次点击费用的一定比例作为佣金；有些广告主则是以用户注册完成作为计算佣金的依据，即通过网站主网站的广告链接来到广告主网站实现用户注册即视为成功转化，并以每个注册用户若干金额支付联盟佣金。

网络会员制营销的流程看起来并不复杂，但在实际应用中可能并没有如此简单。我们看到的一些网站联盟成功的案例，大都是知名的大型网站提供的网站联盟服务，中小型网站由于经营资源有限往往无法获得足够多的会员网站加盟，因而很难实现理想的网络营销效果。另外，对会员网站（网站主）来说，也并不是随便加入一个网站联盟就可以获得丰富的佣金，需要选择那些具有高点击率和转化率的网络会员制营销活动，争取总的收益最好，而不是追求参与数量。当然，主要取决于网站的内容质量、访问量等基本要素，这是获得尽可能多的广告展示及点击量的基础。因此，成功的网络会员制营销是网站联盟平台和会员网站双方共同经营的结果。

2.10 网站资源合作

每个网站都是一个网络媒体，都拥有多种形式的网络营销资源，如网站内容资源、广告资源、链接资源等，在自己拥有一定营销资源的情况下，通过与其他网站合作，达到双方网络推广的目的，这就是网站资源合作的基本思路。

目前最简单且应用较广泛的网站资源合作形式是交换链接。网站交换链接是具有一定互补优势的网站之间的简单合作形式，即合作双方都在自己的网站上放置对方网站的标志（Logo）或网站名称，并设置对方网站的超级链接，使得用户可以从合作中发现自己的网站，达到互相推广的目的。

这里只介绍网站链接推广的方法，至于其他形式的网络资源合作推广方法，可在网络营销工作中不断总结。

一般来说，网站所有者总是倾向于同那些高质量的、可以为自己网站带来推广价值的网站进行交换链接。这也就是一些小型网站建立初期寻找交换链接比较困难的原因所在。

1. 网站链接推广的网络营销意义

网站交换链接的作用主要表现在以下几个方面：

（1）通过互相链接推广获得直接的访问量。具有一定访问量且内容相关的网站之间相互链接，可以为合作双方网站带来一定的访问量，很多用户可以通过网站链接发现新的网站。不过，随着用户获取新网站渠道的增加，尤其在搜索引擎成为最常用的互联网应用之后，网站链接推广的效果就相对降低了。

网站交换链接之后是否可以从合作网站获得用户访问，主要取决于网站之间内容的相关性、合作网站所提供的链接位置和链接方式、合作网站的可信度和访问量等因素。一般来说，小网站被大网站链接、新网站被老网站链接获得的推广机会较多，但是往往又不容易实现这样“不对等”的链接，因此，对网站链接获取访问量的目标不应有过高期望，毕竟网站链接还有更多方面的价值。

（2）增加网站在搜索引擎排名中的优势。根据现阶段常用的搜索引擎如百度、Google等的算法规则，一个网站要想获得搜索引擎收录并取得好的搜索排名，通常需要有一定数量的外部网站链接，尤其是高质量网站的网站链接至关重要，因此获取外部链接成为搜索引擎优化必不可少的工作内容。

（3）通过外部链接提高网站的可信度。获得其他网站的链接后，并不一定都能获得被点击的机会，即使被大型网站链接也不一定就可以带来数量可观的用户，但这并不意味着这样的链接就没有意义，因为网站链接对于提高网站的可信度有明显效果。如果合作网站具有较高的可信度和较大的访问量，那么获得合作伙伴网站的链接，可以增加用户浏览时的印象，从而获得潜在的网络品牌价值。

（4）获得合作伙伴对网站的认可。交换链接的另一个无法用定量指标衡量的价值在于，通过建立网站合作关系而得到合作伙伴尤其是行业内伙伴的认可。建立交换链接的过程，也是向同行或相关网站推广自己网站的过程，自己的网站能引起对方的注意和认可，交换链接才能得以实现。因此，交换链接的意义实际上已经超出了是否可以直接增加访问量这一具体效果，获得合作伙伴的认知和认可，同样是一个网站品牌价值的体现，对网站品牌具有长期的意义。

（5）为用户提供网站内容延伸服务。大多数中小型网站的内容往往比较单一，尤其是很多小型企业的网站，除了企业介绍、产品介绍之外，似乎很难提供其他更多有独特价值的内容，而用户对某个产品及其相关知识、销售渠道、用户评论等往往需要有更多了解后才能形成购买决策，因此通过企业网站链接到用户感兴趣的其他网站，是对用户提供服务内容的一种延伸，是网站客户价值体现的一个方面。因此，一个好的企业网站往往比较重视与相关网站的合作。

2. 网站链接推广的常见形式

网站链接通常的表现形式是两个网站之间交换链接，正如在一些网站下方经常可以看到“友情链接”列表那样罗列着各种网站的 Logo 或者文字名称。但网站链接推广的形式并不仅限于此。网站链接的表现形式有多种，常见的包括互换链接、循环链接、轮辐式链接、链接联盟等。

（1）互换链接。互换链接即两个网站之间的交换链接，这是最基本的网站合作形式。根据双方约定的链接方式，用 Logo 或者文字链接到对方网站。由于合作的网站之间通常都具有相互了解的基础，并且网站内容有一定的相关性，所以这种互换链接常被称为友情链接，适合于规模相当的网站之间直接沟通合作，这也是一般网站合作推广所采用的基本模式。

（2）循环链接。这是多个网站之间的互换链接，即超过两个网站之间的单向循环链接，例如 A→B→C→D→A 四个网站之间形成的环状链接关系。这种循环链接常被一些拥有多网站群的机构所采用。

（3）轮辐式链接。轮辐式链接即以一个网站作为核心，分别与其他多个网站建立相互链接或者单向链接，而其他被链接网站之间并不一定发生链接关系。这种链接模式常见于网站分类目录、行业龙头网站以及收费链接网站等，一些拥有多网站群的机构也可能采取这种模式。

（4）链接联盟。链接联盟即通过网站联盟程序实现多个网站之间的互相链接，例如，通过在会员网站上放置联盟代码，A 网站与联盟系统提供的 10 个网站建立链接，B 网站也与系统内的 10 个网站链接，但 A 网站和 B 网站之间是否有链接关系，并不是自己直接决定的，而取决于程序的设计规则。这种链接联盟，由于相互链接的网站之间相关性不高，对网站推广的实际价值不大，并且可能会被搜索引擎视为作弊行为，因而并不是主流应用形式。

除了前述的网站链接形式之外，互联网上还存在形形色色的链接方式，其中有些属于垃圾 SEO 的手段，即用不正当的方式为网站获取外部链接。例如，用户不可见的链接，常用方式是利用网页上 1 个像素大小的图片链接到某个网址，或者用与网页背景色相同颜色的文字加超级链接等。

2.11 病毒性营销

病毒性营销（viral marketing）也可称为病毒式营销，是指通过提供有价值的信息和服务，利用用户之间的主动传播来实现网络营销信息传递的目的。

病毒性营销是一种常用的网络营销方法，常用于进行网站推广、品牌推广等，病毒性营销利用的是用户口碑传播的原理，在互联网上这种“口碑传播”更为方便，信息像病毒一样传播和扩散，利用快速复制的方式把信息传向数以千计、数以百万计的受众。因此，病毒性营销成为一种高效的信息传播方式，而且这种传播是用户之间自发进行的，几乎是不需要费用的网络营销手段。

病毒性营销的经典范例是 Hotmail. com。Hotmail 是世界上最大的免费电子邮件服务提供商，在创建之后的一年半时间里，就吸引了 1200 万个注册用户，而且还在以每天超过 15 万个新用户的速度发展。令人不可思议的是，在网站创建的 12 个月内，Hotmail 只花费了很少的营销费用，还不到其直接竞争者的 3%。Hotmail 之所以能够爆炸式地发展，就是由于利用了“病毒性营销”的巨大效力。其实，原理和操作方法很简单：Hotmail 在每一封免费发出的邮件信息底部附加一个简单提示：“Get your private，free email at http：//www. hotmail. com”（点击 http//www. hotmail. com，获赠一个免费的私人电子邮箱），接收邮件的人会看到邮件底部的信息，然后，收到邮件的人继续利用免费邮件向朋友或同事发送信息，会有更多的人使用 Hotmail 的免费邮件服务，于是，Hotmail 提供免费邮件的信息不断向更大的范围扩散。现在几乎所有的免费电子邮件提供商都采取类似的推广方法。

2.12 网络广告

简单地说，网络广告就是在网络上做的广告，是利用网站上的广告横幅、文本链接、多媒体的方法，在互联网上刊登或发布广告，通过网络传递到互联网用户的一种高科技广告运作方式。网络广告是大型门户网站、新闻网站、搜索引擎等网络媒体的主要收入来源，大量的网络媒体提供了丰富的网络广告空间。

与传统的四大传播媒体（报纸、杂志、电视、广播）广告及近来备受垂青的户外广告相比，网络广告具有得天独厚的优势，是实施现代营销媒体战略的重要部分。互联网是一个全新的广告媒体，速度最快，效果很理想，是中小企业扩展壮大的较好途径，对于广泛开展国际业务的公司更是如此。

目前网络广告的市场正在以惊人的速度增长，网络广告发挥的效用越来越显著，成为传统四大媒体之后的第五大媒体。因而众多国际级的广告公司都成立了专门的“网络媒体分部”，以开拓网络广告的巨大市场。

2.13　开放式在线百科（Wiki）

开放式在线百科（Wiki）是由用户共同参与编写的网络百科全书，为了保持词条内容的权威性和中立性，本来不应该以网络推广平台的面目出现，但是事实上由于词条编写者往往为了某种网络推广的目的才产生写作的动力。为了百科平台内容的丰富，Wiki 平台的管理者通常会在一定程度上采取折中的策略，允许在一定范围内含有一定的网络推广信息，这些推广对于绝大多数读者来说，具有隐性的特征，即在相对客观的前提下用适当的方式表现出部分被推广的信息。

影响力较大的知名 Wiki 网站如维基百科（wikipedia）、百度百科（baike. baidu. com）等通常对于可能含有网络推广的信息审核较为严格，而一些规模较小的 Wiki 平台可能相对比较宽松。

通过 Wiki 平台进行网络推广的效果，首先取决于读者的数量，访问人数越多，其网络推广价值越高。其次是推广信息的表现形式，与企业关联越密切，网络营销效果越明显，如明确提及企业或产品品牌、名称、链接了企业的网址等。

以百度百科为例，Wiki 的网络营销价值大致可以归纳为以下几方面：

1. 通过百科词条内容直接展示企业的信息

知名企业、产品品牌等通常可以直接创建为词条，达到直接网络推广的目的。而一些非知名的产品或企业则可以通过在相关词条内容中适当包含某企业或者产品的信息，在读者阅读这些内容时达到传播产品或品牌信息的目的。

2. 通过百科词条的知识分享达到推广的目的

由于企业或者品牌信息有限，而各种概念、术语、专业知识等信息量是很大的，因此，可以在编辑某些知识性词条内容时适当引入某些企业或产品的信息。例如，在介绍数码相机原理的词条中，提及某个品牌的数码相机就是一种比较合理的网络推广方式。

3. 通过词条正文、参考文献或者扩展阅读等方式添加网址链接

网址链接也是直接的网站推广形式。这样的链接不仅可以为相关网站带来直接的用户点击访问的机会，对于网站的搜索引擎优化也有较高的价值，因为外部链接是提高网站/网页在搜索结果中权重的要素之一。

不过，实践经验表明，对于来自百科词条网址链接而访问企业网站的用户，其实际网络营销价值很可能比来自搜索引擎等其他渠道的用户要低，原因在于访问百科词条的用户通常是为了了解某个概念、某个原理、某个事实等基本信息，来到延伸网站是为了获取更多的信息，并不一定马上会对企业的产品产生购买的愿望。

另外，这里有必要了解的是，由于 Wiki 开放式的特点，每个用户都可以参与编辑同一个词条的部分或全部内容，因此百科词条推广往往是动态的，今天在词条中是 A 企业的信息，明天可能就变成 B 企业的信息了，甚至可能会出现被竞争对手恶意利用的情况。因此，在线百科词条推广的价值，与其他企业可以完全自行掌握发布权的网络营销工具有显著的区别。

思考题

1. 常用的无站点网络营销方法有哪些？

2. 常用的基于企业网站的网络营销方法有哪些？

3. 在常用的网络营销方法中，你认为大型企业和中小型企业（或者网站）在选择网络营销方法时有哪些差异？哪些网络营销方法更适合中小型企业？除了本章列出的方法，你还能列举更多适合中小型企业的网络营销方法吗？

4. 假设你打算自行创业，创办一个小型电子商务企业或者其他公司，请制订一个网络营销计划，包括如何设置工作岗位，以及在公司创办初期的三个月内打算采用哪些网络营销方法，大致需要投入多少费用等。

第3章

搜索引擎营销

本章要点

- 搜索引擎营销原理
- 搜索引擎营销方法

搜索引擎营销（SEM）就是根据用户使用搜索引擎的方式，利用用户检索信息的机会尽可能将营销信息传递给目标用户。搜索引擎营销得以实现的基本过程是：企业将信息发布在网站上，搜索引擎将网站/网页信息收录到索引数据库，用户利用关键词进行检索，检索结果中罗列相关的索引信息及其链接 URL，用户选择有兴趣的信息并点击 URL 进入信息源所在网页，这样便完成了企业从发布信息到用户获取信息的全过程。

3.1 搜索引擎的分类

搜索引擎按其工作方式主要可分为三种，分别是全文搜索引擎（full text search engine）、分类目录（search index/directory）和元搜索引擎（meta search engine）。

1. 全文搜索引擎

全文搜索引擎是通过搜索引擎蜘蛛（spider）程序沿着链接爬行和抓取各个网站页面，经过预处理，建立索引数据库，供用户查询，当用户在搜索框输入关键词后，搜索引擎排序程序从数据库中挑选出符合搜索关键词要求的页面，在很短的时间内反馈大量的结果。

需要说明的是，这些信息并不是搜索引擎即时从互联网上检索得到的，而是从数据库中挑选出来的。通常所说的搜索引擎，其实是一个收集了大量网站/网页资料并按照一定规则建立索引的在线数据库，蜘蛛的爬行、页面的收录及排序都是自动处理的。

全文搜索引擎是真正的搜索引擎，具有代表性的有谷歌（Google）和百度（Baidu）。

2. 分类目录

分类目录是一套人工编辑的多个层次的分类，站长可以在不同分类里提交网站，目录编辑在后台审核所提交的网站，将网站放置于相应的分类页面。有的时候编辑也主动收录网站。典型的网站目录如 hao123 等。

分类目录不是本书所讨论的 SEO 所关注的搜索引擎，分类目录虽然有搜索功能，但在严格意义上不算真正的搜索引擎，仅仅是按目录分类的网站链接列表而已。

限于人力，目录能收录的通常只是网站首页，而且规模十分有限，不过收录的网站通常质量比较高。目录收录网站时存储的页面标题、说明文字都是人工编辑的，比较准确。

全文搜索引擎数据更新快，而目录中收录的很多网站内容十分陈旧，甚至网站可能已经不存在了。

3. 元搜索引擎

元搜索引擎又称多搜索引擎，通过一个统一的用户界面帮助用户在多个搜索引擎中选择和利用合适的搜索引擎来实现检索操作，是对分布于网络的多种检索工具的全局控制机制。

3.2 搜索引擎工作原理简介

搜索引擎工作过程非常复杂，这里只能简单介绍搜索引擎是怎样实现网页排名的。搜索引擎排名大致可以分为四个步骤。

1. 爬行和抓取

搜索引擎派出一个能够在网上发现新网页并抓取文件的程序，这个程序通常被称为蜘蛛（spider）或机器人（robot）。搜索引擎蜘蛛从数据库中已知的网页开始出发，就像正常用户的浏览器一样访问这些网页并抓取文件。

搜索引擎蜘蛛会跟踪网页上的链接，访问更多网页，这个过程就叫爬行（crawl）。当通过链接发现有新的网址时，蜘蛛将把新网址记录入数据库等待抓取。搜索引擎为了提高爬行和抓取速度，都使用多个蜘蛛并发分布爬行。

跟踪网页链接是搜索引擎蜘蛛发现新网址的最基本方法，所以反向链接成为搜索引擎优化的最基本因素之一。没有反向链接，搜索引擎连页面都发现不了，就更谈不上排名了。

搜索引擎蜘蛛抓取的页面文件与用户浏览器得到的完全一样，并将其存入数据库。

由此可见，虽然理论上蜘蛛能爬行和抓取所有页面，但实际上不能，也不会这么做。SEO 人员要想让自己的更多页面被收录，就要想方设法吸引蜘蛛来抓取。既然不能抓取所有页面，蜘蛛所要做的就是尽量抓取重要页面。哪些页面被认为比较重要呢？有以下几方面影响因素：

（1）网站和页面权重。质量高、资格老的网站被认为权重比较高，这种网站上的页面被爬行的深度也会比较深，所以会有更多内页被收录。

（2）页面更新度。蜘蛛每次爬行都会把页面数据存储起来。如果第二次爬行发现页面与第一次收录的完全一样，说明页面没有更新，蜘蛛也就没有必要经常抓取。如果页面内容经常更新，蜘蛛就会更加频繁地访问这种页面，页面上出现的新链接也自然会被蜘蛛更快地跟踪、抓取。

（3）导入链接。无论是外部链接还是同一个网站的内部链接，要被蜘蛛抓取，就必须有导入链接进入页面，否则蜘蛛根本没有机会知道页面的存在。高质量的导入链接也经常使页面上的导出链接被爬行，深度增加。

（4）与首页的点击距离。一般来说，网站上权重最高的是首页，大部分外部链接是指向首页的，蜘蛛访问最频繁的也是首页。离首页点击距离越近，页面权重越大，被蜘蛛爬行的机会也越大。

2. 索引

搜索引擎把蜘蛛抓取的网页文件分解、分析，并以巨大表格的形式存入数据库，这个过程就是索引（index）。在索引数据库中，网页文字内容、关键词出现的位置、字体、颜色、加粗、斜体等相关信息都有相应记录。

搜索引擎索引数据库存储巨量数据，主流搜索引擎通常都存有几十亿级别的网页。

3. 搜索词处理

用户在搜索引擎界面输入关键词，单击“搜索”按钮后，搜索引擎程序即对输入的搜索词进行处理，如中文特有的分词处理，去除停止词，判断是否需要启动整合搜索，判断是否有拼写错误或错别字等情况。搜索词的处理必须快速。

（1）中文分词。分词是中文搜索引擎特有的步骤。搜索引擎存储和处理页面及用户搜索都是以词为基础的。英文等文字单词与单词之间有空格分隔，搜索引擎索引程序可以直接把句子划分为单词的集合。而中文词与词之间没有任何分隔符，一个句子中的所有字和词都是连在一起的，搜索引擎必须首先分辨哪几个字组成一个词，哪些字本身就是一个词。比如“减肥方法”将被分词为“减肥”和“方法”两个词。

中文分词方法基本上有两种，一种是基于词典匹配，另一种是基于统计。

基于词典匹配的分词方法是指将待分析的一段汉字与一个事先造好的词典中的词条进行匹配，在待分析汉字串中扫描到词典中已有的词条则匹配成功，或者说切分出一个单词。词典匹配方法计算简单，其准确度在很大程度上取决于词典的完整性和更新情况。

基于统计的分词方法是指分析大量文字样本，计算出字与字相邻出现的统计概率，几个字相邻出现越多，就越可能形成一个单词。基于统计的方法的优势是对新出现的词反应更快速，也有利于消除歧义。

基于词典匹配和基于统计的分词方法各有优劣，实际使用中的分词系统都是混合使用两种方法，快速高效，又能识别生词、新词，消除歧义。

中文分词的准确性往往影响搜索引擎排名的相关性。比如在百度搜索“搜索引擎优化”，从快照中可以看到，百度把“搜索引擎优化”这六个字当成一个词。而在 Google 搜索同样的词，快照显示 Google 将其分切为“搜索”“引擎”“优化”三个词。显然百度切分得更为合理，“搜索引擎优化”是一个完整的概念。

（2）去除停止词。无论是英文还是中文，页面内容中都会有一些出现频率很高，却对内容没有任何影响的词，如的、地、得之类的助词，啊、哈、呀之类的感叹词，从而、以、却之类的副词或介词。这些词被称为停止词，因为它们对页面的主要意思没有什么影响。英文中的常见停止词有 the、a、an、to、of 等。

搜索引擎在索引页面之前会去掉这些停止词，使索引数据主题更为突出，减少无谓的计算量。

（3）去重。同一篇文章经常会重复出现在不同网站及同一个网站的不同网址上，搜索引擎并不喜欢这种重复性的内容。所以在进行索引前还需要识别和删除重复内容，这个过程就称为去重。

（4）索引。搜索引擎索引程序将页面及关键词形成词表结构存储进索引库。这样当用户搜索某个关键词时，排序程序在索引中定位到这个关键词，就可以马上找出所有包含这个关键词的文件。

简化的索引词表结构如表 3-1 所示。

4. 排名

在搜索引擎蜘蛛抓取页面，索引程序计算得到索引后，搜索引擎就准备好可以随时处理用户搜索了。用户在搜索框填入关键词后，排名程序调用索引库数据，计算排名显示给用户，排名过程是与用户直接互动的。

表 3-1 简化的索引词表结构

关键词	文件
关键词 1	文件 1，文件 2，文件 15，文件 58，…，文件 l
关键词 2	文件 1，文件 3，文件 6，…，文件 m
关键词 3	文件 5，文件 700，文件 805，…，文件 n
⋮	⋮
关键词 n	文件 1，文件 2，文件 6，文件 100，…，文件 x

在计算排名过程中，相关性计算是搜索引擎算法中最令 SEO 感兴趣的部分。影响相关性的主要因素包括以下几个方面：

（1）关键词常用程度。经过分词后的多个关键词，越常用的词对搜索词的意义贡献越小，越不常用的词对搜索词的意义贡献越大。

假设用户输入的搜索词是“我们冥王星”。“我们”这个词常用程度非常高，它对“我们冥王星”这个搜索词的辨识程度和意义相关度贡献就很小。找出那些包含“我们”这个词的页面，对搜索排名相关性几乎没有什么影响，有太多页面包含“我们”这个词。

常用词的极致就是停止词，对页面意义完全没有影响。

（2）词频及密度。一般认为，在没有关键词堆积的情况下，搜索词在页面中出现的次数越多，密度越高，说明页面与搜索词越相关。

（3）关键词的位置及形式。页面关键词出现的格式和位置都被记录在索引库中。关键词出现在越重要的位置或格式越明显，如标题标签、黑体、H1 等，说明页面与关键词越相关。

（4）关键词距离。切分后的关键词完整匹配地出现，说明页面与搜索词最相关。比如搜索“减肥方法”时，连续完整出现“减肥方法”四个字的页面是最相关的。如果“减肥”和“方法”两个词没有连续匹配出现，出现的距离近一些，也被搜索引擎认为页面的相关性稍微大一些。

（5）链接分析及页面权重。除了页面本身的因素，页面之间的链接和权重关系也影响关键词的相关性，其中最重要的是锚文字。页面有越多以搜索词为锚文字的导入链接，说明页面的相关性越强。

3.3 搜索引擎营销的原理与任务

企业利用被用户通过搜索引擎检索的机会实现信息传递的目的，这就是搜索引擎营销。

1. 搜索引擎营销的基本过程

（1）企业将信息发布在网站上，成为以网页形式存在的信息源（包括企业内部信息源及外部信息源)。

(2) 搜索引擎将网站/网页信息收录到索引数据库。

(3) 用户利用关键词进行检索(对于分类目录则是逐级目录查询)。

(4) 检索结果中罗列相关的索引信息及其链接 URL。

(5) 用户根据对检索结果的判断选择有兴趣的信息,并点击 URL 进入信息源所在网页。

这样便完成了企业从发布信息到用户获取信息的整个过程,这个过程也说明了搜索引擎营销的基本原理。

2. 搜索引擎营销的基本任务

根据搜索引擎营销的基本原理可以看出,搜索引擎营销的基本任务包括以下几个方面:

(1) 构造适合搜索引擎检索的信息源。网页信息源被搜索引擎收录是搜索引擎营销的基础,这也是网站建设成为网络营销基础的原因。由于用户通过检索之后还要来到信息源获取更多的信息,因此这个信息源的构建不能只是站在搜索引擎友好的角度,而且应该包含用户友好,这就是在建立营销导向的企业网站中所强调的。

(2) 增加网站/网页被搜索引擎收录的机会。无论网站设计多么精美,如果不能被搜索引擎收录,那么用户便无法通过搜索引擎发现这些网站中的信息,当然就不能实现网络营销信息传递的目的。因此,让尽可能多的网页被搜索引擎收录是网络营销的基本任务之一。

(3) 让网站信息出现在搜索结果中靠前的位置。网站/网页仅仅被搜索引擎收录还不够,还需要让企业信息出现在搜索结果中靠前的位置,这就是搜索引擎优化所期望的结果。

(4) 以搜索结果中有限的信息获得用户关注。通过对搜索引擎检索结果的观察可以发现,用户通常需要对搜索结果进行判断,从中筛选一些相关性最强及最能引起自己关注的信息进行点击,这就要求对搜索引擎进行针对性的设计,主要包括网页标题、网页摘要信息、网页 URL 等。

(5) 为用户获取信息提供方便。用户通过点击搜索结果进入网站/网页,是搜索引擎营销产生效果的基本表现形式。

用户来到网站之后可能要了解产品信息,如产品质量、款式、价格等,在此阶段,要为用户获取信息提供方便,同时,与用户建立密切的关系,使其成为潜在客户,或者直接购买产品。

3. 搜索结果显示格式

如图 3-1 所示是百度"网络营销"的搜索结果列表,主要分三部分。

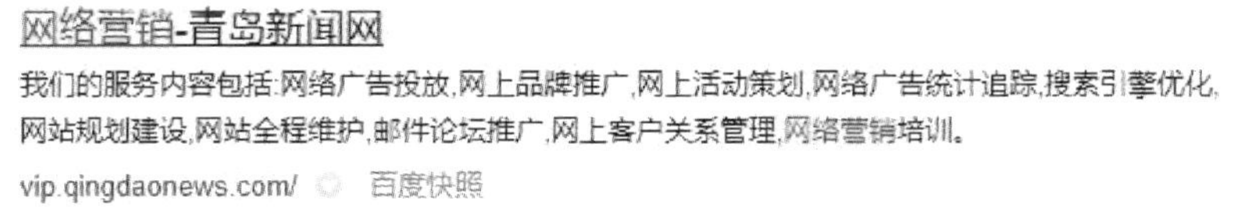

图 3-1 最常见的搜索结果列表格式

第一行是页面标题,通常取自页面超文本标记语言(hype text markup language,HTML)代码中的标题标签(title tag)。这是结果列表中最醒目的部分,用户点击标题就可以访问对应的网页。可见页面标题标签的写法,无论对排名还是对点击率都有重要意义。

第二行、第三行是页面说明。页面说明有的时候取自页面 HTML 中的描述标签（description tag），有时从页面可见文字中动态抓取相关内容。

第四行显示两个信息——网址和百度快照：①网址：用户可以看到页面来自哪个网站。②百度快照：用户点击快照，可以查看存储在百度数据库中的页面内容。当页面被删除或者有其他技术问题导致不能打开时，用户至少还可以从快照中查看想要的内容。

3.4 搜索引擎营销的主要模式

到目前为止，搜索引擎营销的主要模式可归纳为以下三种：

1. 登录分类目录

最早的分类目录网站推广的方法至今仍适用，只不过现有的分类目录已经不重要或者不再像早期那样免费收录网站，而是当网站缴纳费用之后才可以获得被收录的资格。例如，百度旗下的 hao123 导航网站（https：//www. hao123. com/）以及百度网址大全（http：//site. baidu. com/）、搜狗网址导航（https：//123. sogou. com/）等都仅提供部分大型网站的链接。与传统分类目录不同的是，这些导航网站不一定有详细的行业分类，并且通常不轻易接受新网站登录申请。

随着基于超级链接的全文搜索引擎重要性的提高，现在传统分类目录网站的影响力已经越来越小。

2. 搜索引擎优化

搜索引擎优化即通过对网站栏目结构和网站内容等基本要素的优化设计，提高网站对搜索引擎的友好性，使得网站中尽可能多的网页被搜索引擎收录，并且在搜索引擎自然检索结果中获得好的排名效果，从而通过搜索引擎的自然检索获得尽可能多的潜在用户。搜索引擎优化是 2004 年之后最重要的搜索引擎营销模式之一，通过网站优化才可以获得一定的网站访问量。

3. 搜索引擎关键词广告

搜索引擎关键词广告即通过为搜索引擎服务商付费的方式，当用户用某个关键词检索时，在搜索结果页面专门设计的广告链接区域显示企业的广告信息。由于关键词广告信息出现在搜索结果页面的显著位置且与用户搜索的内容有一定的相关性，因此比较容易引起用户的关注和点击，是快速扩大搜索引擎可见度的有效方式，也是目前搜索引擎营销市场成熟的推广模式。

基于网页内容定位广告也是关键词广告的一种模式（即关键词广告联盟），只有广告客户才能选择是否启用内容网络联盟。启用内容网络联盟意味着广告主的广告可以出现在更多内容相关的网站而不仅局限于搜索引擎的搜索结果页面，由于单位时间内广告展示和被点击次数更多，这也就意味着可能需要更多的广告预算。

3.5 搜索引擎关键词广告

搜索引擎优化是基于搜索引擎自然检索的推广方法，并不是每个网站都可以通过搜索引擎优化获得足够多的访问量。尤其在一个竞争激烈的行业中，大量的企业网站都在争夺搜索引擎检索结果中有限的用户注意力资源时，很多企业会受到搜索引擎自然检索推广效果的制约，因此企业往往采用付费搜索引擎广告与搜索引擎优化的组合策略。

关键词广告是搜索引擎服务商的主要盈利模式，因其更加灵活和可控性高等特点得到企业的认可。

本节讨论付费搜索引擎广告的形式、特点，以及网站投放搜索引擎广告的基本方法和需要注意的主要问题。

3.5.1 搜索引擎关键词广告及其表现形式

目前在国内影响力较大的各大搜索引擎都有各自的关键词广告服务，在表现形式上也有较多的相似之处，只是在具体的广告投放模式、广告管理方式、每次点击的价格等方面有一定的差异。下面以百度为例做介绍。

百度关键词广告，最初叫竞价排名，后来称为“百度推广”“商业推广”“广告”。竞价排名最初是指在搜索引擎检索结果中，依据付费的多少来决定广告的排名位置，付费高的网站信息将出现在搜索结果最靠前的位置。这里所说的付费，是指用户每点击一次检索结果的费用。由于这种纯粹按照付费多少来决定排名的方式可能出现广告与搜索结果的相关性不高或者容易引起误导的情形，因此逐步演变为考虑了更多因素形成的综合排名模式，也就是百度推广。2016 年 5 月 17 日，中央网络安全和信息化领导小组办公室（简称“国家网信办”）要求百度纠正竞价权重过高的问题，并对搜索结果中商业推广标识不清的问题进行优化，原来模糊不清的“推广”两个字，修改成了“商业推广”“广告”，以此来确保搜索结果更加公正客观，避免误导广大用户。2016 年 6 月 25 日，国家网信办发布《互联网信息搜索服务管理规定》，要求信息搜索服务提供商明确付费搜索信息页面比例上限，醒目区分自然搜索结果与付费搜索信息，对付费搜索信息逐条加注显著标识。而 2016 年 9 月 1 日起施行的《互联网广告管理暂行办法》首次将付费搜索认定为广告。这无疑表明付费搜索业务将会受到更加严格的监管。

3.5.2 搜索引擎关键词广告的十大特点

关键词广告是目前最广泛的付费搜索引擎推广模式，这与关键词广告自身的特点密不可分。

1. 关键词广告是“立竿见影”的网络推广模式

搜索引擎是目前用户获取信息的主要渠道，只要投放了关键词广告，当用户搜索时，企业的推广信息会立刻出现在搜索结果页面，广告显效快，远比搜索引擎优化效果更为直接。而且由于广告展示在自然搜索结果前列，用户关注程度更高。对于竞争激烈的行业，关键词广告的优势更为显著。

2. 搜索引擎关键词广告的灵活自主性

关键词广告管理系统的功能越来越强大，广告用户可以灵活自主地投放广告，包括广告投放的区域、时段、每天每月最多消费金额等。

3. 按有效点击次数付费，推广费用相对较低

按点击付费（Cost-Per-Click，CPC）是搜索引擎关键词广告模式的主要特点之一，对于用户浏览而没有点击的信息，将不必为此支付费用，相对于传统展示类网页网络广告按照千人成本（CPM）收费的模式来说，更加符合广告用户的利益，使得网络推广费用相对较低，而且完全可以自行控制。因此搜索引擎关键词广告成为各种规模的企业都可以利用的网络推广手段。

4. 关键词广告的用户定位程度较高

由于关键词广告信息出现在用户检索结果页面，与用户获取信息的相关性较强，因而搜索引擎广告的定位程度高于其他形式的网络广告。而且由于用户是主动检索并获取相应的信息，具有更强的主动性，符合网络营销用户决定营销规则的思想，属于绿色健康的网络营销模式。

5. 关键词广告形式简单，降低广告制作成本

关键词竞价的形式比较简单，通常是文字内容，包括标题、摘要信息和网址等要素，关键词不需要复杂的广告设计，因此降低了广告设计制作成本，使得小企业、小网站甚至个人网站、网上店铺等都可以方便地利用关键词竞价方式进行推广。

6. 关键词广告投放及管理效率较高

关键词广告推广信息不仅形式简单，而且整个投放过程也非常快捷，大大提高了投放广告的效率，与其他广告模式相比，关键词广告管理更为高效。

7. 关键词广告引导用户到达页面的针对性更强

关键词广告所链接的页面，通常被称为着陆页，即广告用户到达的第一个页面。关键词广告所链接的 URL 由广告主自行设定，可以引导用户来到任何一个期望的网页。当然更加理想的方式是广告主设置一个专门的着陆页。在自然检索结果中，搜索引擎收录的网页信息是网站运营人员无法自行确定的，出现哪个网页无法自行选择，因而这也是关键词广告针对性更强的一个原因。

8. 关键词广告效果一目了然

当购买了关键词广告服务之后，服务商会为广告用户提供一个管理入口，可以实时在线查看推广信息的展示、点击情况以及广告费用信息。经常对广告效果统计报告进行记录和分析，对于积累搜索引擎广告推广的经验、进一步提高推广效果具有积极意义。

9. 关键词广告是搜索引擎优化的补充

搜索引擎优化是网站基本要素优化的反映，通常无法保证很多关键词都能在搜索引擎检索结果中获得排名优势，尤其是当一个企业拥有很多产品线时，搜索引擎优化难以做到覆盖面很广。这时采用关键词广告推广是对搜索引擎自然检索推广的有效补充，综合利用关键词广告与搜索引擎优化更有利于提升搜索引擎营销的效果。

10. 关键词广告可增加网络营销竞争壁垒

搜索引擎营销的竞争是对搜索引擎可见度资源的竞争。利用关键词广告及搜索引擎优化的搜索引擎营销组合策略占据有限的搜索结果推广空间，也是一种合理的网络竞争方式，有助于增加网络营销的竞争壁垒。因此，策略性关键词广告投放也是企业竞争的需要。

3.5.3 关键词广告排名的算法规则

管理百度搜索推广账户，最重要且最常见的几点就是质量度、搜索排名、出价。虽然是竞价排名，但绝对不是谁出价高谁就排前面。

那么关键词的搜索排名、质量度、出价相互都是什么关系呢？下面介绍几个相关概念。

（1）关键词的质量度。质量度是搜索推广中衡量搜索网民、搜索词与推广结果之间相关性的综合性指标，在账户中以 10 分制的形式来呈现，分值越高则相关性越好，越能得到网民的关注与认可，展现概率越大。质量度是根据关键词与创意相关性、关键词与目标网页的相关性、关键词点击率、账户表现（账户生效时间、其他关键词点击率）等因素计算的综合指标。

（2）创意撰写质量。它反映了广告展示以后对搜索网民的吸引力。创意撰写得越好，越有可能给网站带来流量。

（3）目标网页体验。它反映了搜索网民点击广告以后目标网页对其需求的满足程度。网页体验越好，越有可能发生转化。

（4）关键词的搜索排名：平均排名和左侧排名。

1）平均排名。在每次展现时，系统会按照质量度和出价计算得到推广结果的综合竞争力，并按照该综合竞争力自动得到推广结果的排名。关键词的平均排名就是推广结果排名的一个平均表现。从整体上来说，平均排名越靠前，说明推广结果在展现时获得的排名位置越优，网站获得客户访问的次数也可能越多。值得注意的是，平均排名只是反映了当前关键词的整体表现，推广结果的展现位置以实际线上表现为准。

2）左侧排名：此处的左侧排名是指关键词在该地域中的左侧排名（通常认为左侧排名才算有排名，右侧的都不算有排名，只叫有展示）。

百度推广中的排名取决于很多因素，其中有两个重要的因素是最高每次点击费用（CPC）和点击率（CTR）。每次点击费用是指广告商设定的关键字的单次点击费用，也就是针对一个关键词愿意出的竞价价格。点击率是指广告的点击次数除以展示次数所得到的比率。点击率越高，说明广告相关性越强，也就是说点击率越高，广告越受欢迎。

这意味着，单纯提高 CPC 并不一定能使广告排名靠前，而广告展示次数多但没有点击率，也不能使广告排名靠前。因此，百度竞价的排名最终取决于出价和关键词的质量度二者的乘积，数值越大，排名越靠前。百度推广的这一做法是为了鼓励广告商制作质量高的广告，好的广告。用户点击量高，即使客户愿意出的竞价价格较低，其广告排名也可能被逐步提前。如果按照“谁出钱最多，谁就排在搜索结果的最前面”这种方式来进行排名，对搜索者来说并不是好事，很多时候排名靠前的企业，其广告质量度非常差，不仅浪费了搜索者的时间，也导致了企业搜索引擎营销成本的提高。

百度竞价实际每次的点击价格取决于客户自身和其他客户的排名、出价和质量度，每个关键词的点击价格最高不会超过客户自身为关键词所设定的最高出价。

3.6　网络推广漏斗模型

了解典型的网络营销漏斗模型，有助于从系统的角度理解网络营销，更易于找到企业做网络营销潜在的瓶颈和突破机会，从而更有效地提升网络营销的整体业绩。

3.6.1　网络推广漏斗模型的概念

要弄清网络推广漏斗模型到底是怎么回事，我们可以先来了解一下网民的购买过程。

一个网民通过搜索引擎购买产品，从开始搜索与产品相关的关键词到最后下单，大致会经历五个环节。

搜索：使用百度或站内搜索引擎搜索商品信息；

点击：在搜索结果中点击感兴趣的推广信息；

浏览：打开企业网站或推广平台的页面进行浏览；

咨询：就产品与企业销售人员进行咨询；

下单：购买合适的商品。

而作为企业，在网络推广中，从推广信息获得展现到最后获得订单，也有五个环节。

创意展现：推广信息在搜索结果页面展现；

获得点击：推广信息获得网民的点击；

网页得到访问：网站或网页被网民浏览；

与网民互动：企业与网民互动交流；

获得订单。

在企业网络推广的过程中，推广信息获得的展现量、点击量、访问量、咨询量和订单量，从上往下，依次减少。把企业推广的全过程通过一个图形象化、数据化表述出来，我们发现这个图形呈漏斗状，所以，我们形象地称之为网络推广漏斗模型，如图 3-2 所示。

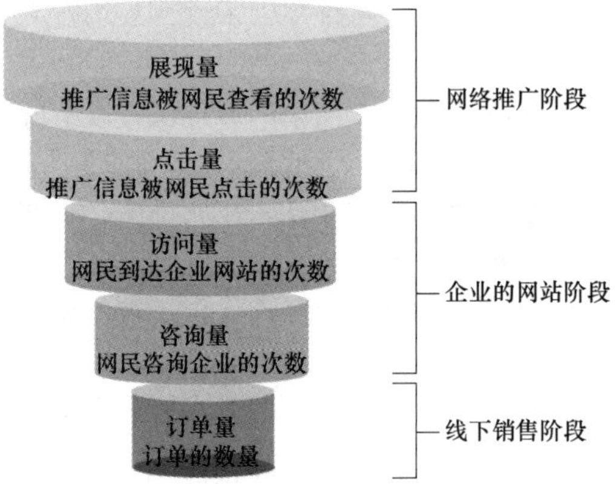

图 3-2　网络推广漏斗模型示意图

企业做推广的效果可用漏斗中的五个量、四个率来帮助我们进行评估。

展现量：推广信息被网民查看的次数；

点击量：推广信息被网民点击的次数；

访问量：推广信息指向的链接被网民浏览器加载并完全打开的次数；

咨询量：通过浏览网页对企业进行线上或线下咨询的次数；

订单量：网民通过在线、电话或直接到实体店等方式完成购买的次数。

根据这五个量，我们接着可以得到四个率，分别是：点击率、访问率、咨询转化率和订单转化率。

点击率=点击量/展现量；

访问率=访问量/点击量；

咨询转化率=咨询量/访问量；

订单转化率=订单量/咨询量。

3.6.2　分析网络推广漏斗，提升网络推广效果

为了分析网络推广效果，我们将网络推广漏斗分为五个过程，这五个过程又可以分为三个阶段，如图 3-2 所示。只有有针对性地加强对客户流失大的环节的分析，发现问题，总结原因，提出问题的解决办法，才能有效提升企业的营销效果。

第一阶段：网络推广阶段（展现量、点击量）

这里会涉及搜索引擎推广的两种形式：SEM 和 SEO。其实这两种推广形式，都是为了获

取展现量和点击量。

1. 展现量低，即推广结果有效展现次数较少

在漏斗的顶端时，常见的问题是展现量偏低，低于期望或者行业平均水平，导致推广不能完整覆盖受众人群，使企业主错失潜在客户。

面对这种情况时，需要重点诊断关键词本身可能存在的问题，通常会以下列四个方面作为分析的切入点。

（1）关键词。在对关键词进行选择的时候，无论是竞价排名还是自然排名，都要考虑是否存在关键词不够精准、关键词类型单一或关键词数量不够的问题，导致搜索量不大。如果有这类问题，则需要对关键词进行拓展，根据地区、盈利模式及产品的合理命名选择适当数量的、针对性强的长尾关键词，尤其要注意站在用户的角度选择长尾关键词，拓展受众来源。

（2）排名位置。排名对于展现量的影响是巨大的，如果排名靠后，会直接导致网民对推广信息的关注度下降，甚至根本看不到推广信息。

若出现排名靠后的问题，需要立即进行调整，一是在竞价排名中对创意的出价及文案进行调整，提高关键词质量度；二是在自然排名中对网页加强站内优化和站外优化，检查是否有关键词密度不合理等情况存在，并提高网站的更新频度。

（3）匹配方式。在竞价排名中要考虑关键词匹配模式的选择是否不够灵活。如果仅适用精准匹配或短语匹配，会错过相当一部分流量，建议使用“广泛匹配+否定匹配”的组合进行测试，观察效果。

（4）地域和时段。在竞价排名中，分析是否对推广时段设置时间较短，错过了投放的最佳时机，是否推广预算分配不合理，导致计划提前下线等。

2. 点击率低，即展现量正常，但点击量小

点击率低不仅会造成用户的流失，而且对于推广账户的质量度会有巨大的负面影响。那应该从哪几个方面找问题呢？

（1）创意质量、Meta 标签中的 Title 和 Description。分析推广创意或 Title，是否过于平淡，没有突出产品的卖点及折扣信息，造成了与竞争对手的差异度不足，无法吸引用户点击。若存在此问题，就需要重写文字信息，增加图片，吸引用户点击。

（2）相关性。需要考虑关键词与推广创意或 Title 的相关性是否出现问题。是不是投放了流量很大的很宽泛的关键词，因为该关键词含义宽泛，与推广创意或 Title 相关性差，满足不了用户的搜索需求，所以造成了点击率的低下。

（3）排名位置。排名靠后，处于受众不容易发现的位置，对点击率会产生明显影响。

第二阶段：企业的网站阶段（访问量、咨询量）

这个阶段相当于通过搜索引擎推广，已经把用户带到网站来了，但并不是带来的客人都会浏览网站内容，这与网站建设质量有关。

3. 访问转化率低，即点击量正常，但访问量很低

在点击量和访问量这两者之间出现一定的损耗是正常的，通常搜索损耗为 20%～30%，如果损耗数值过大，就需要及时检查。

（1）页面打开速度。检查页面的加载速度是否过慢，使得用户在页面加载完全之前就选择了离开。最常见的是使用 flash 页面，动辄十几秒几十秒的加载速度，会直接耗尽用户的耐心，造成用户的大量流失；另一方面检查一下网站是不是使用了跳转，跳转有可能会使访问的来源信息丢失，也可能会给网站的稳定性带来问题。除此之外，页面中的图片数量，体积过大的图片，过多的页面特效，网站空间的带宽和稳定性等也会影响页面的打开速度。

（2）相关性。检查推广创意、关键词、Title 标题与着陆页面是否存在相关性低的问题。如果与着陆页面中的产品内容差异很大，就可能造成页面监测代码未完成载入时用户就已跳出页面。

需要注意的是，恶意点击及作弊流量也具有到达率较低的特征，但在做出作弊相关判断时，需要综合多方面的数据加以分析，才可以最终确定。

4. 咨询转化率低，即访问量正常，但咨询量很低

虽然网络推广为网站带来了优质流量，但电话咨询和在线咨询却很少。咨询转化率低的问题与网站体验有着紧密联系，需要综合分析网站的数据，做出有针对性的优化，通过良好的网站体验提升咨询转化率。寻找导致咨询量很低的原因可从以下几个方面分析。

（1）网站定位不准，页面设计缺乏销售力。就像一个说话吞吞吐吐的推销员，将无法说服客户。

首先，产品定位要准，网站首页要“秀”出核心产品的卖点，牢牢地吸引住客户；其次，客户定位要准，要根据客户的思路按先后顺序展示相关内容，让客户很容易看到自己关心的内容；最后，要增加网站的公信力和说服力，没有信任就没有成交。

（2）咨询方式单一。不同的客户喜欢不同的咨询方式，多一种咨询方式就有可能多一些咨询量。

（3）咨询入口不醒目。联系方式的位置要醒目又不影响整体体验。有些网站从客户进来到结束，一直弹出窗口，导致无法浏览整个页面，客户只有弃之而逃。

第三阶段：线下销售阶段（订单量）

漏斗最下层，是成交的关键。掌握漏斗转化数据能够提升转化率，将意向客户转化为成交客户。

5. 订单转化率低，即网站有咨询，但无订单

导致无订单的情况可以从以下几个方面找原因。

（1）客服/销售能力。客服作用不可小觑，对整个企业的产品及客户维护都有着极其大的影响，主要体现在以下四个方面：直接转化成单、帮助市场做产品调研、建立客户档案体系、收集意见或建议。

客服是否对产品有深入理解，并且引导客户做出决定；是否能定期收集的客户反馈，反馈给业务部或者产品部，确定是否优化，并告知详细的计划安排。所有的企业都应该对客服制定转化率，分析客服销售能力和引导能力，并进行专业能力的培训。

（2）营销活动能力。同其他在淘宝上的卖家一样，营销活动是促使成交的方式之一。

3.7 高级搜索指令

用户除了可以通过搜索引擎搜索普通关键词外，还可以使用一些特殊的高级搜索指令。这些搜索指令对普通用户来说很少会用到，对 SEO 人员进行竞争对手研究和寻找外部链接资源却非常有用。本节简单介绍常用的高级搜索指令。

1. 双引号

把搜索词放在双引号中，代表完全匹配搜索。也就是说，搜索结果返回的页面包含双引号中出现的所有词，连顺序也必须完全匹配。

比如：搜索“飞机微博图片”，返回的结果中大部分页面出现的关键词并不是完整的“飞机微博图片”，有的页面中“飞机”“微博”“图片”这三个词出现在不同地方，中间有间隔，顺序也不相同。把“飞机微博图片”放在双引号中再搜索“飞机微博图片”，可以看到，返回结果完全按顺序出现“飞机微博图片”这个搜索字符串的页面。

使用双引号搜索可以更准确地找到特定关键词的竞争对手。

2. 减号

减号（-）代表搜索不包含减号后面的词的页面。使用这个指令时，减号前面必须是空格，减号后面没有空格，紧跟着需要排除的词。

比如：搜索“新加”这个词时，返回结果排在前面的很多是关于新加坡的页面。如果搜索“新加 -坡”，返回的结果则是包含“新加”这个词，却不包含“坡”这个词的结果。

使用减号也可以更准确地找到需要的文件，尤其是某些词有多种意义时。比如，搜索“苹果 -电影”，返回结果页面就排除了《苹果》这部电影的结果，而不会影响苹果计算机和苹果作为水果的内容。

3. 星号

星号（*）是常用的通配符，也可以用在搜索中，其中的“*”号代表任何文字。百度不支持星号搜索指令。

4. inurl:

“inurl:”指令用于搜索查询词出现在URL中的页面。“Inurl:”指令支持中文和英文。

比如搜索“inurl:搜索引擎优化”，返回的结果都是网址URL中包含“搜索引擎优化”的页面。由于关键词出现在URL中对排名有一定影响，使用“inurl:”搜索可以更准确地找到竞争对手。

5. inanchor:

“inanchor:”指令返回的结果是导入链接锚文字中包含搜索词的页面。百度不支持“inanchor:”搜索指令。

比如在Google搜索“inanchor:点击这里”，返回的结果页面本身并不一定包含“点击这里”这四个字，而是指向链接锚文字中出现了“点击这里”这四个字的页面。

链接锚文字是关键词排名最重要的因素之一，有经验的SEO会尽量使外部链接锚文字中出现目标关键词。因此，使用“inanchor:”指令可以用来找到某个关键词的竞争对手，而且这些竞争对手往往是做过SEO的。研究竞争对手页面有哪些外部链接，就可以找到很多链接资源。

6. intitle:

“intitle:”指令返回的是页面标题（title）中包含关键词的页面。

标题是目前页面优化的重要因素，SEOer（搜索营销者）都会把关键词放在标题中。

使用“intitle:”指令找到的文件是更准确的竞争页面。如果关键词只出现在页面可见文字中，而没有出现在标题中，大多数情况是并没有针对关键词进行优化，所以也不是有力的竞争对手。

7. allintitle:

“allintitle:”搜索返回的是页面标题中包含多组关键词的文件。

例如，搜索“allintitle:SEO 搜索引擎优化”，就相当于搜索“intitle:SEO intitle：搜索引擎优化”，返回的是标题中既包含“SEO”也包含“搜索引擎优化”的页面。

8. allinurl:

“allinurl:”与“allintitle:”类似。

例如，搜索“allinurl:SEO 搜索引擎优化”，就相当于搜索“inurl:SEO inurl：搜索引擎优化”。

9. filetype:

“filetype:”用于搜索特定文件格式。

比如搜索“filetype:pdf SEO”，返回的就是包含 SEO 这个关键词的所有 pdf 文件。

百度支持的文件格式有 pdf、doc、xls、ppt、rtf、all，其中的“all”表示百度所有支持的文件类型。

10. site:

“site:”是 SEO 最熟悉的高级搜索指令，用来搜索某个域名下的所有文件。

例如搜索“Site:seozac. com”，返回的就是 seozac. com 这个域名下的所有页面。这个指令是查询网站收录页面数最直接的方法。

不过，“site:”指令并不准确，返回的收录页面经常有大幅度波动，只能作为参考。

11. link:

“link:”指令也是 SEO 常用的指令，用来搜索某个 URL 的反向链接，既包括内部链接，也包括外部链接。例如搜索“link:seozac. com”，返回的就是 seozac. com 的反向链接。

思考题

1. 全文搜索引擎和分类目录的区别是什么？
2. 简述通过搜索引擎查询信息的定位方法。
3. 简述搜索引擎营销的主要模式。
4. 百度是如何开展关键词竞价排名与收费的？
5. 竞价排名与搜索引擎优化有何区别？
6. 百度的竞价排名取决于哪两个主要因素？实际点击收费价格是怎样确定的？
7. 在竞价排名中，“谁出钱最多，谁就排在搜索结果的最前面”这种说法是否正确？为什么？
8. 利用搜索引擎进行行业分析：选择一个行业（或产品）关键词，如“网络营销”“有机蔬菜”，或者其他你感兴趣的行业关键词，利用目前用户使用最多的三个中文搜索引擎检索。通过对搜索结果的对比，分析行业网络营销竞争状况及用户检索行为，并为该行业的某个企业设计一个扩大搜索引擎可见度的方案。

第4章

搜索引擎优化

本章要点

- 域名优化
- 关键词优化
- 链接与反向链接优化
- Meta 标签优化
- 常见 SEO 作弊手法
- SEO 操作法则

搜索引擎优化（Search Engine Optimization，SEO）是根据搜索引擎的检索原则，在符合用户友好性的基础上，对网站内外部进行相关优化，使网站在搜索引擎中的自然排名靠前，从而增加网站访问量，最终实现产品销售或提升网络品牌。

4.1 搜索引擎优化发展状况

搜索引擎优化在国外的研究较早，它是随着搜索引擎的发展而同步发展起来的。万维网出现，人们在迅速扩张的网络信息中寻找自己需要的信息，由此诞生了目录搜索式的雅虎，在分类目录页面越靠前的网站得到用户访问的概率越高。于是人们开始研究排名规则，通过相应的调整提高网站的排名。随着 Google 的出现，搜索引擎算法变得复杂，出现了真正意义上的搜索引擎优化，有专业的公司、专业的人员进行搜索引擎优化研究工作，为广大网站提供全方位的搜索引擎优化服务。

国内搜索引擎优化起步较晚，到 2003 年才真正涉足搜索引擎优化。伴随着百度的出现及其快速发展，Google 进入我国，搜狗、好搜、有道等搜索引擎不断发展，目前国内已经出现了一定数量的专门从事搜索引擎优化研究的专业机构和技术人员，但总体规模偏小，专业性较差。搜索引擎优化行业还存着很多问题，主要表现在以下两个方面：

一方面，企业网站尤其是企业网站的管理者缺乏对搜索引擎优化的意识或重视不够。企业对网络营销的认识加强，纷纷建立自己的网站，但忽视了网站的优化推广，或者想借助搜索引擎优化让潜在客户或目标客户找到自己的网站，却不知道怎么做。照搬优化理论，滥用优化理论，这些做法不仅对网站后期不利，还阻碍了搜索引擎优化理论的发展，危害了整个搜索引擎行业。

另一方面，一部分搜索引擎优化从业者不道德。搜索引擎优化应该是自然的，要避免优化过度。但是有些从业者使用大量的作弊手法，如关键词堆砌、隐藏链接、隐藏文字等。这些行为严重影响了搜索引擎优化行业的整体声誉，同时他们的网站也受到百度等搜索引擎的惩罚，如降低权重或列入黑名单。

4.2 正确认识 SEO

1. SEO 适合哪些人

SEO 适合以下人员：

（1）网站设计人员。网站设计人员掌握网站的代码，有能力和权限修改网站的结构，可以从代码层面开始构建或者优先优化网站。网站设计人员包括网站的前台、网站后台、网站美工、网站构架等。

（2）网站管理人员。网站管理人员可以使用 SEO，使网站获得看得见的效果。网站管理人员包括企业站站长、产品站总监、网站运营总监、网站策划总监等。

（3）内容编辑人员。SEO 不只是技术及设计人员的任务，在搜索引擎越来越强调内容后，内容就成为提高搜索引擎权重、改善和促进用户转化率的关键因素。网站的内容编辑人员目前在 SEO 方面的重要作用不可忽视。网站的内容包括许多方面，如新闻资讯、产品信息、公司简介、联系方式、促销信息等。网站编辑从内容组织、段落结构、标题设置、关键词分布、内容隐藏链接和相关链接等方面来优化文章，使普通的文字稿变成一篇生动的符合搜索引擎营销优化规则的软文，这一点是至关重要的。网站编辑的岗位包括专职的网站内容编辑、营销部门的方案策划人员、市场销售人员、新闻工作者等。

（4）网络创业人士。想用 SEO 技术作为自己创业出路的人士，包括个人站长、网络商店的店主，都可以加入到 SEO 中。

2. SEO 不等于作弊

SEO 不是钻空子找窍门，而是做强网站。有很多人认为 SEO 是利用搜索引擎算法的漏洞钻空子，实际上 SEO 是遵循搜索引擎的“爬行”规律，去迎合搜索引擎的做法，从各个角度把网站做强。在 SEO 过程中，有些人运用不正当的手段，所以网站被搜索引擎惩罚，完全不收录网站任何页面。

3. SEO 与 SEM 的关系

SEM 是 search engine marketing 的缩写，中文意思是搜索引擎营销。SEM 是一种新的网络营销形式。SEM 的服务主要有竞价排名、固定排名和搜索引擎优化。目前，SEM 正处于发展阶段，它将成为今后专业网站乃至电子商务发展的必经之路。

SEO 与 SEM 的关系体现在：

（1）SEO 属于 SEM 的一部分，SEO 和 SEM 最主要的区别是最终目标不同。

（2）SEO 通过对网站进行优化设计，使网站在搜索结果中排名靠前。

（3）SEM 所做的就是全面而有效地利用搜索引擎来进行网络营销和推广，SEM 追求最高的性价比，以最小的投入获得最大的来自搜索引擎的访问量，并产生商业价值。

国外有一些相关的书籍和文章把 SEM 和 SEO 放在并列的位置来看待，认为 SEM 就是付费排名，SEO 就是自然排名，这样的提法也无不可，但本书还是把 SEO 看作 SEM 的一部分。

4. SEO 与付费排名的关系

投放搜索引擎的付费广告有一个前提，即必须事先规划好关键词。网页中绝大多数文字内容都能被搜索引擎搜索到，这就意味着网站的任何文字都有可能成为目标关键词。当用户搜索某个关键词时，网站可能在搜索结果中出现，通过 SEO 有目的地对这个关键词进行优化，也可能使其在搜索结果中的排名提升，但是可能排在数十页之后，这样网站被用户点击的可能性几乎为零。如果有一些关键词通过分析和实践，确实能带来有效的访问者和潜在客户，而网站在这个关键词的搜索结果中的排名又不是非常理想，同行的竞争也比较激烈的话，就有必要购买相关关键词的付费广告了。

网站实施 SEO 确实会减少某些关键词的广告投放量，但因为通过 SEO 网站本身各方面都会得到改善，客户转化率提高了，就可能加大企业在其他关键词上的广告投放量，而且通过 SEO 工作，能够分析出更多的相关关键词，从而使企业在更多关键词上投放广告。

综上所述，SEO 和付费排名并不矛盾。从事 SEM，必须把二者有机地结合起来，以期从搜索引擎中带来尽可能多的目标客户，使搜索引擎带来的价值最大化。

4.3 选择搜索引擎喜欢的域名

SEO 首先要从域名开始，域名虽小，但是也会造成优化结果的千差万别。域名的后缀、长短以及拼写不同都会带来不同的结果。

4.3.1 域名后缀

域名后缀有以下几种：

（1）国际顶级域名：. com、. org、. net、. biz、. info、. mobi 等。

（2）国家顶级域名：. cn、. us、. ca、. uk 等。

（3）其他域名：. tv、. io、. ws、. vc、job、. pro 等。

域名的后缀有数百种，不同域名的后缀在搜索引擎中的权重（即搜索引擎对域名质量的认可程度）是不同的。

一般情况下，. edu、. gov 域名在搜索引擎中权重比一般的域名高。其原因是 . edu 和 . gov 域名具有被信任的特征，. edu 和 . gov 域名在任何情况下都不可以被转移，包括买卖、出租等任何形式的转移。. edu 域名只可以被教育机构注册，. gov 域名只可以由政府机构注册。而 . com 是国际域名，. cn 是我国域名，. com 域名会得到更高的权重。

. gov. cn 等域名的权重较高，但它不是个人能注册下来的。从 SEO 及商业的角度来看，首选的是以 . com 为后缀的域名。

如果注册了国外的域名，那么对使用地点也有了限制。比如，注册了德国的域名，使用中文建站，那么在我国搜索相关的网站时，这个德国“籍贯”的网站就会比在我国国内的网站权重要低。相反，如果在德国使用搜索引擎输入中文关键词，则这个网站的权重就会高于我国国内的网站。在域名后缀的选取上，这点也是需要强调并注意的。

4.3.2 域名长短与域名历史

大部分短域名，包括我们比较喜欢的数字域名已经被注册殆尽，现在所谓的好的域名，也只能从比较有创意的角度上来定义。

域名越短越容易记忆，但域名长短不会影响网站在搜索引擎中的排名。例如，http://www.mamashuojiusuannizhucedeyumingzaichangbaidudounengsousuochulai.cn/ 意思是：妈妈说就算你注册的域名再长百度都能搜索出来。输入这个域名后大家会发现，已经指向了百度首页。尽管域名长达60多位，但在搜索引擎中照样有不错的排名。

从SEO整体的角度来看，短域名便于用户记忆，增加回访度，所以短域名还是首选。

域名历史包括注册时间以及第一次被搜索引擎抓取到页面的时间。显然，注册越早的域名其被信任度越高。对于网站来说，收购老域名会让新网站快速发展。不过收购老域名的前提是，之前这些域名绑定的网站没有作弊行为。

4.3.3 域名的选择

1. 域名应该简明易记，便于输入

一个好的域名应该具备以下特点：短、顺口、便于记忆，最好让人看一眼就能记住，读起来发音清晰，不会导致拼写错误。此外，域名选取还要避免同音异义词。

2. 域名要有一定的内涵和意义

用有一定意义和内涵的词或词组作为域名，不但方便记忆，而且有助于实现企业的品牌建立。如果和企业品牌相关的名称被抢注了，那么域名一定要选择符合网站总体运营思路的，且必须与网站的需求一致。

3. 域名包含关键词

这一点主要适用于英文网站。域名中包含关键词，是影响搜索引擎排名的一个比较重要的因素。一是域名中的关键词本身就给予了排名权重；二是很多网站转载文章时留的链接就是原文的URL，如果域名中含有关键词，那么就相当于链接锚文字中包含了关键词，锚文字是页面排名的重要因素之一。

从SEO角度来看，选择简短易记、含关键词的域名当然最好，可以考虑关键词的拼音组合或者英文组合，但在国内主要针对的还是百度，首选的还是拼音组合。

4.3.4 域名的取名技巧

在我国，对域名的管理按照《中华人民共和国商标法》执行，受国家法律保护，以其他公司域名或产品商标名来命名自己的域名属违法行为。在不违背以上原则的前提下，谁先注册域名就属于谁。综合考虑以上因素，在为域名取名时应该注意以下几点：

1. 用企业名称的汉语拼音作为域名

这是企业选取域名的一种较好的方式，实际上我国大部分企业都是这样选取域名的。例如，我买网的域名为womai.com，新飞电器的域名为xinfei.com，海尔集团的域名为haier.cn，四川长虹集团的域名为changhong.com.cn，华为技术有限公司的域名为huawei.com。这样的域名有助于提高企业在线品牌的知名度，即使企业不做任何宣传，其在线站点的域名也很容易被人想到。

2. 用企业名称相应的英文名作为域名

这也是我国许多企业选取域名的一种方式，这样的域名特别适合与计算机、网络和通信相关的一些行业。例如，长城计算机深圳股份有限公司的域名为 greatwall. cn，中国电信的域名为 chinatelecom. com. cn。

3. 用企业名称的缩写作为域名

有些企业的名称比较长，如果用汉语拼音或者用相应的英文名作为域名，就显得过于烦琐，不便于记忆。因此，用企业名称的缩写作为域名不失为一种好方法。缩写包括两种方法：一种是汉语拼音缩写，另一种是英文缩写。例如，广东步步高电子工业有限公司的域名为 gdbbk. com，泸州老窖集团的域名为 lzlj. com，石家庄市环保局的域名为 sjzhb. gov. cn，计算机世界（计世网）的域名为 ccw. com. cn。

4. 用汉语拼音的谐音形式给企业注册域名

在现实中，采用这种方法的企业也不在少数。例如，美的集团的域名为 midea. com，康佳集团的域名为 konka. com，格力集团的域名为 gree. com. cn，新浪用 sina. com. cn 作为它的域名。

5. 以中英文结合的形式给企业注册域名

这样的例子有许多，例如中国人网的域名为 chinaren. com。

6. 在企业名称前后加上与网络相关的前缀和后缀

常用的前缀有 e、i、net 等，后缀有 net、web、line 等。例如，中国营销传播网的域名为 emkt. com. cn，IT168 的域名为 it168. com。

7. 用与企业名不同但有相关性的词或词组作为域名

一般情况下，企业选取这种域名的原因有多种：或者是因为企业的品牌域名已经被别人抢注不得已而为之，或者觉得新的域名可能更有利于开展网上业务。例如，The Oppedahl & Larson Law Firm 是一家法律服务公司，而它选择 patents. com 作为域名。很明显，用“patents. com”作为域名要比用公司名称更合适。又如，Best Diamond Value 公司是一家在线销售宝石的零售商，它选择了 jeweler. com 作为域名，这样做的好处是：即使公司不做任何宣传，许多顾客也会访问其网站。

8. 不要注册其他公司拥有的独特商标名和国际知名企业的商标名

如果选取其他公司独特的商标名作为自己的域名，很可能会惹上一身官司，特别是当注册的域名是一家国际或我国国内著名企业的商标时。换言之，当企业挑选域名时，需要注意挑选的域名是不是其他企业的注册商标名。

9. 检查域名是否被使用

在注册域名时，要检查此域名是否曾经被使用过。部分使用过的域名因为使用不当被搜索引擎封杀，导致不能收录，以致放弃，注册到这样的域名会严重影响网站的发展。通常，使用过的域名会在网络中留下一些痕迹，这时可以搜索域名的名称检查是否有相关结果。

10. 选择权威的域名代理商注册域名

在注册域名时，不要贪图便宜，去很小的域名代理商那里注册。有的注册商因为机构小，技术能力不强，导致域名经常出问题。所以必须选择一家权威的域名代理商，推荐我国的新网、万网等运营商。

4.4 选择搜索引擎喜欢的空间

4.4.1 主机的地理位置会影响网页排名在不同国家的表现

搜索引擎会根据主机地理位置、域名类型、用户地理位置，对排名做一定的调整。

例如，如果一个网站的主机放在英国，那么这个网站排名在 google. co. uk 中的排名表现就会比在 google. com 中好一些。来自英国的用户在 google. com 中搜索，主机在英国的网页的排名也会好一些。

那么，如何知道网站的空间位置呢？通过 IP 查询可以查到网站所在的空间位置。打开 www. ip138. com，在 IP 查询输入框内输入想要查询的网址或 IP，就可以得到该网站所在的位置。

4.4.2 网站空间速度对 SEO 的影响

网站空间速度的快慢对于用户来说非常重要，一个网页 6s 之内打不开，则被用户直接关掉的概率非常大。网站打开的速度，不仅影响用户的体验，还影响 SEO 的排名。搜索引擎在 Spider 抓取网页内容的同时，会判断网站的打开速度，将其作为网站排名的一个依据。

网上测试空间速度的工具有很多，“百度一下” 就能找到。

打开 http：//www. linkwan. com/gb/broadmeter/speed/responsespeedtest. asp，在输入框内输入想要查询的域名或 IP，就可以得到该空间的反应速度，如图 4-1 所示。

查询网站	反应时间
http://211.64.192.2	0.06秒

图 4-1　网站空间反应速度测试

4.4.3 选择空间还是选择服务器

从搜索引擎的角度上讲，选用服务器要比选择虚拟主机占优势。通常情况下，成百上千个虚拟主机共用一个 IP 地址，假设有一个或多个作弊网站在当前 IP 下，其他网站则会被牵连受到惩罚（若有一个网站受到惩罚，其他网站也会受到拖累）。服务器则不同，它单独使用一个 IP，不会出现被连带惩罚的后果。虚拟主机与服务器的性能参数对比见表 4-1。

表 4-1　虚拟主机与服务器的性能参数对比

功　　能	虚 拟 主 机	服　务　器
操作系统平台	支持 Windows 和 Linux	由用户自行安装操作系统
性能	运行不稳定，安全性差，速度较慢	运行稳定，安全高效
适用范围	适合初级使用者	适合高级使用者
支出费用	低	高

（续）

功 能	虚拟主机	服务器
用户隔离	用户通过访问权限进行隔离，效果较差，容易受其他用户影响	用户拥有服务器上的所有资源，完全自主分配
硬件资源	和其他用户共享，无资源保障	用户完全独享
网络资源	和其他用户共享，无资源保障	用户完全独享
客户自主管理	仅有最基本的读/写权限	具有独立管理服务器硬件和软件的权限
管理工具	部分提供简单的控制面板工具	由用户自己设置相应的管理软件
软件安装自由	无	自由地安装应用软件
数据库	数据库种类、大小均受限	可以使用自己喜欢的数据库
电子邮件设置	邮件服务大小、账户数受到限制	可以使用自己喜欢的邮件服务，不限大小、账户数
扩展性	较差	最高
优势	价格便宜，在线管理，操作方便。可针对入门级的电子商务应用	可完全自主管理控制服务器硬件，适合大型企业电子商务应用
劣势	功能限制较多，可管理性不高，性能一般	价格高，自主管理成本高

4.5 关键词与 SEO

4.5.1 关键词的重要性

什么是关键词？所谓关键词，就是用户所关注信息中的核心词汇。通俗地讲，当用户通过搜索引擎查找相关信息的时候，在搜索框里输入的那些核心词就是关键词，它可以是一个字，也可以是一个词、一句话、一个英文字母或英文单词、一个数字、一个符号等任何可以在搜索框中输入的信息。

网站核心关键词不能想当然地选用，必须经过研究确保这个关键词有网民在搜索，没人搜索的关键词没有任何价值。对 SEO 没有概念的人在确定目标关键词时常常会首先想到公司名称或自己的产品名称，但是当企业或网站没有品牌知名度时，没人会搜索公司名称或网站名称。产品名称如果不包含产品的通用名称，也往往没人搜索。

关键词的选择应该在网站设计开始之前就着手。关键词选择不当，会影响整个网站的写作内容，要想更正不是一件容易的事情，后果是灾难性的。

每个关键词就是一个业务员，一个好的关键词就是一个优秀的业务员，一个公司有 3~5 个优秀的业务员就足矣。选择一个好的关键词，会直接增强推广的效果。

4.5.2 关键词的选择步骤

1. 列出泛关键词，让大量用户找到

泛关键词是指被用户大量搜索的关键词，包括类别名称、产品或服务统称，是具有广泛意义的关键词。比如女人、电脑、笔记本、台式机、服务器、显示器、减肥、保健品、药品、家具、汽车等。

在选择泛关键词的时候，要同时考虑泛关键词的定义扩展，包括别名扩展和地域扩展两种。别名扩展，如选择“酒店”作为泛关键词，就一定同时使用“饭店”“旅馆”“住宿”“旅店”“宾馆”等别名。地域扩展是考虑到同一样东西在不同的地方有不同的叫法，如“米粉”“米线”。

由于泛关键词使用用户多，搜索量比较大，使用泛关键词进行搜索引擎优化时有以下缺陷：

（1）搜索泛关键词的用户中，只有很小的比例是自己的客户。

（2）对中小企业和个人站长来说，要把泛关键词优化到搜索结果的前几位，难度非常大。可以说，没有强大的资源、人力支持，几乎不可能做到。

（3）如果用泛关键词来投放网络广告，尤其是参与竞价排名，那么被点击量越大，成本将会越高。那些靠流量赚取广告的行业网站，比较适合使用泛关键词。

所以，对一般企业网站而言，一开始不要试图使用泛关键词进行搜索优化。

2. 找到长尾关键词，让用户准确找到

（1）长尾理论。长尾理论（The Long Tail）是网络时代兴起的一种新理论，由美国人克里斯·安德森（Chris Anderson）在2004年提出。长尾理论认为，由于成本和效率的因素，当商品储存流通展示的场地和渠道足够宽广，产品生产成本急剧下降以至于个人都可以进行生产，并且产品的销售成本急剧降低时，几乎任何以前看似需求极低的产品，只要有人卖，都会有人买。这些需求和销量不高的产品所占据的共同市场份额，可以和主流产品的市场份额相比，甚至更大。

克里斯·安德森通过对亚马逊书店、国外著名搜索引擎以及网上录像带出租网站Netflix等的消费数据的研究，得出了这个长尾理论。

在传统媒体领域，大众每天接触的都是经过主流媒体，如电视台、电台、报纸所挑选出来的产品。诸如各个电台每个月评选的十大畅销金曲，每个月票房最高的电影。图书市场也是如此，权威的报纸杂志经常会推出最畅销书名单。大众消费者无论自身品位的差距有多大，在现实中都可能看相同的电影、书籍，听相同的音乐。

但是互联网和电子商务改变了这种情况。比如，亚马逊书店及Netflix这样的录像带出租网站，其销售场所完全不受物理空间限制。实体商店再大，也只能容下1万本左右的书籍。在亚马逊书店，网站本身只是一个巨大的数据库，能提供的书籍可以毫无困难地扩张到几万、几十万甚至几百万本。实体唱片行、光盘商店所能容纳的光盘就更少了。在音乐电影网站上能销售的产品数目不受任何场地限制。

任何消费者都可以在网上找到自己喜爱的书籍和唱片。哪怕这个网站一年只卖出一本非常罕见的书给消费者，营销成本并不显著增加。但实体商店就无法做到这一点，它不可能为了照顾那些有另类爱好的人，而特意把一年只卖一本的书放在店面里，因为成本和货架空间都决定了这不可能。

根据克里斯·安德森对亚马逊书店、Netflix网站以及国外著名搜索引擎的研究，这种另类的、销售量极小的产品，其销售总数并不少于流行排行榜中的热门产品。这类网站典型的销售数字曲线如图4-2所示，也就是著名的长尾示意图。

在图4-2中，曲线横坐标表示产品种类，纵坐标显示的是相应的销量。可以看到，左侧所谓的主体部分，种类不多，销量很大。长尾指的是右侧部分，种类巨大，但每一种单个产品需求量和销售量都很小。长尾可以延长到近乎无穷。虽然长尾部分每种产品销售量不大，但因为长尾很长，总的销售量及利润与主体部分可以媲美。这就是只有在互联网上才能实现的长尾效应。

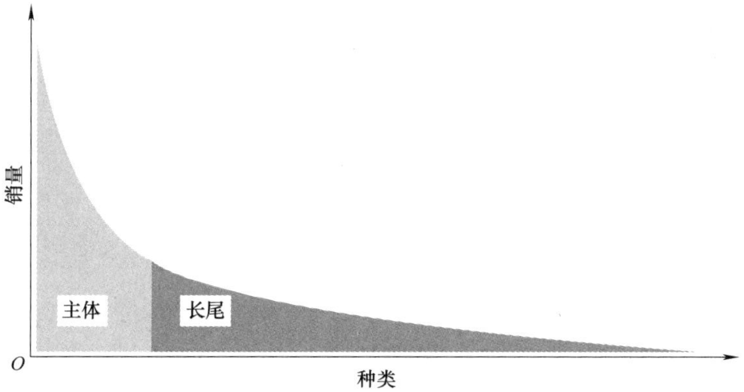

图 4-2　长尾示意图

（2）长尾理论是对经典商业活动中的“二八定律”的颠覆。“二八定律”指的是 80%的结果，往往来自 20%的出处。比如，对一个公司来说，80%的利润常常来自 20%最畅销的产品，80%的利润来自最忠诚的 20%客户等。

在现实生活中有许多“二八”现象。80%的收获往往来自 20%的投入，而其他 80%的投入只产生了 20%的收益。所以经典的商业理论都是提醒大家找到最有效的 20%的热销产品、渠道或销售人员，在最有效的 20%上投入更多努力，尽量减少浪费在 80%的低效产品的努力。

“二八定律”与长尾理论相对照，营销人员的行动方向就可能会产生分歧。按照长尾理论，那些需求量不大和销售量不大的 80%产品或客户所贡献的总销售额和利润，并不一定输给那 20%的处在头部的产品和客户，所以不能忽视处于长尾中的市场。而“二八定律”则建议不要浪费时间在这部分长尾上。

原因就在于长尾理论的前提是产品销售的渠道足够宽，并且产品生产运送成本足够低。比如，在亚马逊书店里，由于网站规模足够大，已经有了几十万甚至上百万本的不同产品，这种情况下就能显示出长尾效应。但对很多中小企业的网站来说，只有几十种产品，或者多至几百几千种，这都不足以产生长尾现象，起支配作用的依然是“二八定律”。

长尾理论对网络营销人员选择利基市场的思路有积极的指导意义。

（3）长尾关键词。长尾关键词是用选择的泛关键词配合厂商、品牌、产地、产品特性等做组合，形成与自己业务相关性更高的关键词。比如“海信高清电视”“2016 新上真皮沙发”。泛关键词前面、后面加上了界定词，形成了特定指向的长尾关键词。

长尾关键词和企业业务紧密度更高，搜索量小，转化率高。

在企业网站的搜索引擎推广营销中，长尾理论发挥着不可替代的作用。例如，如果有用户需要购买一款 FAG 进口轴承（带有滚珠的轴承），为了节省时间成本他不会在搜索引擎上宽泛地搜索“轴承”这样抽象的关键词，为了更准确地找到自己需要的产品，用户一般会搜索“FAG 进口轴承”或者“青岛 FAG 进口轴承”这样的长尾关键词，在搜索的结果中出现在前面的网站则会被客户所关注。

当然，不仅是企业网站，门户网站同样也需要长尾关键词来进行 SEO 优化。例如优酷网的所有视频网页，都会有“在线观看”“视频”等这样的组合长尾关键词，以达到更高的搜索量与曝光率。

实际上很多时候，长尾关键词的搜索量要明显大于泛关键词。因为它们有很强的针对性与目的性。更重要的是，如果可以准确地选择长尾关键词作为网页优化的关键词，那么关键词本身的竞争压力也会下降很多，很快就能让企业网站呈现在搜索结果页面的靠前位置。

（4）长尾关键词的选择技巧。长尾关键词的扩展可以通过以下几种方式实现：

1）关键词工具。最常见的工具还是百度指数。首先利用百度指数（http：//index. baidu. com）查询任何一个泛关键词，百度指数都会列出相关关键词，再取其中的任何一个重新查询，又可以带出另外的相关关键词，当然最好多选几个，再分别对每个词查询一下，看看每个词的搜索走势及关注度。通过这种联想式的不断挖掘，扩展到几百上千个长尾关键词轻而易举。

百度指数是以百度海量网民行为数据为基础的免费海量数据分析服务，用以反映不同关键词在过去一段时间里的“用户关注度”和“媒体关注度”。通过它可以发现、共享和挖掘互联网上最有价值的信息和资讯，直接、客观地反映社会热点、网民的兴趣和需求。

2）搜索建议。在百度搜索框中输入泛关键词，搜索框会自动显示与此相关的建议关键词。

3）相关搜索。搜索结果页面最下面可以看到搜索引擎给出的相关搜索。

4）关键词扩展工具。使用站长工具（http：//tool. chinaz. com/），通过一个关键词可衍生出多个相关词。

5）关键词多维组合。上面提到的泛关键词、同义词、近义词、相关词、别名、地名、品牌等限定词，放在一起可以交叉组合出数千个长尾关键词，见表 4-2。

表 4-2　长尾关键词多维组合表（摄像机）

品牌	地区	用途/应用【卖给谁】	产品特性	产品/服务【主要做什么的】	盈利模式【怎么卖】
丹诺	深圳	监舍	高清	摄像机	工厂
华泰	山东	校园	低照度	液晶监视器	招商
	成都	道路	超广角	拼接屏	加盟
	陕西	连锁店	防爆	硬盘录像机	经销
			红外	矩阵	总经销
			网络	球形摄像机	招商加盟

3. 设立问题关键词，让用户轻松找到

用户上网搜索总是奔着解决某个问题而来的。大多数时候，他们总是直接把想解决的问题或者把想要的结果在搜索框里直接写出来。用户想要的功能或者想要解决的问题，就是我们所说的“问题关键词”。

怎样才能找到问题关键词？很简单，站在用户想要解决问题的角度，模拟用户思维，写下用户可能遇到的和你的产品有关的所有问题。比如，“没钱怎样打品牌?”“网上怎么赚钱?”“怎样找客户?”这些都是问题关键词。在搜索问题关键词的用户中，其搜索数量不太多，但是潜在用户比例会很高。更重要的是，搜索问题关键词的用户，成交率很高。因为用户是奔着解决问题而来，比那些随机冲浪而来的用户对产品的需求更迫切。

问题关键词一般用在站内优化和站外优化两方面。

（1）站内优化问题关键词。这类关键词常常以 FAQ 的形式出现。FAQ 是英文 frequently asked questions 的缩写，中文意思就是用户“经常问到的问题”，或者更通俗地叫作“常见问题解答”。用户在深度了解公司和产品的时候，经常会遇到一些问题，这些问题的解决有助于用户做出购买决策。FAQ 给用户提供了一种在线帮助，包括某些网站的功能或者服务。用户遇到的问题，专业人员或者管理员自己看起来很简单，但不经过说明可能用户很难搞清楚，有时甚至会因为这些细节问题的影响而失去用户。其实在很多情况下，只要经过简单的解释就可以解决这些问题，这就是 FAQ 的价值。

（2）站外优化问题关键词。一般情况下，通过“百度知道”“百度贴吧”“爱问”（新浪），用自问自答的方式回答自己提出的问题。

4. 借力关键词

借力关键词是借用热点事件或者使用竞争对手公司名称、产品名称或者借助本行业事件做关键词，来提升网站的流量。

例如，北京奥运会吸引了全世界的眼球，2008 年 8 月到 9 月，如果能把“奥运会”和自己的业务结合，一定能吸引更多的用户进入网站。如果你搜索“奥运旅游”，立即就看到列在第一位的是一家叫作“搜好特”（www. soohotel. com）的网站，他们没有使用付费广告排名，只是把“北京奥运旅游线路”“奥运酒店预订”作为自己的关键词，这是非常聪明的借力关键词。

又如：iPhone 手机太贵？不如买小米手机！

再如：面部整形，打造××（明星）形象。

借力关键词通常用于行业动态、公司新闻栏目中，作为文章/软文推广。

在使用借力关键词尤其是使用竞争同行的公司名称、商标、产品名称的时候，有以下两点一定要注意：

（1）除非你是一家代理商，否则，我们不建议使用竞争同行的专属品牌或者产品名称作为关键词去投广告。因为这样做可能会涉及知识产权的纠纷。

（2）使用竞争对手的专属品牌或者产品名称作为自己的借力关键词的时候，可以相对公正地比较不同产品的差异，最好使用第三方的数据来做比较。但绝不能过分贬低对方，尤其不要恶意攻击对方，否则会让用户不喜欢你的品牌。

5. 确定核心关键词

SEO 工作的第一步是选择合适的关键词。一般来说，一个网站会有很多备选关键词，这些关键词要合理地分布在首页和各个内页上。其中企业在某个阶段希望能够占有的几个重要的关键词，称为核心关键词。核心关键词是进行优化的重中之重，它们的数量不会太多，一般只有两三个，它们是难度最大、搜索次数最多的关键词。对于核心关键词的确定要慎之又慎，通常按照下面几个步骤来进行：

（1）头脑风暴。确定核心关键词的第一步是通过“头脑风暴法”列出所有与自己网站主题相关的、比较热门的搜索词作为备选核心关键词。

这就需要从用户的角度出发来考虑用户会使用哪些搜索词来找到我们：网站能为用户解决哪些问题？当用户遇到这些问题时会搜索怎样的关键词？如果是你遇到了这些问题，你会通过搜索哪些词来找到答案？

只要对自己网站的主题足够明确，就能通过“头脑风暴法”找到一系列比较适合作为核心关键词的备选词。

（2）集思广益。一个人的思维总是有限的，所以在确定核心关键词的时候，除了自己冥思苦想之外，还要善于发动身边的人帮你想，集思广益。有时候自己对网站的产品和服务过于熟悉，不容易从别的角度出发考虑问题。这时候问一下家人、朋友，就会得到更贴近用户的搜索关键词。

（3）竞争对手。充分了解竞争对手，对确定核心关键词也是大有裨益的。通过站长工具网站 tool. chinaz. com，可以查询竞争对手网站的 Meta 信息。一般网站的标题、描述和 URL 中都会包含关键词，网站正文部分、锚文字中也会包含关键词。tool. chinaz. com 还会给出网站收录和反向链接的参考数据，可以从中了解网站反链中关键词的使用情况。通过分析对手网站关键词的使用情况，可以扬长避短，确定更有利于自己网站的核心关键词。

（4）搜索次数。通过上面三个步骤，应该已经有了一系列备选的核心关键词了。接下来，可以利用百度提供的百度指数工具来查询这些关键词的搜索次数。可能有一些关键词是我们没有想到的，而百度指数提供的相关关键词会帮助我们。

从找到的备选核心关键词中选出搜索次数较多的几十个，记录它们的搜索次数并列出它们对应的竞争指数。

（5）确定核心关键词。有了前面列出的几十个备选关键词，结合网站实际情况，选择其中两三个作为自己网站的核心关键词。

对于中小企业网站以及个人网站，最好选择搜索次数相对较多、竞争程度相对较小的词作为网站的核心关键词。这样既能保证足够的搜索量，又能兼顾优化的可行性。

对于有一定实力、资源丰富的企业，如果有决心，也可以以搜索次数最多的词作为目标关键词，这个词不要太宽泛而且要与企业的网站主题相关。

4.5.3 关键词的选择原则

1. 内容相关

SEO 早期曾流行在页面上设置甚至堆积搜索次数多但与本网站没有实际相关性的关键词，希望招徕最多的用户。现在也有不少人这么做。这是作弊手法，网站可能随时被惩罚、被封掉。

网站需要的不仅仅是流量，更是有效流量，可以带来订单的流量，欺骗性的关键词可能会带来流量却不能完成转化。

2. 站在用户的立场选择关键词

我们很熟悉自己的产品，容易按照自己的立场去设置关键词，用户的思考方式和商家不一定一样，比如说一些技术专用词、行业用语，普通用户可能很不熟，也不会用它去搜索，但卖产品的人却觉得这些词很重要。例如专业术语“超微半导体焊接设备”，在行业里面大家习惯叫作“焊线机”，试想，如果使用“超微半导体焊接设备”这个关键词做优化，除了自己，没有用户会来搜索。用“超微半导体焊接设备”这个词搜索的人，往往是行业的专家或研究者，而不是真正要货的厂家。

所以在选择关键词的时候应该做一下调查，比如问问企业之外的亲戚朋友，如果要搜索这类产品，他们会用什么词。

3. 选择被搜索次数最多、竞争最小的关键词

最有效率的关键词就是那些竞争网页最少，同时被用户搜索次数最多的词。这样既能保证 SEO 代价最低，又能保证流量最大，可惜现实没有这么理想。大部分搜索次数多的关键词也是竞争大的关键词。不过，通过大量细致的关键词挖掘、扩展，列出搜索次数和竞争程度数据，还是可以找到搜索次数多、竞争相对小的关键词的。所以应该做详细的调查，列出综合这两者之后效能最好的关键词。

4. 核心关键词不要太宽泛

关键词宽泛，竞争太激烈，所花代价太高，搜索词目的不明确，转化率也将降低。例如房地产公司将“房地产”这个词优化，广告公司将“广告”这个词优化，都犯了核心关键词过于宽泛的错误。搜索“房地产”的，他的目的一定是买房子吗？不一定！

把目标定在宽泛关键词上，要么搜索次数上不去，要么费了九牛二虎之力做上去了却发现转化率很低。

5. 核心关键词不要太长太特殊

太特殊、太长的词，搜索次数将大大降低，甚至没人搜索，因此不能作为核心关键词。例如“律师”这个词太宽泛，选择“北京律师”比较适当，如果选择“北京新街口律师”，就太特殊了。特殊的关键词还包括公司名称、品牌名称等。

4.5.4 核心关键词出现的位置

核心关键词出现的位置一般是：meta 标签；网站导航、副导航、导航地图、栏目；网页文章标题；网页文章内容；外部链接文本；竞价排名关键词；所有文章都围绕核心关键词展开；主体（body）的文本部分，越靠近页面的开头越好；整个主体文本的第一句话；网址；网页 H1 或者 H2 标签；图片标签的 Alt 属性。

进行关键词布局时还要注意以下几点：

（1）除了首页，把几个核心关键词分别放在不同的页面上，不能过多。这样才能在页面写作时有针对性，使页面主题突出。

（2）避免内部竞争。每个页面针对的两三个关键词，不要重复出现在网站的多个页面上。有的站长认为同一个词用多个页面优化，获得排名的机会会多一点。其实这是误解，只能造成不必要的内部竞争。无论为同一个关键词建造多少个页面，搜索引擎一般来说也只会挑出最相关的一个页面排在前面。使用多个页面反而分散了内部权重及锚文字效果，很可能使所有页面没有一个是突出的。

（3）关键词研究决定内容策划。从关键词布局可以看到，网站要策划、撰写哪些内容在很大程度上是由关键词研究所决定的，每个版块都针对一组明确的关键词进行内容组织。关键词研究做得详细，内容策划就顺利。内容编辑部门可以依据关键词列表不停地制造内容，将网站做大、做强。虽然网站大小与特定关键词排名没有直接关系，但内容越多，创造出的链接和排名机会就越多。

4.6 页面优化

网站内的优化大致可以分两部分：一是页面优化，二是网站结构优化。页面和网站结构是自己可以控制的，优化好这两方面就给 SEO 打下了良好的基础。

meta 标签指的是网页 HTML 文件里面的一些文件标签。其中最重要的是标题标签（title tag）、描述标签（description tag）和关键词标签（keyword tag）。

meta 标签的 HTML 代码如下：

```
<head>
<meta http-equiv="Content-Type" content="text/html; charset=utf-8" />
<title>SEO 综合查询 - 站长工具</title>
<meta name="keywords" content=" seo 综合查询，网站综合查询，网站收录查询，域名信息查询，网站优化" />
<meta name="description" content="seo 综合查询可以查到该网站各大搜索引擎的信息，包括收录、反链及关键词排名，也可以一目了然地看到该域名的相关信息，比如域名年龄相关备案等，及时调整网站优化。" /><link rel="icon" href="/Chinaz.ico" type="image/x-icon" />
```

4.6.1 标题标签

页面标题是包含在标题标签中的文字，是页面优化最重要的因素，是搜索引擎判断相关性最重要的提示。

用户访问时，页面标题显示在浏览器窗口最上方。

在搜索的结果页面上，页面标题是结构列表中的第一行文字，是用户浏览搜索结果时最先看到的、最醒目的内容。

页面标题优化要注意以下几点：

1. 独特不重复

页面标题不能重复，每个页面都需要自己独特的标题标签。不同页面使用相同标题或无标题是 SEO 的极大浪费，既不能让搜索用户通过页面标题方便地识别页面内容，又不能让搜索引擎通过页面标题判断页面相关性。

每个页面生成独特标题并不是一件简单的事。比如，电子商务网站的分类页面，同一个分类下产品数量比较多时，产品列表页面必然需要翻页，大型网站可能会翻几十到几百页。这些分类页面的标题通常都是“分类名称—网站名称”格式。这时程序员就需要在标题中加入页数，使翻页页面标题标签不同。分类第一页不必加页号，从第二页开始页面标题最前面加上“第二页”“第三页”等文字，形成的标题大致如下：

第一页：分类名称—网站名称

第二页：第二页—分类名称—网站名称

2. 准确相关

每个页面的标题都应该准确描述页面内容，用户看一眼就能知道将访问页面的大致内容，搜索引擎也能迅速判断页面的相关性。

很自然，准确描述页面内容，就必然会在标题中包含关键词。唯一要注意的是，不要在标题中加上搜索次数高但与本页面无关的关键词。

3. 字数限制

从纯技术角度说，标题标签可以写任意长度的文字，但搜索结果列表页面标题部分能显示的字数有一定限制。百度最多显示 30 个中文字符，标题标签中超过这个字数限制的部分将无法显示，通常在搜索列表标题结尾处以省略号代替。

用户搜索的关键词会在显示的标题中被加红色高亮。如果搜索词位于标题标签后面超出显示字数部分，百度会显示标题中后面包含关键词的那部分文字。所以标题标签不要超过 30 个中文字，为保险起见最好不要超过 25 个中文字。实际上，为了提高用户体验及突出目标关键词，通常建议标题标签 15~20 个中文字比较适合。

标题标签之所以不宜超过搜索结果列表所能显示的字数限制，主要有以下两点原因：

（1）搜索结果列表标题不能完整显示时，结尾会被切断，用户不知道完整内容。

（2）标题越长，在不堆积的前提下，无关文字必然越多，不利于突出关键词的相关性。

4. 简练通顺，不要堆砌

堆积关键词也是初学 SEO 的人很容易犯的错误，为了提高相关性，在标题中不自然地多次出现关键词。比如把标题写成“女装 | 女装批发 | 女装零售 | 女装批发零售 | ××女装网”，其实这样的页面只要写成“女装批发零售 | ××女装网”就可以了。

SEO 人员不仅要考虑搜索引擎，还要考虑到用户，不能让用户一看标题就感觉这是一个为关键词而关键词的页面，而需要把标题写成一个正常通顺的句子。在这一点上百度百科是最好的教材，标题干净利索，一句废话没有。SEO 人员都知道现在百度百科在百度本身及 Google 上都非常好用，简练通顺的标题很可能是重要原因之一。

5. 关键词出现在最前面

在可能的情况下，目标关键词应该出现在标题标签的最前面，经验和一些统计都表明，关键词在标题中出现的位置与排名有比较大的相关性，通常位置越靠前，排名就越好。

标题标签可以理解为倒置的面包屑导航，比如在海信商城页面中所在位置的面包屑导航是：

首页—空调—立柜式空调

那么页面的标题就写成：

海信立柜式空调—海信空调—海信商城

这个页面的目标关键词是海信立柜式空调，出现在标题最前面。考虑到字数限制和突出目标关键词，也可以拿掉分类名称，把标题缩减为：

海信立柜式空调—海信商城

面包屑导航是网页导航设计的一种方法。面包屑导航指出了当前页面与整个站点的层次结构，不仅可以使访客了解自己的位置，而且可以使访客更快地找到自己想要到达的页面。

6. 吸引点击

提高关键词相关度和排名是带来搜索流量的一个方面。点击率是搜索流量的另一个决定因素。标题标签能够吸引用户的目光，让用户欲罢不能，非要点击看个究竟，才能达到最好的 SEO 效果。比如这样的标题是属于中规中矩的：

减肥茶—减肥产品—××减肥网

如果写成这样，点击率就可能有所上升：

减肥茶：无须节食，无须运动，快乐减肥—××减肥网

减肥茶 10 天减轻体重 5.5kg，真实用户证言—××减肥网

减肥茶免费样品大赠送—××减肥网

索然无味的页面标题即使出现在搜索结果前面也可能很少有人点击，好的标题即使排在后面也可能点击率很高，带来的流量也很大。单纯的排名没有意义，有人点击才有效果。

SEO 除了要了解基本优化技术外，还要研究用户心理、文案写作等。

7. 组合两三个关键词

一般来说，一个页面最多针对两三个关键词进行优化，不宜再多。

如果亚马逊网站把图书、手机、数码、家电、化妆品等都放在一个页面的标题中，就不是一个好的策略，普通企业和站长不能看到品牌网站这么做就跟着学。亚马逊这种级别的网站肯定不能靠 SEO，页面优化得怎样并不那么重要，而且大部分不是从 SEO 角度出发的。

要针对四五个或更多关键词优化页面，往往使页面内容不能突出，文案写作上也会顾虑太多，无法自然融入这么多关键词。一个页面如果需要优化很多关键词，往往是关键词研究没有做好，没有正确把关键词分组并分布到各个栏目和内页中。

有的时候，两三个关键词只要并排放在标题标签中即可。比如在做关键词研究时发现“韩版女装”和“韩国女服”这两个词搜索次数都不少（只是假设），而这两个词的意义显然完全一样，在标题中可以这样写：

韩版女装，韩国女服—××服装网

有的时候，三四个关键词还可以组合为更通顺的一个词组。如“SEO 技术”“SEO 教程”“SEO ”“免费 SEO”这四个词，可以组合为“免费 SEO 技术教程”。这是一句很通顺的话，而且搜索引擎可以拆分、组合出所有目标关键词。

当然，这样组合出的关键词有时不是完整匹配的。比如上面例子中的“SEO 教程”就不是完整匹配出现在标题中的。但与用户体验相比，为了刻意完整匹配而用一个不自然的标题，如“SEO—SEO 技术—SEO 教程—免费 SEO”，可能会被搜索引擎认为有作弊嫌疑，所以要首先考虑用户体验。

8. 公司或品牌名称

通常把公司或品牌名称放在标题的最后是个不错的做法。虽然用户在搜索公司名称、网站名称时，一般只有首页才会被排在最前面，分类页、具体产品页等内页既没有必要也没有可能针对品牌名称做优化，但是品牌名称如果多次出现在用户眼前，就算没有被点击也能使用户留下更深的印象。

有时品牌名称比任何关键词都重要，写标题时关键词就不是考虑的重点了。例如搜索“网上银行”的次数不少，但银行网站首页标题如果这样写：

网上银行，网上银行查询转账—××银行

那就真是捡了芝麻，丢了西瓜。

9. 不要用没有意义的句子

标题标签是最宝贵的优化资源，不要浪费在没有意义的句子上。诸如“公司欢迎您”“用户是我们的上帝”之类，既不能提高相关性，也不能吸引用户目光和增加点击量。

4.6.2　描述标签

描述标签不出现在页面可见内容中，而是显示在搜索结果页面上，直截了当告诉搜索用户网页上的信息。良好的描述标签是网页的“广告词”，直接吸引用户点击。

描述标签的重要性比标题标签低很多，目前，主流搜索引擎排名算法不考虑描述标签，描述标签对排名没有影响，但对点击率有影响。

大部分情况下，搜索结果列表中页面摘要来自描述标签。如果描述标签中不包含所搜索的关键词，搜索引擎经常会从页面可见内容中动态抓取包含搜索词的部分显示为页面摘要。

当搜索引擎动态抓取可见内容作为说明文字时，通常会从不同段落提取文字，因而句子中会出现省略号。在下面几种情况下，搜索引擎更可能动态抓取它认为合适的文字：①描述标签包含大量堆积关键词时；②描述标签与标题标签内容重复时；③描述标签只是关键词的罗列，不能形成通顺的句子时；④描述标签不包含用户所搜索的关键词时。

怎样写作描述标签？

大部分标题标签写作要点依然适用，比如文字需要准确相关、简练通顺、吸引点击、切记不要堆积关键词，每个页面有自己独特的描述标签，而且包含目标关键词等。

另外，与标题标签不同的是，搜索结果列表说明文字部分通常会显示 77 个中文字符，比标题标签写作空间大一点。因此这一点跟竞价推广中的编写描述标签是类似的，因此站在网站推广的角度，建议大家最好把描述标签的字数控制在 70 个中文字内。

最后要说明的是，如果不能生成恰当通顺、不重复的描述标签，那么就不要写描述标签。

4.6.3　关键词标签

关键词标签用来指明页面的主题关键词。由于在关键词标签中大规模滥用堆积关键词和无关的热门关键词，所以目前主流搜索引擎在排名算法中不考虑关键词标签的内容。

大部分人都相信，搜索引擎会给予标题标签比较高的权重，对描述标签和关键词标签完全忽略，或把描述标签和关键词标签作为排名的一个很不重要的因素。

既然所有的搜索引擎排名算法都是保密的，而且是不断变换的，谁也不敢保证，今后搜索引擎都一直不看重这些标签。

所以，每一个网页都应该认真写出好的标题标签、关键词标签和描述标签，至少它没有坏处。

4.6.4　正文中的关键词

1. 关键词密度

关键词密度（keyword density）与关键词频率（keyword frequency）实质上是同一个概念，用来量度关键词在网页上出现的总次数与可见文字总词数的比例，一般用百分比表示。例如，如果某个页面可见文字共有 100 个词，关键词在其中出现 5 次，则可以说关键词密度为 5%。相对于页面总字数而言，关键词出现的频率越高，关键词密度也就越大。

一般来说，在网页中关键词出现的频率越高，搜索引擎便会认为该网页内容与相应关键词的相关性越高，从而越容易将该网页列在搜索结果页面的前端。

关键词密度在3%~8%是一个较为合适的范围，有利于网站在搜索引擎中的排名，同时也不易被搜索引擎视为关键词填充。做多了反而会触发关键词堆砌过滤器（keyword stuffing filter）。

相信大家都见过一些排名很靠前的网站，其关键词密度特别不符合这个要求，有的关键词密度甚至高达30%，而有的也可能完全没有关键词。比如一些SEO网站导航的每个栏目上都有SEO关键词存在，这种堆积符合逻辑，从另一个角度上说是栏目设计的需要。

所以只要按逻辑、按语法正常写自己的网页，就不必太顾及关键词密度。一个页面中出现关键词密度很高的情况，只要是实际需要的，便可以保留，毕竟网站尽量提供最有价值的信息给访客才是最重要的考虑点之一。

2. 关键词的位置

正文前50~100个词出现的关键词有比较高的权重，建议第一段的第一句就包含关键字，文章头部权重在整个文章内还是最高的，所以不能浪费这么好的位置。在内容页面上，遵循从上到下、从左到右的原则，尽量在开头和结尾的地方多布置一些关键词。除此之外，还可以考虑以下位置：①合理利用标题、关键词、描述区域，指定合适的关键词；②图片Alt属性，利用这个属性可以布置一些有效的关键词；③友情链接区域，选择一些与行业相关的链接进行友情链接交换；④底部footer区域，可以加上网站说明性质的字样。

3. 关键词的匹配

这里所说的匹配主要是针对关键词的完整匹配，切忌将关键词分隔成几部分放入文章内。举个例子说明，“金属衣架”这个关键词，如果需要放入文章内，要尽量在文章头部保证其完整，而在其他部分可以适当地将“金属”“衣架”分隔开出现在文章内。

总体来说，文章内容的关键词不能过火，要有一个度，关键词问题需要谨慎对待。只要按逻辑、按正常的语法来写网页，关键词密度就完全不必考虑。切忌关键词堆积，关键词堆积只会适得其反。

4.6.5 H标签

H标签按重要性分6层，从H1到H6，H1最重要，H6重要性最低。在H1和H2标题中融入关键词有助于提高相关性，H3以下的标签权重已经很低了，和普通页面文字差不多。

H1标签相当于正文标题，是关键词优化的另一个页面元素，重要性仅次于页面标题。

需要注意的是，一篇文章只能有一个标题，H1也只能出现一次，H1标签里面的内容就相当于这篇文章的标题。

很多人认为，既然H标签可以提升关键词排名，为什么不多添加一些呢？于是就开始了H标签添加工程，在写文章时每遇到一个关键词，就用H标签重点突出一下。这样下来，一篇文章满满的全是H标签，但是这样做的后果就是导致H标签泛滥，搜索引擎在面对大量的H标签时，反倒不能分辨哪个是重点。这样，H标签突出关键词的作用也就没有了。所以，H标签使用要恰到好处，适可而止。

4.6.6 Alt文字

Alt属性可以为无法看到图片的浏览者提供文字说明（可能是浏览器无法下载图片、浏览器不支持图片显示或者浏览者禁用了浏览器的图片显示功能），某些浏览器，如IE7以前的版本，将鼠标放到图片上时，Alt 文字会被显示出来。

一些网站为了追求美观，不管是首页还是内容页都用了较多的图片，而文字非常少。搜索引擎只认字不认图，所以为了尽可能多地出现文字就可以考虑使用 Alt 做一些简要描述或介绍，就像文字链接锚文本中那样包含你想要出现的关键词。在这几年中，越来越多的网站或 SEOer 都这样使用 Alt 文字，从而提高了网站的相关性和关键词密度。

网站的 Logo 应该在 Alt 文字中包含目标关键词。

Alt 文字对 SEO 有一定的作用，但是不要过于在 Alt 文字上下功夫，它的作用相对于锚文字或友情链接对 SEO 的作用还是很有限的。所以 Alt 文字中不要堆积关键词，只出现一次即可。

一定不要为了网站漂亮，整个网站首页用一张图片，然后用 Alt 文字充当正式文字来增加关键词密度，那样做得不偿失。

4.6.7　内部链接与锚文字

内部链接对爬行与收录有很重要的意义，内部链接对页面关键词的相关性也有很大影响，最主要的是在内部链接中使用锚文字。

锚文字是告诉搜索引擎被链接页面主题内容的最重要的依据之一，外部链接锚文字大多数是无法控制的，而内部链接锚文字则完全由站长自己控制，同时锚文字中出现完全匹配的关键词，有助于提高链接目标页面的相关度，以及发出链接页面的相关度。但为了避免过度优化，除了使用一些完全匹配的关键词做锚文字外，最好还有一些长尾关键词做锚文字，使锚文字具有多样性。

锚文字出现的位置不能够集中在导航或者页脚中，而需要分散在正文中。需要注意的是，在页脚加上非常多的重要页面链接，锚文字使用完全匹配的关键词，曾经是很流行的优化方法，要避免这种页脚过度优化，以免遭到惩罚。

4.6.8　页面更新

页面更新频率是吸引搜索引擎蜘蛛返回抓取的因素之一。更新内容使搜索引擎认为内容有时效性，因此也能提高排名。

4.7　网站结构优化

网站结构是 SEO 的基础。SEO 人员对页面优化讨论得比较多，如页面上关键词如何分布，标题标签怎样撰写等，而对于网站结构的讨论比较少。其实，网站结构的优化比页面优化更重要，掌握起来也比较困难。

4.7.1　网站结构优化的目的

从 SEO 的角度出发，网站结构的优化要达到以下四个目的：

1. 用户体验

什么是用户体验？国际标准定义为：人们对于针对使用或期望使用的产品、系统或者服务的认知印象和回应。应该说这是个很宽泛的概念，为便于理解和记忆，可简单归纳为七个要素：网站性能、视觉设计、导航分类、站内搜索、网站内容、交互设计、登录（付款）方式。

（1）网站性能。网站打开速度对用户体验有很大影响。一些抽样调查结果显示，访问者认为打开速度较快的网站质量更高，更可信。很多企业在网站中放置一些放大图、高清图，以此为用户提供更多的信息，但是必须注意，应该在保证图片清晰的前提下，尽量使用小图片，一个图片最好控制在50KB以内。

（2）视觉设计。颜色搭配是否符合网站定位，风格设计是否符合目标用户喜好，这是决定用户是否驻足停留的关键。

（3）导航分类。对于没有明确目的的用户，一般都会按图索骥，从导航分类进入各个频道。导航分类是否合理，分类标题与内容页面是否有效对应，这些将直接影响用户的浏览体验和完成任务的效率。

（4）站内搜索。对于那些有明确目的的用户（比如就是想购买某商品），登录网站后的首要行动就是站内搜索。尤其是一个电商网站，站内搜索功能的易用性（搜索速度是否快，搜索结果是否准确，是否支持各种组合搜索等）将极大地影响销售成绩单。

（5）网站内容。网站运营，内容为王，这是恒久不变的真理。媒体类网站的内容主要看资讯内容更新是否及时，撰写角度是否公正理性等；而电商类网站的内容则主要包含上架商品及促销活动。

（6）交互设计。交互设计包含三个方面：界面设计、导航设计和信息设计。界面设计不仅涉及视觉色彩，还包含提供给用户做某些事的功能。导航设计是指通过一定的技术手段为网站的访问者提供一定的途径，使其可以方便地访问到所需的内容。信息设计就是通过网站传达给用户某些信息，用户可以通过这些信息了解自己正在进行的某些任务和下一步应该如何完成某些任务。

（7）登录（付款）方式。登录方式的多样性在最近几年变得越发重要。网站是否支持使用新浪微博、豆瓣、QQ等账户登录，已成为用户使用网站不可或缺的一个便捷功能。付款方式多样主要是指电商类网站，因个人线上付款习惯差异较大，因此是否支持网银、支付宝、微信等多方式付款，将直接决定订单成交率。

用户体验是检测一个网站好坏的标准，从根本上说，用户体验好的网站也是搜索引擎喜欢的网站，用户在网站上的行为方式也很可能被计入排名的算法中。

2. 网站收录

网站收录是企业比较关心的问题，也是企业比较看重的一个方面。而网站收录在很大程度上依靠良好的网站结构。理论上，一个清晰的网站结构会吸引蜘蛛抓取，方便蜘蛛抓取。可是在实际操作中，大中型网站往往会形成一个异常复杂的链接结构，吸引蜘蛛抓取会成为一个重要的课题。

3. 权重分配

网站页面权重的高低会影响到网站页面的排名，这样SEO人员必须有意识地规划好网站所有页面的重要程度，通过链接把权重倾向于重要的页面。

4. 锚文字

锚文字是网站排名的一个重要算法，网站内部的锚文字是站长自己能控制的，所以也是最主要的增强关键词的一种方法。这一方面要向维基百科学习。

网站结构优化主要是督促完成整个网站内部的优化，最终目的是使网站有好的排名，有更多的人看，有高的转化率。

4.7.2　搜索引擎友好的网站设计

网站设计美观，用户体验好，并不是全部，企业要做到的是网站美观和对搜索引擎友好两者兼顾。

要打造对于搜索引擎友好的网站，首先要站在搜索引擎的角度去看待一个网站，在网站抓取、收录、排名中会遇到哪些问题？解决了这些问题的网站就是对搜索引擎友好的网站。

1. 搜索引擎蜘蛛能不能找到网站网页

要让搜索引擎蜘蛛找到网页，就要有外部链接导向网站首页，蜘蛛找到首页，才能沿着内部链接找到更深的内容页。所以，网站要有良好的结构，包括物理结构和逻辑结构，现在网站结构大多是树形的，网页间有良好的链接结构，链接以文字链接最好，图像链接也可以，但是对于 JavaScript 链接、下拉菜单链接、Flash 链接等搜索引擎蜘蛛一般不能跟踪爬行，搜索引擎就很难收录。当然，网站有个不错的网站地图也是很好的。

2. 找到网页后能不能抓取页面内容

被搜索引擎蜘蛛找到的 URL 必须是能抓取的，应尽量使用一些静态的 URL，像数据库动态生成、带过多参数的 URL 容易出错，应尽量避免。同时，也要减少一些百度不能读的东西，比如 Flash、框架结构（Frame）、图片、视频、音频、弹窗等，可疑的转向、大量复制内容都是对搜索引擎不友好的现象。

3. 抓取页面怎样提炼有用信息

蜘蛛抓取一个页面内容，提炼有用的信息，要考虑页面关键词是否合理分布在页面的重要位置、重要标签如何撰写、HTML 如何精简、是否具备兼容性等问题，解决这些问题能够帮助搜索引擎蜘蛛更快、更好地抓取页面的有用信息。

4.7.3　避免蜘蛛陷阱

“蜘蛛陷阱”是阻止蜘蛛程序爬行网站的障碍物，一般是指对搜索引擎不友好的网站制作技术，常见的应该避免的蜘蛛陷阱总结如下：

1. 登录要求

有些企业站和个人站的设置一定要注册登录后才能看到相关的文章内容，这种设置对蜘蛛不是很友好，蜘蛛不会注册，也不会登录。

2. 动态 URL

动态 URL 是指数据库驱动的网站生成的带有问号、等号及参数的网址，动态 URL 不利于搜索引擎蜘蛛的爬行和抓取。

3. 强制用 Cookies

部分站长为了让用户记住登录信息，强迫用户使用 Cookies。如果未开启，则无法进行访问，访问页面的显示也不会正常，这种方式让蜘蛛无法进行访问。

4. 框架结构

现在的网站已经很少使用框架结构，因为框架结构已经越来越不利于搜索引擎抓取了。对于搜索引擎来说，访问一个使用框架结构的网址所抓取的 HTML，只包含调用其他 HTML

文件的代码，并没有包含其他文字信息，搜索引擎也就无法判断这个网址内容是什么，即使搜索引擎跟踪调用其他 HTML 文件，这些文件也是不完整的页面。所以建议取消框架结构，和 Flash 一样，不要浪费时间研究怎么让搜索引擎收录框架结构。

5. 各种跳转

对搜索引擎来说，301 跳转相对来说比较友好，其他形式的跳转都比较敏感，如 JavaScriPt 跳转、Meta Refresh（刷新标签）跳转、Flash 跳转、302 跳转。有些网站用户访问首页时会自动转向其他页面，如果是按用户地理位置转向至最合适的目录，那倒情有可原，但是大部分网站的首页转向看不出任何理由和目的，这种转向不推荐使用。如果非要做转向，只推荐用 301 永久跳转，可以将权重进行传递，除了此转向其他都不推荐，因为很多其他转向用来欺骗用户和搜索引擎，也是作弊的一种手段。所以建议大家不要使用，以免网站被降权，甚至被搜索引擎除名。

6. Flash

有的网站页面使用 Flash 增强视觉效果是很正常的，比如用 Flash 做的 Logo、广告、图标等，这些对搜索引擎抓取和收录是没有问题的。很多网站的首页是一个大的 Flash 文件，这种就叫蜘蛛陷阱，在蜘蛛抓取时 HTML 代码中只是一个链接，并没有文字，虽然大的 Flash 效果看上去很好，外观也很漂亮，但可惜搜索引擎看不到，无法读取任何内容。所以，为了能体现网站优化的最好效果，不提倡使用这种 Flash 做首页图片。

4.7.4 物理结构和逻辑结构

网站结构包括物理结构和逻辑结构。

1. 物理结构

网站物理结构是指网站真实的目录及文件所在的位置所决定的结构。静态网站才有物理结构，动态网站或伪静态网站不存在物理结构。

一般来说，比较合理的物理结构有两种。

（1）扁平式物理结构。这种结构所有网页文件都存在网站根目录下：

http：//www. domain. com/index. html

http：//www. domain. com/catA. html

http：//www. domain. com/catB. html

http：//www. domain. com/pageA. html

http：//www. domain. com/pageB. html

http：//www. domain. com/pageC. html

这种扁平式物理结构对搜索引擎而言是最为理想的，因为蜘蛛只要一次访问即可遍历所有页面。但是，如果网站页面比较多，太多的网页文件都放在根目录下，查找、维护起来就显得相当麻烦，所以，扁平式物理结构一般适用于只有少量页面的小型、微型站点。

扁平式物理结构的一个优势是，很多人认为根目录下的文件比深层目录中的文件天生权重高一点。比如，如果其他条件相同，URL“http：//www. domain. com/pageA. html”比 URL“http：//www. domain. com/catA/pageA. html”排名能高一点。

（2）树形结构，又称为金字塔形结构。这种结构的根目录之下以目录形式分成多个产品分类（或称为频道、类别、目录、栏目等），然后在每一个分类下再放上属于这个分类的具体产品（或称为文章、帖子等）页面。

比如分类分为：

http：//www. domain. com/catA/

http：//www. domain. com/catB/

http：//www. domain. com/catC/

……

分类下再放入具体的产品页面：

http：//www. domain. com/catA/product-a. html

http：//www. domain. com/catA/product-b. html

http：//www. domain. com/catA/product-c. html

http：//www. domain. com/catB/product-d. html

http：//www. domain. com/catB/product-e. html

http：//www. domain. com/catC/product-f. html

树形结构逻辑清晰，页面之间的隶属关系一目了然。

需要说明的是，这里说的物理结构是"真实的目录及文件所在的位置所决定的结构"，只是为了方便说明和理解。数据库驱动、程序生成的网站并不存在真实的目录和文件，URL 中的目录和文件都是程序实时生成的，但就网站结构来说，它们与真实存在的目录和文件没有什么区别。

2. 逻辑结构

逻辑结构又称为链接结构，是由网站内部链接形成的链接的网络图。比较合理的链接结构通常是树形结构，如图 4-3 所示。其中的链接关系如下：①首页链接向所有分类首页；②首页一般不直接链接向产品页，除了几个需要特殊推广的产品；③所有分类首页链接向其他分类首页，一般以网站导航形式体现；④分类首页都链接回网站首页；⑤分类首页链接向本分类下的产品页；⑥分类首页一般不链接向其他分类的产品页；⑦产品页都链接向网站首页，一般以网站导航形式体现；⑧产品页链接向所有分类首页，一般以网站导航形式体现；⑨产品页可以链接向同一个分类的其他产品页；⑩产品页一般不链接向其他分类的产品页。

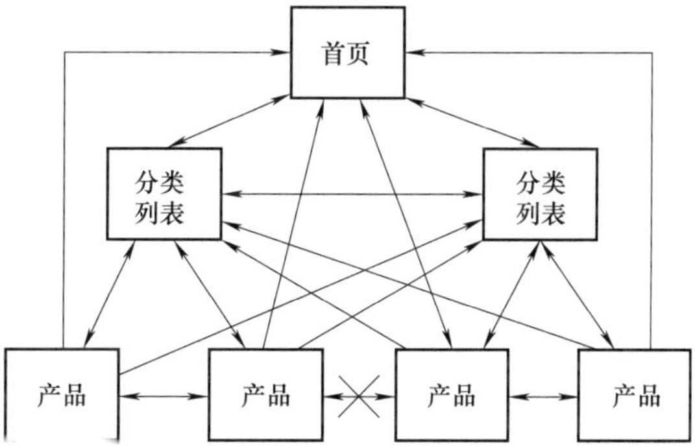

图 4-3　树形网站链接结构示意图

从图示和说明可以看到，这些页面通过链接会很自然地形成一个树形的网络图。这种链接的逻辑结构可以与物理结构重合，也可以不一样，比如树形物理结构完全可以通过链接形成扁平式物理结构。

当然实际网站的链接结构要复杂得多，一级分类不可能只有两个，下面还可能有二级、三级分类，末级分类可能有很多个翻页，还可能有各种排序页面等。但网站链接基本形式大体相同。

对搜索引擎来说更重要的是链接结构，而不是物理结构。不少人有误解，认为物理结构比较深的页面不容易被搜索引擎收录，比如，http：//www. domain. com/catC/product－f/introduction. html，像这样物理目录结构比较深的 URL，是不是就不容易被收录呢？那不一定。如果这个页面在网站首页上有一个链接，对搜索引擎来说它就是一个仅次于首页的链接结构意义上的二级页面。收录容易与否在于页面处于链接结构的什么位置，离首页有几次点击距离，而不在于它的目录层次。

一般来说，网站首页获得的内外部链接最多，权重最高。首页链接到一级分类页面，这些一级分类页面权重次于首页。大部分网站有多层分类。权重依次下降，权重最低的是最终产品页面。

有些重点的页面比如利润率最高或新推出的重点产品、为特定节日或促销活动制作的专题页面，这些页面按照经典树形结构安排，离首页很远的通常权重不会太高。要让这些网站获得较高的权重，最简单的方法就是在首页上直接加上几个重点页面的链接，甚至可以在侧栏推荐、促销部分加上全站链接。把产品内页链接放在首页上，就算没有其他外部链接的支持，这些内页的排名也会有显著提高。

4.7.5 清晰导航

一个清晰的导航在网站的建设中是十分重要的，因为清晰的导航能够让用户知道此刻自己停留在哪个页面上，而且还能知道下一步去到哪里。如何才能建立网站清晰的导航呢？

1. 站在用户角度，网站导航系统需要解决的问题

（1）我现在在哪里？用户进入网站点击多个链接后，可能已经忘记自己是怎么来到当前页面的了，导航系统这时就要清楚地告诉用户现在处在网站总体结构的哪一部分。

页面设计风格的统一、面包屑导航的使用、主导航系统当前所在分类高亮都有助于用户判断自己现在在哪里。

（2）下一步要去哪里？有时候用户知道自己想做什么，页面的导航设计要告诉用户点击哪里才能完成他们的目标。有时候用户也不知道自己该干什么，网站导航就要给用户一个最好的建议，引导用户流向网站目标完成页面。

合理的导航及分类名称、正文中的相关链接、引导用户把产品放入购物车的按钮、相关产品推荐、网站地图、站内搜索框等都有助于用户点击到下一步。

2. 站在 SEO 的角度，网站导航系统应该注意的问题

（1）文字导航。文字导航是最常见的导航形式，清晰易懂。在做文字导航的时候，尽量采用 HTML 的文字导航形式，若采用图片形式的文字导航，会在一定程度上影响网站的优化效果。更不要用 JavaScript 生成导航系统，也不要用 Flash 形式做导航，这样不容易让搜索引擎抓取。

普通的文字导航对于搜索引擎的爬行阻力是最小的，文字导航系统是整个网站最重要的收录内链环节，做好这一点才能让搜索引擎蜘蛛更好地爬行和抓取。

（2）减少点击距离。网站中的页面离首页的点击距离越近越好，所以这就要求在建设网站目录的时候，小网站保持在 3~4 次点击就可以到达最底页，大网站 4~5 次就可以点击到最底页。要做到这一点，就要尽量让网站在链接结构上呈现出扁平化的状态。

（3）锚文字包含关键词。除了导航链接中的文字能够给搜索引擎带来较好的流量外，锚文字对目标页面相关性也有相当大的影响，因此分类名称应尽量使用目标关键词。当然，要顾及用户体验，导航中不能堆积关键词，分类名称以 2~4 个词为宜。

（4）面包屑导航。对用户和搜索引擎来说，利用面包屑导航来分析此刻在网站中的位置是一种最好的方法。在建设网站清晰目录时缺少了面包屑导航是万万不行的，特别是在一些大中型的网站中。

（5）避免页脚堆积。很多人为了在网站中建立更多的引导蜘蛛的链接，就在网站的尾部添加上很多富含关键词的链接，但是搜索引擎对这种做法极为反感，很有可能对网站做出惩罚。

4.7.6　子域名和目录

搜索引擎通常会把子域名（或称为二级域名）当作一个基本独立的站点看待，也就是说 http：//www.domain.com 和 http：//news.domain.com 是两个互相独立的网站。而目录 http：//www.domain.com/news/ 纯粹是 http：//www.domain.com 的一部分。如果抛开其他因素，只看这两个 URL：http：//news.domain.com 和 http：//www.domain.com/news/，子域名 http：//news.domain.com 的权重稍微高一点，因为搜索引擎会把这个 URL 当作网站的首页。

但从 SEO 角度来看，应尽可能使用目录，而不是子域名，原因如下：子域名和主域名是两个完全不同的网站，要推广的也是两个网站，所有的优化工作都要多做一遍，尤其是外部链接建设，网站 PR 值、权重都会被这两个独立的网站分散。主域名经过外链接建设获得高权重，并不意味着子域名就获得了高权重。子域名的使用会使网站变多，同时使每个子域名网站变小。目录会使一个网站越做越大。网站越大，包含的内容自然就越多，对用户的帮助就越大，它所累积的信任度就更高。

当然，这只是对一般网站而言的，在某些情况下，子域名是更适当的。比如：

（1）网站内容足够多，每一个子域名下涵盖的内容都足以成为一个独立的网站而丝毫不逊色。有很多这样的网站，诸如各门户类网站，像新浪、搜狐这种级别的网站，任何一个频道的内容都比绝大多数网站多得多。

（2）跨国公司在不同国家的分部或分公司，采取子域名有利于建立自己的品牌，而且各个分公司的网站内容很可能是由不同国家的团队自行维护的，与独立网站没什么区别。

（3）公司有不同的产品线，而且相互之间联系不大，或者完全是以不同的品牌出现的，这时每一个品牌或产品线可以用子域名甚至独立域名。例如，几乎所有汽车公司每一个品牌甚至每一个车型都有自己独立的品牌和网站，手机公司也是如此。门户类网站推出不同服务时，如博客、微博、论坛、邮件，也以子域名为宜。

（4）分类信息网站，不同城市使用不同的子域名。这类信息网站通常都有海量数据，某一个省份或城市的内容都能独立成站，而且不同城市、省份很可能有不同的发展目标和安排，也是由不同的团队管理的。

（5）平台类网站，如 B2B 和淘宝类的商城，每个用户都有自己相对独立的展示平台，使用自己的子域名对品牌建设、推广有好处。

4.7.7 复制内容

下面这些原因可能造成复制内容：

（1）代理商和零售商从生产商处转载产品信息。

（2）网站结构造成的各种页面版本，如产品按价格、属性、评论等形成不同的列表。

（3）网页实质内容太少。如果网页的正文部分太少，内容数量还抵不上通用部分（导航条、广告、版权信息），可能被认为是复制内容页面。

（4）转载或抄袭。

判断页面是否有复制内容的方法是：从正文中取出一句话，加双引号，在搜索引擎中搜索，看返回结果中是否有多个页面。

搜索引擎并不会因为网站有少量复制内容而对其惩罚或降权，搜索引擎做的只是从多个页面中尽量挑选出真正的原创版本给予应有的排名，对复制内容不在搜索结果中返回，或排在比较靠后的位置。网站出现大量复制内容时，搜索引擎会对网站质量产生怀疑，可能导致惩罚。

4.7.8 网站地图

网站无论大小，单独的网站地图都是必需的，通过网站地图，不仅用户可以对网站所有内容一目了然，搜索引擎也可以跟踪链接爬行到网站所有主要部分。

一般情况下，网站地图分为以下两种：

（1）普通 HTML 格式的网站地图，英文是 sitemap（首字母是小写 s）。它的目的是帮助用户对站点的整体有所把握。HTML 格式的网站地图根据网站结构特征制定，尽量把网站的功能结构和服务内容富有条理地列出来。一般来说，网站首页有一个链接指向该格式的网站地图。

（2）XML Sitemap，通常称为 Sitemap（首字母是大写 S），而不叫“网站地图”。简单来讲，Sitemap 就是网站上链接的列表。制作 Sitemap，并提交给搜索引擎可以使网站的内容完全被收录，包括那些隐藏比较深的页面。这是一种网站与搜索引擎对话的好方式。

4.8 外部链接与 SEO

网站优化分为网站内优化及网站外优化。网站内优化主要是对网站的结构以及页面进行优化，站长完全可以自己操作完成；网站外优化主要是外部链接建设。一般认为，外部链接因素占了 SEO 60%~70%的比重，远超网站内优化的重要性。

4.8.1 外部链接的定义

外部链接又常被称为“反向链接”或“导入链接”，是指通过其他网站链接到自己网站的链接。外链建设是指有目的地进行增加外部链接的行为。

外部链接对于网站优化来说是一个非常重要的过程。外部链接的质量直接决定了网站在搜索引擎中的权重。

4.8.2　外部链接的表现形式

（1）超链接。超链接就是当鼠标单击这个链接，就会跳转到链接所指向的页面。这种链接对于传递权重、引导蜘蛛爬行有一定的作用。

（2）锚文本。锚文本在文字上加入超链接，一般都选择网站的目标关键词。锚文本对于实现外部链接有很好的效果，对被链接的网站的某一个关键词的排名好坏有较大影响。

4.8.3　增加外部链接的方法

首先要说明的一个原则是，获得外部链接的根本在于提供对用户有用的信息，只要写出独特的有用的文章，用户就会自动链接。

1. 网站目录提交

被高质量的目录收录对 SEO 有着重要意义，因为能带来不错的外部链接。提交网站目录的方法是：在百度上搜索“网站目录”“目录提交”“网站大全”等关键词。然后再一个一个地提交。网站目录并不抓取网站上的页面，只记录下网站的网址、标题、说明等。hao123 是非常著名的中文网站目录。

2. 参与论坛、博客等社区

虽然论坛、博客等社区都不允许发广告性的东西或垃圾链接，但只要能够提供有用的信息，对社区有贡献，比如回答其他人的问题，很多浏览的人会把你当作专家，点击你签名中的链接。搜索引擎也是如此。搜索引擎现在给论坛、博客里的链接的权重都很低，但可以积少成多。

（1）多去别人的博客上留言，特别是与你博客主题相关的，部分博客系统支持带链接的留言。

（2）在各个博客网站建博客。比较知名的网站都可以申请博客，如百度、新浪、网易等，在博客的文章中加入网站关键词的链接。由于博客的权重不高，所以外部链接质量不是很好。

3. 软文发布

网上有很多自由发表文章的地方，像博客平台、各大门户网站以及一些比较权威的网站，每篇文章中都可以留下指向主站的链接，所以可以写一些对人们有帮助的文章。如果文章投稿通过了，其他网站采集的时候就会顺带把你的文章和链接转载到他的网站上。

但要注意一点，每篇文章都要先在自己的网站上发表，等搜索引擎收录后再到其他网站上发表。

4. 友情链接

这是影响 SEO 优化的重要因素之一，可以到有名的站长论坛去交换友情链接。另外，有一种友情链接是单向的，就是你链接向我，而我不链接向你。这样就不用互分流量了，对于被链接的一方有很大好处。所以单向的友情链接效果更好。

需要注意交换网站的相关性、稳定性以及权重。交换的友情链接一定要有质量，不要过分追求数量。

5. 百科及问答类网站

可以在百度百科、百度知道、搜狗问问、天涯问答等搜索自己网站的关键字，回答相关的问题并留下网站网址。需要说明的是，目前这种SEO外链的搭建属于低效的，很多论坛必须达到一定的等级才能在论坛签名中带锚文本。

还可以在百度百科中编辑一些词条，带上链接。

6. 可以建一些免费的站点

利用免费空间建立多个不同的网站，网站上都带上网站链接，只要收录了就又是一个外链了。

需要注意的是，增加反向链接要重视质量，不要单纯追求数量。如果网站想长久获得好的排名，外部链接的质量会比数量更加重要，增加反向链接，最好找有相关度的。如果有很多无用的垃圾网站的外部链接，那是非常有害的。

4.8.4 外部链接查询

做SEO要经常查询某个网页或某个网站的外部链接，不仅要查自己的网站，也要查竞争对手的网站。可在搜索引擎中使用高级搜索指令（参见本书第3章3.7高搜索指令）或使用站长工具查看外部链接。

4.9 SEO作弊与惩罚

4.9.1 “白帽”与“黑帽”

在搜索引擎优化业界，人们把使用作弊手段优化网站称为“黑帽”，使用正当手段优化网站称为“白帽”。

“白帽”技术在于确保搜索引擎索引抓取的内容与用户将看到的内容是一样的。“白帽”技术一般归结为满足用户的需要去创建内容，而不是为搜索引擎去创建内容，然后用一些合理的技术使这些内容很容易被蜘蛛程序接触到，而不是试图诱导算法。

“黑帽”SEO是指在优化过程中，使用作弊手段，如垃圾链接、关键词叠加（keyword stacking）、隐藏文字（hidden text）、隐藏链接（hidden link）等。“黑帽”技术大多被人用来做短期优化，以最快的速度获取收益。

搜索引擎会对SEO的优化方法进行判断，发现使用“黑帽”SEO的网站，轻则降权，重则被封。

4.9.2 常见的SEO作弊手法

1. 关键词叠加

关键词叠加是指为了增加关键词密度，在网页上大量重复关键词的行为。最基本的叠加方式是在网页中访客看不见HTML文件的一些地方，如标题标签、描述标签、图片的替代文字中等使用叠加。比如：“网站策划 网站策划 网站策划 网站策划 网站策划 网站策划 网站策划 网站策划 网站策划 网站策划”“策划 策划 策划 策划 策划 策划 策划 策划 策划 策划 策划 策划 策划”，这些词语或许大家已经看到过，经常被一些人放在网页的尾部，字体很小，其目的就是让搜索引擎看见，“认识”这个网页的主题是“网站策划”或者“策划”，从而试图让搜索引擎给予此页在这两个关键词搜索中以有利排名。

关键词叠加是一种典型的SEO作弊行为，搜索引擎判断这种作弊行为的算法已经相当成熟。所以，一旦网页上出现关键词叠加现象，一般整个网站会被搜索引擎封掉。很多网站不被搜索引擎收录，往往也是因为这个原因。

2. 隐藏文字

隐藏文字是指在网页中放上含有关键词的文字，但这些文字不能被用户看到，只能被搜索引擎看到。主要有以下几种形式，如超小字号的文字、与背景同样颜色的文字、放在表格input（输入）标签中的文字、通过样式表把文字放在不可见的层上，或者通过样式表把文字放在远远超出屏幕尺寸的地方等。其目的也是提高网页的相关性和关键词密度。

有的人选择很热门的关键词隐藏在与内容无关的网站上，希望网页能在搜索这些热门关键词时得到好的排名和流量。

3. 隐藏链接

隐藏链接和隐藏文字相似，其区别是把关键词放在链接中，而这个链接也是用户看不到的。

4. 链接工厂

链接工厂（link farm）也称为链接农场。建立大量没什么实质内容的网站，其目的是互相链接或者整个链接工厂一起推一个目标网站，企图获得好的搜索引擎排名或者流量。通常通过工具自动建立的与大量内容无关的链接，是一种公认的网络垃圾，常常让用户陷入链接农场而找不到一点相关内容。那些运用“黑帽”SEO方法的人利用链接农场，在一个页面中增加大量链接，希望通过这种方式使搜索引擎误认为这个页面很有链接的价值。

4.9.3 域名被封怎么办

打开百度网站，在百度网站的搜索栏中输入“domain：*** . com”，如果有记录，则使用“site：*** . com”，若无记录就说明域名被封了。

首先要确定网站哪里违反了百度的规则，一般被封都是某些所谓的优化技术不当造成的。

（1）网站是否过度优化？前面谈了很多具体的优化技巧和手段，如关键词选择、标题标签的写作、关键词密度、网站结构等。如果把这些技术都用上，那离出问题就不远了。过度优化往往是排名被惩罚的重要原因。这里有个度的问题，做到什么样是适当优化，哪种程度是过度优化，只能靠经验来判断。

（2）是否有大量交叉链接？有不少站长同时掌握很多网站，并且在这些网站之间互相交叉链接，这很可能导致问题。一个人拥有四五个网站，可以理解，但如果四五十个网站，每个网站都不大，质量也不高，还都互相链接起来，这就可疑了。

（3）是否链接向其他有作弊嫌疑的网站？检查导出链接，是不是只链接向相关网站？是不是只链接向高质量网站？你链接的网站有没有被封或被惩罚？如果有，你的网站离被封或被惩罚的日子就不远了。

（4）仔细检查有没有用隐藏网页？有没有发大量垃圾链接？在检查这些的时候，不能骗自己，在网站上用了哪些手段，只有站长自己最清楚，外人很难一眼看出来。

确定好你的网站有没有违规，若有，接下来就是写信给百度了，承认错误，保证不会再犯错，这样一般是会解封的。

4.10 网站常用的10个SEO操作法则

网站常用的10个SEO操作法则如下：

(1) 网站选择的关键词要有搜索量，而且与网站内容相关。

(2) 网站标题最多融入2~3个关键词。

(3) 网站重要页面一定要静态化。

(4) 要学会自己来写网站的原创内容。

(5) 内容要保持及时更新。

(6) 网站内部链接要形成蜘蛛网状，相互链接。

(7) 多增加相关网站的反向链接。

(8) 不要主动链接被搜索引擎惩罚的网站。

(9) 不要为SEO而SEO，网站面向的是用户。

(10) 不要作弊，搜索引擎比你聪明。

思考题

1. 什么是SEO？简述其基本原理。
2. SEO与SEM有何区别？
3. SEO能使网站排名靠前，所以不需要购买关键词的付费广告。这种说法正确吗？
4. 从SEO及商业的角度来看，应选取什么样的域名？
5. SEO对网站空间有何要求？
6. 什么是关键词密度？什么是长尾关键词？如何系统优化网站的长尾关键词？
7. 链接与SEO有何关系？怎样获得更多的外部链接？
8. 在进行meta标签优化时，尽可能放置更多的关键词或公司名称，对吗？
9. 什么是“白帽”与“黑帽”？过度优化会导致怎样的后果？
10. 网站优化常用的操作法则有哪些？
11. 将第5章思考题中规划的网站进行优化，并提出优化方案。

第5章

网络营销导向的企业网站研究

本章要点

- 企业网站的类型与特征
- 企业网站的基本要素
- 营销型网站的规划

企业网站是一个综合性的网络营销工具，在所有的网络营销工具中，企业网站是最基本、最重要的一个。若没有企业网站，许多网络营销方法将无用武之地，企业网络营销的功能也会大打折扣。因此，企业网站是网络营销的基础。

5.1 企业网站的一般特征

与专业的网络公司网站或者大型电子商务网站相比，企业网站具有明显的特点：企业建设网站不一定要规模很大，也不一定要建成一个“门户”或者“平台”，它的根本目的是为企业营销活动提供支持，并作为企业经营策略的基本手段。

网络营销教学网站的观点是：企业网站是企业网络营销的工具，而网络公司和大型电子商务网站本身是一个经营场所，两者既有相同的地方，也存在明显的区别。表5-1从建站目的、技术要求、投入预算、收益模式、网站主要内容、网站功能、运营维护和网站推广方法等方面做了简单比较。

表5-1　企业网站与电子商务网站的比较

内　　容	企 业 网 站	专业电子商务网站
建站目的	为企业经营服务，作为一种营销工具	新企业形式，网站服务和内容几乎代表了企业的全部
技术要求	通常比较简单，小型企业网站甚至不需要专门的技术人员	对网站运行要求较高，网站无法访问就意味着企业关门
投入预算	根据企业网站的功能不同，在几千元到几十万元之间	与网站规模相关，通常要比一般企业网站投入更多资金
收益模式	企业网站本身并不是利润中心，对企业经营是一种辅助作用，网站的价值体现在企业经营的多个方面而不仅仅是销售额的增加	电子商务网站有多种收入模式，如网络广告、技术服务、中介服务、信息服务、网上销售等

（续）

内　　容	企 业 网 站	专业电子商务网站
网站主要内容	主要为企业介绍、企业动态、产品信息、客户服务、购买意向等，高级应用还包括 B2B、B2C 在线销售、在线采购等功能	没有统一模式，与各网站的经营领域有关，内容通常比较丰富，服务也比较完善
网站功能	以信息发布为主，通常比较简单，电子商务型企业网站才有订单管理、用户管理等高级功能	要求比较高，要提供完善的在线服务、在线订单等功能
运营维护	根据企业的需要，发布重要新闻、新产品等情况下需要更新，通常更新量比较小	要不断提供新内容、新产品，不经常更新的网站很难聚集人气
网站推广方法	搜索引擎、企业宣传资料、Email 营销、网络广告、在线黄页、信息发布等	网站拥有丰富的内容，并且代表了新经济模式，容易受到媒体关注，因此经常通过新闻、公关等渠道获得推广效果，同时也采用常见的媒体广告、网络广告、网站合作营销手段

通过上述简单对比可以看出，一般的企业网站相对比较简单，其目的也比较明确。

企业网站一般具有下列一个或者多个目的：

（1）通过网站的形式向公众传递企业品牌形象、企业文化等基本信息。

（2）发布企业新闻、供求信息、人才招聘等信息。

（3）向供应商、分销商、合作伙伴、直接用户等提供某种信息和服务。

（4）网上展示、推广、销售产品。

（5）收集市场信息、注册用户信息。

（6）其他营销目的。

企业网站的目的性也决定了一个企业网站并不需要包罗万象，也不一定要像电子商务网站那样一开始就必须拥有各种完备的功能。企业网站的功能、服务、内容等因素应该与企业的经营策略相一致，因为企业网站是为企业经营服务的，如果脱离了这个宗旨，就无法为企业的经营活动发挥作用。

5.2　企业网站的类型

按照企业网站的功能，将企业网站分为三种基本形式：信息发布型、网上销售型和售后服务型。

1. 信息发布型

信息发布型网站属于企业网站的初级形式，不需要复杂的技术，仅作为一种企业基本信息的载体。其主要功能定位于企业信息发布，包括企业新闻、产品信息、采购信息、招聘信息等用户、销售商和供应商所关心的内容，多用于产品和品牌推广及与用户之间的沟通，网站本身并不具备完善的网上订单跟踪处理功能。

这种类型的网站由于建设和维护比较简单，资金投入也较少，能够初步解决企业开展网络营销的基本需要。因此，在开展实质性电子商务之前是中小企业网站的主流形式，一些大型企业网站初期通常也采用这种形式。

其实，这些基本功能和信息也是所有网站所必不可少的基本内容，即使一个功能完善的电子商务网站，一般也离不开这些基本信息。因此信息发布型网站是各种网站的基本形态。

信息发布型网站通常包含的功能有检索、论坛、留言，也有一些提供简单的浏览权限控制，如只对代理商开放的栏目或频道。

目前，信息发布型网站仍然是大多数中小型企业网站的主流形式。

2. 网上销售型

在信息发布型网站的基础上，增加网上接受订单和支付的功能，就具备了网上销售的条件。

网上销售型网站的目的是在网上直接销售产品并获得直接的销售收入，企业基于网站直接面向用户提供产品销售或服务，改变传统的分销渠道，减少中间流通环节，从而降低总成本，增强竞争力。

网上销售需求对企业网站在技术功能方面也提出了更高的要求。具有在线产品销售功能的企业网站由于涉及支付、订单管理、用户管理、商品配送等环节，一般来说比信息发布型网站更为复杂，且网站的经营重点也有一定的差异，除了一般的网络营销目的之外，获得直接的销售收入也是主要目的之一。信息发布型网站由于不具备直接在线销售的功能，因此主要的目的在于企业品牌推广、产品促销等方面。

网上销售型网站的主要性能包括：

（1）详细的产品或服务信息，包含照片、多媒体、图样和图表等。

（2）购物车，以便买家能够购买一个或多个商品。

（3）付款入口，以便买家能够为他们购买的商品付款。

这类网站中最著名的是亚马逊，我国的当当网也是其中的佼佼者。

企业为配合自己的营销计划而搭建的电子商务平台也属于这类网站，如海尔的网上商城。

3. 售后服务型

互联网作为一种有效的沟通渠道，许多企业都利用其提供技术支持服务与售后服务，特别对于一些 IT 类企业，经常需要对许多产品进行技术上的说明，提供一些免费的升级软件，利用互联网，用户可以自己在网站上寻求技术支持和售后服务。只有当技术难度较大和专业知识要求较高时，才通过传统渠道进行解决。

在实际应用中，很多网站往往不能简单地归为某一种类型，无论是建站目的还是表现形式，都可能涵盖两种或两种以上类型。

5.3　网站的基本要素

一个完整的企业网站，无论多么复杂或多么简单，都可以划分为四个组成部分：网站的结构、网站的内容、网站的功能、网站的服务。这四部分组成了企业网站。

5.3.1　企业网站的结构

网站结构是为了向用户表达企业信息所采用的网站栏目设置、网页布局、网站导航、网址（URL）层次结构等信息的表现形式等。

网站结构属于网站策划过程中需要确定的问题，是企业网站建设的基本指导方针。只有确定了网站结构，才能开始技术开发和网页设计工作。

1. 网站栏目结构

为了清楚地通过网站表达企业的主要信息和服务，可根据企业经营业务的性质、类型或表现形式，将网站划分为几部分，每部分就成为一个栏目（一级栏目），每个一级栏目可根据需要继续划分为二级栏目、三级栏目、四级栏目。

一般来说，一级栏目最好不超过八个，栏目层次三级以内比较合适，即用户点击不超过三次就可以直接到达内容页面。

2. 网站网页布局

网站网页布局是指当网站栏目结构确定之后，为了满足栏目设置的要求需要进行的网页模板规划。网页布局主要包括网页结构定位方式、网站菜单和导航的设置、网页布局和信息的排放位置等。

（1）网页结构定位方式。在传统的基于 HTML 的网站设计中，网页结构定位通常有表格定位和框架结构两种方式。目前的企业网站中，表格定位仍是主流。

由于框架结构将一个页面划分为多个窗口，破坏了网页的基本用户界面，很容易产生一些意想不到的情况，如容易产生链接错误、不能为用户所看到的每一个框架都设置一个标题等。有些搜索引擎对框架结构的页面不能正确处理，影响用户体验和搜索引擎检索信息。因此，现在采用框架结构的网站很少。

表格定位是在同一页面中，将一个表格（或者被拆分为几个表格）划分为若干板块来分别放置不同的信息内容。

在对网页结构进行定位时，有一个重要的参数需要确定，即网页的宽度。确定网页宽度通常有固定像素模式和显示屏自适应模式。

固定像素是指无论用户将显示器设置为多大的分辨率，网页都按照固定像素的宽度显示（如 768 像素）。

自适应模式是根据用户显示器的分辨率将网页宽度自动调整到显示器的一定比例（如 100%）。自适应模式从理论上说比较符合个性化的要求，但由于用户使用不同分辨率的显示器浏览时，信息内容显示效果是不同的，会产生不合适的文字分行或者其他影响显示效果的问题。因此，对设计要求比较高的网站都采用固定像素的表格定位方式。

表格定位的最大问题在于，网页定位时要确定网页的宽度，一旦网页设计完成，网页的显示也随之固定。由于用户所采用的显示器分辨率不相同，且在不同时期会发生变化，因此应该照顾大多数用户所采用的分辨率模式。在进行网页结构定位时，应对当时用户使用浏览器的状况进行必要的研究，根据发展趋势来设计网页结构，而不是依照其他网站来机械地模仿。目前，常用的分辨率有 800 像素×600 像素、1024 像素×768 像素等。

（2）网站菜单和导航的设置。

1）网站菜单的设置。网站菜单一般是指各级栏目。由一级栏目组成的菜单称为主菜单，主菜单一般会出现在所有页面上。在网站首页一般只有一级栏目的菜单，而在一级栏目的首页（在大型网站上一般称为频道）则可能出现栏目进一步细分的菜单，可称为栏目菜单或者辅助菜单。

2）网站导航的设置。导航设置是在网站栏目结构的基础上，进一步为用户浏览网站提供的提示系统。由于各个网站的设计没有统一的标准，不仅菜单设置各不相同，而且打开网页的方式也有区别，有些是在同一个窗口打开新网页，有些需要新打开一个浏览器窗口。因此，仅有网站栏目菜单有时会让用户在浏览网页过程中迷失方向，如无法回到首页或者上一级页面等，还需要辅助性的导航来帮助用户方便地使用网站信息。一般通过在各个栏目的主菜单下面设置一个辅助菜单来说明用户目前所在网页在网站中的位置。其表现形式比较简单，一般形式为：首页→一级栏目→二级栏目→三级栏目→内容页面。

如果网站内容较多，则专门设计一个网站地图是非常必要的。这个页面不仅为用户快速了解网站内部的信息资源提供方便，而且有些搜索引擎在网站中检索信息时也会访问这个导航页面，通常采用静态网页的方式建立一个文件名为“sitemap. htm”的网页。

（3）网页布局和信息的排放位置。一般情况下，将最重要的信息放在首页显著位置，包括产品促销信息、新产品信息、企业要闻等。

企业网站不同于大型门户网站，页面内容不宜太繁杂，与网络营销无关的信息尽量不要放置在主要页面。在页面左上角应放置企业的Logo，这是网络品牌展示的一种表现方式。

为每个页面预留一定的广告位置，这样不仅可以为自己的产品进行推广，而且可以作为一种网络营销资源与合作伙伴开展合作推广。

在网站首页等主要页面应预留一个合作伙伴链接区，这是开展网站合作的基本需要。企业介绍、联系信息、网站地图等网站公共菜单一般放置在网页最下方。站内检索、会员注册/登录等服务应放置在右侧或中上方显眼的位置。

3. 网页版面布局方法

网页版面布局有以下一些方法：

（1）“F”结构布局。“F”结构是指页面顶部为横条网站标志+广告条，下方左侧为主菜单，右侧显示内容的布局。由于菜单条背景较深，整体效果类似英文字母“F”，所以叫“F”结构布局。这是网页设计中用得最广泛的一种布局方式。

这种布局的优点是页面结构清晰、主次分明，是初学者最容易上手的布局方法。缺点是规矩呆板，如果细节色彩单调，则很容易让人“看之无味”。

（2）“口”形布局。这是一个形象的说法，就是页面一般上下各有一个广告条，左侧是主菜单，右侧是友情链接等，中间是主要内容。

这种布局的优点是充分利用版面、信息量大。缺点是页面拥挤，不够灵活。

（3）“三”形布局。这种布局国外站点用得较多，我国用得不多。其特点是页面上放横向两条色块，将页面整体分割为四部分，色块中放主要内容或广告条。

这种布局的优点是信息内容直截了当。缺点是如果不能在图像设计上有出色表现的话，则很容易使页面呆板。

（4）对称对比布局。这种布局采取左右或者上下对称的布局，一半深色，一半浅色，一般用于设计型站点。

这种布局的优点是视觉冲击力强。缺点是将两部分有机结合比较困难。

（5）POP布局。POP引自广告术语，是指页面布局像一张宣传海报，以一张精美图片作为页面的设计中心，常用于时尚类站点，如ELLE. com。这类设计最能体现设计者的综合水平。

这种布局的优点是漂亮、吸引人。缺点是下载速度慢。

以上总结了目前网络上常见的布局方法，其实还有许许多多别具一格的布局，关键在于创意和设计。对于版面布局的技巧，这里提供四个建议：①加强视觉效果；②加强文案的可视度和可读性；③统一感的视觉；④新鲜和个性是布局的最高境界。

5.3.2 企业网站的内容

网站内容是用户通过企业网站可以看到的所有信息，即企业希望通过网站向用户传递的所有信息。网站内容包括所有可以在网上被用户通过视觉或听觉感知的信息，如文字、图片、视频、音频等。一般来说，文字信息是企业网站的主要表现形式。

从根本上说，网站内容是网站的根本所在，如果内容空洞，即使页面制作再精美，也不会有多少用户。内容依然是网站成功的关键。

根据企业网站信息的作用，可以将应有的基本内容分为以下几类：

1. 企业信息

企业信息是为了让企业网站的新访问者对企业状况有初步的了解，企业是否可以获得用户的信任，在很大程度上取决于这些基本信息。在企业信息中，如果内容比较丰富，可以进一步分解为若干子栏目，如企业概况、发展历程、企业动态、媒体报道、主要业绩（证书、数据）、组织结构、企业主要领导人员介绍、联系方式等。

考虑到企业概况和联系方式等基本信息的重要性，有时也将这些内容设为公共栏目的形式，作为独立菜单出现在每个网页的下方。对于联系信息应尽可能详尽，除了企业的地址、电话、传真、邮政编码、网管 Email 地址等基本信息之外，最好还能详细地列出用户或者业务伙伴可能需要联系的具体部门的各种联系方式。对于有分支机构的企业，还应当有各地分支机构的联系方式，在为用户提供方便的同时，也起到了对各地分支机构业务的支持作用。

2. 产品信息

企业网站上的产品信息应全面反映所有系列和各种型号的产品，对产品应进行详尽的介绍。如有必要，除了文字介绍之外，还可配备相应的图片资料、视频文件等。用户的购买决策是一个复杂的过程，其中可能受到多种因素的影响，因此企业在产品信息中除了介绍产品型号、性能等基本信息之外，其他有助于用户产生信任和购买决策的信息，都可以用适当的方式发布在企业网站上，如有关机构、专家的检测和鉴定报告，用户的评论，相关产品的知识等。

产品信息通常可以按照产品类别分为不同的子栏目。如果企业产品种类比较多，无法在简单的目录中全部列出，为了让用户能够方便地找到所需要的产品，除了设计详细的分级目录之外，还有必要增加产品的搜索功能。

在产品信息中，价格信息是用户关心的问题之一。对于一些通用产品及价格相对稳定的产品，也有必要留下产品价格。考虑到保密性或者非标准定价的问题，有些产品的价格无法在网上公开，但也应尽可能为用户了解相关信息提供方便。例如，为用户提供一个了解价格的详细联系方式，作为一种补偿办法。

3. 用户服务信息

用户对不同企业、不同产品所期望获得的服务有很大差别。有些网站产品使用比较复杂、产品规格型号繁多，往往需要提供较多的服务信息才能满足用户的需要，而一些标准化产品或者日常生活用品相对简单一些。网站常见的服务信息有产品选择和使用常识、产品说明书、在线问答等。

4. 促销信息

当企业网站拥有了一定的访问量后，其本身便具有了一定的广告价值。因此，可在自己的网站上发布促销信息，如网络广告、有奖竞赛、有奖征文、下载优惠券等。网上的促销活动通常与网下结合进行，网站可以作为一种有效的补充，供用户了解促销活动细则、参与报名等。

5. 销售信息

当用户对于企业和产品有了一定程度的了解，并且产生了购买动机之后，在网站上应为用户购买提供进一步的支持，以促成销售（无论是网上还是网下销售）。在决定购买产品之后，用户仍需要进一步了解相关的购买信息，如最方便的网下销售地点、网上订购方式、售后服务措施等。

（1）销售网络信息。研究表明，尽管目前一般企业并没有在自己的官方网站上直接销售产品，但用户从网上了解产品信息而在网下购买的现象非常普遍，尤其是高档产品以及技术含量高的新产品。一些用户在购买之前已经通过网络进行了深入研究，但如果无法在方便的地方购买，仍然是一个影响最终购买的因素。因此，应通过公布企业产品销售网络的方式尽可能详尽地告诉用户在什么地方可以买到他所需要的产品。

（2）网上订购信息。如果企业网络具有网上销售功能，应对网上购买流程做详细说明。即使企业网站还无法实现整个电子商务流程，也应针对相关产品为用户设计一个网上订购意向表单，这样可以免去用户打电话或者发电子邮件订购的麻烦。

（3）售后服务信息。有关质量保证条款、售后服务措施以及各地售后服务的联系方式等都是用户比较关心的信息，是否可以在本地获得售后服务往往是影响用户购买的重要因素之一，应该尽可能详细地说明。

6. 公众信息

公众信息是指并非作为用户的身份（如投资人、媒体记者、调查研究人员等）对于公司进行了解的信息。这些人员访问网站虽然并不是以了解和购买产品为目的（当然这些人也有成为企业用户的可能），但对企业的公关形象等具有不可低估的影响。因此，对于公开上市的公司或者知名企业而言，对网站上的公众信息应给予足够的重视。

公众信息包括股权结构、投资信息、企业财务报告、企业文化、公关活动等。

7. 其他信息

根据企业的需要，可以在网站上发表其他有关的信息，如招聘信息、采购信息等。对于产品销售范围跨国家的企业，通常还需要不同语言的网站内容。

在选择和发布企业信息时应掌握以下原则：

（1）有价值的信息应尽量丰富、完整、及时。

（2）不必要的信息和服务，如天气预报、社会新闻、生活服务、免费邮箱等应力求避免，因为用户通常会通过相关的专业网站和大型门户网站获取这些信息，而不是通过某个企业网站获取。

（3）在公布有关技术资料时应注意保密，避免被竞争对手利用，造成不必要的损失。

5.3.3　企业网站的功能

网站功能是发布各种信息、提供各种服务等必需的技术支持系统。网站功能直接关系到可以采用的网络营销方法以及达到的网络营销效果。

企业网站的功能，可以从企业网站技术功能和营销功能两个方面加以分析。网站的技术功能是网站正常运行的基础。网站的营销功能是从网络营销策略的角度来分析一个企业网站具有哪些可以发挥网络营销作用的功能。所以，网站的技术功能为网站的营销功能提供支持，网站的营销功能是技术功能的体现。

1. 企业网站的营销功能

企业网站的营销功能主要表现在八个方面：形象展示、产品/服务展示、信息发布、客户服务、客户关系、网上调查、资源合作、网上销售。即使最简单的企业网站也应至少具有其中的一项功能。

（1）形象展示。网站实际上就是企业在网络上的一个品牌，网站建设是否专业，将直接影响企业的形象。因为用户是通过网站了解一个企业的，看企业是否正规，只要打开网站就了解得差不多了，有很多大企业由于没有重视这一点，在网上失去了很多销售的机会，反而一些小企业做到了“小企业大品牌”，在一两年的时间内成为行业知名企业。

（2）产品/服务展示。用户访问网站的主要目的是寻找他需要的产品或服务信息，企业网站的主要价值应该体现在灵活方便地向用户展示产品或服务信息，包括文字、图片、音频或者视频等多媒体信息，丰富实用的内容是一个网站黏住用户的主要原因。

（3）信息发布。网站是一个信息平台，只要有利于企业形象，产品销售的信息都可以发布，这些信息包括企业新闻、行业新闻、最新产品信息、人才招聘、促销信息等。

（4）客户服务。互联网提供了更加方便的在线服务手段，从形式最简单的常见问题解答，到电子邮件、邮件列表，以及在线论坛和各种即时信息服务等。在线服务具有成本低、效率高的优点，在提高服务水平、降低服务费用方面具有显著作用，同时也直接影响网络营销的效果。因此，在线服务成为网络营销的基本组成内容。

（5）客户关系。通过网络社区、有奖答卷等多种网络营销手段吸引顾客参与，不仅能够达到宣传产品的目的，而且也能增进与顾客的关系，有利于增加销售。

（6）网上调查。网上调查作为一种快捷、方便、成本低的手段，越来越受到企业的重视。在网站上可以设置调查表或者通过电子邮件、BBS 等方式征求用户的意见。

（7）资源合作。网上的资源合作包括与友商、供应商交换友情链接，交换广告，内容合作等方式，以实现从资源共享到利益共享的目的。

（8）网上销售。建立网站及开展网络营销活动的目的之一是增加销售量。一个功能完善的网站本身就可以完成订单确认、网上支付等电子商务功能，即企业网站本身就是一个销售渠道。随着电子商务的价值被证实，越来越多的企业开拓了网上销售渠道，增加网上销售手段。实现在线销售的方式有多种，利用企业网站本身的资源来开展在线销售是一种有效的形式。

总之，企业网站的营销功能并不是固定不变的，每个企业的经营状况不同，对网站的功能需求也不一样，需要与企业的经营策略相适应。在企业网络营销的不同阶段，对网站功能的需求不同，网站功能也相应有一定的差异，而随着企业电子商务流程的不断深化，企业网站也将不仅仅是一个网络营销的工具，而是要涉及电子商务流程中的各个领域，网站的功能也将不再局限于上述八个方面。

2. 企业网站的技术功能

一个企业网站的技术功能可分为前台和后台两部分。前台是指用户可以通过浏览器看到和操作的内容。后台是指通过网站运营人员的操作才能在前台实现的相应功能。后台的功能是为实现前台的功能而设计的，前台的功能是后台功能的对外表现，通过后台来实现对前台信息和功能的管理。例如，在网站上看到的企业新闻、产品介绍等就是网站运营人员通过后台的信息发布功能来实现的，在前台，用户看到的只是信息本身，看不到信息的发布过程；对于邮件列表功能，用户在前台看到的通常只是一个输入电子邮件地址的订阅框，而用户邮件地址的管理和邮件的发送等功能都是通过后台来实现的。

一个企业网站需要哪些功能主要取决于网络营销策略、财务预算、网站维护管理能力等因素。部分常用的功能包括信息发布、产品管理、会员管理、订单管理、邮件列表、在线帮助、站内检索、在线调查、流量统计等。

5.3.4　企业网站的服务

网站服务是网站可以提供给用户的价值，如问题解答、优惠信息、资料下载等，网站服务是通过网站功能和内容实现的。

网站服务的内容和形式很多，常见的有：

（1）产品选购和保养知识。相对于生产商和销售商来说，用户的产品知识总是比较欠缺的，利用网站为用户提供尽可能多的产品知识是市场培养的有效方法之一。

（2）产品说明书。除了随产品附送说明书之外，在网上发布详细的产品说明对于用户了解产品具有积极意义。

（3）常见问题解答。将用户在使用网站服务、了解和选购产品过程中可能遇到的问题整理为一个常见问题解答的列表，并根据用户提出的新问题不断增加和完善这个列表，这样做不仅方便了用户，而且也提升了企业的服务效率。一个优秀的常见问题解答可以分担80%的在线服务任务。

（4）在线问题咨询。如果用户的问题比较特殊，需要专门给予回答，开设这种问题的解答服务是很有必要的，这样不仅为用户提供了咨询服务，而且也可以从中了解一些用户对产品的看法。

（5）即时信息服务。在条件具备的情况下，利用即时信息开展实时客户服务更容易获得用户的欢迎。

（6）驱动程序下载。如果是需要驱动程序的电子产品，别忘记在网站上提供各种型号产品的驱动程序，并加以详细说明。驱动程序是经常困扰用户的问题之一，企业网站理应在这方面发挥应有的作用。

5.4　营销型网站的内涵

营销型企业网站是指以现代网络营销理念为核心，以搜索引擎良好表现、用户良好体验为标准，能够更好地将访客转化为顾客的企业网站。

营销型企业网站首先要符合 SEO，搜索引擎优化排名是最重要的网站推广手段之一，如果一个企业网站没有从 SEO 的角度去设计，做好之后，还需要花不少费用请专业的 SEO 公司进行网站优化。其次要有良好的用户体验，一定要设计得清晰明了，方便用户浏览。

5.4.1 营销型网站的阅读对象

营销型网站有两大阅读对象，即目标用户和搜索引擎。

（1）目标用户。明确网络目标用户群体，针对网络潜在目标用户群体的习惯及思维，站在潜在用户的角度在网站首页排布潜在用户感兴趣的内容，进而塑造企业公信力、核心产品、用户见证，为潜在目标用户答疑等，其目的是通过良好的用户体验，帮助企业产生询盘或直接购买，从而更好地将访客转化为顾客。

（2）搜索引擎。营销型网站前端页面是给目标用户看的，但是后台却是给搜索引擎看的，所以，营销型网站的后台系统必须具备独立的产品 SEO 系统、文章 SEO 系统、图片 SEO 系统、站内互链、流量统计分析软件等功能，方便以后的营销推广。锁定搜索引擎的目的是专门针对搜索引擎优化设计，让目标关键词排名到首页或靠前的位置，让网站脱颖而出。

5.4.2 营销型网站的特点

（1）定位要准。完美的策划方案能够让自己的网站在同行间异军突起，让自己的产品更快速、最大价值化地销售出去，更让目标用户第一眼就爱上自己的产品。

（2）营销要广。如何让用户在成千上万的网站中找到自己，对企业营销来说是相当重要的一步，搜索引擎作为网站推广的重要方式，企业应该重视搜索引擎的力量。

（3）体验要好。营销型网站以营销为最终目标，因此用户的体验是非常重要的一个环节。用户体验最基础的就是打开网页的速度如何，导航是否明确，网页之间有没有死链接，页面之间的链接是否良好等。只有拥有友好的用户体验，才能提高访客对网站的友好度，最大化地体现营销能力。

（4）有信任感。要让用户在网站上下单，首先就要让用户信任网站。企业的证书、荣誉、客户案例、新闻报道、企业环境等信息的展示对增加用户信任是非常重要的，证书以及荣誉是增加信任度最直接的表现。

（5）形象要靓。标榜企业或产品的形象是营销型网站的基本要求，一个好网站需要具备超强的视觉营销效果，以求被目标用户记住，从此奠定自己的行业地位。

（6）有黏度。网站的内容规划在很大程度上决定了网站的黏度。所谓黏度，就是访问者对网站的依赖性，体现在重复来访频率上。如果一个人经常访问网站，证明这个网站有他所需要的有价值的信息，那么这个网站对这个访问者就具备了很强的黏性。企业在建设网站前需要进行市场分析、用户分析、竞争分析、优势劣势分析等，然后才能够有的放矢，制作出适合于行业特点、能够抓住消费者心理特征的网站。

5.5 营销型网站的规划

普通的企业展示型网站就是把企业的企业信息、产品信息、联系方式放入网站，而营销型网站是为实现某种特定的营销目标，将营销的思想、方法和技巧融入网站的策划、设计与制作中，从而刺激用户的购买欲望，最终达到与用户达成订单的具有营销能力的网站。

营销型网站在网站结构、网站优化、网站美观、用户体验等方面要合理、科学。以营销为主，技术为辅，才能避开普通网站的缺陷。营销型网站的规划应该考虑以下要素：

5.5.1　营销型网站的定位

定位的选择是网络营销的基础和核心。如果没有清晰的定位，推广效率、转化率和团队的工作效率就无法得到保证。

不同的定位决定了不同的策略方向和不同的成长重点。定位准确，就等于选对了方向，锁定了重点。定位不仅会影响决策，还会影响企业成长的速度；定位不准，后面做得再多都是无用功。

1. 盈利模式定位

进行网络推广的时候，必须清楚自己的盈利模式到底是零售，是招商，还是定制批发。因为不同的盈利模式，其网络沟通对象不同。一个网站最好只有一个方向的用户。零售类网站只针对终端用户，招商类网站只针对加盟商，批发类网站只针对批发商。也就是说，盈利模式不同，网站不同；营销策略不同，网站不同；产品不同，网站不同。每一个品类都不能重复和交叉。这一点，企业在建设网站的时候一定要清楚。

在做网站推广的时候，如果人力、物力和财力都有限，就必须找一个重点作为突破点。以什么为重点，需要以网站的定位为依据。比如该企业是做批发的，在网站上就要体现出该厂家是以做批发为盈利模式的，要体现出做批发的厂家能够给用户提供什么样的优惠。

一般来说，企业可以选择的网络盈利模式有以下几种。

（1）展销类，包括“形象展示+销售”的 B2B 或者 B2C 平台。其中，批发和招商加盟的是 B2B 平台，直接零售的是 B2C 平台。

（2）交易类，包括直接零售的 B2C 平台和 B2B 的批发平台。

（3）门户类，包括针对广告业务和会员的 B2B 平台。

（4）C2C 平台，比较典型的是淘宝网。

企业具体选择哪一种盈利模式，是把网站做成展销类的、交易类的，还是门户类的，就要看自己的业务内容是以批发为主，还是以零售为主，或是要做招商加盟，还是要发布广告。

确定了网络盈利模式之后，就必须找出与之相对应的关键词。下面提供一些关键词作为参考。

（1）展销类：招商、加盟、批发、代理、经销、总代理、代理商、批发商、项目投资、品牌加盟等。

（2）交易类：厂家、加工、批发、厂家直销、促销、定制、团购、供应商、采购、分销商等。

（3）门户类：B2B、电子商务、批发、采购、供求信息、求购信息、行业门户、网上贸易、网上交易、在线交易、供应信息、网商等。

（4）C2C 平台：买、卖、直销、网店、订购、厂家直销、促销、定制、礼品等。

2. 核心竞争力定位

网络营销和传统营销一样，也是在做市场，也存在着激烈的竞争，对同类产品来说，企业之间抢夺的永远都是同一类用户。用户需要比较企业的优劣，那么企业就应该把最好的一面展示出来。这个最好的一面就是企业的核心竞争力。

下面采用SWOT方法来分析企业的核心竞争力。所有优势（S）、劣势（W）、机会（O）、威胁（T）都是相对于竞争对手而言的。

（1）优势。如果是生产型的企业，那么技术优势应该排在第一位，有形资产居于第二位。有形资产包括厂房、设备、资金等诸多方面。第三是无形资产，可以是企业的品牌、商誉、品牌知名度、美誉度等。这是一种软实力，而今天企业之间的竞争，更多的是靠软实力，对中小企业而言，软实力有着非常重要的意义。第四是企业的人力资源，如有经验的经营团队。第五是渠道和用户资源。网络营销有时候也依赖于地面渠道，二者相互依存，相得益彰。有些人片面地认为，有了网络营销，就不需要地面渠道了，其实这是一种非常错误的观念。事实上，今天在网络上做得好的企业，都是那些能把已有的地面渠道和自己的网站结合得比较好的企业。地面渠道、用户资源正是企业竞争的优势所在，是绝对不可以丢掉的。

（2）劣势。上面所说的五个方面：技术、有形资产、无形资产、人员资源、渠道和用户资源，经过分析，如果不是优势，那就是企业的劣势。找劣势的目的是将劣势转化为优势，所有的分析结果都是相对的，都是可以转化的。对于网络营销来说这种转化更容易实现。

（3）机会。机会可以通过市场细分来寻找。网络上存在海量人群，海量人群的存在，让细分市场成为可能。在传统的市场经验中，人们常说，在小城市要做杂货店，在大城市要做专门店。城市小，什么都要做，才能吸引人气；城市大，人流量大，就要做精，做出特色来，才会有人光顾。这个经验同样适合于网络空间。网络细分市场可以从多个方面着手，如细分人群、细分产品、细分功能。

（4）威胁。威胁就意味着危险，我们看到的机会，其他人也同样可以看到，我们现在拥有的优势，或许几年后就会被别的企业超过。所以要充分利用机会，看看有没有人在细分自己的市场，有没有人在自己做的领域当中与自己竞争，有没有人在整合当中，这些都可能会消耗掉自身的优势。

通过SWOT分析，企业可以理性地找到自己的核心竞争力。定位自己的核心竞争力，找到自己的独特卖点，并用一句广告语将核心竞争力表达出来。广告语要有营销力，排版要有秩序性，产品的特点、卖点要放在突出显眼的位置，这样用户才能快速找到他想要的东西，从而提升用户体验。例如“智能铸就安全”，充分表达了技术是三业科技公司的核心竞争力。

在网络营销过程中，懂得用SWOT分析去定位企业的核心竞争力，可以极大地提高其网络营销的成功率。

3. 目标用户定位

谁在使用我们的产品？

谁从我们这里买走产品？

找出这些共性，企业的目标用户自然就浮出水面了，这也是判断谁是企业目标用户的准则。

（1）占到销售额80%的那群人，是最直接的目标用户。

（2）对企业产品或者服务有需求的群体。无论是自身的需要，还是基于他人的需要。

（3）目标用户必须是有决策权的人。如果对购买没有决策权，即使他有需求，也算不上目标用户。能决策是选择目标用户的重要参考因素。

（4）具有相当的消费能力和购买欲。只有那些能够消费得起、愿意消费的人才是目标用户。

4. 核心产品定位

核心产品简单来说就是企业最有优势、最核心的产品，是企业要主推的产品或者说企业要营销的产品。只要把企业的优势力量集中到一个产品上来，企业就可以获得很好的营销效果。同样，建设营销型网站前要把企业的核心产品定位好，让营销型网站发挥最大的营销力。核心产品定位应该怎么做呢？

（1）选择核心产品的五大要素：代表类别特点的；代表实力、技术核心的；有竞争优势的；容易找到沟通元素的；能延伸消费的。

（2）如何选择核心产品？选择企业的核心产品可以从以下三点来考虑：

1）选择有优势、赚眼球又赚钱的产品。

2）选择有优势、少赚钱但是能赚人气、能直接帮助赚钱产品销售的产品。

3）选择有优势、不赚钱但是能赚足眼球的产品。不建议企业发起疯狂的秒杀，不计成本的秒杀是不理性的。不赚钱和亏钱是不一样的。

（3）核心产品在营销型网站上的应用。首先，核心产品要在网站上的主要位置显示，让用户能够记住核心产品，一定要强化用户对核心产品的记忆。比如设在网站首页的中上部，要让用户一进入网站就能立即看到核心产品。其次，在进行网站推广时，要以核心产品为推广的重心。线上与线下的推广工作可以结合起来，这样可以收到事半功倍的效果。最后，选择核心产品有关的长尾关键词作为核心关键词，并且重点优化这一组长尾关键词，以此来吸引目标用户浏览网站。

但是，定位核心产品并不是说只卖这一个产品，而是以这个核心产品的销售来带动企业其他产品的销售，这才是核心产品定位的最终目的。

5. 网络营销差异化定位（独特卖点定位，USP）

仅做好核心产品的定位是不够的，需要知道核心产品的卖点在哪里，通过差异化方式突出产品独特的卖点，使自己的产品与竞争对手的产品或服务区别开来。

核心产品好的方面有很多，但不一定要把所有方面都拿出来宣传。在对核心产品进行介绍时，要抓住用户的心理，迎合这种心理并真实地把自己做得最好的那一面讲给用户。例如，买空调时，可以向那些希望快速得到舒适温度的人说，“快速制冷”是我们的最大优势，这样就迎合了用户的心理，同时也展示出了产品最好的一面。

营销的目标就是让用户记住自己。所以要把独特卖点总结成一句话，并放到营销型企业网站中最显眼的位置上。总结出的这句话，不但要表述清楚内容，而且要尽量口语化，最好是用户经常可以触碰到的语言。例如“今年过节不收礼，收礼只收脑白金”等。

互联网时代，网站已经在企业的整个运营和管理中起到了非常重要的作用，很多企业都投入了大量的人力、物力、财力来维护网站的运行。现代企业若想抓住这一在网络空间发展的机遇并获得回报，就必须给自己的网站一个正确的定位，找到市场的切入点，把自己与对手区隔开来，为自己找到空间，让自己成为第一，在某个领域成为用户的首选品牌。

6. 关键词定位

关键词的精准定位是网络营销的基础，通过关键词的组合来实现网站流量的提升，当然还要分析消费者的路径，这样能够知道消费者是通过什么样的方式找到网站的。对关键词的定位，最重要的就是长尾关键词的组合，简单来说就是把核心产品的关键词再加上各种修饰词组合而成，这样搜索过来的消费者也是精准的目标用户。

5.5.2 网站结构清晰，视觉冲击力强

网站结构就是网站的骨干，是高度抽象的脉络，就像房子的框架，网站结构相当于指南针和地图，起到引导用户的作用。网站结构规划让可能购买的用户都能对号入座。这就是主要考虑用户的思维习惯，通过引导用户操作顺利实现预期目标。这要求规划者首先要分析用户心理和自己产品的核心优势。用户最关注的是什么？先让用户了解什么内容？然后又了解什么内容？用什么打动用户？规划网站结构一定要有引导用户购买的意识。

网站结构不清晰是很多企业网站的通病，核心价值不突出、重点不明确、内容杂乱，没有引导用户购买的意识。用户就像在一个迷宫中转，进不去、退不出，找不到自己需要的内容。采用面包屑技术和网站地图，能够方便用户跳转到其他页面，对于网站的 SEO 也有很多好处，可以更多地强调网站关键字。

视觉是网站用户接触的第一个因素。所以一个网站想要让用户喜欢，首先就得在视觉上打动用户。网站视觉一定要从用户的审美习惯出发，切忌凭自己的主观愿望来确定视觉表现。一般来说，网站视觉规划先要确定基本主色调和辅助色调，然后画出首页布局图，做好美工设计。F 结构布局是比较通用的视觉结构，有时候也可以突出个性。

规划网站的结构还需要考虑搜索引擎的喜好，通过合理的层级结构和内部链接方便蜘蛛搜索。

5.5.3 产品展示是企业网站永恒的主题

产品展示是网站规划的核心要素，能不能打动用户，主要就是看产品页面是否具备强有力的销售力。

产品展示的销售力其核心就在于提炼产品的核心卖点——USP，然后利用图、文、视频等各种形式强化核心卖点。

FABE 法则是一套非常系统的、行之有效的说服公式，在营销界被广泛使用，同样也适用于网站产品展示页面规划或网站规划。F 表示产品基本特征，A 表示产品特征具备的优点，B 表示这些优点带给用户的利益，E 是用证据来支撑前面的描述。

5.5.4 用户信赖感的快速建立

FABE 中的 E 的目的就是提高公信力和信任感。要想实现销售，一定要让用户信任自己和自己的企业，提高信赖感可以从以下几方面做工作：

（1）庞大的资产和规模，先进的设备技术。这就是企业的硬实力，主要体现在企业的固定资产上。

（2）专业资历。这体现在企业拥有的专家团队、核心人员的资历水平、服务时间等方面。

（3）权威媒体的报道。企业被权威报纸、专业杂志、电视台等正面报道过，会增强客户对企业的信赖感。

（4）名人或专家的见证。这无疑是一个很好的建立信赖感的方式，名人名家见证有着无形的号召力与社会影响力。

（5）明星用户的感言或见证。有行业影响力、话语权的用户留下的见证或者合作感言也会增加企业的公信力。

（6）企业的荣誉、奖励或行业的权威认证。

（7）技术优势展示。

（8）销售渠道以及规模。

5.5.5　健全的用户服务体系

客服沟通是整个销售体系的关键一环。企业首先要构建最方便的用户沟通方式，如 400 电话、客服系统、QQ、微博、微信等在线方式，让用户在任何需要的时候，迅速方便地和客服人员沟通。更重要的是客服人员一定要专业，对产品或服务细节都了如指掌，并且具备较强的销售技巧和能力。这不是售后服务，而是销售。

5.5.6　有良好的搜索引擎表现

要专门针对搜索引擎优化设计，让网站脱颖而出，相关内容其他章节已做了详细介绍，在此不再赘述。

5.5.7　营销型网站建设的注意事项

（1）用户体验最重要——美观、易用。

（2）关键词的优化能为网站带来很大的流量，如 meta、栏目、导航、标题、内容、域名等。

（3）差异化营销突出优势——放大差异，让用户记住。

（4）产品展示是企业网站永恒的主题。

（5）经常更新，提升排名。

（6）权威网站发布企业信息或与权威网站进行友情链接。

（7）加强用户沟通环节——QQ、电话、微博、微信。

思考题

1. 企业网站与电子商务网站的功能有什么不同？
2. 按照企业网站的功能，可以将企业网站分为哪三种基本形式？
3. 一个优秀的网站，有哪些基本的要素？
4. 一个结构完善、设计合理的网络营销站点应具备哪些功能？
5. 企业网站的基本内容有哪些？请以一个网站为例进行说明。
6. 如何设计网页版面？网页版面的布局方法有哪几种？每种布局方法的优缺点各是什么？
7. 用户信赖感如何建立？

8. 网站的定位有何意义？如何在网站中体现出这些定位的分析？

9. 企业营销型网站的阅读对象是谁？对网站设计有何要求？

10. 在教师的指导下，自命题规划一个企业网站，要求：

（1）确立网站类型。

（2）确定网站的结构、内容、网站服务和功能。

（3）CIS 和页面布局设计。

第6章

网络推广

本章要点

- 网络推广方式
- 网络推广测评

6.1 网络推广的含义

所谓网络推广，是指以国际互联网络为基础，利用数字化的信息和网络媒体的交互性来辅助实现营销目标、树立企业品牌形象、提高知名度和影响力等的一种新型的营销推广活动。

简单地说，网络推广是指将企业或产品推广到国内各大知名网站和搜索引擎的活动。

与传统的推广方式相比，网络推广具备鲜明的时空性、多媒性、高效性、经济性以及交互性等特征。

网络推广虽然是一种新兴的高技术含量的营销推广模式，然而就其目的性而言不外乎以下几点：

1. 企业品牌推广

进入21世纪，企业间的竞争已经不是简单的产品之间的竞争，更多地体现在企业品牌之间的竞争。而对于品牌的宣传，传统的推广方式需要耗费大量的财力、人力，网络推广以其独特的经济性、高效性可以很好地承担品牌推广的任务，对于树立企业的品牌和产品形象，提高企业的品牌知名度和影响力具有积极意义。

2. 产品推介和新品发布

网络推广相对于传统的推广方式，同样具备很好的产品推介和新品发布功能，通过网络的多媒性可以更好地展现产品的特性和功能，并且可以比传统的平面和媒体广告的效果更好，通过图片、视频等形式展现的网络广告在网络高度普及的今天更能赢得宣传效果。

3. 营销渠道和市场拓展

近年来，随着网络信息技术的普及，人们逐渐意识到网络的便捷性。网络推广可以很好地突破传统营销渠道的时空限制和高投入的制约，可以在很大程度上拓展企业的营销渠道，与传统营销渠道相配合，以达到立体营销的效果，同时提高市场占有率。

4. 引领消费理念的更新

人们传统的消费理念就是面对面的实物消费，然而网络推广在一定程度上推进了人们消费理念的更新，促使了人们逐渐接受网络消费观念，这也从网络购物逐渐为人们所接受得以佐证。可以说网络推广的目的之一就是引领消费理念的更新。

5. 潜在消费群体的培养

现在网络的使用者大多是年轻的新一代，他们容易接受新生事物，网络推广恰恰就是利用了新生代对网络的接触和运用频率高、依赖性强等特点，在一定程度上影响到其消费理念，进而使其成为企业网络推广的目标群体，培养了潜在的消费群体。

6.2 网络推广与网络营销的区别

许多人认为网络推广与网络营销是一回事，其实不然，两者是两个完全不同的概念。简单地说，网络推广包含在网络营销中。

（1）目的不同。网络推广重在“推广”二字，主要的目的是利用各种网络推广方法，使产品尽可能让更多的人知道；而网络营销则重在“营销”二字，它更注重的是通过推广，能够产生什么样的经济效益。

（2）投入不同。网络推广往往投入比较少，甚至一个人也可以操作，如论坛推广。网络营销投入则比较大，通常不是一两个人能够完成的，需要团队协作来完成。

（3）考核指标不同。网络推广主要考核的是具体的工作量，如论坛推广，只需要保证相应的发帖量即完成任务。而网络营销通常考核的是转化率或收益，如论坛营销，发帖量的多少不重要，关键是这些帖子能够换来多少销售额。

（4）能力要求不同。网络推广成功的关键是推广人员的执行力，而网络营销主要靠营销策划人员的创意和策略。

应该说网络推广是保证网络营销效果和成功的关键，是网络营销的重要组成部分。当网络营销落实到执行层面时，需要网络推广来为之服务。网络营销脱离了网络推广，很难独立存在。

6.3 营销信息的传播模型

营销信息的传播过程就是商家与用户的沟通过程。沟通的过程受多种因素影响，人们已经总结出了沟通过程的一般模型，并将沟通过程恰当地分解成为沟通过程的九大要素：发送者、信息、编码、媒体、解码、接收者、噪声、响应和反馈。营销信息传播模型如图 6-1 所示。

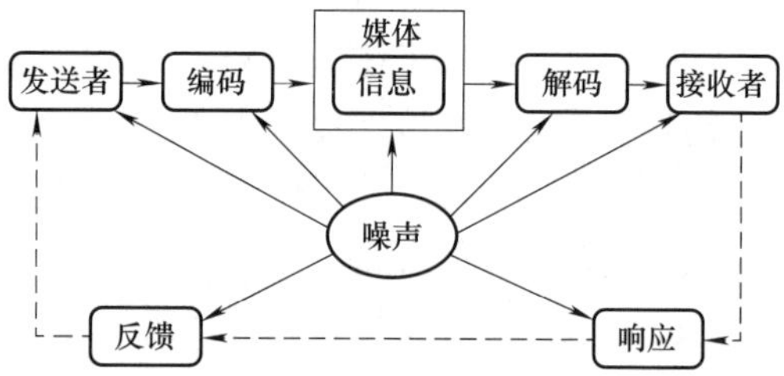

图 6-1　营销信息传播模型

1. 信息发送者要准确编码

编码是沟通过程的开始，也是至关重要的一步。如果没有正确的编码，后面的所有过程就都是浪费时间。

每个人有不同的文化背景、成长经历，有不同的年龄和性格。编码时要用对方能接受的方式而不是自己喜欢的方式来传达信息，弄清楚听者想听什么，通过认同、赞美、询问需求的方式实现，并以对方感兴趣的方式表达，如幽默、热情、亲和、友善。

2. 要选择恰当的媒体

媒体是由发送者选择的借由传递信息的媒介物。

不同媒体在表达信息的能力上有所差异，如电视媒体与互联网媒体交流就有较大差异，不同的信息内容与不同的条件要求不同的媒体。因此，在选择媒体时往往要因时、因地、因人制宜，根据当时当地的具体情况来做出正确的选择。同样是互联网媒体，但不同的网站面向的消费者群体不同，在选择网站时要区别对待。

3. 信息接收者正确解码

接收者同样受到自身的技能、态度、知识和社会文化系统的限制，发送者应根据接收者的特点进行写和说，并且需要具备逻辑推理能力，这样接收者才有可能正确解码。

4. 要充分利用反馈

反馈就是接收者对于发送者发送信息的反应。反馈使信息交流成为一个过程，而不仅仅是一个事件。通过反馈，沟通成为一种动态的双向过程。

根据营销信息传播模型，在进行网络推广时，应重点关注信息源、传播渠道和传播对象三个要素。

6.4　网络推广的方式

网络推广的方式有两种：付费推广方式和免费推广方式。

付费的网络推广一般是大企业或是有大量资本的公司或个人采用的方式，最大的优势是快速展现与稳定排名，能第一时间使企业及其产品出现在用户面前，同时也能给潜在用户一定的信任感。最大的弊端在于：需要付出大量的资金；过了付费期限自然下线，外围没有任何地方可以展示品牌或产品的信息；付费时间相对比较固定，若是换平台或是移动位置，则找不到原来平台的信息；需要长久持续进行推广，否则效果并不好；若是坚持长期付费推广，费用不菲；找专业的人员进行操作，人员成本也会比较高；要时时了解投放平台的页面更新与新规则制度的变化情况。

免费推广最大的优势是节省开支与预算，除此之外，由于外围免费的信息多了，可以给企业带来更多的曝光量。免费推广的弊端体现在：比较耗时间，要经过相当长一段时间推广才能使排名位置靠前；要做大量工作，需要每天发布一定数量的产品信息或商业信息；需要执行力强的人员持续执行下去；多方位、多平台操作发布，需要时时关注已发布信息被删除的情况；免费平台都有一定数量的信息发布限制，或信息显示时间限制。

在实际网络推广时，可以考虑付费推广与免费推广相互结合，这样既能带来更多的流量，又能更好地突出企业产品的特色与品牌力度。

6.4.1　付费推广方式

本书主要介绍以下付费推广方式：相关站点广告位、搜索引擎竞价以及付费软文。

1. 相关站点广告位

我们经常会看到一些流量比较大的站点，都在网站上出售自己的广告位。这里要切记不能盲目租用网站的广告位，首先要看网站的访问人群是不是你的精准潜在用户。一般一个网站的广告位会有很多，有的在网站首页，有的在文章内页，相对来说，首页的广告位价格会更高一些。对于什么样的广告位才适合投放，很多人可能认为是首页，因为流量相对比较大。其实不然，对于适合推广的广告位，内容页是最有价值的，因为用户都停留在内容页而不是首页。

2. 搜索引擎竞价

搜索引擎竞价是一种常用的付费推广方式，但是从推广效果来看，搜索引擎竞价有几个缺点。首先，消耗的资金过大，对于中小型刚起步的站点来说，用这种方法推广，可能还是比较困难的，而且一般中小型站点都不会使用这种走捷径的方法。其次，容易出现无效点击，无效点击其实就是在浪费广告费，什么都没有得到。再次，实用性比较差，如果遇到同行也做相关的关键词竞价，那么谁出的单次点击费用高谁就排在前面。最后，容易被恶意点击，大部分的恶意点击都来自对手，而且这种恶意点击目前还很难控制，所以搜索引擎竞价推广不适合中小型的站点使用。

3. 付费软文

软文是一种可以获取长期性效果的推广方法，目前看来，不论是大型的站点还是中小型的站点，都可以使用软文来推广。因为不管你的资金多少，也不管你的站点名气的大小，只要你会写文章，而且质量过得去都可以使用软文推广。由于软文推广的实用性强，而且效果还是长期的，许多站长自己不会写就付费请他人代写代发。

软文的效果相对来说是最好的，因为其有效期是长久的，不像搜索引擎竞价那样需要大量资金来维持，也不需要像租用广告位那样天天检查。软文一旦发布成功，其带来的效果不是瞬间的而是长远的，如经典的软文例子脑白金的推广，从中就可以看出为什么现在这么多人喜欢选择软文推广。其有几个优点：一是效果期限长；二是容易让用户接受自己的推广信息；三是转化率高；四是可以提升并稳定站点的排名，这是从 SEO 的角度而言的。软文既适合中小型站点用来推广，也适合大型的站点用来推广。

选择网络推广方法，最重要的不是看它的新颖度或者别人使用后的效果如何，关键在于合适、实用、效果显著。

6.4.2 免费推广方式

免费推广的方式有很多，这里只介绍搜索引擎优化、SNS 推广、论坛推广、博客推广、问答推广、百科推广、分类信息推广、视频推广、资源合作推广等方式。

1. 搜索引擎优化

搜索引擎推广有竞价排名和搜索引擎优化（SEO）两种方法。搜索引擎优化则是搜索引擎推广的根本解决之道，是目前所有网络推广方法里性价比最高的一种。目前国内主要考虑的搜索引擎是百度和 360。

对于搜索引擎优化而言，主要考虑两个方面：①关键词的优化排名，包括核心关键词和长尾关键词；②品牌词搜索结果的优化。后者是前者的基础，因为当别人通过竞价排名或其他方式知道你的品牌词的时候，你的品牌在搜索引擎展现出来的东西，往往会决定用户对你的印象和选择。

所有引擎都要遵循两条原则，一是搜索引擎总想把最好的网站排在最前面；二是搜索结果的排序不可能由人工审核，而是由“机器”根据规则和算法自动完成。这是因为：一方面，网络上的信息量实在太大，人工审核根本做不完；另一方面，人工审核容易带有个人的感情色彩，不利于结果的公正。所以搜索引擎公司只会制定规则和算法，按照它所制定的规则和算法由机器自动完成排序。

有了以上这两条规则，网站优化就有了理论基础。网站优化本质上可以理解为：努力地做好网站的内容，提升网站的价值，并使网站的结构、程序、内容符合搜索引擎的规则和算法，得到搜索引擎的认可。所以搜索引擎永远不会排斥优化，因为优化就是在帮搜索引擎提供好的内容并方便它检索。

常常可以发现，有些网站在各个搜索引擎的结果里面都能取得很好的排名，这是因为这个网站优化做得到位，网站内容得到了各大搜索引擎的认可。

竞价排名是网络推广的一种办法，但从长远来说，SEO 才是真正网络推广的王道。一个企业有没有做好网络营销，有一个很重要的判断依据，就是看他懂不懂 SEO，几乎没有网络营销专家不懂 SEO 的。用这个方法检验很简单，在搜索引擎输入关键词直接检测企业网站的排名情况即可。

2. SNS 推广

（1）SNS 推广的含义。通过 SNS 网站这种网络应用平台，利用其各种功能进行宣传推广，从而达到提升品牌知名度、促进产品销售等目的的活动，称为 SNS 推广。SNS 有三层含义。

1）social network service：中文译为社会性网络服务或社会化网络服务，也译为社交网络服务。

2）social network software：中文译为社会性网络软件。依据六度理论，以认识朋友的朋友为基础，扩展自己的人脉。

3）social network site：就是依据六度理论建立的网站，帮你运营朋友圈的朋友。知名的 SNS 网站有开心网（www. kaixin001. com）、人人网（www. renren. com）、朋友网（pengyou. qq. com）等。

我们平常说的 SNS，主要是指 SNS 网站。

（2）六度理论。六度理论又叫六度空间理论、六度分隔理论。1967 年，哈佛大学的心理学教授斯坦利·米尔格兰姆（Stanley Milgram）创立了六度分隔理论，简单地说：“你和任何一个陌生人之间所间隔的人不会超过六个，也就是说，最多通过六个人你就能够认识任何一个陌生人。”按照六度分隔理论，每个个体的社交圈都不断放大，最后成为一个大型网络。

六度理论的这个特性，使得 SNS 网站中信息传播的速度特别快，也更容易让人信任和接受。

国内的 SNS 主要有人人网和开心网，还有社交媒体的微博。

企业利用人人网和开心网，主要是在申请开通公共主页之后进行宣传活动，上传企业、品牌、产品、活动的图片，经常更新状态和日志。

微博方面，主要以新浪为主，前期通过互粉，获得基础的粉丝，或者通过微博的活动获得粉丝。日常维护也很重要，比如发一些有趣的又与企业品牌相关的信息，及时回复粉丝的留言。通过搜索微博，可以查找最近讨论企业产品、品牌或者相关产品服务的微博，然后评论其微博。

在很多SNS里，好友的数量是有上限的，那么好友数量达到了上限时怎么办？唯一的办法就是建群，一个活跃的群每天都会为你带来源源不断的人。这里简单介绍一下建群的要点：①群主题要明确；②前期要主动多积累一些人脉；③要经常维护群，如经常上传一些好资源。

（3）SNS的推广技巧。

1）SNS社区的选择及注册信息填写。SNS社区的选择要根据企业的产品或者网站的主题内容来定，在这个问题上也没有特别的要求。在注册信息的填写上，很多人喜欢用企业的名称和企业的Logo来注册成为用户，这样注册，不仅会引起会员的反感，还会引起管理员的关注，加大了广告的嫌疑。你申请成为别人好友的时候，他一看你的信息，就不愿意通过你的好友申请。在SNS社区，没有好友互动，就没有好的推广效果。注册信息以自己的真实信息为好，不要使用企业信息去注册。

2）最大限度地申请好友人数，并多与好友互动。SNS社区一个最大的特点就是有好友，好友越多，推广效果就会越好，注册通过后把自己的个人信息补充完整，就可以开始申请加好友，一般网站都会提供一些活跃的会员提示加为好友，或根据填写信息推荐行业内的会员加为好友，这两种人群就是最先要加的。加完之后，你可以去管理员主页看看，争取第一时间再多加些好友。好友到一定数量后，及时与好友互动，增加彼此的印象。比如每天都主动回应好友的日志，分享一下好友的相册等，自己也要经常更新微博或者心情。目的就是加大自己在好友们面前的曝光度。

3）最有效的手段——转帖。“转帖”是目前各大SNS网站最火的应用之一，由于是通过网友转发的形式传播的，能够像病毒一样快速蔓延，所以成为SNS网站中最有效的推广方法。

① 内容素材。转帖的主题内容可以是文字，也可以是视频或图片。形式不重要，关键是要吸引人，只有优质或有趣的内容才会更容易被转载。比如各种热点新闻、热门事件等，热点最容易吸引眼球，大家也更愿意参与。最重要的是，一定要起一个能够引起用户点击欲望的标题。

对于转载而来的内容，最好能适当地增加一些趣味性的描述或点评。比如我们发布一组普通照片，可能回应者寥寥无几。但是若我们在图片前加一组这样的文字说明：“这是姐昨天刚拍的写真，摄影师说我是他拍过的最漂亮的，大家看我美吗？”可能就会被疯狂转发。

最重要的是，要将想推广的信息有效植入到内容中。但是要植入得巧妙、不留痕迹，文字、视频、图片均可。

② 增加投票或观点。在发布转帖时，可以为内容设置互动投票或互动观点。如果观点或投票比较有代表性，能够引起用户的共鸣，那么将大大增加帖子的传播率。因为用户在点击互动观点进行投票后，系统会弹出一个对话框，提示投票成功，并提示将帖子分享给好友。

③ 增加相关链接。除了增加观点外，还可以在帖子内将以往的帖子地址罗列出来，借此增加旧帖的传播率和曝光度。

（4）SNS推广常用的方法。

1）日志推广。这个方法是大家常用的，也就是把自己推广使用的软文发表在日志里，供全站用户阅读。在日志发布后，最好能跟好友沟通一下，请他们帮忙分享，这样才能获得更多的读者，自然效果也就更好。有的 SNS 社区这方面做得比较好，在发表日志后，可以提醒好友关注。日志发表后，能被好友最大限度地分享，前提就是自己要与好友多多互动和交流。

2）微博。使用微博，每天发布一些与产品或者网站相关的即时信息，简单明了，一天可以发布多次。或者以问答的方式发布信息，这与问答网站推广的方法很相似。例如自己提问××产品怎么样，有朋友使用过吗？或者××网站到底有什么好玩的内容呢？请好友主动回答，尽量把答案内容描述得吸引人一些。

3）相册推广。建立自己的个人相册，可以把企业产品的一些图片上传到自己的相册，或者上传网站最新的、能引起广泛传播的图片，加上自己网站或者产品的信息。这样的方式效果也很不错。

4）写心情和好友日志回应推广法。很多的 SNS 社区都有“心情”这个功能，也就是把自己当天或者当时的心情发布到网站上，同时把自己的一些与推广相关的信息发布上去。或者在回应好友日志的时候，适当带上自己推广的产品信息或网站信息。

5）视频、网址分享推广法。也就是把自己网站的一些即时内容或者视频，通过 SNS 网站的分享功能分享出去。但不要同时分享过多的网址，这样会引起管理员的不满，最好一次只分享一两条。

6）私信、打招呼、好友留言。这些也都能用于推广，只是看自己怎样去掌握和运用这些 SNS 网站都拥有的功能。

3. 论坛推广

（1）论坛推广的含义。以论坛、社区、贴吧等网络交流平台为渠道，以文字、图片、视频等为主要表现形式，以提升品牌、口碑和美誉度等为目的，通过发帖的方式进行推广的活动就叫论坛推广，也叫发帖推广。

（2）真正的论坛推广。由于论坛的历史悠久，所以发帖推广也是互联网上出现较早的一种推广手段，也是目前普及率比较高的一种方法。到底如何做才能达到最高境界呢？一切用效果说话。发帖推广要同时达到以下标准：

1）不被删除。这是基本条件，如果帖子发完即被删除，则一切都是空谈。

2）吸引眼球。即使帖子不被删除，但是若没人看，还是在做无用功，所以内容质量是关键。

3）打动用户。帖子能吸引用户围观，但是触动不了用户的神经也属于失败。最终的目标是要影响用户的选择和行为。

4）有人互动。如果大家都是只看帖不回帖，帖子很快就会被淹没。没有机会被更多地展示，自然影响的人群就非常有限。

5）加精推荐。帖子能被论坛内的版主给予加精、加红，甚至推荐。

6）有人转载。帖子被用户主动转载到其他论坛或网站。

（3）如何操作论坛推广。

1）了解需求。

① 了解目的。首先，要明确自己的目的，就是说你要知道你推广的这个产品，是一个虚拟的产品还是一个实实在在的东西，如食物、衣服、手机等。其次，要明确推广的目标是

什么，是为了增加流量、注册量还是增加品牌的知名度，带动销售额。因为有的企业网站论坛推广的目的就是带来流量。

② 了解产品。在了解产品时要弄清以下几个问题：

产品的优势是什么？劣势是什么？

产品的用户是谁？

产品的亮点是什么？哪些亮点能打动用户？

产品能帮用户解决什么问题？

③ 了解用户。只有了解用户才能有效地推广，用户才是真正的核心。

用户聚集在哪些论坛？如果面对的是手机用户，他们聚集的论坛肯定是手机论坛和手机软件论坛。

用户在论坛里做什么？用户喜欢什么样的话题，什么样的资源，什么样的内容？

用户群中最有共性的问题是什么？哪些是最需要解决的问题？我们能解决其中的哪些问题？

首先要看用户喜欢什么，然后看看我们能给用户解决什么样的问题。因为只有帮助了用户，给用户解决了问题，用户才会信任我们。

④ 了解对手。竞争对手有没有做过类似的推广？如果做过，效果如何？有没有值得我们借鉴和学习的地方？

2）寻找目标论坛。在论坛发帖，不是哪个论坛都可以的，找到相关的论坛才能做好推广。

选择论坛一定要注意以下几点：

① 相关性。目标论坛不是越大越好，而是用户群要集中，要精准。如果要推广手机，那就只找与手机相关的论坛。

② 快照更新快。如果更新快，说明这个网站的权重比较高，搜索引擎比较喜欢。

③ 流量和注册量。论坛每天的会员流量、注册量是选择论坛时要重点考虑的。

3）了解论坛板块的设置和规则。找到论坛之后，要了解这个论坛的板块设置和规则。因为每个论坛规则不一样，随便发帖子，很容易被删除。

4）注册账号。

① 不要用相同的 IP 地址大量注册。使用同一个 IP 地址注册多个账号会出现什么问题呢？一个账号违规，就会把相同 IP 地址下的账号全封了。所以说要尽可能使用不同 IP 地址去注册账号。

② 使用中文账号，并完善论坛的个人资料。

5）准备帖子内容。

① 在产品卖点与用户需求中找平衡。既要展现产品的亮点，又要满足用户的需求，将两者有机结合。

② 吸引眼球和互动是关键。论坛推广的本质就是互动，所以内容一定要足够吸引眼球，同时能够让用户进行互动。社会热点、引发争议、产生共鸣都是可以选择的手段。

6）利用“马甲”。即使内容再好，也可能会受到冷落，所以要做好两手准备。准备好充足的“马甲”，因为一旦帖子没有人关注，赶紧上“马甲”，制造话题（“马甲”就是一个人在同一个论坛、一个贴吧注册的其他账号，来达到自己宣传的目的。“马甲”可以用来投票，也可以顶帖子）。

4. 博客推广

（1）博客推广的含义。企业或个人利用博客这种网络应用平台，通过博文等形式进行宣传展示，从而达到提升品牌知名度、促进产品销售等目的的活动，称为博客推广。由于博客推广易于操作、费用低廉，而且针对性强、细分程度高，所以越来越受到营销推广人士的喜爱。

博客的英文名简称为 blog，全名应该是 web log，中文意思是“网络日志”。

博客推广最适合在以下几种情况下使用：

1）没有自己网站的企业、组织或个人。若自身没有条件建设网站，但是又想在网络上拥有一个展示和宣传的平台，选择博客是明智之举。

2）本身有限制的网站。比如对于企业网站，本身的内容固定，又没有多少内容可更新，但是又想通过大量的内容从搜索引擎获取流量，这时就可以通过博客来辅助完成。通过博客从搜索引擎吸引流量，然后再导向网站。

3）辅助 SEO/SEM。很多 SEO 从业者建立博客，主要是为了增加外部链接，以此来提升网站的权重及提升关键词排名。也有一部分人是为了辅助 SEM，比如大家在百度搜索“青岛 SEO”这个关键词，在结果页中大部分为博客。

4）提升品牌。若能将博客打造成名博，对品牌的提升也是一大助力。

（2）博客推广的操作方式。主要有两种方式：一种是博客群建，另一种是建立品牌博客。

1）博客群建。博客群建是指建立大量第三方的博客，以此从搜索引擎获取外链或流量。

① 多建博客。博客群建就是多建博客，至于建多少个，根据自己的情况定，理论上是越多越好。但是要注意，一定要在搜索引擎权重高、流量大的各大博客平台建立，比如天涯博客、网易博客、新浪博客、搜狐博客、凤凰博客、和讯博客、中金在线博客。

② 博客定位。很多人把博客群建理解为建立广告博客，这是认识上的错误。博客中的内容除了广告还是广告，这样的博客肯定会被查封。数量多并不意味着质量差。要去进行主题与内容的定位，不过这个定位就不需要像品牌博客那样复杂了，一般都是围绕要推广的产品或关键词展开的。要吸引哪些人就定位到哪里。

③ 天天更新。建立博客后只是完成了第一步，想让其产生效果，就要和维护网站一样每天坚持更新。一个不更新的博客，用户是不会关注的，搜索引擎也不喜欢。

④ 转载精品。博客群建不是建立大量广告博客，而是要多转载与博客主题有关、具有可读性的优质内容。只有内容优质，才能吸引用户和搜索引擎。

⑤ 相互链接。博客群建本身也需要优化和推广，最简单的方法就是这些博客之间先相互进行链接。向大家推荐一个适用于博客群建的优化方法，叫作链轮。例如，建四个博客，分别建在新浪、搜狐、网易、百度上。用新浪博客链接搜狐博客，再用搜狐博客链接网易博客，然后再用网易博客链接百度博客，最后用百度博客链接新浪博客。最后把每个博客链接到要推广的主站上，以主站为中心轴。至此，一个简单的链轮就完成了。

⑥ 坚持养博。博客群建也不是建立博客后马上就能看到效果的，至少要按照上面说的这些要点将博客养半年以上，才能显见成效。

2）建立品牌博客。如果说博客群建是以量取胜，那么打造品牌博客就是以质取胜。想成为品牌博客，定位很重要，前期要好好策划。

① 博客定位。要想成为品牌博客，在定位上一定要体现差异化，尽可能定位一个空白的领域，寻找差异化的最好方法就是垂直和细分。指导思路就是细分出一个有空白且不是很窄的领域，同时该领域要有一定的内容素材，要有足够多的东西可写。

② 用户定位。要明确目标用户是谁，要知道你想影响哪些人，而且要将用户的特点和需求研究透。比如用户的年龄、文化层次、主要网络习惯、上网的目的和需求，尽量定位一个用户数量足够大而且需求足够多的群体。如果用户量太少，则博客的影响力就难有保证；若用户的需求有限，那么博客也就没有内容可写。

③ 内容定位。内容定位一定要围绕用户的喜好和需求来写。以分享型最佳，比如分享经验技巧帮助用户解决问题，这类博客是最容易赢得用户的。切记不要一味地转载，内容一定要原创，而且是精品原创。

（3）博客的搭建。如果是群建博客，推荐在权重高的第三方平台上申请，如果是建品牌博客，建议以独立域名博客为主，即自己购买域名和空间，然后下载相应的博客程序搭建独立的博客。同时可以在其他平台上建立镜像博客，辅助主博客的推广。

对于博客程序的选择，以能够满足自己的需求为宜，不一定功能越多越好。因为功能越多，就意味着操作越复杂。

5. 问答推广

（1）问答推广的含义。问答推广是指利用问答网站这种网络应用平台，以回答用户问题或模拟用户问答的形式进行宣传，从而达到提升品牌知名度、促进产品销售等目的的活动。

主流的问答平台有百度知道、新浪爱问、天涯问答、搜狗问答等，其中百度知道的市场占有率最高，所以这里主要以百度知道为例进行讲解。

问答推广平台之所以被大家认同和广泛使用，主要原因为它具有以下三个特点：

1）SEM 效果好。大家打开百度，尝试搜索这句话“如何推广网站”，发现在前几个搜索结果中，都是来自百度知道的页面。

由于问答平台权重都比较高，所以往往都能在搜索引擎中获取到非常好的排名。因此问答网站是 SEM 的重要辅助手段之一。

2）精准。通过问答平台寻求帮助和找答案的用户，往往都是对相关问题涉及领域感兴趣或有需求的。通过问答推广吸引来的用户，精准度比较高，精准度高就意味着转化率高、效果好。

3）可信度高，口碑效果好。在问答平台中，用户与用户之间相互回答互动，其中不夹杂任何的利益关系，完全是普通用户之间的观点与经验交流，所以里面产生的信息可信度高，也更容易在用户中形成口碑效应。

（2）回答问题。问答推广的方式有两种，第一种是回答别人提出的问题，第二种是自问自答。

下面来讲解如何通过回答别人的问题进行推广。从操作流程上来说很简单，具体步骤如下：

第一步，用不同的 IP 地址注册多个账号。尽量不要在同时间段注册。如果有条件，能通过不同地区的不同计算机注册最好。

第二步，寻找相关问题。以百度知道为例，打开 zhidao. baidu. com，在首页就可以看到“问题分类”，或在搜索框中直接搜索问题。

第三步，找到最新待解决的问题。目标问题找到后，选择还没有解决的问题回答，或尽量回答最新提问的问题。如果回答能排在第一位，即使不被设为最佳答案，别人也会看到。而回答得越晚，答案排名越靠后，位置不好，则减少了曝光的机会。

基本步骤虽然简单，但是想要有效果则需要掌握一定的技巧。

1）每天的量不宜过多。同一账号每天回答的问题一般不要超过 10 个，回答的问题太多，容易被封号。因为系统评判的标准之一就是用户行为。若账号的表现与正常用户的差异太大，则容易出问题。

2）回答的时间段要错开。不要一上线就回答 10 个问题，然后下线。这种表现不符合用户的正常行为。正常用户的行为是每天有空的时候就登录看看，遇到感兴趣的问题就回答一下。账户表现得越自然越好。

3）答案要有质量。虽然我们是为了推广，但是也不能忽略答案的质量，只有好的内容才能打动和影响用户。同时切记，正文内一定不要带网址，带网址的结果就是被封号，甚至网址被屏蔽。我们可以用启发式的形式推广，比如在答案中留下产品名字或网站名字等，引导用户到搜索引擎上去搜索。

4）长期坚持、量要大。问答推广想要有效果，关键点有两个：一是每天回答的问题量要大；二是坚持。如果每天都能把相关领域的新问题回答一遍，并且能够长期做，那么一年下来，效果肯定会非常好。

（3）自问自答。虽然通过回答问题的方式推广是个不错的手段，但是也有如下弊端：

首先，提问者不一定会把你的答案采纳为最佳答案。非最佳答案的曝光率及转化率会大大降低，从而导致最终的效果不尽如人意。

其次，一些专业性很强、很窄的领域，可能根本就没人提问。

最后，普通用户提的问题不符合用户的搜索习惯，不可能有人搜索，对于这样的问题，回答得再多，效果也有限。

鉴于以上情况，就有必要在合适的时候自造一些问题来回答。

自问自答的步骤如下：

第一步，同前面一样，也是用不同的 IP 地址在不同时间段注册多个账号。

第二步，先用 A 账号提出问题。注意，所提的问题应符合用户的搜索习惯。

第三步，过两三天后，用 B 账号回答该问题。注意，不要和 A 账号用相同的 IP 地址登录，如果有条件，最好用不同的计算机在不同的地区回答。

第四步，在问题快结束时，将用 B 账号回答的答案设置成最佳答案。

除了基本步骤外，还要掌握一些必要的小技巧，例如：

1）多个“马甲”循环使用。在操作的过程中，千万不要使用两个固定的账号不停地问答，尽量多注册些账号，循环使用。注意，不同的账号不要用相同的 IP 地址登录。

2）同样的问题换个问法。对于同一类型的问题，不要总用同样的标题去提问，要结合用户的习惯，多用不同的问法去提问。

问答推广操作简单，只要应用得当，效果会非常好，是一种以小博大的方法。

除了推广产品外，还可以通过问答平台提升网站流量。比如2010年中央电视台春节联欢晚会上，刘谦的魔术受到了全国观众的欢迎和热捧，大家看完节目后，都迫切想知道其原理。某站长看到这个机会，马上到回答网站通过自问自答的方式，围绕“刘谦魔术揭秘”制造了若干个问题，并将自己的网址留在了答案中。结果第二天，这些问题就为该网站带来了几千个账号访问量。

6. 百科推广

（1）百科推广的含义。利用百科网站这种网络应用平台，以建立词条的形式进行宣传，从而达到提升品牌知名度和企业形象等目的的活动，称为百科推广。主流的有百度百科、互动百科、搜狗百科等，其中以百度百科的市场占有率最高。

百科推广主要有以下三个特点和作用：

1）辅助SEM。如果大家经常在百度搜索各种名词（包括人名、企业名、产品名、概念术语等）就会发现，往往排在搜索引擎结果页第一位的，都是百科网站中该词条的页面。

2）提升权威性。互联网上的百科网站，源于现实中的百科全书。而这种观念也同样被延伸到了互联网中，大部分用户认为百科收录的内容比较权威。

3）提升企业形象。随着互联网的普及，许多人在接触到陌生事物时，会到互联网上进行检索。比如与一家陌生的公司接触洽谈前，会先上网搜索该公司的背景、实力、口碑、信任度等。如果我们的企业能被百科收录，就会大大提升企业形象，增强客户对我们的信任感。

综合所述，百科推广虽然是小小的一条词条，但是却能在关键时刻起到举足轻重的作用。

（2）如何创建有效的百科词条。百科推广的操作非常简单，第一是建立新的词条，第二是编辑已有词条。不过想让词条顺利通过管理员的审核并不容易。如何让词条迅速通过审核呢？

1）词条内容要专业。创建的词条内容越专业，通过的概率就越高。对于原创词条，一定不能使用毫无意义的词汇，且词条的语言文字要具有一定的专业性，充满可读性。要尽量制作一些知识性的内容信息。企业名称、人名、产品名称一般都比较好编辑。百科词条要注重价值，切记不要胡编乱造。粗制滥造的词一定不会通过。

2）内容中不要插入明显的广告。在内容中插入明显的广告信息，是很难通过的。如果实在要做广告，则要不露痕迹地植入，不要过于明显。可以在词条中的参考内容或者扩展阅读中加入链接，但链接要注意相关性。若有一定的美工功底，可在图片中植入广告。

3）编辑已有词条。对已有词条的编辑，应该是对原词条内容的补充，添加新的内容，且要比原内容更具有专业性和可读性。千万不要写一些与词条关联性差甚至风马牛不相及的内容。

7. 分类信息推广

（1）分类信息推广的含义。利用分类信息网站这种网络应用平台，以发布信息为主要宣传手段，从而达到提升品牌知名度、企业形象等目的的活动，称为分类信息推广。

网络上各种各样的分类信息平台有很多，且绝大多数为免费使用。主流的分类信息平台有58同城、赶集网、口碑网、百姓网等。除了这些专业的分类信息网站外，许多门户网站还开设有分类信息频道，如天涯（最大的中文社区之一）、中关村在线（我国最大的IT门户之一）等。由于通过分类信息网站进行推广成本低廉（除了人工成本外，其他投入几乎为零）、效果明显，所以它们受到了很多企业的欢迎。

分类信息推广有以下三方面的作用：

1）吸引分类信息网站的精准流量，因为这些分类信息网站本身流量巨大，分类信息网站的初衷就是让目标消费者在这里找到他们需要的信息，所以这里意向用户非常明显。

2）由于分类信息网站本身权重非常高，所以会得到搜索引擎的充分信任，拥有非常好的排名，是SEM的重要组成部分。通过搜索引擎获得的流量非常可观，而且时间长久。

3）现在许多人在分类信息网站上发布信息，并不是为了直接获得精准流量，达成交易，而是获得一个高质量的外链，从而影响网站关键字的排名。

（2）分类信息推广的要点。

1）分类信息平台的选择。首先，要根据自己的业务需要，比如地方性产品，要首选针对本地的平台，如58同城、赶集网；如果是行业性比较强的产品，则首选那些行业平台，如化工网等。其次，要根据时间和精力来确定平台的数量。

初步确定平台后，先测试几天，每天记录在各平台上的发布情况，同时观察搜索引擎的收录情况以及排名情况。将那些收录好、排名高的优质平台筛选出来，将那些质量较差的剔除出去，直到积累到足够数量的优质平台。

2）标题要符合用户的搜索习惯。分类信息推广的原理是利用权重高的分类信息平台做跳板，发布海量的信息，从搜索引擎吸引用户与流量。而其中决定效果的关键之一就是标题。只有保证标题符合用户的日常搜索习惯，才有可能从搜索引擎中获取流量。

所以需要花费一定的心思来研究目标用户的搜索习惯，要知道他们关心什么，如产品的价格、质量、售后服务等，然后把这些用户可能搜索的词汇融入标题中。注意，标题不要太长。一般一个不是特别热的关键词或关键短语，很容易就能够排到搜索引擎的第一页。

3）信息内容一定要原创。发布的信息内容一定要原创。因为搜索引擎喜欢原创的、有特色的、有价值的内容。这样的优质内容会更容易获得靠前的排名。切记不能将同一个信息重复发送，比如做一年的分类信息推广，内容从不更新。

内容围绕企业、产品或服务来写是最容易的，如产品特点、企业优势、应用方法、使用技巧、注意事项、知识普及和选购技巧等。

要注意信息的针对性和专业性，不能为了充数，随便拼凑内容。因为推广转化效果如何，在很大程度上取决于信息内容能不能影响用户。如果宣传的是针对中小型企业的加工设备（如车床等），那么内容只针对中小型加工企业撰写即可，比如详细介绍利用产品时的加工过程、机器的特点、能帮他们解决什么问题等。其中可以夹杂一些用户不熟悉的专业知识，而不能为了凑数，随便找一些大家熟知的概念发布。

这样做的好处是，首先显得你很专业，会提高行业知名度。其次会让用户了解产品特点和能帮他们解决的问题。最后会提升转化率。

4）抢占所有频道。大型分类信息平台，网站内部会有很多频道，如地方频道等。为了保证提升效果，发布信息时可以在所有频道都进行发布，这样才能增加搜索引擎结果中的命中率。

5）分时段发布。分类信息平台本身的流量也不可小觑，所以也要注意在其他平台本身的宣传。信息平台内流量比较集中的地方就是各信息频道或栏目的首页，所以可以在每天不同的时间段发布信息。这样可以保证不同时间登录的用户，都有可能在频道或栏目首页看到信息。

6）关于留链接。对于权重高的分类信息网站，可以在帖子中留下链接，这样不但有助于流量的提升，还可以提升网站的权重。注意，留下的链接不要都是首页链接，最好对应到相关的产品页面，这样有利于整个网站权重的提高。另外，分类信息网站中的链接一般不会被惩罚，所以可以放心大胆地留，只要不过分、不引起用户的反感就没有问题。

7）遵守平台规则。各家分类信息平台都有自己的规则，所以发布信息时一定要先弄清楚这些规则，否则会得不偿失。比如信息类别一定要选对，类别不对不但会被删帖，还可能被惩罚。某些网站还会规定发链接的具体位置，若不按要求做也会被处理。另外，一定不要发重复的内容和垃圾信息，这些内容即使不被删除，在搜索引擎中也不会有好的排名。

8）长期坚持、量要大。因为分类信息网站每天产生的内容量极为庞大，所以搜索引擎中的结果排名会频繁变化。同样的信息，可能今天有排名，明天就没有了。如果想保证分类信息推广有好的效果，就要坚持每天发布信息，且量越大越好。

8. 视频推广

（1）视频推广的含义。以视频为载体，通过在视频中添加合适的推广信息，将各种视频短片以各种形式放到互联网上，达到一定宣传目的的营销手段，称为视频推广。

视频的主要内容就是企业的产品或者服务，而这一切的前提就是视频。视频的制作很关键，要巧妙地将企业网站等相关信息嵌入其中，这样才能为企业网站带来一定的流量。

（2）视频的种类。主要有以下几种：

1）企业形象视频。企业步入正轨后，通常会拥有自己的形象视频，这一类的视频通常由专业的企业策划公司帮助策划并制作。

2）产品图册视频。这一类的视频，制作相对简单，使用网络上制作电子相册的软件便可成功制作出一系列的产品图册视频。

3）产品安装视频。许多产品在到了用户手中后，都需要用户自行安装才能使用。为此，企业拍摄出一系列产品安装视频很有必要，这会让企业所提供的服务更显人性化，更容易让消费者信赖。

录制好视频以后，需要对视频进行后期剪辑，在视频中加入水印或植入广告信息。

推荐工具：剪辑工具可采用 Camtasia Studio 7，录屏工具可采用屏幕录像专家、Camtasia Studio 7、Adobe Captivate 3。

（3）如何推广视频？

1）视频网站。在各大视频网站提交视频文件，如优酷、56、酷 6、新浪视频、搜狐视频等视频网站。

2）社交网站。将视频文件整理后通过微博、QQ 空间或其他社交网站发送给自己的粉丝、朋友，也可以让粉丝、朋友帮助自己转载视频。

3）论坛、博客。在支持视频播放的论坛、博客上发表视频帖子或博文。发帖要选择相关性强的网站，否则发表的视频帖子就会被管理员删除。

视频发布成功后，对视频进行分享。这一步也很关键，将视频分享到其他平台，让其他用户帮助提升视频的人气，加速搜索引擎的收录。

（4）如何优化视频？

1）视频标题。视频内容发布以后，还需要对视频进行优化，如将视频的标题、标签、简介等嵌入关键词，关键词要站在用户的角度去想，这样有利于视频被用户搜索到。一定要自然嵌入关键词，不要刻意地堆砌关键词，一个吸引人的标题能增加视频的点击量和曝光率。

2）视频内容。视频的内容可以自己制作，也可以从他人处转载，当然自己做最好。在选材方面一定要用心，尽量选用创意或者热点类视频，合口味、利推广。还要记住的是视频要进行压缩，不然加载时间太长。

3）适当刷流量。流量越高，被网友点击的机会就会增大。可以找自己的朋友帮助点击视频。

（5）如何提高视频审核通过率？

1）内容健康、合法，不要为了吸引人而违反法律法规。

2）植入广告不要过于严重，广告信息要合理、自然地植入其中。

3）广告水印尽量留 QQ 号码、手机、网址。

4）视频标题、内容和简介必须一致。

5）尽量加入专辑，专辑比单独的视频权重高。

6）视频提交以后可以对标题、简介进行修改，可以加入联系方式、标题加长尾词等。

在企业视频推广铺开以后，由于视频中包含了企业网址等信息，用户通过观看视频也会给网站带来不错的流量。当然，有些平台审核比较宽松，还可以将网址等信息展示在视频描述这一区域。通过视频推广留下的外链，也是一条永久性的外链。

9. 资源合作推广

（1）资源合作推广的含义。企业之间通过交换各自的优势资源，以此达到相互宣传推广效果的活动，称为资源合作推广，比如广告互换、流量互换等。

这种方式最大的特点和优势是能够在投入资金的情况下，利用自己手中已有的资源达到营销推广、扩大收益的目的，可以让手中的资源发挥最大的效用，且适合于任何规模的企业、单位和个人。

但是其难点也非常明显，成功的关键是如何深入挖掘自身资源，有效扩大资源价值。所以这就需要在实际操作时充分发挥想象力，合作方式不要拘于一格，好的合作创意将会带来更佳的效果。

（2）资源合作推广的基本步骤如下：

1）确定自身的资源与需求。

2）确定对方的资源与需求。

3）找出双方的结合点。

在这里重点提示一下，如果与对方是初次建立联系，那么前期一定要向对方明确四个问题：①你是谁？②你是做什么的？③你能给对方什么？④你想要什么？只要让对方明明白白知道了这些问题，对方才会有兴趣坐下与你谈合作的事，而且这样也会节省时间和提升效率。

（3）资源合作的形式。主要有以下几种：

1）友情链接。友情链接也称为网站交换链接、互惠链接、互换链接、联盟链接等，是具有一定资源互补优势的网站之间的简单合作形式，即分别在自己的网站上放置对方网站的

Logo 图片或文字的网站名称，并设置对方网站的超链接（点击后，切换或弹出另一个新的页面），使得用户可以从合作网站中发现自己的网站，达到互相推广的目的，因此常作为一种网络推广的基本手段。

2）广告互换。广告交换就是在网站群（多个网站）上相互交叉、轮流地显示网站群内其他成员网站的广告，访客通过点击或者激活这些广告就可以访问到另一个网站。群内的网站成员通过发布自身的广告又同时播放群内其他网站成员的广告来增加自身网站的访问量，是一种最简单、高效、无成本的推广网站的方法。

3）流量互换。流量互换就是互相给合作网站带去流量，以广告、新闻链接、推荐等方式带出。

4）内容转载。内容转载是指在非原作品发表网站重新发表某一作品，但前提是要标明内容来自原作品发表网站，同时还要加上原作品网站的超链接。

6.5 推广效果测评

随着网络推广意识的不断加强，越来越多的人开始加入到网络推广的大军当中。要想在激烈的竞争中取得胜利，网络推广人员一定要做到“知己知彼”。知己，就是深入了解自己网站的推广情况；知彼，就是充分了解竞争对手网站的推广情况。

网络推广人员如果能够掌握以下查询工具，就能够对网络推广情况进行一个比较全面的了解和分析，从而制定出更加合理的推广目标和推广策略。

1. Alexa 排名查询

Alexa 排名查询工具是一个能够对网站访问量进行估算的工具。对于自己的网站，可以安装 CNZZ 等统计代码进行访问量的精确统计，但是如果想了解其他网站的情况就很难做到。这时就可以借助 Alexa 工具来分析竞争对手的网站，从而了解同领域其他网站的情况。

使用 Alexa 排名查询工具主要为了解以下三个方面的信息：

（1）网站排名。网站排名主要是由网站访问量来决定的，一般来说，访问量越高的网站排名越靠前。

全球综合排名是指该网站在全球所有网站中的排名，中文排名是指该网站在所有中文网站中的排名。通过排名，能够很直观地了解不同网站的档次。

（2）网站的日均 IP 和日均 PV（访问量）。这里的数值是一个估算值，虽然不是精确的数值，但是非常具有参考意义。一般来说，数值越大，数据越准确。

（3）各大频道的访问比例。对于比较大的网站，不同频道一般都是以二级域名的形式存在的。这样的话，就能对每个频道的访问情况有一个了解。“近月网站访问比例”主要是以用户 IP 地址为统计数据的访问比例情况，“近月页面访问比例”主要是以用户 PV 为统计数据的访问比例情况。

2. PR 值查询

PR 值是 Google 对于网页的一个评级标准，级别是从 0 到 10。一般来说，如果一个网站的 PR 值达到 4，就说明这个网站是一个很不错的网站。如果一个网站的 PR 值达到 7，就说明这个网站是一个非常优秀的网站。

同一个网站的不同页面有着不同的 PR 值，传统意义上的网站 PR 值都是指网站主页的

PR 值。在做友情链接的时候，一定要看清对方友情链接页面的 PR 值。因为主页的 PR 值高，并不代表友情链接页面的 PR 值也高，很可能友情链接页面的 PR 值是 0。不同频道的 PR 值也是不一样的。

3. 收录查询

对于一般的网站来说，直接输入带有 www 的域名就可以查询网站的收录数。如果一个网站包含多个二级域名，就应该输入不带 www 的一级域名，这样才能得到所有页面的收录结果。

4. 反链查询

反链查询地址和收录查询地址是在同一个页面，只要我们勾选“百度反链”“Google 反链”“雅虎反链”“有道反链”的选项，就可以获得网站反链的数目。由于每家搜索引擎采用的搜索技术不同，所以它们认可的网站反链数也是不同的。

5. 友情链接检测

通过数据，可以清楚地看到对方网站的收录数、PR 值、百度快照、反链关键词等信息。如果某网站显示的文字是“无反链”，就说明该网站没有做反链，或者对方使用的反链方式不被搜索引擎认可。因为有些网站采用 JavaScript 代码来添加友情链接，这种方式是不被搜索引擎认可的，对于 SEO 也是没有作用的。

6. 关键词排名查询

对于进行 SEO 的网站来说，优化的关键词少则 3~5 个，多则几十个。在百度网站手动输入关键词来查看排名情况是非常麻烦的，可以通过关键词排名查询工具获得网站不同关键词的排名情况。

思考题

1. 建立一个自己的品牌博客（推荐独立博客），并且每周至少更新两篇以上的原创文章。
2. 根据自己的实际情况和产品特点，策划一个小型的论坛推广活动。至少要覆盖三个以上的论坛，至少要策划两篇以上推广帖。
3. 尝试通过自问自答的方式制造 10 个问答页面。
4. 建立一个新的百科词条，可用自己的名字、企业的名字，也可以是一些主页术语。
5. 根据企业的实际情况和产品，结合本章提到的方法，选定 10 个效果最好的分类信息平台。
6. 制作视频，植入企业联系信息，并进行视频优化，上传到视频网站供人浏览。

第7章 淘宝运营和营销推广

本章要点

- 店铺装修
- 店铺推广

随着电子商务的发展，越来越多的企业和个人通过淘宝创业，关于如何开设淘宝店铺的介绍性书籍很多，本书在此不再赘述。简单地说，开设淘宝店铺主要做好两方面的工作：一是平台建设；二是营销推广。

7.1 店铺装修

淘宝店铺装修就像线下实体店装修一样，会直接对消费者的心情和购买欲望产生影响。我们在实体店中都会有这样的体验：有的服装店，在我们踏入其店门的一瞬间，便有购物的冲动，而有的服装店，我们看了一眼就会扭头离开。又如同一件衣服，挂在 A 店的橱窗里，你会觉得很高档，也很漂亮：而挂在 B 店的橱窗里，你却感觉那是地摊货。原因就在于购物环境和购物体验不同。

购物环境对于网店的影响，比线下实体店还要大。因为线下可以看到实物，可以真人面对面地交流，但是在网上只能通过页面来解决。所以开淘宝店铺的第一步就是平台建设。

1. 店面装修的风格和色调要统一

在装修网店时应该对整体风格和色调进行分析。不同的人有不同的喜好，怎么统一起来呢？

风格统一是指网店装修给人的视觉感受一致，如复古、时尚、高雅、非主流等。现在网购风潮已经席卷了整个网络市场，站在消费者的角度去思考和观察，常常有这样的感受：如果点击进入一家淘宝店，风格是自己喜欢的，就会多看两眼；淘宝店铺做到皇冠的已经数不胜数了，而对于低信誉店铺，消费者都不愿多停留 3s。如果消费者多停留 3s，就有可能转化为订单。所以，让消费者留步就显得特别重要了。现今 VI（视觉识别）系统已经比较普及了，而需要的是打造品牌。打造属于自己风格的品牌，就需要结合产品的属性和特质来完成，需要标准化、系统化地去规划网店。

色调的统一，其实是与风格相辅相成的。风格离不开色彩，色彩也离不开风格。选取什么颜色对风格的影响是很大的。因此需要合理运用色彩，且一定要有一个主色调，其他颜色为辅，切忌“面面俱到”。

目前，淘宝内模板多样，在选择模板时，一要考虑网店产品的颜色，二要考虑网店风格视觉统一的要素，三要考虑拓展性（即如果需要改版，是否可以在原来基础上进行演变），切忌店铺装修东拼西凑。

例如卖小饰品的店铺，惯用可爱的店铺装修风格。因为大部分到此店购买饰品的小女生都喜欢粉红色系，而且饰品的颜色基本都是偏浅色的，产品与装修的搭配会使人感受到一种青春的气息。此时切忌在粉色装修中添加大面积黑色，纯纯可爱的小女生风格不建议用黑色，因为黑色破坏了整体风格。

2. 常见的装修风格

一个没有美术基础的人想要装修出独特的网店是有难度的，所以在这里分享一些常见的装修风格。

（1）大气简约派。其特点是以清晰优雅为主，以灰色渐变色居多，突出产品，给人比较淡雅的感觉等。适用于销售家具、灯具、服饰、鲜花等的店铺，可以融合多种品牌，并且非常适用于风格不明确和产品颜色比较杂的产品。

（2）妖艳多彩派。其特点是个性张扬、活动感强等。适用于销售各类时尚产品、运动产品、化妆产品等的店铺，运用得当可使感染力大大增强。

（3）小公主派。其特点是温馨、可爱、小女生型等，一般以粉色调为主。适用于销售童装、内衣、化妆品、小饰品等的店铺。

（4）酷黑帅气派。其特点是酷、摸不透、神秘等，以黑色等暗色调为主。适用于销售稀奇古怪、时尚新潮的产品，或重金属感强的产品的店铺。

（5）复古原始派。其特点是古朴、原始、天然提取、无污染等。适用于销售美食、木头雕塑品、布艺、家居等的店铺。

（6）乡村田园派。其特点是环保、自然，以黄绿色为主色调等。适用于销售鲜花、童装、化妆品、草帽、家具等的店铺。

（7）蓝透清新派。其特点是清透、水灵、科技、纯净等，以蓝色调为主。适用于销售洁具、小电器、生活小家居等的店铺。

（8）喜庆中国红。其特点是喜庆、热情、有感染力、视觉冲击力强。适用于销售年货、糖果、干果等的店铺。

7.2　产品分类

店铺产品栏目的设置，一定要符合用户的检索习惯，要避免浪费用户的时间，不要让用户在你的店铺迷路，因为用户的耐心是有限的。千万不要一味追求标新立异而忽视用户习惯。

栏目导航的分布和设计应该醒目、明确，与右边（或左边）的产品区分开，不要让消费者产生视觉混淆。90%以上的网店都是把掌柜档案和分类导航放置在左边栏。所以不建议网店装修时把网店的基本信息设置在右边，也不建议把店铺信息和分类导航隐藏。导航条尽量不要设置得过长，如果产品太多，需要设置多级栏目，级别也不要太多，尽量别超过三级。

网店栏目分类通常需要做好以下几个方面：

（1）按产品特点分类。对于同一品牌、同一类别或同一厂家生产的产品，可以按产品货号、款型、颜色、尺寸等分类，这适用于品牌专卖店或产品品牌少（产品比较单一）的店铺。例如ONLY淘宝旗舰店，这样的专卖店，几乎所有的分类都是按款型来分的，每个款型分别有自己的货号，这样在众多的产品中一眼就能找到自己需要的产品。

（2）按时间分类。例如“夏季新品”“××月××日新品上架”等。

（3）按类别分类。这是最基本的分类方式，适合于杂货铺式的网店。例如，一级分类设置成服装、厨具、数码等。

（4）按价格分类。比如500元、100~200元、200~400元等。

（5）按活动分类。比如“情人节活动专栏”“春节特卖”等。

（6）按风格分类。比如服装就可以设置成“正装”“休闲”等。

（7）按品牌分类。例如网店专卖运动鞋，一级分类就可以设置成李宁、安踏、361°等。

（8）按销售情况分类。比如“热卖单品”等。

（9）按功能分类。比如洗衣机就可以分成“全自动”“半自动”等。

7.3　产品展示

淘宝店最重要的就是产品展示页面，因为这是淘宝店的入口页面，消费者在第一次光顾一家网店时，基本上都是先从产品页面开始的。而且消费者最终能不能下单，在很大程度上也取决于产品页是否能够打动他。所以，一定要在这个页面上下足功夫。

1. 产品标题的设置

在淘宝店里，大部分消费者都是通过淘宝搜索来查找感兴趣的产品的，所以产品标题至关重要，就好像网站的SEO一样，一定要做好标题的优化，这样才能获得更多的展示。

标题中的词汇应该符合消费者的搜索习惯，需要换位思考，站在消费者的角度，去分析他们在检索相关产品时会搜索哪些词语。

在优化标题的同时，也要兼顾产品卖点的展示，不要顾此失彼。标题中要突出产品最耀眼的亮点，如超值的赠品、低廉的价格、贴心的服务、免运费等。

2. 正确设置产品属性

在上传产品时，一定要正确设置产品的各项属性，如品牌名称、货号等，这样会增加在淘宝搜索中的展示率，因为许多消费者会按照这些类别进行精准搜索。

3. 产品图片

产品图片至关重要。因为在网络上看不到实物，只能通过图片来判断，正所谓“一张好图胜千言”。

产品图片展示时需要注意以下几点：

（1）根据自己的产品特点，提前设计好适合产品的拍摄方案和风格。

（2）要充分考虑美感、取景、构图等元素。要原汁原味地呈现产品，可以用摄影技术去美化产品，但尽量避免用软件去修改，例如不要用Photoshop软件修改颜色等。

（3）产品图片一定要清晰，减少色差，同时摄影时要考虑与店铺整体风格色调的搭配。

（4）通过模特展示。如果卖的产品可以用真人展示，那就太好了，真人展示的冲击力更强，这也是淘宝模特如此走红的原因。注意，在找模特时，多找一些不同类型和风格的模特，多方对比，找出最适合的模特。对于服装等产品，可以多找几个模特，效果会更佳。同时，尽量把模特的身高、体重等数据标注出来。

（5）多方位展示产品。拍摄产品时，要从不同角度、多方位展示产品，整体图片要有，细节图片也要有，甚至产品面料材质、尺寸、配件最好通过图片展示出来。最重要的是，一定要将产品的特色和卖点展现出来。

（6）产品图片切忌太大，在保证图片品质的情况下，每张图片最好能控制在 100KB 内。

7.4　产品描述

除了产品图片外，文字描述也很重要，相当于实体店中的售货员的描述。那些善于表达的售货员，往往业绩比较突出。

文字描述的核心是突出产品的卖点，如信誉、产品的品质、售后服务等。关键是要从产品中挖掘亮点。这里讲一个真实的案例，相信大家看完后会非常受启发。

有两家不同的店铺在销售同一款太空保温杯，就是用不锈钢制作的水杯，两家店铺的信誉水平也差不多，其中 B 店比 A 店的产品标价高出了将近 50%，但是在实际销售时，B 店的销售却比 A 店高出了十几倍，A 店的销售量仅有几十个，B 店却销售了几百个。为什么 B 店的产品贵，却销售得如此好呢？秘诀就是产品描述。

A 店的产品描述中规中矩，先是几张简单的产品图片，然后是基本的产品描述，如材质、质量等，最后写了一堆宣传语，如“为了冲 X 钻成本价出售”等。

而 B 店的产品描述，重点突出了“健康”二字，B 店强调了“病从口入”这个理念，通过一系列的文字告诉大家，只要与“嘴”有关的产品，一定要注意安全和健康，尤其在选择水杯时，一定要慎之又慎，并列举了简单的案例，说明了安全的重要性。然后 B 店在对产品的具体描述中，重点强调了这个水杯的安全性，比如用于制造这个水杯的钢是进口的，通过了国际认证；杯口的胶圈选用了优质的天然橡胶，无毒无害等，同时还列举了假杯和劣质杯的危害等。

除了挖掘卖点外，还要将网店内的产品描述做到最好，应注意以下几点：

（1）告诉买家如何验证正品。既然卖的产品是正品，那就不怕买家去检查，那么告诉买家如何验证正品，会让买家更加信任。

（2）明确发货时间。告诉买家正常的发货时间或规律，让其做到心中有数。

（3）做好买卖家约定。古人云：“先说断，后不乱。”如果有一些产品需要特殊说明，要提前约定好，以免引发不必要的纠纷。例如化妆品、消耗品等是不能退货的，要提前说明。还有邮费，页面中要详细说明邮资标准，以免买家按照低邮费支付后，卖家再联系补邮费，就不太好了。

（4）进行视频展示。随着带宽的发展，在线看视频越来越流畅了。所以在有条件的情况下，用视频展示产品的效果会更好。

（5）保证售后服务。如果有相关的配套服务，则一定要在页面中说明，完善的售后服务也是打动消费者的因素之一，也能更容易提升购买成交率。

除了产品页，第二重要的应该就是首页了。不过限于篇幅，这里不过多介绍。重点强调一条，首页的冲击力一定要强，要能够让人产生购买的冲动。比如设置动态的图片，将新品及促销品重点展示，将最新的活动放在显眼位置等。

7.5 信用建设

对于网络购物来说，最大的壁垒是诚信，所以只有让顾客相信我们的信誉，他才会放心地购买。如何才能增加网店在消费者心中的信誉度呢？具体的网店的信用建设方法如下：

（1）加入消费者保障服务。这个需要缴纳一定的保证金。

（2）线下实体店展示。如果有实体店，可以将实体店用图片等方式向消费者展示；若没有实体店，则可以附上办公地址。

（3）加入商家联盟，做好营销外包服务。淘宝中有各种各样的诚信商家联盟，网店可以根据自己的实际情况选择加入合适的联盟。加入方法是先进入淘宝社区，然后进入淘宝商家联盟，找到想要加入的商家联盟，然后对比其加入条件。如果觉得自身条件符合，即可以找相应的人事部或区长填写入盟申请表。

（4）特别认证。特别认证主要是指该行业的某种特殊认证，例如卖食品的网店，需要食品卫生许可证等。经过认证，网店会得到更多消费者的认可。

（5）利用好评价营销。当产品评价积累一定量的好评价时，请将这些评价截图，并放置到产品说明中。原因主要有两点：①淘宝普通店铺不会永久保留这些评价，一段时间后就会自动删除；②直接将这些评价放置到产品说明页中，也会极大地打消消费者心中的顾虑。

7.6 淘宝内部免费推广

1. 提高淘宝搜索的排名

橱窗推荐的宝贝，会显示在搜索结果中（也就是排在更前面一点），而买家找东西主要就是依靠搜索，所以橱窗位一直以来都是珍贵的“资源”。橱窗推荐位数额不是固定的，而是根据宝贝数、开店时间、信用度及交易额而定的。

在通常情况下，按照下架时间先后进行排列。就是说，越是快要下架的产品，排得会相对靠前。所以在做橱窗推荐时，就要推荐快要下架的产品。但是当橱窗推荐的产品到了下架时间时，产品就会自动重新上架，排名就会后退。所以做橱窗推荐要不停地去关注、去更换不同的产品，只有这样才能有更多消费者来发现你的产品。通常建议一天一更换。

淘宝高级搜索页搜索的结果和首页搜索的结果有很大差别，搜索不再以时间为排名依据，默认显示的是“人气宝贝”，主要由浏览量、销售量、卖家等级等几个因素决定。

2. 店铺收藏

在淘宝中有店铺收藏的功能，应该尽可能地吸引消费者来收藏自己的店铺。好处有两点：①消费者能够及时收到店铺的信息，增加回头率；②店铺的收藏量提高了，会增加店铺在消费者心中的信誉度并会提升店铺排名。

增加收藏的方法主要有三种：①与消费者交流时，主动邀请他们收藏；②装修店铺时，在醒目位置放置收藏按钮，并鼓励消费者收藏；③与其他网店相互收藏。

3. 聚划算

团购是 2010 年互联网上最火爆的词之一，而淘宝也推出了自己的团购平台——“聚划算”。不过与其他团购平台不同的是，淘宝官方不提供产品，聚划算里的产品都来自淘宝卖家；而且聚划算每天推出的新品不止一款，而是多款。它相当于一个淘宝店团购的聚合平台，是为淘宝卖家服务的。这个平台的推广和促销效果非常好。

4. 活动推广

对淘宝店来说，活动是最重要也是最有效的促销方式之一，所以一定要重视并大力执行。最好能做到每周都有新活动。常见的活动形式有满就送、买就送、搭配套餐、限时打折、限时抢购、店铺 VIP 会员折扣、红包积分、店铺优惠券、节假日促销活动等。

5. 与其他店铺交换友情链接

交换友情链接是最初级的推广方式，而且具有一定的效果。

7.7　淘宝内部付费推广

提到付费，很多人就害怕，其实大可不必。只有懂得花钱的人，才更懂得如何挣钱。当然，刚开始尝试时，要理性投入，不要盲目推广。先由浅入深地慢慢尝试，逐渐深入。

在众多付费推广方式中，淘宝内部的付费推广效果最佳，因为淘宝平台聚集了大量的网购用户，是最精准的平台。淘宝的付费推广方式主要有以下几种：

1. 直通车

淘宝直通车相当于搜索引擎的竞价排名，通过付费的方式可以在淘宝的搜索结果页中获得更好的展示机会。同搜索引擎竞价排名一样，卖家可以针对每个竞价词自由定价，并且可以看到排名位置，按照实际被点击次数付费。

在操作上，也和竞价差不多，关键词选择最为重要，这里可以结合竞价排名中的选词技巧，主要就是找到潜在用户最可能搜索到的词。

2. 超级卖霸

超级卖霸是淘宝重拳推出的宝贝展示集中营，收集了全网最热卖的宝贝，将其展示在全网客流量最大的位置。由于它拥有超大的活动流量、完美的主题策划，且投入费用优惠、效果数据可以实时监控等优势，效果非常显著。

具体参与办法是，登录“我的淘宝”→“我是卖家”→“我要推广”，然后点击超级卖霸活动进行报名。

3. 钻石展位

钻石展位是指淘宝内部页面的广告，主要也是通过竞价方式让广告展示在淘宝首页或其他页面中。它是按 CPM 计费的。

4. 淘代码

2009 年 9 月，由浙江日报报业集团与阿里巴巴合资成立的《淘宝天下》杂志创刊。从第 14 期开始，《淘宝天下》杂志上开始出现由几个字母加上一串数字组成的代码，《淘宝天下》称之为“淘代码”。每一串“淘代码”都指向淘宝网上的某一款产品。当用户在淘宝上输入这串数字来搜索这款产品时，登载这串代码的《淘宝天下》将会从购买代码的商户处获得点击广告费，如果交易完成，又能获得一笔销售分成。

从线上转载纸媒的推广方式适合一些大型的企业或品牌，对于一般小卖家来说，费用较高，但效果很明显。

5. 阿里妈妈淘宝联盟

阿里妈妈旗下的淘宝客，很多站长都不陌生，可以说这是淘宝店中性价比最高的付费推广方式，而且也没有风险。因为它是按效果付费的，只有成功销售后，卖家才需要支付佣金。而这个佣金由卖家自主设定。做淘宝客推广需要注意以下几个事项：

（1）适宜的佣金比例。如果佣金少了，则愿意帮你推广的人就少，所以在能力接受范围内，要尽可能地提高佣金比例。只有高的佣金比例，对淘宝客才有吸引力。只有在众多产品中脱颖而出，首先吸引淘宝客的目光，才能带来好的销量。千万不要吝啬少赚的那点利润，眼光要放长远。

（2）选择优质的产品进行推广。淘宝客们不傻，劣质产品、滞销产品他们肯定不会去推广的。即使他们推广了，买家也不会感兴趣。只有热销的产品才能带给淘宝客和买家信心。

（3）多推应季品。很多产品都有季节性，要根据季节的不同和市场的需求，及时调整推广思路和产品设置。

（4）设置有吸引力的介绍。一定要在介绍中突出产品的特色和卖点，比如卓越的功能、超值的赠品、低廉的促销价格等。因为淘宝客在选择产品时，会选择有卖点的产品进行推广。而卖点突出，才能吸引淘宝客的目光。如果不把卖点说清楚，淘宝客即使帮你，也不知道如何去打动消费者。

（5）主要挖掘淘宝客。如果你发现了优秀的淘宝客推手，一定不要放过，可以主动邀请他帮你推广产品。另外，你身边的朋友、每一个光顾过店铺的消费者，都可能是潜在的优秀淘宝客。特别是那些买过店铺产品的顾客，因为他们有过真实体验，让他们去现身说法，经常会收到意想不到的效果。

7.8 淘宝外部推广

不建议淘宝新店铺通过直通车来推广，那么怎样才能度过这个艰难的无流量、无转换、无老客户的时期呢？

首先，要让更多的人知道这个品牌或者店铺，让消费者感兴趣；其次，让消费者相信这个品牌或者店铺；最后，对这个店铺或者品牌产生依赖感。

充分利用分类信息、百度知道、百度经验、百度文库和 B2B 网站等的高权重性质，把比较重要的长尾关键词优化到首页去。此外，SNS、微信等社交媒体也是一大重要环节。能做好这些，则淘宝店铺外部推广就基本步入正轨了，之后只要定期维护一下，将重点放在淘宝内部优化以及各种活动推广上即可。

思考题

1. 如果你在淘宝上开了一家自己的网店，为了推广你的店铺和产品，你会采用哪些网络营销手段？

2. 淘宝店铺如何打造自己的爆款产品？

第8章 许可Email营销

本章要点

- Email 营销的基本形式
- Email 营销的一般过程
- Email 营销的基础条件
- 内部列表和外部列表营销策略

8.1 Email 营销概述

1. Email 营销的定义

电子邮件并非因为营销而产生，但当电子邮件成为大众的信息传播工具时，其营销价值也就逐渐显现出来。

“Email 营销”这一概念听起来并不复杂，但将 Email 作为专业的网络营销工具，并没有那么简单，不仅仅是将邮件内容发送给一批接收者，更要了解 Email 营销的一般规律和方法，研究营销活动中遇到的各种问题，还应遵循行业规范，遵守基本的网络营销道德。但是，目前的网络空间中却充斥着大量的垃圾商业邮件，而最早的 Email 营销也来源于垃圾邮件，即“律师事件”。

Email 从普通的通信工具发展到营销工具，需要具备一定的环境条件，如：

（1）一定数量的 Email 用户。

（2）有专业的 Email 营销服务商，或者企业内部拥有开展 Email 营销的能力。

（3）用户对于接收到的信息有一定的兴趣和反应（如产生购买、浏览网站、咨询等行为，或者增加企业的品牌知名度）。

当这些环境逐渐成熟以后，Email 营销才成为可能。

综上所述，可以对 Email 营销做出这样的定义：Email 营销是在用户事先许可的前提下，通过电子邮件的方式向目标用户传递有价值信息的一种网络营销手段。

Email 营销的定义中强调了三个基本因素：①基于用户许可；②通过电子邮件传递信息；③信息对用户是有价值的。三个因素缺少一个，都不能称为有效的 Email 营销。

与 Email 营销具有本质区别的就是垃圾邮件，未经用户许可而大量发送的电子邮件均视为垃圾邮件。

中国互联网协会在《反垃圾邮件规范》中这样定义垃圾邮件："本规范所称垃圾邮件，包括下述属性的电子邮件：①收件人事先没有提出要求或者同意接收的广告、电子刊物、各种形式的宣传品等宣传性的电子邮件；②收件人无法拒收的电子邮件；③隐藏发件人身份、地址、标题等信息的电子邮件；④含有虚假的信息源、发件人、路由等信息的电子邮件。"

2. 邮件列表

邮件列表（mailing list）是互联网上最早的社区形式之一，用于各种群体间的信息交流和信息发布。早期的邮件列表是由几个人员通过电子邮件参与讨论某一话题，当时称为讨论组。随着互联网的发展，讨论组的形式逐渐演变为由管理者管制的讨论组，它是由管理者通过电子邮件向用户发送信息，一般用户只能接收信息，这就是我们通常所说的邮件列表。

由于种种原因，国内 Email 营销一直没有获得很好的发展，因而提供邮件列表服务的网站也仅有少数几家且生存困难，一些提供邮件列表服务的网站也相继关闭，如希网网络（http：//www. cn99. com）、Yahoo！电子部落（http：//groups. yahoo. com），QQ 邮件列表（http：//exmail. qq. com）也取消了个人 QQ 注册功能，因而国内可参考的资源非常有限。如果要使用邮件列表，只能关注其他收费系统，如 U-Mail 许可邮件营销平台（http：//www. magvision. com）、webpower 邮件营销平台（http：//www. webpowerchina. com）等。

常见的邮件列表形式有电子刊物、新闻邮件、注册会员信息、新产品通知、客户服务/关系邮件、客户定制信息。

8. 2 Email 营销分类

1. 按照是否经过用户许可分类

按照发送信息是否事先经过用户许可来划分，可分为许可 Email 营销和未经许可的 Email 营销。未经许可的 Email 营销也就是通常所说的垃圾邮件，如无特殊说明，本书所讲的 Email 营销均指许可 Email 营销。

2. 按照 Email 地址的所有权分类

潜在用户的 Email 地址是企业重要的营销资源，根据对用户 Email 地址资源的所有权形式，可将 Email 营销分为内部 Email 营销和外部 Email 营销，或者称为内部列表和外部列表。

内部列表是一个企业/网站利用一定方式获得用户自愿注册的资料开展的 Email 营销。

外部列表是指利用专业服务商或者其他可以提供专业服务的机构提供的 Email 营销服务，投放电子邮件广告的企业本身并不拥有用户的 Email 地址资料，也无须管理维护这些用户资料。

一般情况下，在采用内部列表开展 Email 营销时（有时也称为邮件列表营销），以电子刊物、新闻邮件等形式为主，在为用户提供有价值信息的同时，附加一定的营销信息。事实上，正规的 Email 营销主要通过邮件列表的方式来实现。

但在采用外部列表时，Email 营销和邮件列表之间的差别就比较明显，因为是利用第三方的用户 Email 地址资源发送产品或服务信息，并且通常是纯粹的商业邮件广告，这些广告信息是通过专业服务商所拥有的邮件列表来发送的，即这个"邮件列表"是属于服务商的。对服务商而言，他是邮件列表的经营者，而作为广告客户的企业是利用这个第三方的邮件列表来开展 Email 营销的。如果这时也称为邮件列表营销，会与内部列表造成一定的混淆，因此，本书中所讲的邮件列表一般是指内部列表 Email 营销。

8.3 Email 营销的基本形式和一般过程

8.3.1 Email 营销的基本形式

由于拥有的营销资源不同，内部列表和外部列表两种形式所需要的基础条件和基本的操作方式也有很大区别。

内部列表和外部列表各有自己的优势，对网络营销比较重视的企业通常都拥有自己的内部列表，但采用内部列表和采用外部列表并不矛盾，两种方式可以同时进行。表 8-1 对两种 Email 营销形式的功能和特点进行了比较。

表 8-1　内部列表 Email 营销和外部列表 Email 营销的比较

主要功能和特点	内部列表 Email 营销	外部列表 Email 营销
主要功能	客户关系、客户服务、品牌形象、产品推广、在线调查、资源合作	品牌形象、产品推广、在线调查
投入费用	相对固定，取决于日常经营和维护费用，与邮件发送数量无关，用户数量越多，平均费用越低	没有日常维护费用，营销费用由邮件发送数量、定位程度等决定，发送数量越多，费用越高
用户信任程度	用户主动加入，对邮件内容信任程度高	邮件由第三方发送，用户对邮件的信任程度取决于服务商的信用、企业自身的品牌、邮件内容等因素
用户定位程度	高	取决于服务商邮件列表的质量
获得新用户的能力	用户相对固定，对获得新用户效果不显著	可针对新领域的用户进行推广，吸引新用户能力强
用户资源规模	需要逐步积累，一般内部列表用户数量比较少，无法在很短的时间内向大量用户发送信息	在预算许可的情况下，可同时向大量用户发送邮件，信息传播覆盖面广
邮件列表维护和内容设计	需要专业人员操作，无法获得专业人士的建议	由服务商的专业人员负责，可对邮件发送、内容设计等提供相应的建议
营销效果分析	由于是长期活动，较难准确评价每次邮件发送的效果，需要长期跟踪分析	由服务商提供专业分析报告，可快速了解每次活动的效果

内部列表和外部列表由于在是否拥有用户资源方面有根本的区别，因此开展 Email 营销的内容和方法也有很大差别。由表 8-1 可以看出，自行经营的内部列表不仅需要自行建立或者选用第三方的邮件列表发行系统，还需要对邮件列表进行维护和管理，如用户资料管理、退信管理、用户反馈跟踪等，对营销人员的要求比较高。在初期用户资料比较少的情况下，费用也相对较高。而随着用户数量的增加，内部列表营销的边际成本在降低，其优势逐渐显现出来。

这两种 Email 营销方式属于资源的不同应用和转化方式。内部列表以少量、连续的资源投入获得长期、稳定的营销资源，外部列表则是用资金换取临时性的营销资源。内部列表在客户关系和客户服务方面的功能比较显著；外部列表由于比较灵活，可以根据需要选择投放不同类型的潜在用户，因而在短期内即可获得明显的效果。

8.3.2 开展 Email 营销的一般过程

开展 Email 营销的过程，也就是将有关营销信息通过电子邮件的方式传递给用户的过程。为了将信息发送到目标用户电子邮箱，首先应该明确向哪些用户发送这些信息、发送什么信息以及如何发送信息。开展 Email 营销的一般过程如图 8-1 所示。

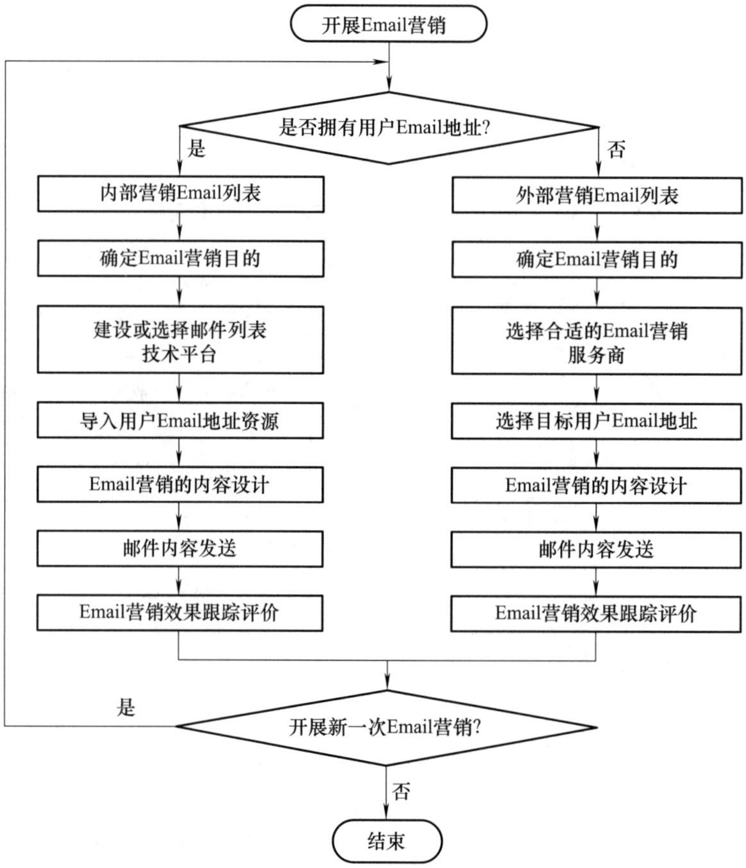

图 8-1 开展 Email 营销的一般过程

图 8-1 是进行 Email 营销一般要经历的步骤，但并不是每次活动都要经过这些步骤，并且不同的企业在不同的阶段时，Email 营销的内容和方法也有所区别。一般来说，内部列表 Email 营销是一项长期性工作，通常在企业网站的策划建设阶段就已经纳入计划。内部列表的建立需要相当长时间的资源积累，而外部列表 Email 营销可以灵活采用，因此这两种 Email 营销的过程有很大差别。如果企业本身拥有用户的 Email 地址资源，首先应利用内部资源。

在 Email 营销活动中，内部列表和外部列表 Email 营销过程也存在一定的差异。为了进一步辨析两者的区别，表 8-2 对两种列表 Email 营销过程进行了简单比较。

表 8-2　内部列表 Email 营销和外部列表 Email 营销过程比较

Email 营销的阶段	内部列表 Email 营销	外部列表 Email 营销
确定 Email 营销目的	需要在网站规划阶段确定，主要包括邮件列表的类型、目标用户、功能等内容。一旦确定就具有相对稳定性	在营销策略需要时，确定营销活动目的、期望目标。每次 Email 营销活动的内容、形式、规模等可能各不相同
建设或选择邮件列表技术平台	邮件列表的主要功能需要在网站建设阶段完成，或者在必要的时候为网站增加邮件列表功能，也可以选择第三方的邮件列表发行平台	不需要自己的邮件发行系统
获取用户 Email 地址资源	通过各种推广手段，吸引尽可能多的用户加入列表。邮件列表用户 Email 地址属于自己的营销资源，发送邮件不需要支付费用	不需要自己建立用户资源，而是通过选择合适的 Email 营销服务商，在服务商的用户资源中按照一定的条件选择潜在用户列表。一般来说，每次发送邮件均需要向服务商支付费用
Email 营销内容设计	在总体方针的指导下设计每次邮件的内容，一般为营销人员的长期工作	需要根据每次 Email 营销活动目的制作邮件内容，或者委托专业服务商制作
邮件发送	利用自己的邮件发送系统（或者选的第三方发行系统），根据设定的邮件列表发行周期，按时发送	由服务商根据服务协议发送邮件
Email 营销效果跟踪评价	自行跟踪分析 Email 营销的效果，可定期进行	由服务商提供专门的分析报告，可以是从邮件发送后实时在线查询，也可能是一次活动结束后统一提供检测报告

由表 8-2 可以看出，由于外部列表 Email 营销相当于投放广告，其过程相对简单，并且是与专业服务商合作，可以得到一些专业建议，在营销活动中并不会觉得十分困难。而内部列表 Email 营销的每一个步骤都比较复杂，并且由企业内部的营销人员自己来完成。由于企业资源状况、各部门之间的配合、营销人员的知识和经验等因素的影响，在执行过程中会遇到大量新问题，其实施过程也比外部列表 Email 营销复杂得多。但由于内部列表拥有巨大的长期价值，因此建立和维护内部列表成为 Email 营销中最重要的内容。

8.4　开展 Email 营销的基础条件

开展 Email 营销需要一定的基础条件，尤其内部列表 Email 营销是网络营销的一项长期任务，更有必要对内部列表的基础及形式等相关问题进行深入分析。

从 Email 营销的一般过程可以看出，以内部邮件列表为例，开展 Email 营销需要解决三个基本问题：向哪些用户发送电子邮件、发送什么内容的电子邮件，以及如何发送这些邮件。这里将这三个基本问题进一步归纳为 Email 营销的三大基础：

（1）Email 营销的技术基础。从技术上保证用户加入、退出邮件列表，并实现对用户资源的管理，以及邮件发送和效果跟踪等功能。

（2）用户的 Email 地址资源的获取。在用户自愿加入邮件列表的前提下，获得足够多的用户 Email 地址资源是 Email 营销发挥作用的必要条件。

（3）Email 营销的内容。营销信息是通过电子邮件向用户发送的，邮件的内容对用户有价值才能引起用户的关注，有效的内容设计是 Email 营销发挥作用的基本前提。

当这些基础条件具备之后，才能开展真正意义上的 Email 营销，Email 营销的效果才能逐步表现出来。

对于外部列表来说，技术平台是由专业服务商提供的。因此，Email 营销的基础也就相应只有两个，即潜在用户的 Email 地址资源的选择和 Email 营销的内容设计。

利用内部列表开展 Email 营销是 Email 营销的主流方式，也是本书重点讨论的内容。一个高质量的邮件列表对于企业网络营销的重要性，已经得到众多企业实践的证实，并且成为企业增强竞争优势的重要手段之一。因此，建立一个属于自己的邮件列表是非常必要的。很多网站非常重视内部列表的建立，但建立并经营好一个邮件列表并不是一件简单的事情，它涉及多方面的问题。

（1）邮件列表的建立通常要与网站的其他功能相结合，这并不是一个人或者一个部门可以独立完成的工作，将涉及技术开发、网页设计、内容编辑等方面，也可能涉及市场、销售、技术等部门。如果是外包服务，还需要与专业服务商进行功能需求沟通。

（2）邮件列表必须是用户自愿加入的，是否能获得用户的认可，本身就是很复杂的事情。为了能够长期保持用户的稳定增加，邮件列表的内容必须对用户有价值，因此邮件内容也需要由专业人员制作。

（3）邮件列表的用户数量需要较长时期的积累，为了获得更多的用户，还需要对邮件列表本身进行必要的推广，这些同样需要投入相当的营销资源。

8.4.1 邮件列表的技术基础——建立/选择邮件列表发行平台

无论哪种形式的邮件列表，首先要解决的问题是如何用技术手段来实现用户加入、退出、发送邮件、管理用户地址等基本功能，具有这些功能的系统称为“邮件列表发行平台”。发行平台是邮件列表营销的技术基础。

1. 建立自己的邮件列表平台

从部分提供邮件列表服务的网站来看，加入/退出邮件列表的界面无须太复杂，只要有一个订阅框和提交按钮，用户输入 Email 地址并提交即可完成订阅/退出功能。作为一个用户，加入邮件列表之后，就可以等待接收自己所订阅的邮件内容了。表面看来如此简单的邮件列表，在实际操作中要复杂得多。

以建立一份电子刊物为例，经营一份电子刊物需要的最基本功能应该包括用户订阅（包括确认程序）、退出、邮件发送等，一个完善的电子刊物订阅发行系统还包含更多的功能，如邮件地址的管理（增减）、不同格式邮件的选择、地址列表备份、发送邮件内容前的预览、用户加入/退出时的自动回复邮件、已发送邮件记录、退信管理等，这些都需要后台技术的支持。随着用户数量的增加和邮件列表应用的深入，还会出现更多的功能需求，这都需要后台技术不断完善。这对许多缺少专业人员的企业可能还有不小的难度。

2. 选择专业服务商的邮件列表平台

（1）选择邮件列表专业服务商的发行平台。一般来说，邮件列表专业服务商的发行平台无论从功能上还是从技术保证上都会优于一般企业自行开发的邮件列表程序，并且可以很快投入应用，大大减少了自行开发所需要的时间。因此，与邮件列表专业服务商合作，采用专业的邮件列表发行服务是常用的手段。当企业互联网应用水平比较低，邮件列表规模不是很大，并不需要每天发送大量电子邮件时，没有必要自行建立一个完善的发行系统。另外，如果用户数量比较大，企业自行发送邮件往往对系统有较高要求，并且大量发送的邮件可能被其他电子邮件服务商视为垃圾邮件而遭到屏蔽，这时，邮件列表专业服务的优势就更为明显。国外一些发行量比较大的邮件列表，很多也都是通过第三方专业发行平台进行的。但出于对用户资料保密性等方面的考虑，一些电子商务网站因为要发送大量的电子邮件，通常需要利用自己的邮件系统发行。

（2）选择专业发行平台需要考虑的问题。邮件列表专业发行平台是一种通用的邮件列表发行和管理程序，同一个平台可能有上千个邮件列表用户。一些第三方邮件列表发行系统存在各种各样的问题，因此在选择邮件列表发行服务商时需要慎重，同时要考虑将来可能会转换发行商的情况，要了解是否可以无缝移植用户资料，还要考察服务商的信用和实力，以确保不会泄露自己的邮件列表用户资料，并能保证提供相对稳定的服务。选择邮件列表专业发行平台时，需要对邮件列表发行平台的基本功能面进行必要的考察，如用户地址管理、注册用户资料备份、邮件内容预览、退回邮件管理、邮件格式选择等。

（3）合理利用免费邮件列表发行平台。当邮件列表规模比较小或者要求不高时，免费邮件列表资源也可以作为一种选择，主要用于个人学习和研究，或者作为小型企业建立邮件列表初期的一种过渡方式。不过，随着免费网络服务的减少，可用的免费邮件列表资源也越来越少，并且免费服务总是有各种各样的功能限制，或者在邮件列表中插入服务商的广告内容，因此，作为商业网站，建议最好不要采用这种免费服务。

8.4.2 Email 地址资源的获取

当邮件列表发行的技术基础问题解决之后，内部列表 Email 营销的重要环节之一就是尽可能引导用户加入，以获得尽可能多的 Email 地址。

网站的访问者是邮件列表用户的主要来源，因此网站的推广效果与邮件列表订户数量有密切关系。通常情况下，用户加入邮件列表的主要渠道是通过网站上的订阅框自愿加入，只有用户首先来到网站，才有可能成为邮件列表用户。如果一个网站访问量比较小，每天可能只有几十人，那么经营一个邮件列表将是比较困难的，需要长时间积累用户资源。尽管如此，也并不是说只能被动地等待用户的加入，可以采取一些推广措施来吸引用户的注意和加入。常用的方法如下：

（1）充分利用网站的推广功能。网站本身就是很好的宣传阵地，可以利用自己的网站对邮件列表进行推广，除了在首页设置订阅框之外，还有必要在网站主要页面设置邮件列表订阅框，同时给出必要的订阅说明。最好再设置一个专门的邮件列表页面，其中包含样刊或者已发送的内容链接、法律条款、服务承诺等，让用户不仅对邮件感兴趣，而且有信心加入。

（2）直接查阅原有用户的邮件地址。向其提供其他信息服务时，介绍最近推出的邮件列表服务。

（3）提供部分奖励措施。比如，可以向用户发布信息，某些在线优惠券只通过邮件列表发送，某些研究报告或者重要资料也需要加入邮件列表才能获得，以提高用户加入邮件列表的积极性。

（4）向朋友、同行推荐。如果对邮件列表内容有足够的信心，可以邀请朋友和同行加入，以获得业内人士的认可。

（5）在网站上建立留言簿，供访问者签名，留下他们的 Email 地址。

（6）通过专门的邮件地址服务商租用或购买电子邮件地址。

8.4.3 邮件列表的内容

一份邮件列表真正能够得到读者的认可，拥有自己独特的价值，为用户提供有价值的内容才是根本，这是邮件列表取得成功的基本条件。

1. 邮件列表内容的六项基本原则

（1）目标一致性。邮件列表内容的目标一致性是指邮件列表的目标应与企业总体营销战略相一致，营销目的和营销目标是邮件列表内容的第一决定因素。因此，在以用户服务为主的会员通信邮件列表内容中插入大量的广告内容会偏离预定的客户服务目标，同时也会降低用户的信任度。

（2）内容系统性。如果对订阅的电子刊物和会员通信内容进行仔细分析，可能会发现，有的邮件广告内容过多，有的网站邮件内容匮乏，有的则过于随意，没有一个特定的主题，或者方向性很不明确，让读者感觉和自己的期望有很大差距。如果将一段时间的邮件内容放在一起，则很难看出这些邮件之间有什么系统性，这样，用户对邮件列表很难产生整体印象，这样的邮件列表内容策略将很难培养起用户的忠诚度，因而会削弱 Email 营销对于品牌形象提升的功能，并且会影响 Email 营销的整体效果。

（3）内容来源稳定性。用户可能会遇到订阅了邮件列表却很久收不到邮件的情形，有些可能在用户早已忘记的时候，忽然收到一封邮件，如果不是用户邮箱被屏蔽而无法接收邮件，则很可能是由邮件列表内容不稳定造成的。在邮件列表经营过程中，由于内容来源不稳定使得邮件发行时断时续，有时中断几周甚至几个月，半途而废的情况也不少见。不少知名企业也会出现这种情况。内部列表营销是一项长期任务，必须有稳定的内容来源，才能确保按照一定的周期发送邮件。邮件内容可以自行撰写、编辑或者转载，无论哪种来源，都需要保持相对稳定性。需要注意的是，邮件列表是一个营销工具，不仅是一些文章/新闻的简单汇集，还应将营销信息合理地安排在邮件内容中。

（4）内容精简性。尽管增加邮件内容不需要增加信息传输的直接成本，但是应从用户的角度考虑，邮件列表的内容不应过分庞大。过大的邮件不会受到欢迎：①由于用户邮箱空间有限，字节数太大的邮件会成为用户删除的首选对象；②由于网络速度的原因，接收/打开较大的邮件耗费时间也多；③太多的信息量让读者很难一下子接受，反而降低了 Email 营销的有效性。因此，应该注意控制邮件的内容，不要设置过多的栏目和话题。如果确实有大量的信息，可充分利用链接功能，在内容摘要后面给出一个 URL，如果用户感兴趣，可以通过点击链接到网页浏览。

（5）内容灵活性。前面已经介绍，建立邮件列表的目的，主要体现在客户关系和客户服务、产品促销、市场调研等方面，但具体到某一个企业、某一个网站，可能所希望的侧重点有所不同。在不同的经营阶段，邮件列表的作用也会有差别，邮件列表的内容也会随着时间的推移而发生变化。因此，邮件列表的内容策略也不能是一成不变的，在保证整体系统性的情况下，应根据阶段营销目标而进行相应的调整，这也是邮件列表内容、目标一致性的要求。邮件列表的内容毕竟要比印刷杂志灵活得多，栏目结构的调整也比较简单。

（6）最佳邮件格式。邮件内容需要设计成一定的格式来发行，常用的邮件格式包括纯文本格式、HTML 格式和富媒体（rich media）格式，或者是这些格式的组合，如纯文本与

HTML 混合格式。一般来说，HTML 格式和富媒体格式的电子邮件比纯文本格式具有更好的视觉效果。从广告的角度来看，效果会更好，但同时也存在一定的问题，如文件字节数大、用户在客户端无法正常显示邮件内容等。哪种邮件格式更好，目前并没有绝对的结论，与邮件的内容和用户的阅读习惯等有关。如果可能，最好给用户提供不同内容格式，以供其选择。

2. 邮件列表内容的一般要素

尽管每封邮件的内容结构各不相同，但是邮件列表的内容有一定的规律可循，设计完善的邮件内容一般应具有下列基本要素：

（1）邮件主题。即本期邮件最重要内容的主题，或通用的邮件列表名称加上发行的期号。

（2）邮件列表名称。一个网站可能有若干个邮件列表，一个用户也可能订阅多个邮件列表，仅从邮件主题上不一定能完全反映所有信息，需要在邮件内容中显示出列表的名称。

（3）目录或内容提要。如果邮件信息较多，则应给出当期目录或者内容提要。

（4）邮件正文。即本期邮件的核心内容，一般安排在邮件的中心位置。

（5）退出列表方式。这是正规邮件列表内容中必不可少的内容，退出列表的方式应该出现在每一封邮件的内容中。纯文本个人邮件通常用文字说明退订方式；HTML 格式的邮件除了说明之外，还可以直接设计退订框，用户直接输入邮件地址即可进行退订。

（6）其他信息和声明。如果有必要对邮件列表做进一步的说明，则可将有关信息安排在邮件结尾处，如版权声明和页脚广告等。

8.4.4　内部列表 Email 营销策略

内部列表 Email 营销的主要目的在于增进客户关系、提供服务、提升企业品牌形象等；内部列表营销的任务重在邮件列表系统、邮件内容建设和用户资源积累。

内部列表 Email 营销的一般步骤包括邮件内容设计、测试、发送、效果跟踪等环节，可以分为五个基本步骤，下面以常见的会员通信为例来说明。

（1）确立指导思想。一般来说，用户注册为会员之后，将长期成为网站的宝贵资源，有效地利用这些会员资料是一项关系到企业竞争优势的战略任务，会员通信电子邮件就是最有效的一种实现方式。在条件许可的情况下，应尽可能确立明确的指导思想，将会员通信邮件作为一项长期的、连续的营销策略。

（2）确定营销目的。营销目的决定了会员通信内容的方向。例如，对于用户数量较少但比较专业的企业，会员通信的主要作用在于客户服务，这样的邮件内容就不适合发送大量的产品信息。

（3）制定内容策略。当总体思路确定之后，还需要对邮件内容进行认真的规划，尽管每一期邮件的内容都不相同，但需要在统一的指导思想下规划内容，做到内容连贯、针对性强，而不是每期邮件的内容完全相互独立，甚至没有任何相关性。更重要的是，邮件内容应与企业总体营销策略密切结合，让会员通信发挥其应有的作用。需要注意的是，发送的邮件必须包含实用的内容，广告性的东西很容易被退订。

（4）邮件发送。为发送邮件固定一个时间，如星期二上午，按时发送邮件一方面反映了企业的专业化，增加用户的信心；另一方面，也有助于规范营销人员的工作，为有效评价邮件列表效果打下基础。

(5) 跟踪营销效果。作为一种内部的营销资源，会员通信一般不需要第三方提供的跟踪报告，内部邮件列表营销的效果评价相对困难，需要营销人员根据各种信号来判断，并且记录、积累有关数据，然后根据一定的指标来进行分析。

8.4.5 内部邮件列表营销的局限性

内部邮件列表营销是 Email 营销的一种主要形式，建立并经营好一个邮件列表并不是一件简单的事情，涉及多方面的问题。邮件列表营销之所以在小型企业难以普及应用，主要是因为存在以下几个方面的问题：

1. 加入列表用户预期数量少

只有当用户数达到一定量时邮件列表的价值才能表现出来，但一些小型企业用户数量比较少，获得足够的用户数量需要较长的时间，并且由于产品或服务等方面的原因，可能很难获得大量的用户加入邮件列表。获取用户资源是邮件列表营销中最为基础的工作，也是一项长期的、艰苦的工作，如果没有专业的推广方法和有吸引力的内容，邮件列表即使建立了很久，加入的用户数量可能仍然很少，邮件列表的优势也难以发挥出来，一些网站的邮件列表营销甚至会因此半途而废。

2. 邮件列表内容来源无法保证

对于已经加入列表的用户来说，邮件列表是否对他产生影响是从接收邮件开始的，用户并不需要了解邮件列表采用什么技术平台，也不关心列表中有多少数量的用户，这些是营销人员自己的事情，用户最关注的是邮件内容是否有价值。如果内容和自己无关，即使加入了邮件列表，迟早也会退出，或者根本不会阅读邮件的内容。在 Email 营销的三大基础中，邮件内容与 Email 营销最终效果的关系更为直接，影响也更明显。邮件的内容策略所涉及的范围最广，灵活性最大，邮件内容设计是营销人员要经常面对的问题，相对于用户 Email 资源的获取，Email 内容设计制作的任务压力会更大。没有合适的内容，即使再好的邮件列表技术平台，邮件列表中有再多的用户，也无法向用户传递有效的信息。

3. 网站不提供或者用户不需要长期的连续服务

用户之所以会加入一个邮件列表，原因在于期望获得长期的信息和服务。但对于多数企业网站来说，为用户提供的服务可能是短期的，用户到网站获得自己需要的信息或者获得某种服务之后，可能在以后很长一段时间内并不需要继续获得网站的服务，这样便无须继续对该网站的信息给予关注。以网站建设服务商为例，当一个企业通过网站了解到网站建设服务的信息，委托该服务商建设好自己的企业网站之后，在相当长一段时间内可能并不需要继续服务，因此便没有必要通过这个服务商的邮件列表获取信息。

4. 网站功能与经营资源的限制

不要认为“技术问题总是可以解决的”，在实际工作中，技术问题的限制往往是很大的问题，像邮件列表订阅、发送、管理系统等。当然不是说技术上无法实现，但由于每增加一种功能，都需要增加相应的资金投入，如果在短期内这种投入无法带来收益，那么企业通常不会为远期的功能需求投入资金。现在大量的小型企业网站都还处于简单的企业和产品信息发布阶段，邮件列表的功能并不是最重要的。

可见，在具有一定的品牌知名度和规模之前，邮件列表营销方式也不是最有效、最经济的网络营销手段。在实际工作中，一些企业在建立邮件列表的问题上很容易走入两个方向的误区：①已经开发了功能完善的邮件列表系统，却没有能力去经营和维护自己的邮件列表，不仅投入没有获得回报，也让网站的部分功能成为摆设，在一定程度上影响了企业形象；②在具备经营资源的情况下，却没有建立自己的邮件列表，任凭大量的营销资源白白浪费，甚至可能被竞争对手夺走大量的潜在用户资源，到时才后悔为什么没有早日应用内部列表Email 营销工具。

因此，根据企业内部的经营条件来选择适合的网络营销手段才是最重要的，企业在进行邮件列表策略决策时，应充分认识到这一点，没有必要浪费有限的营销资源，但也不应低估邮件列表营销的巨大价值。

8.4.6 外部列表 Email 营销策略

外部列表 Email 营销的目的以产品推广、市场调研等为主，工作重点在于列表的选择和邮件内容设计、营销效果跟踪分析和改进等方面。由于外部列表 Email 营销资源大都掌握在各网站或者专业服务商的手中，要利用外部列表资源开展 Email 营销，首先要选择合适的服务商。选择 Email 营销服务商需要考虑的主要因素包括服务商的可信任程度、用户数量和质量、用户定位程度、服务的专业性、合理的费用和收费模式等。

思考题

1. 什么是 Email 营销？Email 从普通的通信发展到营销工具需要具备哪些环境条件？
2. 什么是邮件列表？邮件列表有哪几种类型？常见的邮件列表形式有哪些？
3. 开展内部列表 Email 营销和外部列表 Email 营销的基础条件有何不同？
4. 简述开展内部列表 Email 营销的一般过程。
5. 为什么邮件列表营销在小型企业中难以普及应用？

第9章

博客营销

本章要点

- 博客的网络营销价值
- 博客营销的运用

9.1 博客的网络营销价值

9.1.1 博客营销与知识营销

1. 博客营销的定义

博客营销的概念最早由冯英健博士在从事博客营销实践的基础上提出。博客营销是指利用博客的方式，通过向用户传递有价值的信息而最终实现营销信息的传播。开展博客营销的前提是拥有对用户有价值的、用户感兴趣的知识，而不仅仅是广告宣传。

博客营销是一种基于个人知识资源（包括思想、体验等表现形式）的网络信息传递形式。因此，开展博客营销的基础是对某个领域知识的掌握、学习和有效利用，并通过对知识的传播达到营销信息传递的目的。

2. 知识营销的定义

知识营销是通过有效的知识传播方法和途径，将企业所拥有的对用户有价值的知识（包括产品知识、专业研究成果、经营理念、管理思想以及优秀的企业文化等）传递给潜在用户，并逐渐形成对企业品牌和产品的认知，把潜在用户最终转化为用户的过程和各种营销行为。

3. 知识营销与博客营销的关系

知识营销定义中并没有提到博客营销，但是知识营销与博客营销的关系十分密切，因为知识营销与博客营销的思想是完全吻合的。

知识营销需要一定的信息传播途径，否则就成为空洞的概念。博客营销方法是实现知识营销战略的有效手段之一；博客营销需要向用户传递有价值的信息，而知识营销的内容是博客营销信息源中对用户最有价值的部分。同样，邮件列表营销、RSS 营销等均需要以一定的知识为前提，因此都可以理解为知识营销的具体表现形式。

实际上，知识营销与网络营销有时本来就是一回事，只不过在网络营销中并不一定用“知识营销”这一比较笼统的概念，而是用博客营销、RSS营销和病毒性营销等更加具体的网络营销术语。

与博客营销相关的概念还有企业博客、营销博客等，这些也都是从博客具体应用的角度进行描述的，区别于那些出于个人兴趣甚至以个人隐私为内容的个人博客。其实无论是企业博客还是营销博客，一般来说都是个人行为（当然也不排除由某个公司集体写作同一博客主题的可能），只不过在写作内容和出发点方面有所区别，企业博客或者营销博客具有明确的企业营销目的，博客文章中或多或少会带有企业营销的色彩。

9.1.2 博客的网络营销价值

博客作为一种营销信息工具，发挥的是网络营销信息传递的作用。因此，其网络营销价值主要体现在企业市场营销人员可以用更加自主、灵活、有效和低投入的方式发布企业的营销信息，直接实现企业信息发布的目的，降低营销费用，实现自主发布信息等，是博客营销价值的典型体现。

博客的网络营销价值主要体现在以下几个方面：

（1）博客可以直接带来潜在用户。博客内容发布在博客托管网站上，如博客网（www.bokee.com）、Blogger网站（www.blogger.com）等，这些网站往往拥有大量的用户群体，有价值的博客内容会吸引大量潜在用户浏览，从而达到向潜在用户传递营销信息的目的。用这种方式开展网络营销，是博客营销的基本形式，也是博客营销最直接的价值表现。

（2）博客营销的价值体现在降低网站推广费用方面。网站推广是企业网络营销工作的基本内容，大量的企业网站建成之后都缺乏有效的推广措施，因而网站访问量过低，降低了网站的实际价值。通过博客的方式，在博客内容中适当加入企业网站的信息（如某项热门产品的链接、在线优惠券下载、网址链接等），达到网站推广的目的，这样的“博客推广”也是成本极低的网站推广方法，在不增加网站推广费用的情况下，提升了网站的访问量。

（3）博客文章内容为用户通过搜索引擎获取信息提供了机会。多渠道信息传递是网络营销取得成效的保证。通过博客文章，可以增加用户通过搜索引擎发现企业信息的机会，其主要原因在于，访问量较大的博客网站比一般企业网站的搜索引擎可见性要好，用户可以比较方便地通过搜索引擎发现这些企业博客的内容。这里，所谓搜索引擎可见性，是指让尽可能多的网页被主要搜索引擎收录，并且当用户利用相关的关键词检索时，这些网页出现的位置和摘要信息更容易引起用户的注意，从而达到利用搜索引擎推广网站的目的。

（4）博客文章可以方便地增加企业网站的链接数量。获得其他相关网站的链接是一种常用的网站推广方式，但是当一个企业网站知名度不高且访问量较低时，往往很难找到有价值的网站给自己链接，因而通过自己的博客文章为本企业的网站做链接则是顺理成章的事情。拥有博客文章发布的资格，增加了网站链接的主动性和灵活性，这样不仅可以为网站带来新的访问量，也增加了网站在搜索引擎排名中的优势。

（5）可以实现以更低的成本对读者行为进行研究。当博客内容比较受欢迎时，博客网站也成为与用户交流的场所，有什么问题可以在博客文章中提出，读者也可以发表评论，从而可以了解读者对博客文章内容的看法，作者也可以回复读者的评论。当然，也可以在博客文章中设置在线调查表的链接，便于有兴趣的读者参与调查，扩大了网站在线调查表的投放范围，同时还可以直接就调查中的问题与读者进行交流，使在线调查更具交互性。由此提高了在线调查的效果，降低了调查研究的费用。

（6）博客是建立权威网站品牌效应的理想途径之一。作为个人博客，如果想成为某一领域的专家，最好的方法之一就是建立自己的博客。如果坚持不懈地做下去，你所营造的信息资源将为你带来可观的访问量。在这些信息资源中，也包括你收集的各种有价值的文章、网站链接、实用工具等，这些资源为自己持续不断地写作更多的文章提供了很好的帮助。这样形成良性循环，这种资源的积累并不需要多少投入，但其回报却是可观的。企业博客也是同样的道理，坚持对某一领域的深度研究，并加强与用户的多层面交流，是获得用户认可和忠诚的有效途径。

（7）博客减小了被竞争者超越的潜在损失。2004 年，博客在全球范围内已经成为热门词汇之一，不仅参与博客写作的用户数量快速增长，而且浏览博客网站内容的互联网用户数量也在急剧增加。博客已经走进大型企业的经营活动，如果因为没有博客而被竞争者超越，那么损失将是不可估量的。

（8）博客让营销人员从被动的媒体依赖转向自主发布信息。在传统的营销模式下，企业往往需要依赖媒体发布企业信息，不仅局限性较大，而且费用相对较高。当营销人员拥有自己的博客园地之后，可以随时发布信息，这些信息一定要遵守国家的法律法规和道德规范，并且对用户是有价值的。博客的出现，对营销人员的营销观念和营销方式带来了重大转变，博客为每个企业、每个人提供了自由发布信息的权利。如何有效地利用这一权利为企业营销战略服务，则取决于营销人员的知识背景和对博客营销的应用能力等因素。

9.2 企业博客营销常见的形式

1. 企业网站自建博客频道

许多大型网站都陆续推出了自己的博客频道，这种模式已经成为大型企业博客营销的主流方式。通过博客频道的建设，鼓励企业内部有写作能力的人员发布博客文章，可以达到多方面的效果。

（1）对于企业外部，可以达到增加网站访问量、吸引更多的潜在用户的目的，在企业品牌推广、增进用户认知、听取用户意见等方面均可以发挥积极作用。

（2）对于企业内部，提高了员工对企业品牌和市场活动的参与意识，可以增进员工之间以及员工与企业领导之间的相互交流，丰富了企业的知识资源。

企业网站自建博客频道需要进行相应的资源投入和管理，增加了网站运营管理的复杂性，并且需要对员工进行信息保密、博客文章写作方法、个人博客维护等相关知识的培训，同时也不要让部分员工觉得增加了额外负担，产生抵触情绪等。不过，为了企业博客的总体效果，这些必要的投入都是值得的。

2. 第三方 BSP 公共平台模式

利用博客托管服务商（BSP）提供的第三方博客平台发布博客文章是最简单的博客营销方式之一，在体验博客营销的初期常被采用。第三方公共平台博客营销的好处在于，操作简单，不需要维护成本。但由于用户群体成分比较复杂，如果在博客文章中过多地介绍本企业的信息，往往不会受到用户的关注，除非所在企业是百度等这样受人关注的企业。但实际上这些受到高度关注的企业员工通常并不适宜在公共博客网站以个人身份公开发布企业的信息。因此，第三方 BSP 公共平台模式提供的博客服务通常作为个人交流的工具，对企业博客的应用有一定的限制。

当然，BSP 也可以针对企业的博客提供服务，如企博网（www. bokee. net）专门为企业发布信息，为不同行业、不同规模的企业提供博客营销的途径。

3. 第三方企业博客平台

与第二种模式类似，这种形式的博客营销也是建立在第三方企业博客平台上的，主要区别在于，这种企业博客平台不同于公共博客以个人用户为主，而是专门针对企业博客需求特点提供专业化的博客托管服务。每个企业可以拥有自己独立的管理权限，可以管理企业员工的博客的权限，使各个员工的博客之间形成一个相互关联的博客群，有利于互相推广以及发挥群体优势。

第三方企业博客平台的典型问题在于：对提供这种服务平台的依赖性较高，如功能、品牌、服务、用户数量等；企业网站与企业博客之间的关系不够紧密；员工博客的访问量难以与企业网站相整合，因而对企业的知识资源积累所发挥的综合作用有所限制。

4. 个人独立博客网站模式

归根结底，企业博客依赖于员工的个人知识，作为独立的个体，除了通过企业网站博客频道、第三方博客平台等渠道发布博客文章之外，以个人名义用独立博客网站的方式发布博客文章也很普遍。许多免费个人博客程序也促进了个人博客网站的发展，因此对于有能力独立维护博客网站的员工，其个人博客网站也可以成为企业博客营销的组成部分。

由于个人拥有对博客网站完整的自主管理维护权利，因此个人可以更加充分地发挥积极性，在博客中展示更多个性化的内容，并且同一企业多个员工个人博客之间的互相链接关系也有助于每个个人博客的推广，多个博客与企业网站的链接对于企业网站的推广也有一定的价值。不过个人博客对个人的知识背景以及自我管理的能力要求较高，这种模式也不便于企业对博客进行统一管理。

5. 博客营销外包模式

将博客营销外包给其他机构来操作，与传统市场营销中的公关外包类似，也可以认为是网络公关的一种方式。

外包模式的优点是，企业无须在博客营销方面投入过多的人力，不需要维护博客网站/频道，相应地降低了企业博客管理的复杂性。经过精心策划的博客营销外包往往能造成巨大的影响力。

外包模式的缺点是，由于没有企业员工的参与，非企业员工对企业信息的了解毕竟有限，第三方的博客文章难以全面反映优秀的企业文化和经营思想，不利于通过博客与用户深入沟通，如分享产品知识等。同时，企业员工对博客的关注程度也会降低，并且难免会出现明显的公关特征。长期下来，对用户的可信度等方面会产生一定的影响。

因此，外包模式的博客营销往往具有阶段性的特征，即在涉及某些具有新闻效应的热点事件时，如奥运会、公司庆典等重要节日，具有重大影响的重要产品发布等特殊阶段，通常只能被知名企业所采用。可见这种模式在实际应用中具有一定的局限性。

6. 博客广告模式

与前述五种博客营销模式的不同之处在于，博客广告是一种付费的网络广告形式，即将博客网站作为网络广告媒体在博客网站上投放广告，利用博客内容互动性的特性获得用户的关注。

随着博客应用的进一步深入，还会有新的博客营销模式不断产生。究竟哪种模式适合自己的企业，需要根据企业的经营思想和内部资源等因素来确定，同时也不排除多种模式共存的可能。

9.3 企业博客文章写作的一般原则

在传统公关模式下，很多企业通常都有明确的新闻发布规定，除了指定的新闻发布人员之外，一般人员不能通过公众渠道公开发布个人观点。因此，在传统企业中，一般员工是没有话语权的。虽然个人也可以通过论坛、博客网站等发布信息，但通常要避免公开自己的身份，以笔名发布信息较为普遍。每个人都应该有表达自己观点的权利，但这并不是说员工可以在博客中随意发布信息，否则不仅不能发挥营销作用，还可能给企业造成损失。企业博客文章写作应遵循以下一般原则：

1. 正确处理个人观点与企业立场的关系

虽然说企业博客的写作目的是与用户进行交流，但企业博客是通过员工的个人文章来表现的。由于通过企业博客频道表达的是个人观点，因此任何人的博客文章都不能代表企业的官方立场，但是作为向读者传递信息的方式，读者会将个人观点与企业立场联系在一起，并且会从个人博客文章去推测甚至臆断企业的行为，事实上这也的确是不可完全分割的。因此，员工在企业博客写作文章时，应尽可能避免对容易引起公众关注的本企业热点问题进行评论，如果实在要涉及这类问题，有必要在文章中声明仅属于个人观点，不代表企业行为。

2. 博客文章应注意保密

个人博客文章对公司经营管理另一个可能的影响是对企业机密信息的泄露及其保护的问题。发布个人观点应有高度的保密意识，不是什么信息都可以随便公开发布。一般来说，企业内部所有规范文档、用户资料、核心技术、项目开发计划、研究报告、技术资料等，无论是否明确标明“机密”标识，都属于核心机密。此外，根据常识判断，其他如果公开后可能对企业造成不利影响的信息也必须保密。

3. 博客文章必要的声明

根据博客文章的内容和目的，在发表的文章中做出声明是十分必要的。比如，禁止转载声明，免责声明等。尤其当某些情况具有不确定性时，如果忽视这一点就可能造成麻烦，媒体已经有多起因为员工博客文章内容不适当而被解雇的报道，而这些问题本来是可以避免的。在没有完善企业博客管理规范的情况下，对有些敏感问题的处理方法还需要博客主人自己分析判断。

9.4 企业博客文章的写作方法

对很多员工来说，通过博客的方式来表达自己的观点并与读者进行交流的最大难题之一是，不知道该写什么样的内容，所以很多员工博客往往难以坚持下去。另外一种情况是，尽管时常更新自己的博客专栏，但写出的内容不仅对读者没有吸引力，而且与企业营销之间产生不了任何联系。其实解决这些问题并不复杂，只要掌握了博客文章写作和管理的基本方法，就可以利用好博客这一网络营销工具。

1. 博客文章的内容选题

博客的直接意思是“网络日志”，作为企业博客，显然不能只是自己的工作流水账，更重要的是要体现关于某一领域的知识和思想。因此，博客文章的内容取材在很大程度上受到工作环境的制约。如果整天接触不到业内最新的思想，只凭着自己埋头苦想，谁也无法写出有价值的文章来。下列几点建议对于博客文章选题会有一定的帮助：

（1）与业内人士进行切磋与交流。在自己写作和发布博客文章的同时，也要经常关注同行业内人士的观点。与业内专业人士进行交流，不仅可以扩大自己的知识面，也可以获得更多的博客写作素材。

（2）关注外部信息资源，尤其是国内外最新的研究动向。外部信息的启发是博客文章选题的最重要来源之一，要多关注与自身工作相关的外部信息资源。利用 RSS 获取最新行业信息非常方便，领先的网站大都开通了 RSS 订阅服务，可利用 RSS 获取最新行业信息。

（3）某一领域个人观点/思想的连续反映。某些人的工作可能专注于某个领域，如企业网站建设、搜索引擎关键词广告，或者外贸出口等，对某一领域进行深度跟踪研究，这可以为系列文章的写作发掘源源不断的素材。在某个阶段还可以进行适当的总结，根据早期的观点和内容延伸出新的内容。

（4）用另一种方式展示企业的新闻和公关文章。一个企业的博客频道不应成为企业的又一个“市场部/公关部”，否则就失去了博客的真正意义，但并不是说博客文章就不能涉及这类内容。在博客文章中对企业进行一定的宣传是有必要的，也是合理的，但完全可以用另一种方式来表达。要说自己的产品好，不用自卖自夸，可以引用用户或者第三方的语言来表达，如与用户的谈话、某业内人士的观点等。

（5）产品知识、用户关心的问题等。作为企业工作人员，对本企业产品的理解会比一般用户更系统，尤其对于知识型产品、技术含量高的产品、用户购买决策过程复杂的产品等。用户需要了解各个方面的产品信息，在企业网站的在线帮助栏目中可能找不到这些内容。如果自己对某方面有深入体会，不妨与用户分享自己的体会。在与用户交流的过程中，潜移默化地向用户传递产品信息，对于用户的购买决策会有很大的帮助，也有助于得到用户的信任。

（6）企业文化传播。企业文化的内涵很广，博客本身也是企业文化的一种表现，企业的各种公开活动、内部培训等都可以理解为企业文化的不同表现形式。对于企业文化相关的话题，只要不涉及企业机密，都可以直接写在博客文章中，让更多的潜在用户通过企业文化来了解企业的品牌，从而进一步了解和接受其产品和服务。这也是博客营销最有魅力之处。

（7）发表行业观察评论。如果企业内部拥有在某一领域具有影响力的专业人士，通过发表行业观察评论等方式，对业内一些热点问题进行评论，也是容易引起读者关注的博客话题。如某员工经常在媒体发表文章、接受媒体采访、参加行业会议等，这些内容都可以作为企业博客文章的话题。

总之，博客文章的内容选题范围很广，博客话题的资源不仅不会枯竭，还会随着博客写作的积累发现越来越多的素材。最重要的是去发现、思考和总结，这样才能挖掘出丰富的博客写作资源。

2. 博客文章的表现形式

博客文章不同于企业的新闻和公关稿，即不主张把个人博客文章写作局限于企业营销活动的需要，最重要的是考虑文章内容是否对读者有价值。

至于博客文章的表现方法，可以不拘形式，也无须长篇大论，只要把想要表达的事情说清楚即可，不必担心自己的观点不成熟、结论不严谨。即使是不成熟的想法也可以提前释放出来，在释放和交流的过程中，时常会产生新的灵感，当你觉得有能力用长篇大论阐述你的思想时，可能别人不会有兴趣阅读你的博客了。

3. 超链接是博客与博客营销的桥梁

为了提供更丰富的信息，博客文章应适当链接相关内容的来源，如书籍介绍、新闻事件、产品经销商网站等。尤其是当文章中涉及某些重要概念（产品）时，应合理引用（链接）本企业的有关信息，这样的链接本身并不是为了产品推广，但在客观上却发挥了推广作用。因此，在一定程度上可以说，这种相关的超链接就是企业博客文章与博客营销的桥梁。

需要注意的是：①不要链接低质量的网页，因为这些内容很容易造成死链接；②不要链接可信度不高的网站（比如，文章存在来源不明、版权信息不清等问题）。

4. 通过博客与读者进行交流

分享与交流是博客文章写作的基本出发点之一。通过博客文章表达自己的思想，将自己在某一领域的知识和获得的信息与他人分享，正确对待读者提出的问题，并给予必要的回复，都是通过博客与读者交流的方式。

5. 博客文章如何与营销目的相结合

企业博客毕竟只是一种辅助的市场策略，能带来多大的品牌价值和直接收益是很难事先估算出来的。因此，并不会作为任务要求每个员工按时按量完成，而是员工根据自己的兴趣，写出自己的所见所想，并与自己的用户分享。也就是说，个人博客文章与企业营销策略之间虽然存在一定的联系，但具体到某个员工个人而言，并不能做到对每篇博客文章都考虑是否对企业营销活动发挥某些作用，实际上也没有这样的必要。当发表一篇博客文章时，所需要考虑的仅仅是：“这些内容对读者有价值吗？”

既然如此，企业博客又是如何发挥营销效果的呢？这需要从长远的角度来考虑。博客可以成为企业网站内容的组成部分，当企业网站博客频道积累了大量有价值的信息之后，这些内容对于潜在用户将会发挥有效的营销效果。企业博客营销是一个日积月累、潜移默化的过程，不可能像新闻和广告那样产生立竿见影的效果。所以，博客写作是企业博客营销的基本元素，博客营销是博客文章集合的总体效果的体现。

6. 博客文章内容的搜索引擎优化

博客文章发表之后，是否能获得尽可能多的读者成为决定博客营销效果的关键因素。因此，不仅要在博客文章写作上下功夫，还要从博客文章的推广上下功夫。博客文章推广的主要方法之一是博客文章的搜索引擎优化。

与一般网页的搜索引擎优化一样，博客文章也应遵循搜索引擎优化的一般原则。例如，为每篇文章设计一个合理的网页标题、文章标题和摘要信息，应该包含符合用户检索的关键词，文章中文字内容丰富且包含有效关键词，博客文章经常更新等。

从搜索引擎的角度来看，搜索引擎喜欢那些内容丰富、频繁更新的网站，这正好符合博客网站的特色。实际上，许多专业的博客网站在搜索引擎中有很好的表现，但这并不是因为搜索引擎偏爱博客程序，而是因为大多数博客程序设计对搜索引擎都比较友好。例如，完全静态化的网页内容，采用符合 Web 标准的 XHTML 技术大大减少了垃圾代码的比例，使得有效文字信息所占比例提高等。

7. 员工博客专栏的管理维护

企业博客的管理是博客营销的难题之一，至今还没有十分系统的研究。可以说现在的博客营销是问题多于成效的阶段，有很多问题需要在博客营销实践中逐步找到有效的解决办法。例如，企业员工博客文章造成泄密怎么办？员工知名度提高了被竞争对手挖墙脚怎么办？如何正确评估博客营销的投资收益率？等等。这些问题都是影响企业博客营销顺利开展的因素。

相对于企业博客总体层面的管理问题，企业员工博客专栏的管理维护问题要具体一些，每个成员都有责任维护企业博客频道的正常运营。

对个人博客专栏的维护主要包括以下几个方面：

（1）经常更新自己的博客专栏，尽可能发表有专业水准的个人原创博客文章。

（2）经常关注读者对博客文章的评论，用平常心对待博客文章的评论，既要经得起读者的赞扬，也要听得进读者的批评意见，并与读者进行必要的交流。

（3）注意可能对企业博客正常运营造成危害的问题。如在博客文章评论中发表大量与文章无关的信息，尤其是评论中出现的无关的网站链接，这是一些垃圾 SEO 惯用的“增加网站链接广泛度”的手段之一。遇到这些不正当的评论者，应及时清理有关信息，如有必要还应采取进一步的行动。

8. 怎样才能写好企业博客

前面介绍了基本的博客写作方法和博客文章的管理，最后还有必要从思想层面来提升对博客写作的认识。因为博客写作除了要掌握基本的方法外，还需要有热情和恒心。下面是企业博客专家的一些建议。

2006 年 7 月 3 日，新浪科技发表了一篇有关博客写作的文章——《专访著名企业博客斯考伯：如何把博客写得更棒》。这篇文章是美国《连线》杂志对斯考伯的专访，在访谈中斯考伯对博客写作者提出了一些很有价值的建议。例如，当你告诉人们任何一件事情的时候，要把它当成是可以在《纽约时报》上读到的文章；你必须像关注《华尔街日报》那样关注博客，哪怕是只有五个读者的博客；脸皮要足够厚，无论你是谁，人们都可能会抨击你，而竞争者们更喜欢煽风点火，所以博客们需要仔细推敲自己对人们的回应；有热情才会持续地写下去，如果老板干涉你的博客写作，你将很难形成统一的风格，对于许多企业雇员来说，这是一件相当难以处理的事情；好好考虑一下如何让人们找到你，到百度去搜索你想拥有的关键字，再想想人们会如何去搜索。

以上有关博客营销的内容只是初步的研究，还有很多方面需要深入系统的研究，如企业博客营销的规范和管理、博客营销中的用户行为、博客营销的效果分析等，对这些领域的研究还有待于在实践中进一步总结。

9.5　博客营销的运用

电子商务 2.0 的主要表现形式之一是企业博客。很多商家利用博客来提高知名度，推广产品和服务。

（1）博客里的意见领袖。索尼公司曾推出了一款打算卖给高端玩家的数码照相机，在如何快速向市场推广这款新产品的问题上，索尼公司动足了脑筋，最后选择了一些专业摄影博客作为营销渠道。索尼公司看中的是专业摄影博客具有“领袖意见”的特质，摄影专业人群通过博客，把他们使用索尼这款新照相机的感受快速地传达出去，由于专业人群具有“领袖意见”的影响力，这款相机的优点被迅速传播开来，从而取得了不凡的营销效果。

（2）博客营销。例如，我国酒业大王五粮液集团全资子公司——五粮液葡萄酒有限责任公司挑选了来自全国各地的500名知名的博客红酒爱好者，分别寄送了其新产品国邑干红供博客们品尝。博客们体验新产品后，纷纷在自己的博客上发表了对五粮液国邑干红的口味感受和评价，迅速在博客圈内引发了一股关于五粮液国邑干红的评价热潮，得到了业界的普遍关注。五粮液葡萄酒有限责任公司通过此次活动受益匪浅，不仅产品品质得到了大家的认可，而且品牌效应也得到了大幅度提升，还实实在在地促进了产品的销售。

（3）博客里的危机公关。通用汽车也是较早利用博客进行危机公关的企业。2005年年初，通用汽车因为一篇报道撤销了在《洛杉矶时报》的广告投入。这件事出现了很多负面评论。通用就通过FastLane博客直接与“大众”沟通，表达自己的看法和意见，从而及时、有效地处理了这次危机。

（4）利用博客提升企业的知名度。例如，一汽大众“鸣响中国”博客空间，撰写奥运火炬传递的博客文章，在文章中加入了上海大众的官方火炬传递专页的链接，得到一个“博客鸣响喇叭”，将其加在博客页面中，博客的阅读者可以点击喇叭，表示对奥运的支持。吸引很多人来鸣喇叭的博客文章获得了奖励，奖品包括奥运会的开闭幕门票和大众汽车一年的免费使用权等。在这个案例中，大众公司并没有直接推销产品或服务，而是借助博客的传播提升了企业的知名度。

传统的市场营销和广告直接影响的是销售，而在博客营销中，销售不是直接目标，但它可能是被最终影响的一个目标。

思考题

1. 什么是博客营销？博客的网络营销价值体现在哪些方面？
2. 企业博客文章写作的一般原则是什么？写企业博客文章应如何选题？

第10章 微信营销

本章要点

- 微信营销的优势与劣势
- 微信订阅号、服务号、企业号的区别
- 企业微信发布内容的规划与选择
- 微信服务号和订阅号的价值

10.1 微信营销的优势与劣势分析

微信营销是网络经济时代企业营销模式的一种，是伴随着微信的火热而兴起的一种网络营销方式。用户注册微信后，可与周围同样注册的“朋友”形成一种联系，订阅自己所需的信息，商家通过提供用户需要的信息，推广自己的产品，从而实现点对点的营销。

10.1.1 微信营销的优势

（1）高到达率。营销效果很大程度上取决于信息的到达率，这也是所有营销工具最关注的方面。与手机短信群发和邮件群发被大量过滤不同，微信公众账号所群发的每一条信息都能完整无误地发送到终端手机，到达率高达100%。

（2）高曝光率。曝光率是衡量信息发布效果的另外一个指标，信息曝光率和到达率完全是两码事，与微博相比，微信信息拥有更高的曝光率。微信是由移动即时通信工具衍生而来，天生具有很强的提醒力度，比如铃声、通知中心消息停驻、角标等，随时提醒用户收到未阅读的信息，曝光率高达100%。有业内人士分析指出，在线上营销方面，微信所表现出的及时性、个性化、互动性更强的优势，无疑使微信走在时代的前沿。“移动新媒体+二维码”的全新品牌推广模式，将精准的消费者群从店面引导到线上，再在线上不断推进与消费者的互动，传达企业的信息，培养消费者新的消费习惯，这对于提升品牌价值意义非凡。

（3）高接受率。微信用户已达5亿之众，微信已经成为或者超过类似于机短信和电子邮件的主流信息接收工具，其广泛性和普及性成为营销的基础。微信大号动辄数万甚至十几万粉丝。除此之外，由于公众账号的粉丝都是主动订阅而来，信息也是主动获取，完全不存在因垃圾信息遭到抵触的情况。这样可以使更多线下与线上用户享受移动互联网的便捷，获得实惠和特权。

（4）高精准度。事实上，那些粉丝数量庞大且用户群体高度集中的垂直行业微信账号，才是真正受欢迎的营销资源和推广渠道。比如酒类行业知名媒体佳酿网旗下的酒水招商公众账号，拥有近万名由酒厂、酒类营销机构和酒类经销商构成的粉丝群，这些精准用户粉丝相当于一个盛大的在线糖酒会，每一个粉丝都是潜在用户。

（5）高便利性。移动终端的便利性再次增加了微信营销的高效性。相对于 PC 而言，智能手机不仅拥有 PC 所能拥有的任何功能，而且携带方便，用户可以随时随地获取信息，这给商家的营销带来了极大的方便。

（6）高互动性、高参与性。企业除了可以利用微信平台介绍企业文化、企业新产品外，还可以借助它搞促销活动。例如，通过有奖互动、幸运大转盘、砸金蛋、答题闯关、拼图游戏等一系列的活动促进线下产品销售。

10.1.2 微信营销的劣势

微信营销诞生于微信联系社交平台高速发展的时代，由于发展仍处于起步阶段，就等同于淘宝电商的起步阶段，仍然存在一定的弊病。

（1）微信转发活动受排斥。商家迫切想通过嫁接进行营销，但是垃圾信息铺天盖地，席卷整个微信公众平台，企业频繁地给用户发送各种无聊、繁杂的信息，想博得用户的关注，却引起了用户的反感甚至排斥。在这种条件下，想与受众建立情感是不容易的，需要一个长期的过程。

（2）用户体验感较低。越来越多的企业在实施微信营销时，由于过度热情，想必给用户带来了很多的困扰。如果企业的服务无法满足用户的需求，用户则极有可能立马关闭与企业之间的互动。怎样更好地维护企业与用户的关系，成为企业微信营销的重中之重。

（3）品牌推广影响需求未能实现。一个成功的市场营销策略的目标是让品牌商和消费者都能从中获利，但是目前的微信营销方式，还远远达不到这个目标。公众账号需要用户自行搜索，这一点是微信远远不如微博的地方，微博的扩散性相对于微信来说是非常强的，消息的转载可以在较短的时间内被千万人知道，而微信的公众账号则没有微博推广的这一优势。对企业和品牌商而言，在微信和微博平台上的收益也是明显不同的。

（4）无法保证用户隐私安全。由于微信自身的多媒体功能，如朋友圈、二维码等都会给用户的隐私带来安全隐患。用户在使用的过程中可能在不知道的情况下泄露了个人的信息，如记录用户个人信息的二维码被不法分子非法利用就会对用户造成影响。微信由于发展较为快速，但是在隐私维护方面仍然不够完善，用户也无法确定网站信息的真实性，无法对信息做出正确的判断，由此可能导致用户上当受骗。所以如何规避社交平台安全隐患问题也是企业首先应当考虑的问题。

（5）不是所有行业都适合微信营销。关系导向的业务不适合做微信营销。例如，用微信公众号去卖钢筋，去招揽建筑工程业务，去承接贴牌订单，去承接微博代运营业务，去找电子商务代运营业务，其投入、产出是不成比例的。此外，消费频次不高的产品和服务不需要用微信营销，没有丰富品类的品牌也不需要微信营销。

10.2　微信订阅号、服务号、企业号的区别与选择

微信公众号现在已经分成微信订阅号、服务号和企业号三种类型。

10.2.1　微信订阅号、服务号、企业号的区别

（1）订阅号。侧重于为用户传达资讯（类似报纸杂志），认证前后都是每天只可以群发一条消息，适用于个人、媒体、企业、政府或其他组织。

（2）服务号。侧重于服务交互（类似银行、114 提供服务查询），认证前后都是每个月可群发四条消息，适用于媒体、企业、政府或其他组织。

（3）企业号。主要功能在于企业建立与员工、上下游供应链及内部系统间的链接，以简化管理流程，提升整体管理能力。可以理解为建立在微信上的移动 OA（办公自动化）管理系统。可以通过微信企业号完成企业信息传递、审批流程、上下班考勤管理、会议、报销、工作日志等。其最大优势是发送信息数量不受限制，适合企业、政府或其他组织内部使用。

企业号的功能是显而易见的，下面谈谈订阅号与服务号的主要区别。

（1）展示位置。所有的订阅号都被折叠到一起，共同挤在一个叫“订阅号”的文件夹中；服务号是直接展示在微信首页的，并且用蓝色字体展示，打开微信就可以看到。

（2）群发数量。订阅号每天可以群发一条信息，服务号每月可以群发四条信息。

（3）自定义菜单。订阅号只有完成认证才有自定义菜单，未认证的没有菜单；服务号无论是否完成认证都有菜单。

（4）多客服。订阅号不支持多客服；服务号支持多客服，可以建立多个客服账号，多个客服同时与粉丝沟通，适合消息量比较大的账号。

（5）微信支付（又称“商户功能”）。订阅号不支持微信支付、微信小店；服务号支持微信支付、微信小店。

对于非个人账号来讲，订阅号和服务号都仅支持微信认证。微信认证是指提交材料给微信认证公司，并交 300 元钱（未认证通过不予退回，每年都要交 300 元钱）以完成认证。这种认证方式需提交的资料多、审核较为严格，并且认证时间较长，一般 7~15 个工作日才能完成。

10.2.2　订阅号、服务号的选择

企业应该如何在订阅号和服务号之间选择呢？下面介绍如何在订阅号与服务号之间选择一个适合自己的账号类型。

企业在做出选择的时候，往往要从多个维度来思考，比较常用的参考维度有以下四个：

1. 是做营销还是做服务

如果公众号的使命是以资讯发布和营销活动为主，建议做订阅号，可以不受发布频率的限制；如果定位于为用户、会员提供一对一深度服务，建议做服务号，配合技术手段将微信与客户关系管理（CRM）打通，结合多客服功能，为用户提供良好的服务体验。

2. 是否需要高级功能

如果需要微信支付、可统计的二维码、分组群发、微信上墙等高级功能，就只能选择服务号。

3. 对打开率、阅读数的重视程度

由于订阅号被折叠，订阅号的打开率普遍较低，据不完全统计，能达到10%~20%就比较高了；而服务号的打开率为50%~60%甚至更高，相对较高。

4. 认证难易程度

由于微信认证要求企业必须有证明自己拥有待认证名称所有权的权威文件，因此导致有些企业无法进行微信认证。例如，某些企业只有英文名称或英文缩写，所有权较难证明，或者对某一品牌只有代理权或部分使用权，也很难通过微信认证。在这些情况下，企业只能暂时选择订阅号，通过绑定微博的方式完成认证。

简单地说，如果想简单地发送消息，达到宣传效果，建议选择订阅号；如果想进行产品销售，进行产品售卖，建议申请服务号。

10.2.3 微信双号、多号及矩阵战略

微信公众账号的不同权限让企业面临新的选择，是放弃每天一条的发布指标升级为服务号，还是“被折叠”在订阅号中继续每天发布？在面对鱼与熊掌的两难选择之下，部分企业开始尝试微信双号、多号运行。不同的企业微信号定位不同、风格不同，使得用户有兴趣关注。但是，多开一个公众号，运营的成本也相应增加，而且未必能收到很好的效果，除非其内容能引起用户的兴趣。

1. 公众号双号战略

双号战略是指企业既开通服务号，又开通订阅号。

订阅号每天都可以发一条消息，适合做新用户的开拓、培养新用户、促销产品，为企业创造利润。服务号每个月只能发四次信息，适合用来服务老用户，老用户已经体验过产品的好处，只要做好服务，他们就会重复购买，不需要向他们推送大量的促销信息。

初期，企业需要一个订阅号来进行宣传，每天都可以推送一条信息，这对于企业发展新用户是非常有利的。因为企业需要长期地和潜在用户进行沟通，并想办法让潜在用户相信企业能够帮助到他们，最终购买企业的产品。

企业双号并用，订阅号负责宣传和挖掘新用户，服务号负责维系老用户，并且不定时地发布活动信息。这样既不影响推广，又可以很好地维持与现有用户的关系。

2. 公众号多号战略

多号战略是指企业既开通服务号，又开通订阅号，甚至某些企业还开通个人微信号，这三类账号同时使用，互相补充，极尽所能地传播品牌价值。利用个人微信号可以快速锁定用户，利用“附近的人”功能，做好本地O2O电商。中小企业除了重视服务号和订阅号之外，一定要重视个人微信号。当然，需要提醒的是，采用多号战略也会存在一定的问题，如品牌的混淆、运营成本的增加、粉丝对官方号的迷惑等。所以务必把各个账号的定位搞清楚，然后再考虑多号战略。

3. 公众号矩阵战略

对于大型企业来说，只用一个微信账号做营销是不够的，服务号与订阅号的区分就让我

们可以明白其中的道理。对企业来说，企业的微信公众账号承担着品牌宣传、用户管理等职能，而这就需要在每天的内容中加入企业新闻等信息。毫无疑问，这样就增加了信息的总量。减少即时信息，会造成用户体验不好，但每日信息数量过多又会让一部分粉丝反感，而另一部分粉丝则不能尽可能多地获得他们想要的信息。建立合理的微信矩阵，不仅可以满足不同用户的需求，而且可以有效、精准地辐射用户群体，扩大企业微信的影响。但是，微信矩阵的建立并不是随心所欲，而是要遵循一定的规律与采用一定的技巧。企业必须根据自身需求，考虑好如何建立微信矩阵，有效地开展广告宣传。一般可以从以下几个方面来考虑：

（1）按品牌与子品牌区别划分。企业建立多个品牌的微信可以有针对性地开展有效的广告宣传，将产品信息有的放矢地传递给消费者。

（2）按区域划分。因为每个企业的经销商、代理商或者分公司分布不同，消费群体不同，更重要的是风俗习惯与消费意识也不同，所以企业在开展广告宣传时必须考虑不同地区消费者分布对产品销售的影响，从而来进行矩阵的划分。

（3）按业务需求划分。企业的管理者、营销部门通常会根据业务的不同分门别类地整理出用户的需求，进而根据业务的不同开通不同的子微信，比如凡客在微信平台共有“凡客诚品”“凡客诚品特卖商城”“凡客达人”“如风达”四个公众账号，不同消费群体的网络购买模式不一样，以此将不同消费群体区分开。

（4）按功能定位划分。功能需求是指企业根据对用户的调查分析，将需求按功能来划分，然后满足用户的需求。比如在关注一家护肤品公司微信公众账号的用户中，有 60%的人关注面膜，有 20%的人关注防晒，这时企业就要根据用户的诉求来划分。另外，企业也要根据不同的账号划分制定不同的内容策略，比如涉及企业的重要新闻，内容要偏于严肃、认真，而与粉丝互动则需要一些“幽默风趣”式的关怀。由于每个账号功能的不同会直接导致内容、语言、风格的不同，因而企业微信公众账号要把这些差异体现出来，否则容易造成微信账号身份“混乱”，给粉丝带来定位不清的感觉。

综上所述，企业建立微信矩阵比较常见的模式主要有三种：①散点式，适合具有很多子品牌的大企业；②铺开式，由一个核心账号统领各分属账号，分属账号之间是平等关系，信息由核心账号放射向分属账号，分属账号之间信息并不进行交互，这种模式适合地方分公司比较多并且为当地服务的业务模式；③哑铃式，企业老板的一个账号很有影响力，企业官方的一个账号也有影响力，形成互动。如果企业拥有过硬的产品和服务，就应该建立微信矩阵，通过布点、连线、成面、引爆、监测五步策略来不断优化。这种方式的排兵布阵让企业在微信世界中有更多的曝光机会，也有助于黏住用户。

10.3　企业微信发布内容的规划与选择

10.3.1　企业微信内容的规划策略

用户关注微信账号的目的到底是什么？他们希望获取什么？只有了解清楚这些问题，才能更好地进行发布内容的规划与选择。所以，在规划微信内容的过程中，对内容选取范围的制定应当创新，这样后面运营的时候方能得心应手。一般情况下，就企业微信而言，其内容规划大致可以分四步走：内容定位、内容筛选、内容编制和内容推送。

1. 内容定位

内容的形成建立在满足用户需求的基础之上，包括休闲娱乐需求、生活服务类的应用需求等。微信公众号需要推送的内容一定是以高质量的原创或者转载率高的内容为主。

2. 内容筛选

在做好企业微信内容定位后，结合所设定位，接下来就要进行内容的筛选。就微信内容而言，可以从下列八个方面对其进行筛选：

（1）关联性。内容和企业或者所处行业存在一定关联，同时适量加入品牌的价值信息。

（2）趣味性。内容要创新，不庸俗但足够吸引人，符合大家的审美趣味。

（3）实用性。内容需要能向用户提供一定的帮助，比如信息服务、生活常识或者折扣信息等。

（4）独特性。需要根据自己的品牌特点打造有个性的内容，向粉丝展示品牌文化和传播品牌价值。

（5）多元性。内容的形式需要多元化，可以用图片、视频或者语音等形式发布。

（6）一致性。内容需要连贯一致，尽量用单条图文把想要传递的信息表达完整。

（7）互动性。经常与粉丝沟通交流可以形成长久的用户黏性，哪怕是一句简单的问候或者寒暄。

（8）热点话题。了解当前的热门话题是非常重要的，拥有一定量粉丝的平台可以利用热点话题带动粉丝主动分享。

所以，内容的筛选对微信的互动起着重要的作用。内容只有体现价值，才能引来更多粉丝的关注和热爱。除此以外，企业官方微信在筛选内容的过程中，应尽量避免有政治或者宗教倾向的内容、未经证实的内容和极具批判性且带有个人感情色彩的内容。人性化的官方微信也需要顾及企业的品牌形象，即使一些“踩过界”的内容能迅速增加品牌的曝光度，也不要轻易触碰，否则等待自己的可能就是危机公关或者律师函了。

3. 内容编制

在做好了微信内容定位，确立了内容筛选的范围后，接下来对内容进行编制和管理。系统化的内容管理机制有助于运营专员快速地对微信内容做出判断、筛选和发布，同时也能大大地减少因层层上报这种烦琐流程而浪费的时间。

其中，按照内容来源方式分类，可将微信内容分为下面六种类型：

（1）专业知识型。这种类型比较适合户外、母婴、成人、电器、家居、内衣、保健、汽配类目商品，因为这类信息专业性强，并非日常生活知识，故内容可读性还是较高的，用户接受度高。

（2）幽默搞笑型。这种类型最适合成人类目商品，而且还可以和商品实现无缝对接。与情侣相关的礼品类目，也可以和此类型内容相结合。

（3）促销活动型。这种类型比较适合代购类商品、男性商品、日常必需商品、快销商品、标准化商品，因为具有稀缺性或是必需品，所以无须太多的技巧，直接推销的效果反而可能更好。

（4）文艺小资型。这种类型比较适合小众商品、外贸原单商品、高端价位商品，也是塑造品牌形象和品位的好方法。当然，难度也是最大的，因为这样的优秀写手太稀缺了。

（5）信息播报型。这种类型重在发送的信息是否切中用户的需要。一般不建议发送这样的信息，除非是需求面比较广的信息，如上新、预售、抢购、拍卖等。

（6）关怀互动型。这种类型比较适合老用户，比如发货提醒、生日祝福、互动小游戏等内容，如果加上些优惠券，会是不错的方法。

4. 内容推送

微信公众账号的后台可以获取订户的全部信息，并提供了强大的订户分组功能，可以按地域、性别、喜好、需求等不同的指标分组。这为新闻信息的分组精准推送提供了实现渠道。

分组推送即微信公众账号在群发消息时，可以选择性别、分组、用户所在地区等属性，或者根据消息的类型和地域进行有选择的定向投放，将消息发送给某一类用户。例如涉及北京市的公共政策新闻，其他地区的用户可能不太关注，媒体就可以单独向北京市的微信订户推送。分组推送一旦实现，就能够避免用户的信息过载，让媒体的各类信息资源发挥相应的最大价值。

在进行内容推送时，人员的安排也很重要。大企业有完善的人力资源系统，可以在每一个环节都安排指定的人员进行 24h 实时监控和维护。一般的企业，由于资源和资金都较为稀缺，所以在微信上的投入不会太充足，要合理安排人员进行内容规划、撰写、互动与活动策划，从而形成有效的内容互动与活动互动，增强粉丝的黏性。

10.3.2 企业微信内容栏目的设置

企业微信内容栏目的设置也是一个非常重要的问题，栏目的规划可以结合品牌特点以及品牌想传递的信息来分类。不只企业，任何想做微信公众号的个人也要考虑“栏目”的问题，其实就是考虑自己的目标人群希望看到什么的问题，要便于粉丝阅读和选择，用户体验要好。

一般来说，企业在设置栏目的时候都会从产品、资质、获奖、联系方式等多个方面进行设置，要根据用户的喜好来设置板块栏目，且要有个性。

10.3.3 企业微信内容的写作

“营销，内容为王。”微信作为新的信息传播媒介，对于内容营销的价值是显而易见的，其传递的内容可以包罗万象，信息载体除了文字外还包括其他多种多媒体形式。企业微信究竟该怎么写、写什么，决定了企业营销目标能否实现。所以发布的信息需要经过认真思考和衡量，要从用户心理和企业目标的角度出发，企业不可能和明星一样，随便说一句话加一张自拍照片就能有上万的转发量，尤其是中小企业，为了吸引用户注意，发布信息的内容必须注意“三大原则”：有趣、有用和个性。

1. 有趣

有趣，即内容要有足够的新意，有足够吸引人的地方。营销人员需要花足够的时间巧妙地构思微信营销创意。当然，创意和新意总是有限的，但微信发布的内容至少要保证企业的微信主页面信息不至于空洞无聊，特别是要防止发布硬广告性质的微信，此类信息不仅得不到关注，反而会引起普通微信用户强烈的反感。

2. 有用

有用，意思是发布的信息具有实用性，能够向用户提供一定的帮助，既可以提供信息服务、传授生活常识、利用视频课程帮助用户解决困难，也可以向用户提供商品的促销信息或者折扣凭证、发放奖品等。总之，要让用户从各种信息中获取某种形式的利益，这些信息必须是比较功能性的内容，比如最新的新闻、有用的情报、好看的消息、特殊的知识等。

3. 个性

个性是最难把握的一个原则，所以企业发布的微信内容要自成体系，在报道方式、内容倾向上有特点并且长期保持一致性，这样才能让用户有一个系统和直观的整体感受，使企业微信比较容易被识别。

此外，微信软文的标题至关重要，因为这关系到用户是否会打开文章，更重要的是对你的产品宣传有着重要影响。倘若不能引起粉丝的兴趣，不能激发他们阅读的兴趣，那么就意味着这次发布的内容效果为零。所以，标题一定要简明扼要，要顺口，有新意，通常 7~12 个字或者 12~15 个字为宜，从传播知识、发布优惠信息、满足好奇心、提供忠告等入手进行策划。

10.3.4　企业微信内容推送的时间

在订阅号的界面里面有这样一个规则：谁最后、最近更新，谁就会显示在最上面。这意味着如何来推送、如何选择时间点成为企业微信研究的热门话题。

另外，发送信息的时候记得分组。建立用户分组，根据分组发送不同的内容，这样信息的精准度也相对较高。那么推送的具体时间怎么定呢？可以参考表 10-1。

表 10-1　微信内容推送时间参考

推送时间选择	选 择 理 由
早 8:00 左右	这是新的一天的开始，大家醒来都期待关注最新的内容，更重要的是不少人在上班的路上就可以阅读
中午 11:30—12:30	这段时间一般是大家吃饭和午休的时间，可能会讨论买什么，现在的移动终端这么发达，用手机就能完成购买过程
晚上 8:00—9:00	这段时间大家都已吃完晚饭、散完步回家在沙发上或者床上看电视，是放松的时间，也容易产生购买行为 另外，晚上 10 点以后就不要推送了，因为有些人已经睡觉了，要是打扰了用户睡觉，他很可能会取消关注

企业微信内容推送要把握好推送时间。

（1）数据分析。根据微信数据分析来进行规划，因为只有这样才会知道粉丝活动的时间规律。

（2）因人而异。对不同的营销对象采取不同的时间策略。比如要想在早上推送：对于白领上班族，最佳时间应该是 8:00~9:30；而对于学生族，则应该是 8:00 左右。对于双休日，无疑晚上时间最佳。

总之，关于发布时间的说法莫衷一是，有的说周末不是发布内容的好时段，要避开；有的说晚上 8 点以后这个时间段要避开。这些说法各有各的数据根据和道理，但切记一点：企业微信推送时间还是要看对象。

10.4　如何增加微信粉丝数量

微信营销的基础是粉丝数量，没有粉丝，微信营销就是空中楼阁。那么如何增加粉丝数量呢？

（1）将 QQ 好友、手机通讯录的朋友全部加上，这些一般都是认识的朋友、同学、同事、用户等。

（2）在微博、QQ 空间、QQ 签名上发布微信号，并且隔一段时间就宣传一下自己的微信号。

（3）加一些 QQ 群，每天发一些有用的资讯，吸引人们注意。

（4）根据自己的特长或产品特点，写一些分享类的文章，发布到一些论坛上，如果网友觉得写得不错，自然会加你的微信，与你交流或向你学习。例如做内衣产品的，可以在女性论坛上发布如何保持身材等，总之要提高自己的曝光率。

（5）把产品免费送给一些在微信上有一定影响力的朋友，让他体验，他会帮你分享，可以起到宣传产品的效果，帮助增加好友。

（6）通过“摇一摇”，目标是让他们看到我们的签名或者加我们。可以不停地“摇一摇”，有人曾经试过，效果出奇地好。这个方法的好处是可以突破地域限制。“摇一摇”功能按照最近的同时摇手机的用户配对，如果附近没有，那么就会给你配对其他相对较近的。

（7）利用微信的“扫一扫”功能来增加粉丝。不少企业会在每个可以宣传的地方，如户外广告、电梯广告、宣传彩页、易拉宝等上放置二维码，但是这样做还不够，还要给别人一个扫你的理由。

（8）如果有机会的话，可以多参加一些培训、论坛、讲座、交流会等，来这里的朋友都是为了认识更多的人，所以是一个增加好友的地方。

用来增加粉丝的方法很多，需要说明的是，对于不同类型的账号，比如明星账号、企业账号，适合的推广方法都不太一样。关键是多去研究，找到一些适合自己的推广方法。

微信营销的核心是用户的价值。所谓用户的价值，是指互动质量比较高的活跃粉丝，要注重粉丝的质量，而不是粉丝的数量。对于企业来说，只有高质量的粉丝才有价值，才能真正转化为企业的利润。

10.5　利用服务号提供客户服务

10.5.1　微信服务号的价值

众所周知，企业的生存和发展离不开客户，所以企业只有不断地了解客户需求、满足客户需求，做到令客户满意，才能转化和保持客户，最终赢得更多的客户。那么企业微信服务号有哪些价值呢？

1. 增加收入，节约成本

客户通过广告媒体、企业宣传品及他人介绍等各种渠道成为企业微信服务号的粉丝，从而获得企业的信息。这样，客户就会对企业产品或服务产生一种抽象的心理预期，如果企业微信服务号提供的产品或服务达到和超过了客户的期望值，客户就会满意；如果企业微信服务号提供的服务可以持续不断地令客户满意，就会建立客户忠诚度。忠诚的客户会经常性地重复购买，而且还会购买企业其他相关的产品或服务，增加企业的收入。

2. 快速有效地收集客户反馈信息

通过微信公众平台设置或人工回复可以实现即时留言互动，收集客户第一时间反馈的信息，这有利于企业及时采取应对措施，及时做好服务。

微信是最精准的品牌营销工具，企业可以通过后台的互动解答客户的问题，从而获得更高的转化率，促成交易。最主要的是可以通过服务号的 CRM 功能，时刻关注客户的需求变化及客户对产品的满意度，经常征询客户意见，把客户的一言一行、一举一动都及时反馈到企业客户管理那里。企业对市场信息反馈越迅速及时，就越能有效地解决客户的问题及抱怨等。服务好客户还能挖掘客户潜在的需求，开发出企业客户乐于接受的新产品或新的服务项目。

3. 形象效应和口碑效应

企业微信服务号提供的服务是无形的，因为服务不方便直观地展览和传播，服务质量是人们的一种主观感受。企业微信服务号对于企业服务形象的建立基本上是靠客户的口碑宣传而形成的。满意的客户是企业的免费广告资源，他们往往会将消费感受通过口碑传播给其他客户，这比花钱进行广告宣传更加有效，可以迅速提高企业的知名度，提升企业形象。

4. 增强企业竞争力

市场竞争的关键是对客户的争夺与占有，如果你能比竞争对手先一步与客户建立良好的双向互动关系，真正关心客户，一旦客户在你这里获得了高度的满足，他们就能放心地从你这里购买商品而不会被任何竞争对手“挖走”，使你在竞争中获胜。总之，企业与客户之间的关系越牢固，企业的优势地位也就越稳固。

5. 保证客户与企业双赢的重要基础

以服务为导向和特征的差异化战略在激烈的市场竞争中已得到越来越多现代企业的重视和应用。企业微信服务号通过建立服务导向系统，使优质服务贯穿整个营销过程，提高了客户对企业的认知度和客户满意度，进而强化客户的忠诚度，在满足客户需求的同时，企业获得了利润，使客户与企业双方获利。

10.5.2 微信服务号的应用

微信服务号，可以简单地理解为企业在消费者手中的企业服务中心，它的核心功能包括定制的“扫一扫”、智能客服中心应用、微信 CRM 应用和“口口相传”活动等。最重要的是，微信服务号可以帮助企业建立能够与高成本呼叫中心媲美的智能客服系统，可以实现微信客服并发送处理信息，支持多客服排队自动接入功能，缩短等待客服回复的时间，并在应答客户过程中实现对客户分组、对话分组统计等功能，实现社会化 CRM。

在企业应用方面，微信适合做客户服务，因为微信是熟人关系，可以一对一地进行对话。微信基于一对一的对话和交互菜单，可以实现类似短信营业厅的自助服务业务；而基于语音对讲功能，又可以实现类似电话中心的呼叫中心业务。因此，客户服务将是微信在企业应用中的关键领域。

企业微信服务号最大的价值在于提供在线服务，将线下的日常服务搬到线上，节省线下服务成本，提升服务效率，进行在线活动推广，提升客户到店率。

根据微信目前提供的功能，把服务号的应用总结归纳如下：

1. 公共客服：降低咨询带来的服务成本

公共客服是指通过微信的关键字回复功能、开发模式下的自定义菜单功能，用户可以自助实现商户公共信息的查阅，如服务项目、价格、近期活动、各楼层的服务介绍、日常服务指引。公共客服可以有效降低客户常规问题咨询带来的服务成本，提升各场所服务人员的运转效率。

企业可以把客户的服务需求点整理罗列出来，再设定相应的自动回复内容。客户需求点又可以分为主动和被动两种。主动需求点有查物流、换货、退货、投诉、玩游戏等，既然是主动，就不用担心骚扰客户，这也是为微信客户提供服务的好机会。

被动需求点有促销提醒、降价提醒、发货提醒、签收提醒、上新提醒、补货提醒、生日提醒、优惠券到期提醒等，被动提醒注意不要对客户进行信息轰炸，有可能的话最好让客户自己选择。被动需求是造成客户骚扰的源头，但确实有部分营销需要使用这些被动需求，所以商家要自己衡量。

2. 活动互动平台：拓展有效用户

这里所谓的活动平台包括两种属性，一是微信会员的专属活动，二是常规活动时将微信作为活动推广的渠道。在早期阶段，微信平台的重要任务是拓展有效关注用户、吸引用户关注官方微信，应重点策划微信会员的专属活动，给出专门的配套资源。除此之外，还可以与客户互动游戏，融趣味性于营销服务之中。比如，问卷查看、刮刮卡、大转盘、找碴、拼图等游戏都是不错的互动形式，结合优惠券、赠品、红包、积分等，客户的积极性会更高，但这类互动游戏的保鲜是个问题，因为简单，所以容易被淘汰。

3. 客户自助平台：自助缴费、充值等

通过与商户的 IT 系统打通，客户可以绑定会员号，通过微信查询自己的会员卡余额、刷卡消费记录、帮助他人办卡、为他人充值、获取优惠券、查询积分等；随着微信支付功能的上线，客户可以自助预订、预购商户服务。借助微信的自定义菜单和关键字回复可以实现智能交互菜单，类似于呼叫中心的 IVR（互动式语音应答）机制，从而让微信客户服务可以实现更大比例的自助服务，如业务咨询、费用查询、订单查询、业务受理状态查询等查询类业务，以及自助下单、交付和预约资源（座位、包厢、菜品）等预约类业务。另外，微信的对话机制中可以嵌入超链，进入专门的 App 页，通过 HTML5 页面或者其他技术开发的页面，可以进行企业特定的业务受理。因此，微信客户服务可以实现进一步的特定业务，如自助缴费、充值、购买零配件、兑换礼品等。

4. 基本的受理类业务

传统客户服务中大多服务的是企业的存量客户，或者知晓了企业的电话中心号码直接拨打电话的潜在客户。微信客户服务也一样，都针对的已经是企业公众账号好友的客户，其中，部分可能是存量客户，部分可能是潜在客户。对于存量客户，微信客户服务可以提供最基本的受理类业务，如企业指定业务受理、客户投诉及建议、产品维修或障碍保修、预约服务等。

5. 增值类业务

微信客户服务可以实现的增值类业务有人工语音自助服务、拓展的信息服务、转语音信箱服务/转电子邮件/OA 系统服务、城市/企业秘书台等。

6. 市场调研及关怀

微信可以让企业实现与客户的一对一交互，这个交互是私密的、双向的，私密性确保了信息不被传播，双向性避免了单向推送，更好地体现了企业与客户的平等对话，因此微信客户服务可以提供客户市场调研、客户满意度调查、销售/服务回访、节假日关怀、客户信息验证等。

7. 客户服务与企业同步

企业服务号可以接入客户关系管理、业务信息接口，保持向用户提供最新、最准确的业务信息，并有效跟踪客户服务过程，提供个性化和一致的服务，提升客户体验。微信可以在公众平台上对好友进行分组，然后基于不同分组进行差异化的主动服务，实现一个简单的客户关系管理功能。例如，针对不同客户群体的业务提醒、促销通知、产品服务调查、消费交易后的回访、生日关怀等业务。

10.5.3 案例分析

1. 招商银行：从微信客服到微信银行

招商银行信用卡中心于 2013 年 3 月 28 日正式上线微信公众账号，并很快成为微信公众平台力推的企业账号运营样本。2013 年 4 月，招商银行信用卡正式在微信上推出招商银行信用卡智能客服平台，用户将个人信息与微信账号绑定，就可以办理信用卡申请、账单查询、个人资料修改等业务，接收在招商银行信用卡上产生的所有交易信息。7 月 2 日，在推出信用卡微信客服短短 80 多天后，招商银行再度宣布升级微信平台，推出了全新概念的首家“微信银行”。“微信银行”的服务范围从单一信用卡服务拓展为集借记卡、信用卡业务于一体的综合服务平台。

招商银行“微信银行”在线客服颠覆了现有电话客服为主的服务模式，开辟了客户服务的新渠道。涵盖了业务办理、账户咨询、还款、投资、贷款、支付等多项业务范围。“微信银行”除了人们所熟悉的客户服务功能外，还提供了网点地图和排队人数查询的功能。客户在微信上单击“网点查询和服务预约”菜单并登录后，将可以看到附近有哪些招商银行网点和这些网点目前的排队情况，方便客户选择排队最少的网点办理业务。

除了上述功能外，想申请信用卡、贷款或预约办理专业版和跨行资金归集的客户，也可以在微信银行选择相应的菜单，进行信息录入。之后，便会有招商银行的客服人员主动联系办理，该功能在很大程度上提高了业务办理的效率。

鉴于微信具备信息表现形式丰富、拓展性好、延展性好等特点，同时可支持视频通话等创新功能，微信将会为银行客服带来更广阔的发展空间。

2. 南航：微信值机服务

2013 年 1 月 30 日，南航推出自主研发的微信值机服务，成为国内首家提供微信值机服务的航空公司。客户只要登录微信，搜索“中国南方航空”微信公众账号，或扫描二维码就可以关注该账号。在关注之后，客户可以根据南航发送的信息提示办理选座业务和获取电子登机牌服务。随着功能的不断开发完善，机票预订、办理登机牌、航班动态查询、里程查询与兑换、出行指南、城市天气查询、机票验真等这些通过其他渠道能够享受到的服务，客户都可以通过与南航微信公众平台互动来实现。

在推出微信值机服务 1 个月后，即 2013 年 2 月 28 日，南航的微信平台又新增了“航班票价信息”和“更多产品”等功能。随后南航微信账号已经具备多项功能，如办理登机牌、明珠会员服务、航班票价查询、航班起降、登机口查询、城市天气查询、机票验真、货运查询等。

南航微信公众账号的亮点是“微信值机手续，业务查询办理，提供个性化服务”。也正是由于对微信的重视，如今微信已经和网站、短信、手机 App、呼叫中心一并成为南航五大服务平台。

为什么微信平台会受到南航如此重视呢？“微信拥有包括短信、网站、呼叫语音、手机 LBS 等所有的特性，拥有广大的用户资源，而且大家每天都会看。”南航信息公司相关负责人如是解释。

另外，南航微信还支持语音输入，例如，对着手机讲“北京飞广州”，就能够收到航班、票价等信息。在这句话的背后，是南航强大的业务系统支撑。伴随着未来的发展，南航将会把现有的呼叫中心与微信进行整合，推进自助服务。

南航现有的呼叫中心虽然也提供一对一的服务，但人工和呼入成本都非常高。推进自助服务后，不仅可以提高服务质量、优化用户体验，还能够带来经济效益，至少目前来看，呼叫中心不用再增加人工投入，呼叫投入也可以大幅降低。再进一步，未来南航的营销、电子商务等业务都可以通过这个渠道展开。

南航微信就是在 IT 部门的牵头下实现其商业价值的。微信产生的收益，最主要的是为旅客带来了更好的体验，完善了南航的全流程体验服务。另外，也在业界赢得了一些声誉，带来了一定的经济效益。南航每年的短信费用至少要投入 1000 多万元，而南航在微信研发上的直接投入（人力资源等软成本不包含在内）不足 100 万元。

10.6　利用订阅号为客户提供增值服务

10.6.1　微信订阅号的价值

微信订阅号的本质是利用微信来展示企业形象，通过一系列内容的展示来不断获得客户，并与客户形成互动，从而吸引消费者，消除其购买顾虑。如果客户满意，他们会在较长的一段时间内继续订阅。

微信订阅号使企业与客户建立长期的交易关系和沟通，并把客户的购买行为导向性进行频率化，在深入研究客户消费行为的基础上引导客户更多地消费。

微信订阅号价值主要体现在以下三个方面：

1. 低成本获取客户

随着网络各种业态竞争的加剧，企业进行网络营销获取客户的成本越来越高，此时企业会以体验为“诱饵”，利用订阅模式锁定客户的意愿就愈发强烈。

订阅模式通过体验这一强力手段，能够降低客户的购买风险，最终激发客户的尝试性购买意愿，随即也会降低获取客户的成本。比如有些网站提供的化妆品、美食等，客户只需花笔小钱就能体验到平时因为价格、空间等因素而接触不到的高级化妆品、特色美食等，体验满意后再行购买，有效降低了客户的风险，这样可以更高效地获取大量客户。

2. 建立长期稳定的客户关系

互联网使得同质化产品和服务越来越多，客户的转移频率也越来越高。而商家希望的是，客户形成长期的消费惯性，钟情于自己的品牌。订阅模式具有一定的频率和消费周期，这就很容易培养客户定期消费的习惯。企业将与客户建立长期的交易关系，有交易就有沟通，并把客户的购买行为进行频率化，在深入研究客户消费行为的基础上，把新客户转换成老客户，老客户转变成忠诚客户，让忠诚客户持续贡献利润。

3. 了解客户的购买行为

网络客户的购买行为具有诸多不确定性，如果没有固定购买频率，对商家而言要想掌握客户的偏好、习惯就比较难。这不利于深入挖掘客户的购买潜力以及影响客户身边的潜在客户。而通过固定频率的订阅模式，商家不仅能够清楚地了解客户的购买行为，掌握客户的购买偏好，还可以渗入到客户的人际关系网络，向客户发布多种产品或促销信息。

10.6.2 微信订阅号的应用

微信订阅号可以为消费者提供一站式、便捷、个性化的增值服务，扩大服务的差异性，凸显企业的特色。微信订阅号有以下几种运营模式：

1. 信息发布模式

消费者的个人信息和消费习惯的数据是很有价值的，尤其是那些经过细致分析的并用于目标市场营销的信息。在消费者考虑采购时，收集的关于生产商及其产品的数据对于他们是非常有用的。有些企业的定位就是类似信息中介（信息媒介），辅助买家或者卖家了解当前的市场状况。

2. 生产厂商直销模式

这种模式被预言为最能体现 Web 强大力量的模式，它使厂商直接接触消费者，因此缩短了分销渠道（省去了批发商和零售商）。政府和媒体类型的订阅号可以开通微商城，其他类型的必须是服务号才可以。

通过订阅号开通微商城，首先需要将订阅号升级为服务号，然后申请微信支付功能，需要缴纳一定数额的保证金，确定所经营的产品类目，根据类目收取微信支付手续费费率及确定结算周期等。通过微信支付功能的审核后，就可以开通微商城了。

企业或个体户也可以申请微信认证、微信支付、微商城。需要提供的资料有营业执照、身份证、微信名、联系方式等。

个人用户无法开通官方的微商城。

3. 社区模式

社区模式的发展主要依赖客户忠诚度，客户投入了较多的时间和情感在里面。这种模式的收益往往来自副产品和服务的销售、无偿的捐助、通过绑定文字得到的广告收入、订阅费的付费服务等。

4. 内容服务

提供文字、音频或者视频内容给那些付费的订阅客户，支付的费用主要用于获得该服务的使用权。

5. 定量订阅

允许订阅者购买一定量的内容访问权（如页面访问数）。

总之，要通过提供基础性的免费服务，千方百计地把客户拉进来，提高客户的黏性，再通过各种增值服务吸引客户，利用客户规模和应用服务制胜。

微信订阅号有五大好处：①方便客户，客户在工作生活之余，足不出户就可以订阅到需要的有关企业的信息；②提升企业的形象，如果你的微信订阅号能迎合客户群的消费习惯，同时线上线下配合支撑，让众多粉丝耳目一新，这样就可以让客户在愉快体验的同时，口口相传；③拓展企业的付费订阅，这里所说的付费不是指客户要为你的内容付费，而是企业通过一系列的活动或者专享定制，让客户付费；④无欠费，粉丝看中产品之后，就可以通过微信支付工具进行支付；⑤顺势营销，投递员在将你的产品送到客户手中的同时，顺势给客户附赠上小礼品和宣传品，并根据情况对客户周围的同事进行宣传推介。

客户是企业最宝贵的资源。通常每家企业都积累了丰富的客户资源和市场运作经验，它必然会高度重视客户维护工作。如果企业能采用订阅号对客户进行有效维护，无疑将会一举多得：①对其自身而言，订阅号的形式较为新颖、没有费用、宣传周期较长，可以有效节省客户维护成本，提升企业形象；②企业有比较多的客户资源，加之订阅号的规模化开发，必定会带来丰厚的经济效益；③对目标客户而言，则能感受到极具文化品位的订阅号所带来的良好阅读体验，以及企业对客户蕴于细节之中的、持续的人文关怀。这种“润物细无声”的品牌宣传效果是短信、电话及其他营销方式达不到的。

订阅号运营成功与否，不仅取决于企业是否利用订阅号将合适的产品或服务推介给合适的客户，更取决于在此基础上能不能为客户提供更多的增值服务。倘若企业能利用微信号抓住为客户提供增值服务这一关键因素，一定能在业务发展上走出自己的特色之路。

10.7 经典案例分析

微信营销成功经典案例分析 1：餐饮

海底捞火锅——每日微信预订 100 万元

案例亮点：海底捞生意太火爆了，与其来了排队，不如提前微信预约，避免商户和客人双重尴尬。

案例描述：作为国内最具口碑的餐饮连锁服务机构，海底捞是较早试水 O2O 营销的餐饮连锁服务企业之一，凭借在微博、点评网站等互联网平台的口碑，海底捞迅速聚集了大量忠实粉丝。

加强客户关系管理一直是海底捞的追求，特别是移动互联网时代，新技术手段层出不穷，对经营者而言如何选择更好的管理方式是他们需要思考的问题。

首先，创意活动具有吸引力，一关注海底捞火锅的微信，就会收到一条关于发送图片可以在海底捞门店等位区现场免费制作打印美图照片的消息，是不是瞬间就有吸引力其次，自助服务全，通过微信可实现预订座位、送餐上门，甚至可以去商城选购底料，想要外卖就简单输入送货信息，就可坐等美食送到嘴边了。

当然，其设计的菜品图案看着就会让人流口水，加上线下优质的服务配合，同时享受“微信价”，怎么能没有吸引力？据悉，海底捞每日通过微信预订高达 100 万元。

微信营销成功经典案例分析 2：商场

天虹——每天微信接待 8000 人次

案例亮点：零售 O2O 模式转型，实现微信逛街。

案例描述：天虹商场试水微信开启零售 O2O 模式，其微信平台通过腾讯微生活，实现了个性化信息订阅、会员系统无缝对接、一对一互动等。便捷的自助服务满足了粉丝对于品牌检索和优惠查询的需求，关注天虹微信，点击购物搜索某类品牌，屏幕上会瞬间给客户展示商场内品牌，随即打开一个品牌链接，该品牌的优惠活动、折扣数量、单品售价范围就展示出来，给客户很好的体验感。客户不需要走到门店就能了解优惠活动，省得一个个去逛，省力省时间。

还有便捷的支付模式。客户可以直接通过微信购买商品或礼品卡，或者看好了去门店买，可以选择在线支付，也可以选择货到付款。

当与微信合作的消息传出后，天虹的股价连续三日累计上涨近三成，天虹参与微信平台，提升了品牌知名度，吸引了客户群，给天虹带来了持续的关注和购物转化，客户黏性得到极大提升。据悉，天虹每天在微信上接待顾客 8000 人次。

微信营销成功经典案例分析 3：手机

华为荣耀 3X——30 万人微信抢购

案例亮点：微信预约，活动引流带来粉丝关注，实现后续精准营销。

案例描述：华为通过微信做的荣耀 3X 的预约活动也称得上是微信营销的经典案例。首先，活动前华为通过微信内容推送和微博进行宣传预热，并联合易迅将活动信息大量曝光；活动前期，华为荣耀、华为商城、花粉俱乐部等官方微博都对此次活动进行了大量曝光，并用图解的方式说明了具体操作流程，易迅也尝试在微信上做出精选商品的经典案例。当时的微信正想着怎么让更多的客户绑定银行卡，就这样一拍三合达成合作，本次活动得到大范围的持续曝光，粉丝们蠢蠢欲动准备开抢。

其次，预约界面加入奖品驱动，即预约客户关注华为荣耀公众账号后可参与抽奖活动，开放预约时用微信支付 1 分钱即可完成预约。

最后，付款灵活便利。预约成功后进入原预约页面即可购买，支付方式也支持微信支付和货到付款。

微信营销成功经典案例分析 4：KTV

宝乐迪量贩式 KTV——黏性高，让 15 万名会员欲罢不能

案例亮点：线上线下无缝交融，维护专属品牌会员，实现良好会员管理。

案例描述：对于网购达人而言，一想到去 KTV 唱歌，就会想起团购，但是也有通过微信建立资深会员管理体系和黏性的，这里要说的就是宝乐迪 KTV。

首先，服务为王。宝乐迪微信公众渠道交融了“曲库”“预订”“会员卡”等功用，客户可经过微信查看新歌榜、热歌榜，创立我的歌单，还可以经过预订功能获取包房信息、检查最新活动以及订房，宝乐迪会员卡实现了全国范围歌曲查询、线上订房、电子会员卡功用，宝乐迪的微信可以精准地查询某座城市分店某个包厢的状况，经过线上线下无缝交融，不论是门店查询、曲库查询、预订包房、文娱花费，还是线上线下的立体化服务网络，都最大限度地满意客户需求。

其次，微生活会员卡的运用。每一个宝乐迪微信公众渠道的会员，还可专享一张宝乐迪

“微生活会员卡”，使用时向服务员出示此卡可享用套餐优惠以及“开卡礼”，预订有优惠，而且经常有免费送唱的活动。再加上服务好，能持续维护好会员，让 15 万名会员欲罢不能。

微信营销成功经典案例分析 5：电影院

万达影院——微信渠道日均出票 8000 余张

案例亮点：快捷购票，实现多功能自助服务。

案例描述：作为传统行业的电影院，万达影院的做法也值得借鉴学习。首先，要说的是万达影院的微信开发系统。万达影院最值得一提的是其便捷的票务服务。关注了万达影院微信公众号，可以简单地实现在线预订、在线选座、查询热映影片及待上映影片等信息、评价分享等，足不出户轻松预订。

试想一下，你和女朋友在附近吃饭突然想看电影了，马上掏出手机订好票，获取你们想要的位子，吃完饭就不慌不忙地走过去，不用排队，不用担心没票，更不用担心座位不好。影院微信还会不定期针对会员做一些活动，增强会员黏性。虽说其微信开发上的体验没有自身 App 好用，但是有了会员管理、活动营销以及简单的在线订票，功能已经基本够用。

其次，对于二维码的推广，万达影院也有自己的一套做法。一是在出票的票面上印上二维码，使得凡是看电影的客户都可以随机扫其二维码，配合其强大的服务体系，能很好地吸引住粉丝。二是为了吸引粉丝开展一些活动，例如关注微信可一分钱看电影（限场次）、送可乐和爆米花等。对于影院而言，闲时会有很多空位，不如索性拿来回馈一下粉丝，这种回馈带来了非常可观的效果，万达影院微信渠道日均出票 8000 余张。

微信营销成功经典案例分析 6：图书

经典绘本——小夫妻订阅号开微店日入 3 万元

案例亮点：开微店缺流量，细分领域订阅号，积累粉丝导流到微店，这才是小而美移动电商的创新模式。

案例描述：如今，微信朋友圈多了一群卖货的人，可是在卖的多，卖出去的少；赚钱的不多，赚大钱的更少。朋友圈电商劣势非常明显：①流量有限；②转化率无法持续，不能总指望几个熟面孔。今天推荐一个可借鉴的代表案例，希望对在微信朋友圈卖货的人有一定帮助。这是一个叫经典绘本的垂直细分订阅号，博主发布绘本、育儿的微信内容吸引粉丝关注，通过一年的发展积累了 3 万多高黏性粉丝。有了精准粉丝就有了精准流量。

下一个问题就是转化率了，该博主申请了微信认证和微店，开通了微信菜单，将微店放在显眼的自定义菜单上面，将产品推介页面制作得与大多数淘宝宝贝描述的一样具备营销力，有订阅号图文消息的支持，有微店产品介绍页的详细介绍，搞一搞团购促销打折，加上有几万粉丝基量，一次促销可轻松带来几百个订单。经典绘本主要分享绘本和亲子教育等，推送内容均经过严格筛选，多数是对父母们能引起共鸣的，让人倍感亲切，微信上用“哈爸”“哈妈”人格化形象，有点像是父母对孩子孜孜教诲的感觉。通过有趣教育图书、文化内容推荐等图文推送，直击家长们对于教育孩子的思考和对子女的关爱。这家小小的微店由一对小夫妻经营。据店主说，第一次在微店里上传了一套售价 155 元的绘本，早上发公众号的图文消息，告诉订阅客户可以到自定义菜单中的微店团购这套书，当天的销售额就达到了 33152. 5 元。

微信营销成功经典案例分析 7：酒店

维也纳酒店——微信 1 年订房 1 亿元

案例亮点：网络预订酒店拥有十年以上传统刚性需求，移动化时代彻底颠覆了 PC 端。

案例描述：作为我国中档连锁酒店第一品牌，维也纳酒店微信最初就看到了服务号强大的智能服务接口，并果断升级为服务号，申请并使用微信各大高级接口开发功能服务客户。

移动端更多注重的是客户体验，维也纳通过自定义菜单的深度优化和闭环管理思维，不断提升平台的客户体验，有效激活了平台会员，提高了其消费黏性和活跃度。

首先，开发预订系统，与官网打通，实现微信预订，通过“微信预订立减 20 元”差异待遇进行流量引导和转化。其次，每日签到的闭环设计，娱乐和让利的双重驱动，让维也纳酒店的会员留在了微信平台上，并让其得到快乐和实惠。

微信的自助服务使维也纳订房各环节实现信息一体化和智能化，有效地提高了客户体验和平台消费黏性。维也纳酒店通过微信日均订房超过 1000 间，相对于维也纳酒店服务号的关注量来说，这一转化率在业内也是位居前列的。

思考题

1. 什么是微信营销？微信营销有什么优势和劣势？
2. 简述微信订阅号、服务号、企业号的区别。
3. 大型企业为什么要选择多个公众号？在设立多个公众号时通常要考虑哪些因素？
4. 企业微信内容规划包括哪四部分内容？
5. 常见的增加微信粉丝数量的方法有哪些？
6. 微信服务号的价值体现在哪些方面？
7. 微信订阅号的价值体现在哪些方面？
8. 登录微信公众平台（https：//mp. weixin. qq. com/），请问你的公众账号的定位和核心功能是什么？

第11章

新媒体营销

本章要点

- 新媒体营销的概念
- 新媒体营销的优势与劣势
- 新媒体营销的价值
- 新媒体营销的常见形式

11.1 新媒体营销概述

11.1.1 新媒体与新媒体营销的概念

1. 新媒体的概念

新媒体是一个相对于传统媒体而言的概念，对于报刊、广播、电视和户外这四大传统媒体来说，新媒体也被称为“第五媒体”。联合国教科文组织将新媒体定义为：“以数字技术为基础，以网络为载体进行信息传播的媒介。”可以说，新媒体的出现依赖于快速发展的技术，是技术带来了社会文化的创新。新媒体是一个不断发展的概念，不会终结在某个固定的媒体形态上。新媒体的形式包括网络媒体和手机媒体。表现形式有搜索引擎、网络电视、网络报纸期刊、各类网站、博客、微博、微信等。

2. 新媒体营销

随着新媒体的出现，用户将原来花在传统媒体的时间逐渐转移到新媒体上，因此新媒体逐渐成为一些企业进行市场投放的首选，新媒体营销也成为当下火热的营销趋势。

新媒体营销是利用新媒体平台来进行营销的一种模式。具体来说，新媒体营销是以新媒体平台（微博、微信、知乎、脉脉等）为传播和购买渠道，把相关产品的功能、价值等信息传送到目标受众的心里，以便形成记忆和好感，从而实现品牌宣传、产品销售目的的营销活动。

新媒体营销通过在新媒体上发布影响广泛的信息，使人们参与到具体的营销活动中。在特定产品的概念诉求与问题分析上，对消费者进行针对性引导。它借助媒体平台和舆论热点来向消费者传递某种概念、观点和思路，达到企业的商业策略软性渗透，使企业更好地得到品牌的宣传和销售。不同于传统营销的思维方式，新媒体营销的思维方式更具有体验性、沟通性、差异性、创造性和关联性。

11.1.2 新媒体营销的优势与劣势

1. 新媒体营销的优势

随着智能硬件的普及以及网络资费的降低，各种互联网服务如雨后春笋般涌现。如今每个人都有权在新媒体平台上发声，同时各种各样的新媒体平台，各行各业形形色色的用户在平台上发布着各种形式、各种想法的内容，新媒体平台逐渐发展成为互联网上的集市。互联网集市如生活中的集市一样，人流量密集的地方就存在商业机会。营销就是诸多商业机会中的一环。在新媒体上做营销，可以充分借助新媒体的优势，目前业内主流观点认为，新媒体相比传统媒体有如下特点：

（1）信息公开透明。在新媒体平台上，每一个用户都可以成为活动的策划者和参与者、热门信息的见证者和传播者，这些信息免费且可以很方便地搜索到。

（2）丰富的数据信息。通过用户发布的内容、注册资料以及地理位置等信息，可以有效地判断出用户的基本信息、喜好以及购买力，对于企业而言，通过平台自身的数据分析工具或第三方数据分析工具，可以更精准地进行产品或品牌的营销推广。

（3）双向互动。新媒体双向互动的特性能够使企业在与用户日常的互动中准确地了解用户需求，并且可以得到及时反馈。

（4）营销成本低。得益于新媒体平台的运营机制，企业可以直接与消费者产生连接，企业的营销活动可以直接影响消费者，甚至让消费者成为营销活动的传播者，通过便利的新媒体分享功能，进行多节点高频次的传播。但营销成本低并不意味着零成本，必要的营销策划投入、广告的投放与物料制作等，仍会产生成本。

（5）传播范围广。依托于网络及新媒体各平台的运营机制，信息通过新媒体可以实现跨地域传播。

（6）及时性强。信息在新媒体平台通过“发送”和“分享”，可以及时高效地把信息传递给用户。

2. 新媒体营销的劣势

作为新型营销手段，新媒体营销存在着一些不足。

（1）新媒体严谨性较差。用户对于新媒体广告传达产品信息的有效性持较为中立的态度，认为新媒体营销广告或其产品信息的可信度一般。这也同样说明新媒体的权威性不如传统媒体。

（2）新媒体营销的信息发送者数量多，导致新媒体传递的信息杂而冗余。

11.1.3 新媒体的营销价值

从新媒体营销的市场需求来看。近几年企业在新媒体平台的投入正在逐年增加，摆脱了以往对新媒体“只是企业发布信息的平台”的偏见，越来越多的企业开始在新媒体平台布局，组建新媒体营销部门以加大对新媒体营销的投入。对于传统企业而言，尤其是面向大众消费者的企业，新媒体营销正逐渐成为其市场营销部门的重要工作。在传统企业中，如统一、联想、海尔、中国邮政等，其营销方式正在向新媒体营销延伸，其中不乏转型成功者，在新兴企业中，如三只松鼠、滴滴出行、共享单车等，借助新媒体平台逐渐成为行业翘楚，有大量粉丝在其新媒体营销平台关注其一举一动。新媒体营销正在成为企业市场营销部门工作中的重要一环。

从新媒体营销的未来趋势来看。新媒体营销始终离不开新媒体平台，新媒体平台的技术在不断地更新迭代，营销领域的理论与实践也在不断地深入探索，作为新媒体和营销的结合体，未来新媒体营销将会在技术和策划之间寻找平衡点。在未来，出彩的营销策划活动不仅饱含洞察人心的创意，而且需要借助新媒体营销平台以及其他技术把创意恰当地呈现出来。同样，新技术的探索和发展会不断地刺激营销策划的创新，如 VR、AR 等。在高校的知识体系中，新媒体营销逐渐会形成一个综合性的学科，包含技术、策划、心理、艺术等方面；在社会大分工体系中，新媒体营销将会成为企业市场营销工作中重要的一环，成为企业与消费者的互动沟通窗口。

11.1.4　新媒体营销与传统媒体营销的区别

1. 传播媒介

无论何种营销方式，营销活动的落地和传播都必须依托于媒介，没有媒介，信息就没有承载的渠道，信息也将无法形成传播。

新媒体营销的传播媒介包含以互联网为传播渠道，如微博、微信、直播、短视频、知乎、今日头条等具备传播属性的社交媒体平台，同时包含在这些平台上活跃的意见领袖。新媒体营销的特点是重新构建人与人之间的沟通方式，可实现信息的全网覆盖。

传统媒体营销的传播媒介包含广播、电视、杂志、户外大屏等展示性强的媒体平台，传统媒体营销的特点是媒介内容之间沟通方式单一，传播范围具有较强的地域性。

值得特别指出的是，新媒体营销并不抗拒对传统媒体的整合利用。作为营销人员，没有必要刻意在营销策划中区分是传统媒体还是新媒体，只要能精准到达的媒体，而且成本可控，都可以考虑使用。

2. 传播方式

新媒体营销的传播方式具有双向性和互动性的特点，且互动形式多样化。通过新媒体传播的信息，每个人都可以对信息进行评论、转发等，信息发布方通过新媒体平台可以及时高效且形式多样地与对方沟通。双方的互动性有利于企业及时了解市场动向和消费者需求，以便及时调整市场策略。

传统媒体营销的传播方式具有内容形式多样但传播形式单一的特点。通过传统媒体传播的信息，信息接收方不能对信息进行评论、转发，信息发布方与接收方不能通过传统媒体进行及时高效的沟通。单一的传播形式虽然不利于企业与消费者的互动，但可增强企业品牌和产品的强曝光。单一的传播形式多以广告的方式出现。

以微博和报刊为例，通过微博可以对看到的消息进行评论、转发，并能让其他人看到自己评论、转发的内容，但是报刊并不能转发、评论，无法与读者形成互动。

3. 用户管理

新媒体营销依托于互联网技术，通过新媒体平台的用户注册信息身份验证、消费记录、兴趣爱好、浏览轨迹等可以进行全方位的用户信息梳理。有效信息量越大，则消费者画像越清晰，通过这些用户信息可以在新媒体营销平台开展更为精准的营销活动。

传统媒体营销因无法与消费者取得直接沟通，无法直接掌握消费者的信息，对于消费者画像的描述只能通过媒介渠道的地理位置、人流量信息、购买媒介信息等进行简单粗略的估算，无法开展精准的营销活动。

4. 营销理论

新媒体营销与传统媒体营销之间在传播媒介、传播方式、用户管理等方面的差异产生了两种不同的营销法则。

1898 年由美国广告学家 E. S. 刘易斯提出的 AIDMA 法则一直沿用至今，AIDMA 的含义为：引起注意（attention）、产生兴趣（interest）、培养欲望（desire）、形成记忆（memory）、促成行动（action）；AIDMA 法则是指，首先消费者注意（attention）到该广告，其次对广告感兴趣（interest）而阅读下去，接着产生想买来试一试的欲望（desire），然后记住（memory）该广告的内容，最后产生购买行为（action）。这种广告发生功效而引导消费者产生的心理变化，就称为 AIDMA 法则。

AIDMA 法则很好地反映了传统媒体环境下的营销关系。新闻、娱乐、广告等信息经过编辑后，形成图片、文字、视频等在电视、广播、报纸、杂志发布，信息接收者甚至无法选择或筛选自己接收到的信息，同时信息接收者并没有及时、畅通的渠道与信息发布方产生连接。这种一对多、集权式的传播技术，形成了消费者对于营销信息的 AIDMA 反应模式，从而形成了以“媒体”为核心，以“引起注意”（attention）为首要任务的营销策略，这种策略在对媒体的使用上要求内容刺激性强，覆盖传播范围广，多次重复等，通过“引起注意”（attention）来打开消费者消费意愿的大门。

随着互联网行业的发展，尤其是互联网社交媒体服务的出现，传统媒体的 AIDMA 法则便无法满足新媒体的营销要求。2005 年，国际 4A 广告公司日本电通广告提出 AISAS 营销法则，AISAS 的含义为：引起注意（attention），产生兴趣（interest），主动搜索（search），付诸行动（action），口碑分享（share）。

AISAS 营销法则是指通过引起消费者的注意（attention），使消费者对信息产生兴趣（interest），消费者开始主动搜索（search）产品的其他信息，进而付诸行动（action）产生购买，并通过网络进行分享（share）。但分享的结束并非意味着营销的结束，通过消费者的网络分享，可以影响其他潜在消费者，引起对方的注意，进而产生兴趣，主动搜索甚至购买再分享。

由于传播环境与生活方式等大环境的变化，大众的消费决策以及消费过程也随之变化，尤其随着电商以及新媒体的发展，人们越来越多地通过电商平台产生消费行为，越来越多地通过社交媒体与网友、远方的朋友及钟爱的品牌发生互动。AISAS 营销法则充分验证了这一环境的变化对消费者行为产生的影响，人们开始在社交媒体上花费越来越多的时间，社交平台逐渐成为互联网上的集市，但人们的时间是有限的，争夺用户时间引起用户注意开始成为营销的重要问题。搜索引擎技术的进步，同样为消费者的决策提供了支持，消费者一旦对营销内容产生兴趣，就会主动通过搜索引擎对关心的内容进行搜索，进而采取行动产生消费，再通过社交媒体把购买过程或产品体验进行分享。

传统媒体营销与新媒体营销对于企业营销活动的优势各有千秋，企业对于传统营销以及新媒体营销的重视程度并没有固定标准，这需要企业对自身产品及消费者的行为进行调查，以着重发展适合企业自身需要的营销方式。同样，传统媒体的 AIDMA 营销法则与新媒体的

AISAS 营销法则并无优劣之分，两种营销法则是由不同的媒体属性决定的。对于企业而言，充分利用好传统营销和新媒体营销的优势，将两种营销方式配合使用，使两种方式相互补充、相互影响，最终达到企业的营销目标才是首要任务。

11.2　新媒体营销的常见形式

11.2.1　微博营销

微博开放平台（weibo open platform）为企业推广提供了各种服务支持，例如，向微博账号提供数据分析、广告优化投放、社交管理、主页定制等商业服务。微博推出了应用模块——粉丝通，专门进行推广服务。粉丝通将客户细分，将广告推送给合适的人群。粉丝通采用竞价的模式进行收费。微博开放平台的特点为：

（1）内容形式多样。内容形式包括文字、表情、图片、视频、话题、头条文章、直播、点评、音乐、投票、微公益，针对以上内容可以设置定时发布。

（2）平台开放。在不关注的情况下同样可以搜索到任何人的任何信息，并且可以对其内容进行转发、评论、点赞。

（3）推广资源丰富。微博开放平台自身的广告位资源十分丰富，同时第三方的传媒公司在微博开放平台上的策划能力以及广告推广能力也都很强。

11.2.2　微信营销

微信营销是网络经济时代企业或个人营销模式的一种，是伴随着微信的火热而兴起的一种网络营销方式。微信不存在距离的限制，商家通过提供用户需要的信息，推广自己的产品，从而实现点对点的营销。微信平台的特点为：

（1）用户量大且黏性强。目前个人微信注册量已超过 7 亿，在微信发展初期，大量用户使用 QQ 注册微信，后期微信要求使用手机号注册。作为一款即时沟通的社交软件，个人微信逐渐成为人们沟通交流的主要渠道。

（2）朋友圈成为熟人社交平台。基于注册机制及平台限制，朋友圈只允许个人微信通过微信 App 发送，朋友圈逐渐成为用户社交的私密领地。在不添加好友的情况下，无法完整查看对方朋友圈，同样无法通过搜索功能查看他人朋友圈，微信朋友圈逐渐成为熟人社交平台。

（3）微信公众号一对多。目前微信公众号的注册量已超过 1300 万，公众号正在承担着企事业单位及个人的信息入口，如客户服务平台、电子商务交易平台、用户调研渠道、品牌宣传渠道等线下线上连通渠道，其一对多的特点及功能丰富的接口让微信逐渐成为企业重要的宣传平台。

（4）广告系统成熟。微信的广告业务由腾讯社交广告负责，可以实现基于人口属性、商业兴趣、地理位置、使用设备、天气环境等多方面的广告精准投放，如朋友圈广告、公众号文章底部广告等，可以实现不同的用户看到不同的广告，把广告投放给潜在用户和感兴趣的群体，同时，广告的精准性降低了广告本身对微信用户的干扰。除腾讯社交广告之外，第三方广告公司也掌握有类型丰富、粉丝众多的微信公众号，包括有影响力的微信个人号，可以通过投放微信大号及个人微信的朋友圈实现产品曝光。

11.2.3 直播营销

直播营销是指在现场随着事件的发生、发展进程同时制作和播出节目的营销方式。该营销活动以直播平台为载体，企业可以达到获得品牌提升或是销量增长的目的。直播平台的特点为：

（1）视频直播互动真实、及时。与其他社交平台相比，通过视频直播的形式开展活动真实、及时，视频的形式能够满足观众对产品及活动更真实、更具体的需求，同时相较于电视直播，观众可以参与到新媒体平台的直播当中，使用文字互动或视频连线互动，视频直播互动带来的真实性和及时性使直播成为营销的新领域。

（2）强娱乐属性。直播的历史可以追溯到早期六房间和 YY 直播间，受早期直播平台氛围的影响，结合视频直播自身特点，视频直播的内容及形式更多偏向于娱乐化直播。

（3）平台众多，特色分明。在众多直播平台中，各个直播之间存在定位和内容上的差异，直播分类包括综合类、游戏类、秀场类、电商类、会议类等。企业通过直播做新媒体营销时，可以根据自己的产品属性选择合适的平台。

11.2.4 头条营销

今日头条是一款基于数据挖掘技术的个性化资讯推荐引擎产品，今日头条广告以原生方式出现在资讯信息流中，能够精准实现广告投放千人千面，让广告更好地触达目标用户群体，支持多种投放目的。今日头条的常见推广类型有开屏、信息流和详情广告页。头条平台的特点为：

（1）智能机器推荐机制。今日头条是一款精准化推荐的新闻资讯客户端，其对用户标签以及用户收藏、转发、评论的文章进行深度数据挖掘，以用户个人喜好为主导进行个性化推荐。通过机器智能推荐与人工干预，用户看到的都是自己喜欢的内容，随着使用次数和使用时间的增加，个性化推荐的内容也更加丰富。

（2）非一线城市用户比重大。在今日头条用户中，用户比重大的前十名的省为广东、河南、山东、江苏、河北、湖北、四川、浙江、陕西、山西，因此针对内陆城市的广告投放有一定的价值。

（3）产品形态丰富。今日头条产品形态以图文为主，推出产品有头条号、微头条、西瓜视频和悟空问答，包括文字、图片和视频三种主流内容形式。较为丰富的内容形式能够为企业营销提供更多推广形式。

（4）推广资源丰富。今日头条平台广告位十分丰富，如开机报头、信息流广告、图文底部广告以及图集尾部广告等，并且可根据用户数据进行精准投放。在头条号方面，随着众多自媒体入驻头条号，优质的头条号同样可以提供在某个领域内的精准传播。

11.2.5 知乎营销

知乎原本是一个科普学术平台和高端问答社区，现在逐渐走向大众化。知乎致力于建造综合性知识内容平台，以让每个人高效获得可信赖的解答为使命。知乎凭借优质内容聚集了各领域人群，例如互联网商业、影视、时尚、文化等，成为具有创造力的知识分享平台。知乎独特的社区氛围和社区机制吸引了大量的亲历者、内行人、专家、爱好者，促使他们将独特的经验、高质量的内容通过平台来进行分享。知乎用户通过问答等交流方式建立信任和连接，鼓励知识的分享和传播，构建起了有影响力的内容平台。知乎平台的特点为：

（1）优质的垂直知识问答社区。以兴趣为主导的问答模式使得知乎在专业方面有着较多的用户知识积累，在问题话题管理方面有系统的父话题和子话题体系。

（2）基于兴趣知识的社交平台。问题的答案并不是知乎问题的结束，基于兴趣与知识的分享以及点赞机制，更突出了用户在优质答案方面的贡献，有利于促进用户之间的交流。

（3）用户属性明显。知乎核心用户主要分布在高新科技信息传媒、金融、制造加工三大行业，通过把知乎行业分类与第三次全国经济普查匹配分析，得出高新科技信息传媒、金融、艺术娱乐三大行业在知乎的用户群体中的密度最高，知乎用户在区域数量排名方面，北京、上海、广东包揽前三。因此在知乎平台开展营销活动，适合业务及消费者在一线城市的企业，活动在高新科技信息传媒、金融、制造加工、艺术娱乐四类行业能够获得更高的用户参与度。

11.3　新媒体营销的未来发展

随着时代的发展，广告受众接触的媒体逐渐多元化，时间和注意力逐渐碎片化。硬广告逐渐不适应新时代的发展。广告受众对软广告的容忍度和接受度较高。在未来的发展中，新媒体营销的上升空间巨大，是广告主实现营销目的的营销模式之一。在资金充足的情况下，可以将新媒体营销和线下营销结合，形成立体式营销。

从 2020 年 3 月 1 日起，国家互联网信息办公室发布的《网络信息内容生态治理规定》正式施行。对新媒体营销的内容、标题、网络用语、隐私保护、转载和授权等都有一定的规定。例如，不得使用“网曝”“网传”等不确定性词汇，确保标题客观、准确地表达新闻事实。不得使用夸张标题，避免造成内容与标题严重不符的情况。在新媒体营销当中，要时刻注意政策的变化，及时对营销的细节进行调整。

从内容上来讲，新媒体营销的内容应该从知识性、娱乐性和可信度等方面出发，增添内容的可读性。同种类型的广告，用户更倾向于选择知识传递多、信息传递全面的广告。例如，果壳的子机构“美丽也是技术活”，依靠权威机构，介绍各种护肤成分的知识以及成分对皮肤的好处。借此促使用户对营销号产生信赖感，减少了新媒体营销的缺点所来带来的影响。

娱乐性是指广告能带给用户以轻松、愉悦感的能力。用户使用各类平台和 App 的目的大多是社交和娱乐，因此，考虑到广告的内容原生性，新媒体的广告可以考虑娱乐性。一个能带给用户娱乐感的广告，会促使用户主动地对广告进行传播。娱乐性可以从语言诙谐幽默或者剧情生动有趣角度来体现。娱乐性与刺激性息息相关，一个具有娱乐性的广告，通常能在繁杂的信息中脱颖而出，吸引用户的注意力。

可信度是新媒体营销要克服的短板之一，新媒体营销广告在传递产品信息、提升广告可信度上仍需继续改善。在未来的发展中，新媒体营销应保证广告内容可信，提高广告信息的真实性。也就是说，未来新媒体营销的发展方向之一是如何在保证广告真实性的基础上进行内容的深耕创作。新媒体工作者应杜绝转载、抄袭等行为，专注于高质量原创内容的创作，增强社会责任感，以此寻找新流量。

从技术上来讲，新媒体营销可以添加 AR 技术和二维码技术加强互动性。二维码技术也打破了平面商业广告的局限性，让广告不仅局限于平面。二维码使得企业有了更广阔的展示空间，实现了媒体的跨屏。二维码技术的容错率较高，适用于营销。增强现实技术（augmented reality，AR）是一种在通过镜头实时捕捉现实空间场景的基础上，以 3D 建模与图像视频技术相结合的技术。

思考题

1. 什么是新媒体营销？
2. 新媒体营销的优势、劣势体现在哪些方面？
3. 新媒体营销和传统媒体营销的理论基础分别是什么？
4. 常见的新媒体营销方式有哪些？请举例说明。

第12章

网络营销实践

本章要点

- 网络营销整合策划的要点
- 营销型网站建设的步骤
- 如何获得精准流量
- 如何引导转化

随着互联网影响的日益增大，网络营销已经成为中小型企业不可或缺的营销手段。但是在网络营销实施过程中，依然存在许多问题和误区，很多企业将人力、物力资源投入进去了，却没有达到理想的网络营销效果，所以，一套正确的网络营销思路和网络营销模式，是企业顺利开展网络营销，并达到盈利目的的有力保证。本章将学习正确开展网络营销的四个关键环节，即网络营销策划、营销型网站建设、获得精准流量，以及引导转化，促进成交。通过这四个关键环节的学习，掌握开展网络营销的正确思路。

12.1 网络营销策划

很多企业在开展网络营销时，第一步就开始做网站，以制作精美的网站以及获取网站流量为绩效。虽然面子工程很到位，但产生不了任何的实际效益。正确的做法是应该首先做好营销策划工作，明确回答三个问题：卖什么？卖给谁？怎么卖？

12.1.1 产品分析（卖什么）

随着经济的发展，企业产品的同质化现象越来越严重，而同质化现象通过网络则被无限放大。如果不能差异化，小企业根本无法在茫茫的网络当中占一席之地。通过产品差异化精准定位，找到产品的核心竞争力，也就是通常我们所说的“卖点”，企业可以更准确找到市场切入点，增强在网络市场的竞争力。

卖点是产品所具有的、销售人员所阐述的、与客户需求联系最紧密、对客户的购买决策最具影响力的因素。卖点提炼的途径包括产品自身差异化和产品说辞差异化。

产品自身差异化，即卖点是从产品自身特点提炼出来的，具有与众不同的、排他性的、独占性的特点，与消费者的利益息息相关，卖点形成了自己独特的销售主张。

从产品自身差异化提炼卖点，可以从以下途径入手：原料差异化、设计差异化、制作工艺差异化、渠道差异化、价格差异化、功能差异化、服务差异化、形象差异化、营销手段差异化等。如，格兰仕直接将价格当成最大的差异化卖点。

产品说辞差异化，是通过营销策划人的想象力和创造力产生出生的，如农夫山泉的“有点甜”。

12.1.2　客户分析（卖给谁）

做网络营销前要明确客户定位，也就是要明确我们的产品卖给谁。对于企业来说，就必须找对人，产品的特点和客户群体需求的特点接近是最重要的。

企业要从客户的需求出发，划定客户范围。企业要明白，这些群体之所以会成为自己的客户是因为自己满足了他们的需求。每个人都会有需要，谁能帮助更多的人满足他们的需要，谁就能吸引到更多的客户。

企业最好的客户应满足以下三个条件：①对企业提供的产品有需求的人；②需求可在本企业得到更好满足的人，或者说企业在对满足客户需求方面具有优势；③为企业带来利润的人。一般把这些人称为企业的核心客户。

企业明确了客户的范围，还要做详细的调查分析，了解客户自身的消费属性、性别、年龄、婚姻、收入、社会地位、消费观等。

12.1.3　产品策略（怎么卖）

1. 产品包装设计

进入市场的许多产品必须进行包装设计，这里讲的产品包装设计是指向消费者讲述品牌故事。

品牌故事是整个品牌形象的基础，可以激发购买产品的力量，要打造强大的品牌必须讲述引人入胜的品牌故事。

需要注意的是，品牌故事是以销售结果为导向的，目的是达成交易。因此讲故事时就应该尽量去掉那些与销售内容无关的背景和细节，也就是说，越简单越好。

对销售员来讲，品牌故事最基本的前提是有的放矢，要针对产品或客户，不能胡乱发挥，否则，故事再动听，对销售也没有什么意义。所以，在给客户讲故事之前，销售员需要对产品的特点和客户的心理需求进行准确分析，知道什么样的故事最有利于销售，什么样的故事对客户的购买决策最有冲击力。

2. 网络营销方法定位

网络营销方法有很多，如SEO优化、网络推广、SEM竞价等，各种方法都有不同的优缺点。知名企业和小公司，或者不同行业的企业，在选择适合自己的网络营销方法上，都是有区别的，应根据产品的卖点、客户群体分析、竞争对手及市场分析选择适合自己的网络营销方法。

3. 网络渠道定位

随着互联网不断发展，目前各类网络营销渠道层出不穷，包括搜索引擎渠道（百度搜索和Google）、电商平台（C端的淘宝、天猫、京东、拼多多，B端的1688）、各大自媒体平台（头条、企鹅号、抖音、西瓜视频等）、社会化媒体（Facebook、Twitter、微信、微博、网络社区等)、点评类和团购平台（大众点评、美团等)、分类信息、门户、论坛等。

原则上，渠道为王，渠道多多益善，全网营销。但是毕竟中小企业的人力、物力有限，不可能面面俱到。全网信息覆盖是开展网络推广的基本动作，确保客户在任何一个互联网平台都能查到自己的产品信息。做好全网信息覆盖之后再考虑挑选一些平台进行深耕。渠道选择策略方面，可以先测试出几个（甚至一个）最适合自己的渠道，重点关注那些转化率高和潜在客户聚集量大的渠道，重点突破，实现盈利，积累经验之后再逐步加大投入，拓展其他渠道。

网络营销是个系统工程，需要用系统化思维去将客户需求、内容、沟通方式、渠道、团队等运营环节串联起来，形成点—线—面—体的营销系统并通过精密的数据分析，不断优化升级整个系统。

12.2　营销型网站建设

营销型网站就是能够帮助我们促成交易、销售产品、实现盈利的网站。营销型网站分为企业网站和企业商城。

企业网站是通过主机空间租用，来展示企业形象和产品的平台，客户通过企业网站来了解企业的概况和主要业务种类。企业可以通过网络优化、竞价排名等手段让客户在使用搜索引擎了解相关业务时更容易找到自己，企业网站以信息发布为主。

企业商城一般是指使用独立域名的企业电子商城或者依托于第三方交易平台展示和销售产品的电子商务平台（为二级域名)，以网络交易为主，实现产品的在线销售。

很多企业对于营销型网站建设的理解存在误区，认为网站界面越漂亮越好，强调网站要高端、大气、上档次。如果网站全是漂亮的大图片，网站打开的速度就会很慢，不要只为了追求华丽的外表而影响网站的营销效果。

也有人认为动态页比静态页好，认为动态页更能体现网站的功能，或者认为静态页比动态页好，静态页对于搜索引擎更为友好，更有利于网站营销，这些认识都是片面的。

营销型网站建设应该以现代网络营销理念为核心，以搜索引擎良好表现、客户良好体验为标准，能够更好地将访客转化为客户。营销型网站对搜索引擎更友好，对客户访问体验更人性化，是信息技术和营销策略的完美结合。

12.2.1　分析网站受众人群

营销型网站的重点是宣传展示产品、案例等，目的是促进客户咨询了解进而达成销售，这一目的需要通过客户浏览使用网站才能最终转化实现。所以我们在设计制作网站前，一般都要做受众人群分析，包括对客户群体画像定位和对客户需求归纳总结。

首先，要对客户群体画像，分析网站的目标人群有哪些，一般需要分析客户的性别、年龄、知识层次、地域分布等，因为不同属性的浏览者对网站审美以及功能栏目的认同方式是不一样的。举个简单例子，作为求职者，其更多关注的是企业的规模、实力，甚至工作环境、福利薪资，等等，而想购买产品的人更想了解产品的详细信息以及相应的应用案例等。

其次，要对客户需求进行归纳总结，找到受众人群对企业产品有什么需求和买点。根据受众人群的需求买点，找出符合受众人群的产品卖点、亮点，与同类产品相比的优点（价格、质量、服务等)。通过客观数据和主观分析，归纳总结出客户浏览访问网站的目的。

12.2.2 准备素材

确定了网站主要受众后，接下来要做的便是思考要提供什么内容给客户看。一个优秀的营销型企业网站，总是能够通过有价值的网站内容获得客户的认可和信任。网站设计并不仅仅是通过漂亮的页面吸引客户，更重要的是将客户最想了解的信息通过合理的栏目布局，清晰、完整、全面地展现在客户面前，解答客户心中的疑惑，增强客户对于品牌的认知和归属感，从而实现建设网站的目的。

企业营销型网站通常围绕企业实力、专业和可信度三个方面来准备内容素材，这也是客户访问企业网站时所关心的问题。具体来说，需要准备的素材内容如下：

1. 企业简介要丰富

企业简介应该丰富，内容包括主营业务、成立时间、特殊荣誉、业务状况、社会认同、品牌价值、未来展望等。

2. 实景展示要真实

企业实景展示包括办公室、仓库、厂房等现场实景，多拍一些上传网站，让访问者感受到企业真实存在。

3. 产品中心要专业

要将产品的每个型号都拍照发布，做好产品分类，突出核心产品，尽可能多且系统地展示企业在某个领域的专业和深度。

4. 素材要有吸引力

准备能吸引客户、打动客户、抓住客户心理、激发客户购买欲望、与同类产品相比的亮点优点的素材；准备能够突出企业优势实力的素材，如企业背景、企业规模、产品卖点、技术专利、客户好评、功能功效、荣誉奖项等。

12.2.3 确定网站方案

不同类型的网站所体现出来的作用是不一样的，因此，企业应该根据自身的性质来选择合适的网站类型，并实现建设网站的目的。

1. 服务型企业的企业网站

对于主要以服务为主的服务型企业，建议使用的网站类型是宣传型网站，此类网站没有太多复杂的功能，可以节省建设网站的费用又使网站显得简洁大方。主要功能模块有公司介绍、产品（服务）展示、新闻中心、人才招聘、在线留言、联系我们以及后台管理几大类，其中的文字图片等资料均可自己上传编辑修改，操作简单。

宣传型网站又分为模板网站和自定义型网站。模板网站的总体架构不能更改，自定义型网站则可以根据自己的喜好设计整体框架，因而自定义型网站报价一般要高一些。企业可以根据自己的需要进行操作。

2. 生产型企业的企业网站

对于以生产加工为主的企业，其盈利模式主要是定制、批发或招商。建议使用产品展示型网站，主要面向需求商，充分展示产品的优势以及企业的实力。在一个页面上要能够清晰传达产品的价值，消除访客的一些顾虑，具备诱导式的营销效果，让访客产生询盘的欲望。

同时，产品展示型网站应具有网络推广作用，通过网络优化和竞价排名可以在搜索引擎中取得较好的排名。

产品展示型网站需要具备一定的策划理念，所以必须有专人负责策划，不然很难达到预期效果。

3. 销售型企业的企业商城

对于希望能够通过网站达到推广及在线销售目的的企业，可以选择企业商城。此类型的网站不但具有产品展示型网站的所有功能，还具备了直接在线交易的功能，有详细的产品介绍和服务信息，以及购物车和在线支付，类似天猫的在线购物。

通常，只有知名企业或名牌产品才会采用企业商城的建设网站方式，中小企业通常采用第三方平台进行产品销售。

4. 站群

站群，即一个人或一个团队操作多个网站。

站群是网站主利用搜索引擎自然优化规则进行推广，多个独立域名（含二级域）的网站统一管理、互相关联。目的是建立强大的链接资源库，通过搜索引擎获得大量流量，推动网站关键词排名上升，通过良好的商业模式实现盈利。

站群一般通过站群软件来管理，完成自动更新。

12.2.4　设计网站

以客户最关心、最看重的卖点作为核心卖点重点突出，围绕核心卖点，以核心卖点为主、其他卖点为辅策划网站页面，特别是呈现在客户眼前的第一屏内容。

页面的第一屏，即网页打开后客户首先看到的内容，它相当于网站给客户的第一印象。网页的第一屏要有产品定位的描述，用最简短的话语突出最佳卖点，告诉客户我们的优势。目的就是在短时间内吸引客户眼球，留住客户，激发其继续浏览的欲望。

1. 突出卖点，吸引客户

在首页第一屏最醒目的地方突出企业产品的卖点和优势，告诉客户为什么我们的产品能够满足他的需求和解决他的问题。

2. 消除客户疑虑是营销型网站建设的根本

赢得客户的信任是一个综合的过程，首要的就是消除客户的疑虑，在营销型网站建设实践中更是如此。通过以下十个方面可以提升企业网站的公信力，消除客户疑虑：政府和行业权威机构认证；曾经获得资质与荣誉；专家鉴定与明星（一定范围内的知名人士）人物见证；庞大的资产和规模，以及先进的设备与技术；曾经合作过的知名客户；主流媒体的权威报道；专家团队的实力与长期的经验；完善的分工与合作，严格的生产/服务流程；客户见证与好评（图文并茂，甚至是影像）；广泛的销售渠道，售后（网点）与快速响应。

3. 产品直观展示是营销型网站永恒的主题

产品是企业的命脉，将产品通过企业网站展示出来是企业网站建设永恒的主题。

产品的直观展示是构建企业网站产品展示体系的最基础内容。网站策划人可以根据分类、图片、详情描述、卖点四个方面来确定一个企业网站的产品展示的具体内容。

4. 零风险策略解除抗拒

简单地说，就是找到客户的抗拒点，消除客户的顾虑和担忧，打动客户，使其购买产品。如：产品价格高？告诉客户一个价格高的理由；产品没效果？无效退款；售后服务差？无理由退货，等等。

12.3 获得精准流量

企业网站建好后，很多企业都会积极想办法提高网站的流量，即使花钱做推广、做广告也在所不惜。但是，企业做网络营销追求的是订单和转化率，只有精准流量才能带来高转化率的客户，才能帮助企业获得订单。这些精准流量可以通过以下几种方式获得：

1. 关键词设置要精准

当下客户都会习惯用搜索引擎来搜索关键词，然后查找浏览相关的网站，而很多网站的绝大部分流量也都是来源于搜索引擎。所以企业在设置网站关键词时，一定要做到精准，要与自己的产品和业务密切相关，并且是网站潜在客户习惯搜索的关键词，这样客户通过搜索关键词来到网站，实现其需求。如果关键词设置不精准，客户来到网站后会发现与自己的需求不一致，这样客户就只会跳出。

长尾关键词排名是网站建设初期常用的一种策略，操作的关键是如何安排和分发这些关键词。

2. 内容更新符合主题

企业在更新网站内容时，必须与网站主题、产品和服务相关联，这样客户在浏览网站时，才能真正帮助到客户，或者解决客户购买产品当中的任何疑问，巩固购买产品的决心。但如果内容与主题不相关，客户来到网站会发现这些内容对自己根本没有帮助，不是自己想要的，对网站的好感就会降低。所以只有更新符合网站主题的内容，才能使客户流量变得更精准，并提升转化成交率。

3. 网站客户体验优秀

当客户使用网站的时候，其中的客户体验效果将直接影响到该流量的精准度，以及转化效果。客户来到网站，如果发现这个网站的体验感非常好，那么他的心情也就会变好，对网站的信任度就会提升，从而情不自禁地购买网站上的产品。但如果网站的体验效果比较差，再精准的客户，也会产生不愉快的心情，从而对网站失去信任感。

4. 推广渠道选择合理

企业想要获得精准流量，在推广时，就需要找到潜在客户经常聚集的平台，然后到这些平台上去推广，方能将这些精准流量吸引到网站来。如果企业选择渠道不合理，就很可能会在一些不相关的平台推广，这样吸引过来的流量自然也就不是精准流量了。

精准流量是每个企业网站都梦寐以求的，是网站营销成败的关键，同时获取精准流量的过程也是一项非常艰辛的、需要长期坚持的工作。只有提升网站流量的精准度，才能提升网站的效果。

12.4 引导转化，促进成交

很多站长或者企业建立了自己的网站，花费很长时间做优化推广，好不容易来了一些流量，但就是不见成交，或者成交率低得可怜。有的企业主继续要求推广人员加大推广的力度，但是，错了，这样的网站需要改善的首先是网站的成交率。提高网站的成交率应该从以下几个方面入手：

1. 网页设计人性化，提高客户体验

网站建设不仅要符合 SEO 标准，采用 DIV+CSS 标准，而且更重要的是客户体验。网站本身的排版、图片、文字等一定要吸引人，产品卖点要突出，如果第一印象不好，客户不会继续关注你的网站，这样就损失了一个潜在客户。

2. 消除客户的疑虑，建立信任感

客户购买从消除客户疑虑开始，在网站设计的时候就要体现专业性，体现产品或者服务的专业性，从而消除客户的疑虑，初步建立信任感。

进一步增加客户信任感，可以通过网站的认证、产品或者企业的营业执照等各种证件、荣誉证书、客户评价等方法逐步实现。

3. 客服的水平

客服的服务态度、业务技能等非常重要，谈话方式、沟通技巧等都是决定成交率的非常重要的因素。当然还有更多的促进成交的技巧，比如促销、捆绑销售、设定期限、设定数量等。

从营销的角度考虑，网站成交率的打造是一个系统工程，要不断地完善、改进、总结、提高才能达到一个相对高的水平，不可能一蹴而就。

思考题

1. 网络营销策划阶段要解决的主要问题是什么？
2. 营销型网站建设的两个关键点是什么？
3. 在网络推广阶段的工作重点是什么？
4. 引导转化、促进成交的手段有哪些？
5. 请阐述正确开展网络营销活动要经历哪四个阶段？各阶段的关键人物是谁？各阶段的重点工作内容有哪些？

第13章

网络市场与网络消费者

本章要点

- 网络市场的特征
- 网络消费者的需求特征及购买动机
- 网络消费者的购买过程

根据中国互联网络信息中心（CNNIC）发布的第47次《中国互联网络发展状况统计报告》，截至2020年12月，我国网民规模达9.89亿，互联网普及率达到70.4%，我国网络购物用户规模达到7.82亿，较2020年3月增长7215万，我国网络购物市场依然保持着稳健的增长速度。同时，移动互联网塑造了全新的社会生活形态，“互联网+”行动计划不断助力企业发展，互联网对于整体社会的影响已进入到新的阶段。

我们可以从近年来全球电子商务热潮中感受到：网络零售这一商业模式进一步强化了消费者的主体地位。网络零售企业的发展在很大程度上取决于网络零售商对消费者需求的把握程度及反应情况。在网络购物过程中，哪些因素影响了消费者的网络购物行为？消费者如何进行网络购物决策？网络零售商如何把握消费者的消费心理与消费行为，并调整可控因素来迎合消费者的需求？这一系列相互关联的问题是网络消费者市场研究的热点问题。

13.1 网络市场

13.1.1 网络市场的发展

1. 网络市场演变的阶段

企业开展网络营销活动的空间称为网络市场。网络市场是由互联网上的企业、政府和网络消费者组成的。

从网络市场交易的方式和范围看，自20世纪60年代末以来，网络市场经历了三个发展阶段：

第一阶段是数据交换时代。本阶段的基本特征是工业界内部为缩短业务流程时间和降低交易成本，采用电子数据交换系统所形成的网络市场，即所谓的电子数据交换（electronic data interchange，EDI）。

第二阶段是信息展示时代。其基本特征是企业在互联网上建立一个站点，将企业的产品信息发布在网上，供所有消费者浏览，或销售数字化产品，或通过网上产品信息的发布来推动实体产品的销售；如果从市场交易方式的角度讲，这一阶段也可称为“在线浏览、离线交易”的网络市场阶段。

第三阶段是完整交易时代。这是网络市场发展的最高阶段，其基本特征是虽然网络市场的范围没有发生实质性的变化，但网络市场交易的方式却发生了根本性的变化，即由“在线浏览、离线交易”演变成了“在线浏览、在线交易”，这一阶段的最终到来得力于电子货币及电子货币支付系统的开发、应用、标准化及其安全性、可靠性。

2. 网络市场的现状

从网络市场交易的主体来看，网络市场可以分为企业对消费者、企业对企业、国际性交易三种类型。企业对消费者的网上营销基本上等同于商业电子化的零售商务。企业对企业的网络营销是指企业使用互联网向供应商订货、签约、接受发票和付款（包括电子资金转移、信用卡、银行托收等）以及处理商贸中的其他问题，如索赔、商品发送管理和运输跟踪等。国际性交易是不同国家之间，企业对企业或企业对消费者的电子商务。互联网的发展、国际贸易的繁荣和向一体化方向的发展，为在国际贸易中使用网络营销技术开辟了广阔前景。

从网上交易的业务来看，有以下六种类型：

（1）企业间从事购销、人事管理、存货管理、处理与客户的关系等。

（2）有形商品销售。先在网上进行交易，然后送货上门，如书籍、花卉、汽车、服装等。

（3）通过数字通信在网上销售数字化产品和服务，使客户直接得到视听等享受，目前主要销售的是音乐、电影、游戏等产品。

（4）银行、股票、保险等金融业务。

（5）广告业务。目前已形成庞大的产业规模。

（6）交通、通信、卫生服务、教育等业务。

3. 网络市场的发展趋势

网络市场的发展趋势体现在以下几个方面：

（1）互联网技术正走向成熟，企业间或企业与个人之间的电子网络已加速普及。

（2）各国政府、社会和个人对加快信息化建设表现出了极大的热情，采取各种适合本国的措施。

（3）世界经济的全球化和网络化。

（4）全球消费者的网络购物观念和互联网生活方式正在快速形成。

（5）“电子空间商场”已成为诱人的、高利润的投资方向。

13.1.2　网络市场的特征

与传统实体市场相比，网络市场具有鲜明的特征，主要包括以下几个方面：

1. 无实体店铺的经营方式

运作于网络市场上的是虚拟商店，它不需要店面、装潢、摆放的货品和服务人员等，它使用的媒体为互联网。例如，1995 年 10 月“安全第一网络银行”（Security First Network Bank）在美国诞生，这家银行没有建筑物，没有地址，只有网址，营业厅就是首页画面，所有的交易都通过互联网进行。

2. 无存货的经营形式

一些电子商务网上的商店可以在接到客户订单后，再向制造的厂家订货，而无须将产品陈列出来供客户选择，只需在网页上打出货物菜单以供选择。这样一来，店家不会因为存货而增加成本，其售价比一般的商店要低，这有利于增强网络商家和“电子空间市场”的魅力和竞争力。

3. 成本低廉的竞争策略

网络市场上的虚拟商店，其成本主要涉及自设 Web 站成本、软硬件费用、网络使用费以及以后的维持费用。它通常比普通商店日常运营成本要低得多，这是因为普通商店需要昂贵的店面租金、装潢费用、水电费、税费及人事管理费用等。思科（Cisco）在其网站中建立了一套专用的电子商务订货系统，销售商与客户能够通过此系统直接向思科公司订货。此套订货系统的优点是：它不仅能够提高订货的准确率，避免多次往返修改订单的麻烦，而且最重要的是缩短了出货时间，降低了销售成本。据统计，电子商务的成功应用使思科每年在内部管理上能够节省数亿美元的费用。EDI 的广泛应用及其标准化使企业与企业之间的交易走向无纸化贸易。在无纸化贸易的情况下，企业可将购物过程的成本缩减 80% 以上。在美国，一个中等规模的企业一年要发出或接受的订单在 10 万张以上，大企业则在 40 万张左右。因此，对企业，尤其是大企业，采用无纸化交易就意味着节省少则数百万美元，多则上千万美元的成本。

4. 无时间限制的全天候经营

虚拟商店不需要雇用实体店中的导购人员，可摆脱因员工疲倦或缺乏训练而引起客户反感所带来的麻烦，而一天 24 小时、一年 365 天的持续营业，对于平时工作繁忙、无暇购物的人来说有很大的吸引力。

5. 无国界、无区域界限的经营范围

互联网创造了一个即时全球社区，它消除了与其他国家客户做生意的时间和地域障碍。面对提供无限商机的互联网，我国的企业可以加入网络行业，开展全球性营销活动。例如，浙江省海宁市皮革服装城加入了互联网，上了通向世界的信息高速公路，很快就尝到了甜头。该服装城把男女皮大衣、皮夹克等 17 种商品的式样和价格信息输入互联网，不到两小时，就分别收到英国威斯菲尔德有限公司等十多家海外客商发来的电子邮件和传真，表示了订货意向。服装城通过网上交易，仅半年时间就吸引了美国、意大利、日本、丹麦等 30 多个国家和地区的 5600 多个客户，仅雪豹集团就实现外贸供货额 1 亿多元。

6. 精简化的营销环节

客户不必等待企业的帮助，可以自行查询所需要的产品信息。客户所需信息可及时更新，企业和客户可快速交换信息，网上营销比传统市场传递信息更加快速。今天的客户需求不断增加，对欲购产品越来越了解，对产品本身要求有更多的发言权和售后服务。于是精明的营销人员能够借助联机通信所固有的互动功能，鼓励客户参与产品更新换代，让他们选择颜色、装运方式、自行下订单。在定制、销售产品的过程中，为满足客户的特殊要求，让他们参与越多，售出产品的机会就越大。

总之，网络市场具有传统的实体化市场所不具有的特征，这些特征正是网络市场的优势。

13.2　网络消费者

可以通过以下几个问题研究潜在客户的特征：

（1）什么人在网上买东西？

（2）为什么在网上买？

（3）会买什么产品？

（4）买多少钱的产品？

（5）购买频率如何？

（6）通过哪些方式找到购物网站？

（7）浏览和购买行为有什么特点？

对这些问题进行研究和了解，可有助于企业在产品策划、优化网络购物渠道、网络营销手段的选择等方面做出正确决策。

13.2.1　网络消费者的需求特征

1. 需求结构的层次性

在传统的商业模式下，人们的需求一般是由低层次向高层次逐步延伸的，而在网络消费中，人们的需求是由高层次向低层次扩展的。在网络消费的开始阶段，消费者偏重于精神产品的消费，到了网络消费的成熟阶段，在消费者对网络消费规律和操作有了一定的了解，对网络购物产生了一定的信任感后，消费者才会从侧重于精神消费品的购买转向日用消费品的购买。

正因为如此，目前无论是以销售各类产品为直接目的的商业网站，还是其他各类非商业性网站，都不约而同地将书籍、网络游戏、短信+BBS 等精神类消费作为推动网站各项业务发展的基础。

2. 需求内容的个性化

在消费内容上，消费者开始制定自己的消费准则，个性化消费成为消费主流，大众化消费日渐失势。一方面，社会的发展，网络技术的应用，使消费品市场变得越来越丰富，产品设计多样化，消费者进行产品选择的范围开始全球化；另一方面，目前的网络购买者多以中青年为主，具有独立的见解和想法，对自己的判断能力也比较自信，对产品的要求也越来越独特，在接受产品或服务时的“非从众”心理日益增强。内外因素的驱动使得个性消费成为网络消费最明显的特征。

3. 需求目标的多样性

在需求的价值目标上，对购物结果的关注与购物过程的关注并存，网络消费者不仅关注得到怎样的产品，而且更关注如何得到这一产品，购物乐趣成为购买的一部分。消费者的网络购买行为除了目标导向型购买以外，体验购买也是最主要的一种购买行为。例如，消费者可以充分享受购物的快捷性、方便性，体验网络技术带来的生活改变。

13.2.2　网络消费者的购买动机

动机是指推动人们进行活动的内部原动力，即激励人们行为的原因，人们的消费需要是由购买动机引起的。消费者的网络购买动机是指在网络购买活动中，能使网络消费者产生购买行为的某些内在的动力。

消费者的网络购买动机基本上可以分为两大类：需求动机和心理动机。

1. 网络购买的需求动机

消费者的网络购买需求动机是指由需求而引起的购买动机。要研究消费者的购买行为，首先必须研究网络消费者的需求动机。马斯洛把人的需求划分为五个层次，即生理需求、安全需求、社会需求、尊重需求和自我实现的需求。需求理论对网络需求层次的分析具有重要的指导作用。网络技术的发展，使现在的市场变成了网络虚拟市场，但虚拟社会与现实社会毕竟有很大的区别，在虚拟社会中人们希望满足以下三个方面的新需求：

（1）兴趣的驱动。互联网作为一种生存方式的科技成果引发了许多人的探究兴趣，这种兴趣的产生，主要出自两种内在驱动力：内在的探索驱动力和内在的成功驱动力。

1）内在的探索驱动力。蕴藏丰富内容的网络包容了各种各样的知识与信息，人们出于好奇的心理，驱动自己沿着网络提供的线索不断地向下查询，希望能够找出符合自己预想的结果，有时甚至到了不能自拔的境地。

2）内在的成功驱动力。当人们在网络上找到自己需要的资料、软件、游戏时，自然会产生一种成功的满足感。

这种源于探索与成功的兴趣会使消费者不由自主地选择网络这一媒介。

（2）聚集的需求。人是社会性的动物，从本质上来说，人们都有参与社会集体活动的需求。由于现代生活节奏的加快，人们很难找出共同的闲暇时间来进行集体活动。虚拟社会提供了具有相似经历的人们聚集的机会，这种聚集不受时间和空间的限制，给孤独的人提供了交友聊天的便利，如聊天室、游戏室等，并以此形成富有意义的个人关系。此外，通过网络聚集起来的群体是一个极为民主的群体。在这样一个群体中，所有成员都是平等的，每个成员都有独立发表自己意见的权利，在现实社会中经常处于紧张状态的人们在虚拟社会中得到放松。

（3）交流的需求。聚集起来的网民，自然会产生一种交流的需求。随着这种信息交流频率的增加，交流的范围也在不断地扩大，从而产生示范效应，带动对某些种类的产品和服务有相同兴趣的成员聚集在一起，形成产品信息交易的网络，即网络产品交易市场。这不仅是一个虚拟社会，而且是高一级的虚拟社会。在这个虚拟社会中，参与者大都是有目的的，所谈论的问题集中在产品质量的好坏、价格的高低、库存量的多少、新产品的种类等。他们所交流的是买卖的信息和经验，以便最大限度地占领市场，降低生产成本，提高劳动生产率。也就是说交流需求可以分为两类：一类并不涉及经济利益，纯属沟通；另一类则希望通过沟通获得某些经济利益。

2. 网络购买者的心理动机

消费者的网络购买心理动机是由于人们的认识、感情、意志等心理活动而引起的购买动机。网络消费者购买行为的心理动机主要体现在理智动机、感情动机和惠顾动机三个方面。

（1）理智动机。理智购买动机是建立在人们对于在线商店推销的产品的客观认识基础之上的。网络购物者大多是中青年，具有较高的分析判断能力。他们的购买决策是在反复比较各个在线商店的产品之后才做出的，他们对所要购买的产品的特点、性能和使用方法，早已心中有数。理智购买动机具有客观性、周密性和控制性的特点。在理智购买动机驱使下的网络购买动机，首先注意的是产品的先进性、科学性和质量高低，其次才注意产品的经济性。这种购买动机的形成，基本上受控于理智，而较少受到外界气氛的影响。

（2）感情动机。感情动机是由人的情绪和感情所引起的购买动机。这种购买动机还可以分为两种形态：一种是低级形态的感情购买动机，它是由喜欢、满意、快乐、好奇而引起的，具有冲动性、不稳定性等特点；还有一种是高级形态的感情购买动机，它是由人们的道德感、美感、群体感所起的，具有较大的稳定性、深刻性等特点。而且在线商店提供异地买卖送货的业务，大大促进了高级形态的感情购买动机的形成。

（3）惠顾动机。它是基于理智经验和感情之上的，对特定的网站、图标广告、产品产生特殊的信任与偏好而重复地、习惯性地前往访问并购买的一种动机。惠顾动机的形成，经历了人的意志过程。它的产生，或者是由于搜索引擎的便利、图标广告的醒目、站点内容的吸引，或者是由于某一商标具有相当的地位和权威性，或者是因为产品质量在网络消费者心目中树立了可靠的信誉。这样，网络消费者在为自己做出购买决策时，心目中首先确立了购买目标，并在每次购买活动中克服和排除其他同类水平产品的吸引和干扰，按照事先的购买计划行动。具有惠顾动机的网络消费者，往往是某一站点的忠实浏览者。他们不仅自己经常光顾这一站点，而且对周围的网民也具有一定的宣传和影响功能，甚至在企业的产品或服务一时出现某种过失的时候，也能予以谅解。

13.2.3　影响消费者网上购物的外在因素

影响消费者网上购物的因素有社会阶层、家庭环境、风俗时尚、个人心理等，除此之外，在网络环境中主要还受到以下几个外在因素的影响：

1. 商品的价格

按照销售学的观点，影响消费者消费心理及消费行为的主要因素是价格，即使在今天完备的营销体系和发达的营销技术面前，价格的作用仍是不可忽视的。只要价格降幅超过消费者的心理界限，消费者因此心动而改变既定的消费原则也是在所难免的。对一般商品来说，价格与需求量常常表现为反比关系，同样的商品，价格越低，销售量越大。像计算机软件、书籍杂志、娱乐产品等，这些商品的价格一般都不太高，加上网上直接销售减少了许多中间环节，使得网上销售的商品价格低于传统流通渠道的商品价格，因此对消费者产生了越来越大的吸引力。

2. 购物的时间

这里所说的购物时间包含两方面的内容：购物时间的限制和购物时间的节约。传统的商店，每天只能营业十几个小时，而网上商的全天候营业，使消费者在任何时间都可以上网购物，没有任何时间的限制。

现代社会中人们生活节奏加快，时间对于每个人来说都变得十分宝贵，人们用于外出购物的时间越来越少。拥挤的交通、日益扩大的购物场所，增加了购物所消耗的时间和精力；商品的多样化使得消费者眼花缭乱，而层出不穷的假冒伪劣商品又使消费者应接不暇，人们迫切需求新的快速方便的购物方式和服务，而网上购物适应了人们的这种愿望。人们可以坐在家里与厂商沟通，及时得到邮寄的商品或获得上门服务，从而节省了购物时间。

3. 购买的商品

从购买方式上看，目前在网上销售的一些商品尤其能体现方便快捷的特色，下面来分析一下如今网上销售的部分商品的特点：

（1）软件。销售者可以借助网站来发布试用版本的软件，让消费者试用，然后在一定期限内提供服务，如果消费者满意就会购买。

（2）书籍杂志。在网上可以提供试阅读版本，使消费者先了解该书籍或杂志的基本内容，然后再订购，这种把自主权交给消费者的做法是比较受欢迎的，而不是那种“强迫”式的购物方法。

（3）鲜花或礼品。由于网络是跨时间、跨地域性的媒体，在网上可以订购任何地方的鲜花或礼品，并由对方送货上门。

纵观这些商品，都具有某些网络化的特点，借用网络可以使它们更易传播和出售。消费者在比较后得出，网上购物的方便程度超过他去商店购物，他当然愿意到网上购买。

4. 商品的选择范围

在互联网这个全球化的市场中，商品挑选的余地大大扩展，而且消费者可以从两个方面进行商品的挑选，这是传统的购物方式难以做到的。

一方面，网络为消费者提供了多种检索途径，消费者可以通过网络方便、快速地搜寻全国乃至全世界相关的商品信息，挑选满意的厂商和满意的商品，从而获得最佳的商品性能和价格。另一方面，消费者也可以通过新闻组、电子公告牌等，告诉千万个厂商自己所需要的商品，吸引众多的厂商与自己联系，从中筛选符合自己要求的商品或服务。有这样大的选择余地，精明的消费者自然会倾向于网上购物了。

5. 商品的新颖性

追求商品的时尚与新颖是许多消费者，尤其是青年消费者重要的购买动机。这类消费者一般经济条件较好，他们特别重视商品的款式、格调和流行趋势，而不太在意商品的使用价值和价格的高低。他们是时髦服装、新潮家具和新式高档消费品的主要消费者。网上商店由于载体的特点，总是跟踪最新的消费潮流，适时地为消费者提供最直接的购买渠道，加上最新产品的全方位网上广告，对这类消费者所产生的吸引力越来越大。

6. 卖方的控制系统

卖方的控制系统包括后勤支持（支付、配送）、技术支持（网站设计、智能代理）、客户服务（常见问题集、电子邮件、呼叫中心、一对一服务）等。

7. 商品购后评价

购后评价越好，专家评论越高，消费者的购买欲望越强。

13.2.4 网络消费者的购买过程

网络消费者的购买过程是网络消费者购买行为形成和实现的过程，这一过程对企业实现最终的利润、赢得良好的消费口碑、维持客户关系等都是至关重要的。与传统的消费者行为学里的购买理论一致，网络消费者的购买过程也大致分为五个阶段：动机产生、信息收集、比较选择、购买决策和购后评价，如表 13-1 所示。

1. 动机产生

网络购买过程的起点是诱发需求。如上节所述，消费者的需求是在内外因素的刺激下产生的。当消费者认为现有的商品不能满足需求时，便开始对市场中待售的某种商品或某种服务产生兴趣，从而可能产生购买欲望。所以，动机是消费者做出消费决定所不可缺少的基本前提。

表 13-1 网络消费者的购买过程

购买阶段	购买过程	影响因素
售前	动机产生	营销作用、生理反应
	信息收集	个人来源、商业来源、公共来源、经验来源
	比较选择	产品属性、属性权重、评估模型
售中	购买决策	他人态度、意外因素
售后	购后评价	满意、不满意

对于网络营销来说，诱发需求的动因只能局限于视觉和听觉，不能像传统的人对人营销一样，使消费者有亲身体验。在电子商务中，企业往往通过网页文字的表述、图片的设计和声音的配置来诱发消费者的购买冲动。这要求从事网络营销的企业或中间商注意了解与自己产品有关的实际需求和潜在需求，了解这些需求在不同时间的不同程度，了解这些需求是由哪些刺激因素诱发的，进而巧妙地设计促销手段去吸引更多的消费者浏览网页，诱导他们的需求欲望。不过，消费者十分精明，特别是在网上购物产生过不愉快的经历之后，他们不再轻易相信网页呈现的信息（如服饰的质地、颜色），而是先去线下实体店感受，因此当前零售业面临的一个重大挑战便是消费者精于“线下看、线上买”。如果企业能够很好地掌握消费者的这种心理和行为变化，能有效地结合线上、线下的广告和促销手段去刺激消费者的需求，相信会有很好的效果。

2. 信息收集

在最终购买之前，消费者需要收集商品信息。收集信息的渠道可分为内部渠道和外部渠道。

内部渠道是指消费者个人所储存、保留的市场信息，包括购买商品的实际经验、对市场的观察以及个人购买活动的记忆等；外部渠道则是指消费者可以从外界收集信息的通道，包括浏览各专业网站、商业网站和公共网站。

在传统的商务贸易中，消费者的信息收集手段相对单一，信息总是被动地被送达。企业采用“广而告之”的传播方式，受众虽多但无的放矢，广告效果有限。

在电子商务时代，消费者的信息收集方式与传统购买时的信息收集方式大不相同，消费者更加主动地去收集自己真正感兴趣的产品信息，对信息的深度、广度和来源都有很好的控制。企业应该注意到这种变化，不但要制定更加精巧灵活的广告策略，而且要学会利用客户生成内容（User-generated Content，UGC）等来自消费者群体的信息，增加广告的可信度，提高信息的覆盖范围。

3. 比较选择

消费者需求的满足是有条件的，这个条件就是实际支付能力。没有实际支付能力的购买只能停留在“欲望”阶段，不可能导致实际的购买。为了使消费者的需求与自己的购买能力相匹配，比较选择是购买过程中必不可少的环节。消费者对各条渠道汇集而来的资料进行比较、分析、研究，了解各种商品的特点和性能，从中选择最为满意的一种。一般说来，消费者的综合评价主要考虑商品的功能、可靠性、性能、样式、价格和售后服务等，同时，购后评价、专家评论也是重要影响因素。

网络购物，消费者直接接触实物的机会变少，消费者对网上商品的比较更多地依赖于厂商对商品的描述，包括文字描述和图片描述。如果网络营销商对商品描述不充分，就不能吸引众多的客户；如果对商品的描述过分夸张，甚至带有虚假的成分，则可能永久地失去客户。所以，企业既要做好“诱导”工作，帮助消费者下定最后的决心，又要把握好“度”，以防过犹不及。

4. 购买决策

网络消费者在完成对商品的比较选择之后，形成购买意向，进入购买决策阶段。

在购买决策阶段，网络消费者基于对需求的识别、信息的收集、商品的比较选择以及对可能的购买结果所做的综合分析做出最终决策。购买决策包括购买数量、购买地点、购买方式、付款方式等。

通常，网络消费者做出购买决策要具备三个条件：对商家有信任感、对网上支付有安全感和对商品有好感。网络消费者的安全戒备程度更高，促成交易的难度要高于网下交易。互联网的信息保密性、付款安全程度、物流配送及时性等可能导致消费者推迟甚至放弃网上购买。而网上交易的方便快捷和成本低等特点又决定了特定消费者一旦拥有一次成功满意的网上购买经历后，就更容易对网上交易方式产生信赖和忠诚，对成功消费过程所涉及的品牌和商品都会产生高于网下消费的信任度。

他人的态度对网络消费者的购买决策起着重要的影响。他人是指：①家人、亲友、邻居、同事等，通常这些人的态度和建议对购物决策可以起到决定性的作用；②广告商、推销员、经销商等，这些人对于商品的宣传和介绍也能影响和改变消费者的决策；③大众传媒、报纸杂志、专家学者、专业网站等中立者的评价。消费者会综合上面各个角色的评估信息，对每个方案进行比较，同时依照自己的偏好确定出各种商品的优劣顺序。

5. 购后评价

消费者购买商品并使用后，会对自己的购买选择进行检验和反省，重新考虑这种购买是否正确、效用是否理想、服务是否周到等问题。这种购后评价往往决定了消费者今后的购买意向，也会影响到消费者口碑的形成。

过去，企业为了提高自身的竞争力，为了持久地占有市场，必须倾听消费者反馈的意见和建议。如今，企业更应该多关注消费者的购后评价，因为这些评价不仅会影响现有客户的重购意愿，也会影响潜在客户的购买意愿。

人们常常将互联网形容为“双刃剑”：一方面，企业可以很容易地了解到消费者使用商品和服务后的态度；另一方面，其他消费者也能很轻易地看到这些评价以及企业对待这些评价的态度和做法，从而作为自己是否购买该商品和服务的参考意见。所有从事电子商务的企业都应该及时地从网络上收集这些评价，通过计算机辅助和数据挖掘等方法，迅速找出消费者反映的热点问题，了解消费者的意见和建议，尽快改进商品性能和售后服务，以求赢得客户的忠诚和良好的口碑。

思考题

1. 网络市场经历了哪几个发展阶段？
2. 网络市场具有哪些特征？
3. 网络消费者的需求特征有哪些？
4. 影响网络消费者网上购物的主要外在因素有哪些？
5. 在网络消费者购买过程中，各种因素如何具体影响消费决策行为？

第14章

网络市场调查

本章要点

- 定性调查与定量调查方法的结合
- 利用搜索引擎进行市场调查的方法

14.1 市场调查的误区

市场调查是指采用科学的方法，系统地收集、整理、分析和研究各种营销信息，为企业开展营销活动提供依据。例如，收集市场信息、了解竞争者情报、调查客户对产品或服务的意见等，其目的是帮助企业管理者准确地思考，避免做出错误决策。网络市场调查是指利用互联网进行的市场调查，我们浏览网站时经常会看到一些小调查，如一些网站在新改版之后对访问者所进行的调查，一般有少数几个选择项目，如“满意”“不满意”“一般”等，当你选定一个答案并单击“提交”按钮，就参加了一次在线调查，这种方式所获得的结果就是最简单的网上调查。本章将帮助大家更加准确地理解什么叫市场调查以及如何更好地操作，以便得到一个更加满意的市场调查结果。

14.1.1 市场调查的常见误区

1. 调查范围过小

市场调查应该在一定数量的人群范围内进行，调查的人群范围过小就会失去代表性，从而导致调查结果不准确。

2. 调查对象不是随机抽样得到的

接受调查的人群来源也是应该注意的问题。一般来讲，抽样调查和随机调查会更具代表性，如果调查对象是为了共同目的而聚集到一起的人群，则调查的结果会有失客观。

例如，在一次企业管理培训班上，培训者在讲课之前请进行过市场调查的学员举手，这样培训者就获得了一个数据：该培训企业学员进行过市场调查者占学员总数的1/3。请问：该结论能否作为调查的结果对外公开？

答案显而易见，不能作为调查结果公开。因为调查对象不是为了共同目的而聚集到一起的人群（如某培训班学员），所以调查的结果会有失客观；调查不宜在公开场合面对面提问，这样容易获得不真实的回答。

现实生活中有很多调查不够专业，不专业的调查在准确性方面存在很大问题，因此企业决策不能建立在电台、网络等媒体调查的基础上。与其得到错误的信息，还不如没有信息，根据错误的信息会让人做出错误的决策。不专业的市场调查，其结果不仅会误导企业的决策，而且会影响市场调查本身的可信度，不专业会使得市场调查的需求和受重视程度降低。

14.1.2 对市场调查的错误认识

长期以来，人们对市场调查的认识存在很多误区，主要体现在对市场调查内容的误解、对市场调查必要性的忽视等方面。以下是几种常见的错误认识：

1. 市场调查很简单

很多企业认为市场调查是很容易做的，但事实上，除了要解决问卷科学设计的问题和面对被访问者的不配合，还要做好调查数据的分析和处理。

市场调查是一项比较专业的工作，因此聘用调查公司进行专业的市场调查对企业来说是十分必要的。

2. 市场调查是不准确的

有人认为，市场调查是不准确的。事实上，要判断市场调查准确与否，应该强调以下三个前提：

（1）对市场调查的定义进行科学界定。对定义界定不同会导致调查结果千差万别，从而失去针对性。所以在做任何调查之前，都需要明确定义的范围。

（2）时间的界定。调查结果公布的时间用语也应该力求准确，如媒体公布调查结果通常用“近日”等模糊的时间概念，这种做法是极不合理的。

（3）在执行环节上，应该注意可能影响调查结果真实性的具体因素。

3. 大企业才有必要做市场调查，小企业没有必要做

无论大企业或小企业，市场调查都是非常必要的，因为市场调查偏差会导致决策失误，而决策失误对后期市场的影响对任何企业而言都是100%的。如果产品上市以后卖不出去，它所占用的是营销成本、机会成本、时间成本以及渠道资源，这些成本累加起来的数值是非常高的。所以，市场调查应该与产品机会成本等联系起来进行比较。

4. 做一次市场调查就可以了

无论是企业自身还是外部市场及竞争对手，都是时刻变化的，所以企业不应该只满足于做一次市场调查就可以了，应该定期做市场调查。

有的企业把市场调查看成“一锤子买卖”。不少企业等到产品投产前，才意识到有必要做市场调查，于是忙着联系市场调查公司，然后做街访、搞座谈，确定产品定位。产品一旦投放市场，便把市场调查抛之脑后，以为一次足矣，只解燃眉之急。其实，市场调查应贯穿于市场运营的每个阶段：生产、流通、分配、消费。它不仅是短期的“战术”制定，更是长期的“战略”研究。各行业和产品的长期追踪调查，有利于掌握行业和产品的发展趋势，有利于进行战略上的安排。

5. 市场调查可以发现全新的商业机会和模式

市场调查人员应该对所调查的领域具备一定的视野基础，否则就会使调查陷入盲目状态。市场调查所提供的不会是全新的结论，而是对以往结论或假设具有修正、补充和验证意义的结论，因为市场调查更多的是以过去为基础。

6. 市场调查报告提出解决方法和行动方案

这种看法也是市场调查的误区之一，因为市场调查得出的基本数据偏多，而数据并不代表决策，数据可能意味着市场潜力，但是决策不仅基于数据，还要衡量企业自身的资源、人员、外部竞争环境及政策等。

7. 其他常见错误认识

（1）领导让做市场调查才去做。

（2）市场调查所得出的结论是绝对的。

（3）市场调查的结果应该是我完全不知道的新东西。

（4）市场调查结果不应该出乎意料。

（5）市场调查就是决策本身，等等。

14.2　市场调查的科学基础及价值

生物界中，许多微小的个体被有效地汇集成群，如蜜蜂通过对每个类别个体的细致分工，大大提高了日常生活中每个细节的效率；蚂蚁通过释放信息素，跟踪其他蚂蚁的痕迹。同理，消费者群体就是消费者个体因某种共识汇集成的群体。通过科学化的方法进行调查，群体内的共同规律和本质便可显示出来，群体间的差异也凸显出来。所以，市场调查的意义是：通过数量优势发现看似无规律事物的规律，发现不同群体之间的差异。

市场调查需要多方面的知识来辅助，如图 14-1 所示。按照统计学的原理，调查到达一定规模之后，就足够说明问题，所以市场调查的对象不是越多越好。另外，社会学基础知识也很重要，如社会学中如何进行收入的划分及阶层的划分，阶层的划分不仅与收入相关，还与生活形态、受教育程度等密切相关。在心理学方面，市场调查实质上是与人的心理进行问答（消费心理、购买心理、意愿心理等），是通过人的表情和语言探测其真正的想法。在人口学方面，家庭生命周期不同阶段的消费模式是截然不同的。

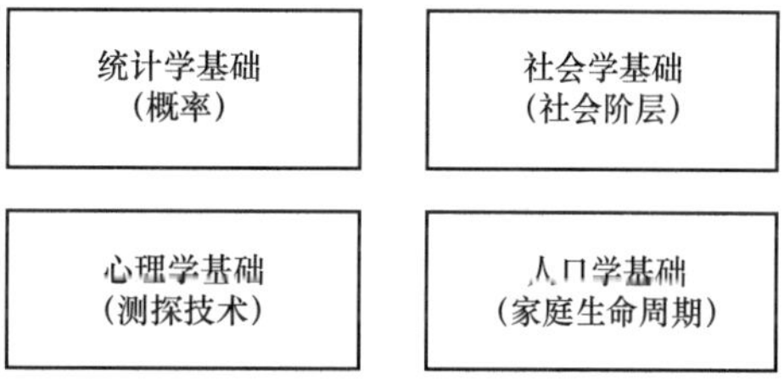

图 14-1　市场调查的科学基础

14.3　定性调查与定量调查

定性调查就是确认某一事物的构成以及各组成部分的性质区别。定量调查是建立在大量问卷基础上的调查。定量调查是将各组成部分量化的过程。而事实上，定性调查才是调查领域普遍采用而且效果良好的调查研究方法。对鸡蛋定量调查是分出蛋黄、蛋清和蛋皮，而鸡蛋为什么有营养、如何吃更有益健康则是定性调查要解决的问题。

14.3.1　定性调查方法

一种偏见认为，调查就是发问卷，这种看法忽视了定性调查的作用。定性调查有以下几种方式：座谈会、深度访谈和观察法。座谈会是指通过相关人员开会来了解情况，一般有严格的具体要求。深度访谈是通过一对一的访谈了解情况。观察法是实地考察，通过观察对方行为发现和总结情况。这里介绍焦点团体座谈会法和深度访谈法。

1. 焦点团体座谈会法

焦点团体座谈会是由可形成焦点的座谈会演变产生的，与会者在经过专门培训的焦点团体（FG）主持人的引导下对某产品或服务的优势和劣势进行即时的激发和发掘，并留下录像及文字记录，以便对复杂问题进行深入细致的解析，对存在的问题进行性质判定。在座谈会中，客户可以通过单面镜直接观察会场动态。该种方法对与会者有严格要求，所以又称集体座谈会。

焦点团体座谈会不同于企业内部的座谈会，这样的座谈会对与会者和主持人及会议的论题都有很高的要求，其特点是：

（1）集体座谈要求与会者彼此不认识，这样可以避免与会者在熟人面前讲假话，保证座谈的真实性。

（2）集体座谈会的与会者是经过严格挑选的，要求与会者对议题所涉及的产品和服务有过深入接触，而且有独立的见解。

（3）集体座谈会的与会者充分互动，不需要排列等级，主持人不是来自企业内部。其作用仅仅是引导和调动与会者畅所欲言，而自己并不发表看法，甚至对与会者对产品和服务的偏激意见也不予争论，保持中立态度。

（4）集体座谈会探讨的议题集中而且是经过设计的，以便最大限度地把与会者的态度和价值观挖掘出来。

（5）集体座谈会装有监测设备，企业内部人员不参加座谈，但是可以监测。

品牌调查也比较适合座谈会讨论，如品牌个性、品牌价值、品牌满意度等。综合来看，座谈会适合社会互动的议题，因为商品的购买是由社会互动产生的而不是由个人决策购买的。社会互动是指人们购买某种商品之前听取别人的意见，会受到外在的影响。某些商品（如汽车）属于个人购买，就不用开座谈会，可以采用深度访谈的方式。

2. 深度访谈法

深度访谈是一对一的谈话，在访谈之前应准备一份逻辑清晰的提纲，按照层层递进的程序进行，以达到访谈的目的。对深度访谈的对象有以下要求：

（1）访谈是个性化决定的。个性化决定是指在购买商品之前不需要与他人商议，完全由个人决定。

（2）深度访谈的对象应设定为专家、主管、政府官员等。因为这几类人往往代表某种权威，应该一对一地深度访谈，如果参加座谈会，则会影响座谈会对问题分析和诊断的效果。此外，某些隐私性的话题（如疾病等）也应采取深度访谈的方法调查。

（3）深度访谈要求访谈者与被访谈者具备较高的素质，否则访谈只能获得泛泛的结论而不会获得建设性的结论。

14.3.2 定量调查方法

定性调查的结论可能并不具有代表性，因此调查结论对于做最后判断往往还缺乏依据。因为它只能描述消费者心目中现有的某些想法，找出可能存在的问题。所以要寻找决策依据还需要进行定量调查。

1. 何谓定量调查

定量调查是用数据定量表示的方法，精确计量调查对象的有关情况。一般情况下，定量调查是在定性调查的基础上开展的。通过定性调查，研究人员可以从纷繁复杂的现象中找出自己最为关心的一些项目，定量调查就是进一步对这些项目进行追踪，获得这些项目的详细资料，用来验证定性调查的假设是否正确、推断是否可靠，或用来判断定型产品的接受程度、消费者的群体特征等。

定量调查要有结构式的问卷，并有明确清晰的概念界定。为了避免由于不同人的个性和理解导致的歧义，问卷应力求简单、清晰、容易理解。

某调查问卷的一个问题是："您的家庭收入是多少？"此问题中的"家庭"是个模糊的概念，没有明确界定家庭的范围。在同一收入背景下，根据不同的"家庭"定义会得出不同的答案，使调查失去意义。

访问员应该充分理解问卷的内在逻辑和调查目的。在访问时也应该避免对调查对象言辞方面的诱导，要力求用词客观，不带褒贬的感情色彩。

定量调查有时不是为了得出某种结论，而是利用调查的结果对前期的假设观点进行论证或推断，所以前期假设观点是十分必要的，否则调查就会陷入茫然；同时，中立性假设客观地罗列出可能的问题所在，避免偏见的误导，能更准确地发现问题。

事实上，越资深的行业内人员越容易陷入偏见，因为已经形成很多对消费者的认知。比如，认为消费者都是重价格的，在这一观念指导下的前期设计就容易偏颇，导致调查结果不准确。

2. 定量调查的具体方法

定量调查方法包括邮寄调查、入户调查、街头拦截访问、电话调查和网上调查。通常，定量调查一定要做配额抽样，这一点很多人会忽视。

（1）街头拦截访问。街头拦截访问调查份数往往不会很多，因此为了使调查结果更加准确，要对拦截的对象进行性别和年龄等方面的比例限定。例如，某房地产公司的调查结果显示，高档别墅的购买者多为 30 岁以下的年轻男性，这个结果显然是不客观的。原因在于此类人访问员比较容易找到，而且配合度比较高。所以调查应当谨慎制定前期规则，以避免结果偏颇。

（2）电话调查。其优势是迅速，劣势是拒绝率高、问卷问题数量少。

（3）网上调查。网上调查往往与邮寄调查、电话调查结合起来，先电话邀请调查对象到某网站点进行调查，然后给调查对象邮寄资料并请求反馈。

3. 在线调查表中存在的问题

（1）调查说明不够清晰。这种情况容易降低被调查者的信任和参与兴趣，结果是参与调查的人数减少，或者问卷回收率低。

（2）调查问题描述不专业或者可能造成歧义。这种情况会造成被调查者难以决定最适合的选项，不仅影响调查结果的可信度，甚至可能使参与者未完成全部选项即中止调查。

（3）遗漏重要问题选项，没有包含全部可能的因素并且没有"其他"选项。调查选项不完整可能使参与调查者无法从中选择自己认为最合适的条目，这样的调查很可能得到不真实的结果，会降低调查结果的可信度。

（4）调查问题过多，影响被调查者参与的积极性。同一份问卷中设计过多的调查问题，使参与者没有耐心完成全部调查问卷，这是在线调查最容易出现的问题之一。如果一个在线调查在 10min 之内无法完成，一般的被调查者都难以忍受，除非这个调查对他非常重要，或者是为了获得奖品才参与调查。

（5）调查目的不明确，数据没有实际价值。由于问卷设计不够合理，即使获得了足够数量的调查结果，但有些数据对于最终的调查研究报告却没有价值，也会使调查失去意义。

（6）过多收集被调查者的个人信息。有些在线调查对参与者的个人信息要求较多，从真实姓名、出生年月、学历、收入状况、地址、电话、电子邮箱甚至连身份证号码也要求填写。由于担心个人信息被滥用，甚至因此遭受损失，很多人会拒绝参与这样的调查，或者填写虚假信息，其结果是问卷的回收率较低，影响在线调查的效率，并且可能影响调查结果的可信度。一般来说，收集用户的个人信息应尽可能简单。

4. 适用于定量调查的主题

（1）市场研究。产品的市场占有率、市场份额测算、新产品市场潜力与进入机会、产品市场接受度研究等是定量调查的重要主题。经过调查往往就会发现，有很多因素决定了市场不可能有想象的那么大。

（2）消费行为模式与态度。消费行为模式与态度不太容易变化，具有相对稳定性。这方面的调查需要进行轮廓的描述，如北京的消费者喜欢去大超市购物，而上海的消费者愿意去小超市购物。如果不做此类调查，会导致盲目地进入这个市场，从而遇到很大障碍。

（3）广告。广告受众率、媒体接触状况与广告效果、创意、效益都需要进行定量分析。另外，企业形象和品牌、消费需求及潜量测试也是需要做定量调查的。

定量和定性并不冲突，可以互相补充、相互结合，组成一个完整的调查。因此，不能简单地说定性调查好或者定量调查好。

14.3.3 定性调查方法与定量调查方法组合

纯粹探索性的问题不要求十分精确，可以只做定性调查；纯粹描述轮廓的研究要通过定量调查；而评估性研究不仅要做出定性的评价，还要分析原因，这就需要定量与定性相结合。此外，对策性的问题往往原因较复杂，也需要两种方法结合进行。相关情况如图 14-2 所示。

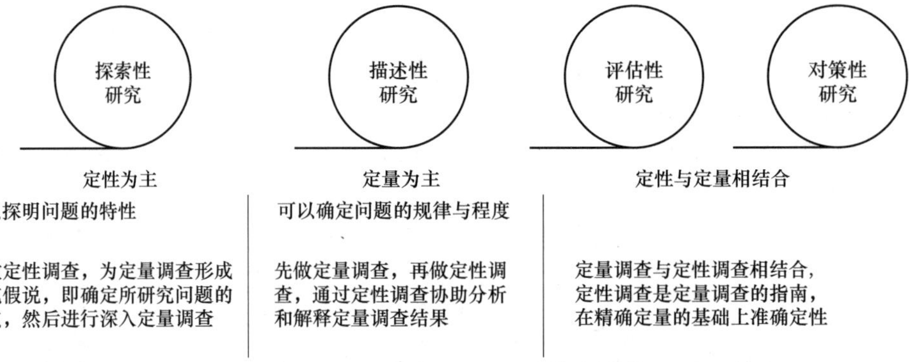

图 14-2　定性调查方法与定量调查方法组合示意图

通常是在前期调查人员对目标市场已经比较了解，要对影响程度大小做进一步判定时，需要先做定量调查（先做百分比），后做定性调查（深度访谈、座谈会）。通过定量调查，如果发现有些问题不能解释，那么还要再做定性调查。

与传统市场调查方法相比，网络调查有很多优点，主要表现在提高调查效率、节约调查费用、调查数据处理比较方便、不受地理区域限制等方面。因此，网络市场调查已成为一种不可忽视的市场调查方法。网络市场调查与传统市场调查的比较见表 14-1。

表 14-1　网络市场调查与传统市场调查的比较

比较项目	网络市场调查	传统市场调查
调查费用	较低。主要是设计费和数据处理费，每份问卷所要支付的费用几乎为零	昂贵。包括问卷设计、印刷、发放、回收、聘请和培训访问员、录入调查结果、由专业公司对问卷进行统计分析等多方面的费用
调查范围	全国乃至全世界，样本数量庞大	受成本限制，调查地区和样本的数量均有限
运作速度	很快。只需要搭建平台，数据库可自动生成，几天就可能得出有意义的结论	慢。至少要 2~6 个月才能得出结论
调查时效性	全天候进行	不同的访问者对被调查者进行访问的时间不同
被调查者的便利性	非常便利。被调查者可自由决定时间、地点回答问卷	不太方便。一般有跨空间障碍，要到达访问地点
调查结果的可信性	相对真实可靠	一般有督导对问卷进行审核，措施严格，可信性高
适用性	适合长期的大样本调查，以及要迅速得出结论的调查	适合面对面深度访谈，食品类需要被调查者进行感官测试

14.4　网络市场调查方法

14.4.1　网络在线调查平台

现在几乎所有的行业都在利用各种调查方式来搜集市场信息，了解企业内部存在的一些优劣势等。随着互联网的普及，人们对于调查工作的需求逐渐增大，网络在线调查平台也开始大量崛起，如今的网络调查平台数量非常多，规模和质量也有很大的差距。下面介绍两个在线调查系统，以供大家需要时选择。

1. 数字一百（http：//www. data100. com. cn）

北京数字一百市场咨询有限公司是一家将技术领先的在线调查系统、在线样本库、专业研究服务集于一身的创新型企业，为企业客户提供在线调查平台租用服务和基于在线可访问样本库的数据收集服务。

使用数字一百调查系统及其样本库，可运作的调查主题包括品牌调查、新产品调查、广告测试、消费者调查、顾客满意度调查。

2. 问卷星（https：//www. wjx. cn/Register/Register. aspx）

该平台在设计问卷时，是不限制题目数量的，也不限制答卷的数量，因此可以适合更多的用户使用。无论是在线问卷设计，还是通过在线发布问卷，或是参考一些优秀的问卷调查范文，或是使用一些精美的问卷调查模板等，都能够在问卷星里找到所需求的服务。

如今调查已经成为一种社会常态，许多企业以及个体人员都会通过各种调查方式来进行信息的搜集，并且从中分析出事物的本质，以及隐藏的问题等。传统的调查方式比较多，如面对面访问、电话调查、邮寄调查等，很多方式已逐渐被在线调查取代。因为在线调查结合了很多互联网的优势，非常专业和便捷，都是传统的调查方法没办法做到的。在线调查的优势表现在以下几个方面：

（1）问卷的创建。在线调查可以在线进行问卷的创建，直接生成网页版的问卷。在线调查具有非常专业的调查系统，网络在线问卷创建的界面非常清晰，并且可以随时调用问卷模板库里相关的模板来使用，也可以在问卷中插入自己企业的 Logo，支持图片、视频、音频等格式。

（2）问卷质量的控制。由于每个人水平和实力不同，设计问卷的质量也是不同的。而在线调查有一个很明显的优势就是，系统会自动进行合格问卷、废卷归类等，这样就不用担心自己设计的问卷是否合格的问题了。

（3）数据统计优势。相比传统的问卷调查来说，在线调查的最大优势就是能够自动地进行信息的统计和分析，自动生成统计报告，而且还可以进行分类统计、交叉分析、分层分析等，多种分析方式让信息的统计更加细致和精确。

14.4.2 利用搜索引擎进行市场调查

网络市场调查主要分为两方面：一是目标市场和目标用户调查；二是竞争对手调查。

1. 目标市场和目标用户调查

最直观的市场需求调查就是在搜索引擎上查看某个特定的关键词被搜索的次数，与产品最相关的关键词被搜索次数越多，说明市场需求就越大，用户也就越关注它。

目标市场和目标用户调查可以用以下几个工具来查看：

（1）关键词搜索量调查。百度关键词推荐工具需要开通百度推广方可查询，百度推广的网址是 http：//e. baidu. com/，用户注册并登录，建立推广计划，在选择关键词时即可看到关键词推荐工具，或者单击“工具”选项卡，进入“工具箱”，然后单击“立即使用”关键词推荐，在指定的文本框中输入一个基本关键词，然后单击“获取推荐”按钮，可得到若干扩展的关键词。

例如输入“减肥”，单击“获取推荐”按钮，百度推广关键词推荐工具自动生成与之相关的减肥方法、减肥瘦身、轻松减肥、七天减肥、全身减肥等数个可以考虑的关键词，并且列出了竞争激烈程度及日均搜索量，其中，搜索量代表用户的关注程度和市场需求。

（2）百度指数。百度指数的网址是 http：//index. baidu. com/。

百度指数是以百度网页搜索和百度新闻搜索为基础的免费海量数据分析服务，百度指数显示特定关键词的用户关注度及媒体关注度。用户可以输入不同的关键词，比较用户关注度和媒体关注度数字，从而确定哪个关键词市场需求更大。

首先利用百度推广关键词推荐工具，查看欲选取的相关字词在搜索中的关注度，判断出哪几个关键字词是自己网站需要的，最好多选几个，再利用百度指数功能分别对每个字词查询搜索一下，看看每个字词的搜索走势及关注度，可以大致判断出不同关键词的市场需求大小。

（3）论坛、博客、SNS。在进行市场调查时，一个很重要的方法是去论坛、博客或 SNS 搜索相关关键词，了解真实的用户都在讨论什么，对哪些产品有什么评价，有什么问题需要解决，对竞争对手的产品有什么正面或负面的评论报道。

网络营销人员也可以在这些论坛和 SNS 中发帖子，征求其他用户的意见，看其他人是否有兴趣，有什么改进的方法，可以承受的价格范围是多少。很多论坛和 SNS 都有大量活跃用户乐于回答这类问题，如 Facebook、人人网、海内、豆瓣、天涯或其他行业论坛社区等。

2. 竞争对手调查

（1）搜索排名结果。调查竞争对手的情况还是从搜索引擎入手。

先搜索主要关键词，然后查看搜索结果页面右上角显示的符合搜索条件的页面总数。从一定程度上说，所有这些页面都是你的竞争对手。你的网站日后要想在搜索相关关键词时出现在排名结果的前列，就要战胜这些页面。

在百度搜索“减肥”，可以看到约有 1 亿个结果。

相对来说，结果数目越大，竞争越激烈，进入这个市场的阻力就越大，日后要开展的网络营销工作也越多。但这个数目只能作为最初步的参考。真正有实力的竞争对手数目肯定要比这个数目少得多。这些返回页面，可能有几万甚至几十万个都同属于一个网站，只是一个竞争对手，竞争对手的实力还要参考下面讨论的一些数据，不要被结果页面上显示的几十万、几百万甚至几千万个页面吓倒。

除了看主要关键词返回的页面总数外，还应该将主要关键词和竞争对手企业名称或品牌名称一起搜索，其目的是看看这些主要竞争对手有哪些新闻报道，什么博客在谈论它们，最终用户有什么评论。要了解所有网上的报道评论是不可能的，通常看一下前几个页面就可以知道主要竞争对手的实力了。

如果发现主要竞争对手有大量来自新闻网站和门户网站的报道，这很可能是一个强劲的对手，要与之抗衡，不是仅仅使用网络营销就能奏效的，而要展开整体宣传攻势。如果发现竞争对手在网上有不少软文，那么可以猜想到这个竞争对手背后是有专业网络营销人员在操盘的。如果在搜索结果中发现大部分页面都是竞争对手的负面新闻，而对手对此没有采取相应措施，就知道对手至少在网络营销方面还有待加强，就有可乘之机。

有的竞争对手不一定在网上搜索就能知道的，企业通常早就知道主要竞争对手是哪些，尤其是传统行业。如果在搜索引擎搜索主要关键词时竟然看不到这些线下财大气粗、有实力的竞争对手的网站排在前面，那么本企业至少找到了一个追赶并战胜竞争对手的可能方法，那就是搜索引擎优化。

（2）网站首页 PR 值。PR 全称为 Page Rank（网页级别），是用于评测一个网页“重要性”的方法。简单地说，PR 值是网站重要性的一个衡量指标。

网页 PR 值最大为 10，网站首页 PR 达到 2~3，说明实力一般；达到 4~5，说明网站重要性和权威度不错；如果达到 6~7，说明本企业有一个非常强劲的对手。要是中文网站发现 PR 值是 8，那么本企业不必考虑进入这个市场了。

（3）搜索引擎收录数。在百度使用 site：指令，可以查询这个域名在搜索引擎所收录的所有网页。

比如要在百度查询域名 www.hisense.com 被收录的页面数，只要输入：site：

www. hisense. com，结果如图 14-3 所示。

很明显，收录数越多，网站越大，实力也越强。要想与之匹敌，就要投入更多的时间和精力在内容建设及推广上。

图 14-3　百度中 www. hisense. com 被收录的页面数

（4）外部链接。在百度使用 link：指令，可以列出被百度所收录的特定网站的反向链接。但这个数字不准确，百度并不列出自己所知道的所有链接，只给出一部分，所以查看价值不大。最好使用站长工具（http：//tool. chinaz. com/）中的“反链查询”，比较准确。网站外部链接越多，说明对方网站所进行的网络营销效果越好。

思考题

1. 网络市场调查的含义是什么？网络市场调查与传统市场调查有什么异同？
2. 怎样在网上开展定量调查？在抽样及设计问卷时要注意哪些问题？
3. 为什么定量调查要与定性调查结合使用？
4. 利用搜索引擎技术开展市场需求调查的工具有哪些？请举例说明。
5. 怎样利用搜索引擎技术调查竞争对手的基本情况？请举例说明。
6. 请登录网络调查平台数字一百（www. data100. com. cn），了解该平台的特点。

第15章

网络营销产品策略

本章要点

- 网络营销整体产品概念
- 网络营销产品选择策略
- 网络品牌策略
- 网络营销服务策略

15.1 网络营销产品概述

1. 整体产品概念

在网络营销中，产品的整体概念可分为五个层次，如图15-1所示。

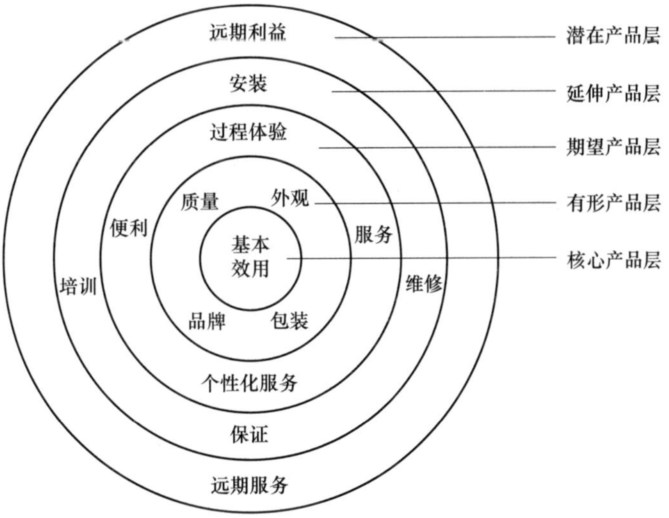

图 15-1　整体产品的构成

（1）核心产品层。核心产品层是指产品能够提供给消费者的基本效用或益处，是消费者真正想要购买的基本效用或益处。例如，购买一台计算机是为了上网、学习、管理的需要。在网络营销时代，产品的研发、设计更加注重产品的核心利益层次，而非产品本身。

（2）有形产品层。有形产品层是产品在市场上出现时的具体物质形态。对于物质产品来说，第一，产品的品质必须保障。第二，必须注重产品的品牌。网上，消费者对产品的认识和选择主要依赖于品牌。第三，注意产品的包装。网络营销产品一般需要配送，因此包装必须标准化，而且适宜全球运输。第四，在式样和特征方面要根据不同地区的亚文化来进行针对性加工。

（3）期望产品层。期望产品层是指消费者在产品交易过程完成之前对产品本身所产生的期望，包括产品使用的便利性、人性化程度，甚至包括购买过程中的体验。在网络营销中，消费者处于主导地位，消费呈现出个性化的特征，不同的消费者可能对产品的要求不一样，因此产品的设计和开发必须满足消费者这种个性化的消费需求。为满足这种需求，对于物质类产品，要求企业的设计、生产和供应等环节必须实行柔性化的生产和管理。对于无形产品（如服务、软件等），要求企业能根据消费者的需要提供服务。

（4）延伸产品层。延伸产品层是指消费者购买产品和服务所得到的附加服务，主要是帮助消费者更好地使用核心产品层的服务。在网络营销中，对于网络销售的实体产品，延伸产品层包括送货、安装、维修等售后服务；对于通过网络销售的虚拟产品，则包括后期的培训、沟通、保证等。

（5）潜在产品层。潜在产品层是指消费者由于购买某一企业的产品或服务而获得的远期利益或者服务。例如，软件公司为用户提供的免费升级、维护服务。

2. 整体产品概念对市场营销管理的意义

整体产品概念是对市场经济条件下产品概念的完整、系统、科学的表述。它对市场营销管理的意义表现在以下几个方面：

（1）它以消费者的基本利益为核心，指导整个市场的营销管理活动，是企业贯彻市场营销观念的基础。企业市场营销管理的根本目的就是保证消费者的基本利益。消费者购买电视机是希望业余时间充实和快乐，消费者购买计算机是为了提高生产和管理效率，消费者购买服装是要满足舒适、风度和美感的需要等。

概括起来，消费者追求的基本利益大致包括功能和非功能两方面的要求。消费者对前者的要求是出于实际使用的需要，而对后者的要求则往往是出于社会心理动机。而且这两方面的需要又往往交织在一起，并且非功能需求所占的比重越来越大。产品的整体概念，正是明确地向产品的生产经营者指出，要竭尽全力地通过有形产品和附加产品去满足核心产品所包含的一切功能和非功能的要求，充分满足消费者的需求。可以断言，不懂得产品整体概念的企业不可能真正贯彻市场营销观念。

（2）只有通过产品五层次的最佳组合才能确立产品的市场地位。这五个层次体现了消费者购物选择时所关心的因素，这些因素概括起来可分为两大类，即有形产品因素和无形产品因素，见表15-1。

因此，企业在产品设计、开发过程中，应有针对性地提供不同功能，以满足消费者的不同需要，同时还要充分重视产品的无形特征，因为它也是产品竞争能力的重要因素。

（3）整体产品概念有利于企业实施差异化战略。现在的市场竞争越来越激烈，企业要在激烈的市场竞争中取胜，就必须致力于创造自身产品的特色。在竞争过程中，可供选择的战略很多。通过对产品整体化的认识，能够使我们实施差异化战略。比如，可以在产品的外观上营造一种特殊的个性，还可以在售后服务上营造一种独特的、消费者可以接受的模式，还可以在产品的功能上营造一种与竞争对手不同的方面。而这些恰恰是企业在产品的差异化中能够让消费者接受、寻找卖点的重要方面。

表 15-1　有形产品因素和无形产品因素

有形产品因素	有形特征	无形产品因素	无形特征
物质因素	具有化学成分、物理性能	信誉因素	知名度、偏爱度
经济因素	效率、维修保养、使用效果	保证因素	“三包”和交货期
时间因素	耐用性、使用寿命	服务因素	运送、安装、维修、培训
操作因素	灵活性、安全可靠		
外观因素	体积、重量、色泽、包装、结构		

总之，整体产品概念五个层次中的任何一个要素都可能形成与众不同的特点。企业在产品的效用、包装、款式、安装、指导、维修、品牌、形象等每一个方面都应该按照市场需要进行创新设计，形成自己的特色，从而与竞争产品区别开来。随着现代市场经济的发展和市场竞争的加剧，企业所提供的附加利益在市场竞争中也显得越来越重要。国内外许多企业的成功，在很大程度上归功于它们更好地认识了服务等附加产品在整体产品概念中的重要地位。

15.2　网络营销产品的选择策略

15.2.1　网络营销产品的分类

网上零售商的目标客户是网民，要根据所选择的目标市场的情况进行市场定位，选择合适的产品和服务进行销售。鉴于目前网民的特性和购买动机及网上零售商所面临的许多条件的制约，并不是所有的产品都适合在网上销售。随着网络技术的发展和网上零售环境的进一步完善，将会有越来越多的产品适合在网上销售。那么在现阶段，在网上商店销售哪些产品容易取得成功呢？综合考虑网上零售所面临的制约因素以及网上消费者的特点、购买动机，可以从产品的不同分类方式来探讨这一问题。

根据不同的产品划分方法，网上零售商可以找出适合在网上销售的产品，分类方法如下：

1. 根据产品的形态划分

在网上销售的产品，按照产品形态不同可分为两类：有形产品和无形产品，见表 15-2。产品的选择策略也要根据产品形态的不同而采取不同的方式。

有形产品是指具有物理形状的物质产品，包括工业产品、农业产品和消费品。在网络上销售有形产品的过程与传统的购物方式不同，网络上的交互式交流成为买卖双方交流的主要形式。

在网络上销售有形产品是由消费者或客户通过卖方的主页考察其产品，通过填写表格表达自己对品种、质量、价格、数量的选择；而卖方则将面对面的交货改为邮寄产品或送货上门的方式。

表 15-2 网络营销产品按产品形态分类

产品形态	产品类型	产品	
有形产品	普通产品	工业产品、农业产品和消费品等实体产品	
无形产品	数字化产品	计算机软件、软件游戏、电子图书、电子报刊、研究报告、论文、电子贺卡等	
	在线服务	信息咨询服务	股市行情分析、法律咨询、心理咨询、金融咨询、资料库检索、法律法规查询等
		互动式服务	网络交友、计算机游戏、远程医疗、法律救助等
		预约服务	旅游服务预约，医院预约挂号，代购球赛、音乐会入场券，房屋中介等

无形产品一般没有具体的物理形态，即使表现出一定的形态也是通过其他载体体现出来的，同时，产品本身的性质和性能也必须通过其他方式才能表现出来。一般来说，无形产品非常适合采用网络营销策略。

在网上的无形产品可以分为两大类：数字化产品和在线服务。

在选择产品时，要充分考虑产品自身的性能。数字化产品是网上零售最成功的产品，它可以将内容数字化，直接在网上以电子形式传递给客户，而不再需要某种物质形式和特定的包装。它跨越时空，突出体现了网上销售的优势，所以生命力强大。

在线服务可以分为信息咨询服务、互动式服务和预约服务。对于预约服务来说，客户不仅注重能够得到的收益，还关心自身付出的成本。通过网络这种媒体，客户能够尽快地得到所需要的服务，免除了排队等候的时间成本。同时，客户能够得到更多、更快的信息，享受到网络提供的各种娱乐方式。对于信息咨询服务来说，网络是一种很好的媒体选择。客户上网的最大需求就是寻求对自己有用的信息，信息咨询服务正好提供了满足这种需求的机会。互动式服务，能够实现一对一、一对多、在线与非在线、实名与非实名以及图文声像相结合的无障碍交流互动，消除了距离的障碍。

2. 根据信息经济学对产品的划分

根据信息经济学对产品的划分，产品从大类上可划分为两类：一类是消费者在购买时就能确定或评价其质量的产品，称为可鉴别性产品，如书籍、计算机等；另一类是消费者只有在使用时才能确定或评价其质量的产品，称为经验性产品。或者是将产品划分为标准性产品和个性化产品。前者如书籍、计算机等，后者如服装、食品等。一般说来，可鉴别性产品或标准化较高的产品在网上销售容易获得成功，而经验性产品或个性化产品则难以实现大规模的网上销售。从这方面来考虑，可适当将可鉴别性高的产品或标准化高的产品作为首选对象和应用的起点。目前，网民的消费呈现出个性化强的倾向，个性化强的产品可以在网上销售，但要考虑产品的定价和配送等因素。

3. 根据消费者购买行为的差异对产品进行划分

（1）日用品。日用品的特点是消费快、购买频率高，如油盐酱醋、牙膏牙刷。在日用品的购买中，人们以方便性购买作为首选条件，买前无须太多计划和选择，产品价位低，购买介入程度低，属于习惯性购买行为。这类产品在销售时，应充分考虑消费者希望购买方便的心理，做到既便宜又方便，因此，低成本的物流运输是关键影响因素。

（2）选购品。选购品价格相对较高，购买频率低，如电视、汽车、家具等。人们对产品不太熟悉，对于大多数消费者而言，这些是属于高介入的产品，消费者不会轻率地决定是否购买，在购买之前，通常会向朋友打听与预期购买行为有关的尽可能多的信息。这是由于可供选择的产品品牌之间会有较大的差异，而不是像低介入产品那样相差无几。因此，在网上销售选购品时，要提供充分的产品信息，供消费者进行比较选购。

（3）特殊品。特殊品是指消费者有特殊的偏好，在购买时不计较价格和实用性的产品。这类产品可以利用网络沟通的广泛性、便利性，使创意独特的新产品可以更主动地向更多的人展示，充分满足那些品位独特、需求特殊的客户。

15.2.2　适合网上销售的产品的一般特征和类型

（1）数字化。数字化产品是指信息、计算机软件、视听娱乐产品等可数字化表示并可用计算机网络转输的产品或劳务。在数字经济时代，这些产品（劳务）可不必再通过实物载体的形式提供，可在线通过计算机网络传送给客户。

（2）标准化。标准化产品是购买时就能确定或评价其质量的产品，包括产品的类型、性能、规格、质量、所用原材料等。

（3）隐私化。隐私化产品是关系到个人隐私的产品或服务，购买这类产品时客户不方便和销售人员面对面接触。

（4）个性化。个性化产品是创新独特的新产品，用来满足客户的特殊需要。

（5）低价格。互联网的特征就是免费或低价，低价格符合消费者的心理预期。

一般来说，目前适合于网上销售的产品主要有以下几种：

（1）一般日常消费品。例如日常的衣食住行所用到的一些产品，如服饰类、居家类产品等。

（2）服务等无形产品。这主要包括宾馆预订、旅游线路的挑选、车票机票预订、网络银行业务等。

（3）知识含量较高的产品或不便现实咨询的产品。例如心理咨询、个人问题咨询（如婚姻问题、涉及个人隐私的问题）等。

（4）计算机软硬件产品。相关数据表明，计算机软硬件产品在网上的销售一直很活跃。

（5）创新独特的新产品。这类产品充分满足那些品位独特、需求特殊的客户，如创意型产品。

（6）有收藏价值的产品。例如珠宝类、纪念币、邮票等。

（7）能引起女性购买欲的产品。其实上面的分类已经包含了很多女性购买的产品。之所以要单独提出来作为一个大类，主要是因为淘宝网等相关数据表明，当前网购人群中，无论是从购买频率、消费额，还是从其他方面分析，女性都是商家特别重视的一个购买群体。例如女装、女鞋等。

需要特别指出的是，网上销售并不等于网络营销，不适合网上销售的产品同样适合网络营销，因为网络营销的内容不仅是网上销售，还包括利用网络扩大对品牌的宣传，增加对品牌的认知、建立品牌忠诚等，这些网络营销活动对整个线上线下营销体系具有良好的促进作用。

15.3 网络品牌策略

如果你从未想过创建自己的品牌，一直卖别人的品牌，那么你永远成不了一个成功的商人。许多人买东西多多少少是注重品牌的，品牌不仅是企业、产品、服务的标识，同时也是一种反映企业综合实力和经营水平的无形资产，在商战中具有举足轻重的地位和作用。所以大家都非常注重品牌建设。品牌是符号，是把企业的信誉、文化、产品、质量、科技、潜力等重要信息凝练成的一个品牌符号，着力塑造其广泛的社会知名度和美誉度，使产品随品牌符号走进消费者心里。不仅实体消费中需要品牌，网络消费中也需要品牌。网络品牌的营销是利用互联网为媒介，用各种网络营销推广手段进行产品或者服务的推广，在消费者心目中树立良好的品牌形象，最终把企业的产品或服务推广出去满足消费者的需求，同时实现企业自身的价值。

15.3.1 网络品牌的含义和特点

1. 品牌与网络品牌的含义

根据AMA的定义，品牌是用以识别一个（或一群）卖主的商品或服务的名称、术语、标志、符号或设计及其组合，以区别于其他卖主或竞争者的商品或服务。从这个定义来看，主要强调了品牌的可辨识性因素，即企业品牌存在的特征。从本质上说，品牌是一系列功能性与情感性的价值元素；品牌是一个以消费者为中心的概念，代表消费者由其生活中对商品或服务的感受而产生的信任、相关性与意义的总和。品牌也是一种资产，是一种无形资产。

那么什么是网络品牌呢？简单来说，企业品牌在互联网上的存在即网络品牌。网络品牌有两个方面的含义：一是通过互联网手段建立起来的品牌，二是互联网对网下既有品牌的影响。两者对品牌建设和推广的方式及侧重点有所不同，但目标是一致的，都是为了企业整体形象的创建和提升。在网络时代，企业不仅要树立传统意义上的品牌形象，更要树立自己的网上品牌形象。在网络领域，品牌是企业进行电子商务和参与网上竞争的保障。

2. 网络品牌的特点

相对于传统意义上的企业品牌，网络品牌具有下列特点：

（1）网络品牌是网络营销效果的综合表现。网络营销的各个环节都与网络品牌有直接或间接的关系，因此，可以认为网络品牌建设和维护存在于网络营销的各个环节，从网站策划、网站建设到网站推广、客户关系和在线销售，无不与网络品牌相关。网络品牌是网络营销综合效果的体现，如网络广告策略、搜索引擎营销、供求信息发布、各种网络营销方法等均对网络品牌产生影响。

（2）网络品牌的价值只有通过网络客户才能表现出来。正如菲利普·科特勒（Philip Kotler）在《营销管理》一书中所言，每一个强有力的品牌实际上代表了一组忠诚的客户，网络品牌的价值也就意味着企业与网络客户之间建立起来的和谐关系。网络品牌是建立客户忠诚的一种手段，因此那些用于客户关系管理的网络营销方法对打造网络品牌同样是有效的。一些大型企业，如化妆品、保健品、汽车和航空等企业创建的网络社区，集中了相同品牌爱好者，是创建网络品牌的有效方法。

（3）网络品牌体现了为客户提供的信息和服务。百度是成功的网络品牌之一，当客户想到百度这个品牌时，头脑中的印象不仅仅是那个非常简单的网站界面，更是它在搜索方面的优异表现。可见，有价值的信息和服务才是网络品牌的核心内容。

（4）网络品牌建设是一个长期的过程。与网站推广、信息发布和在线调查等网络营销活动不同，网络品牌建设不是通过一次活动就可以完成的，不能指望获得立竿见影的效果。

15.3.2　网络品牌的层次

当我们看到一个知名企业的网站时，会联想到该企业的形象。如果企业网站看起来比较专业，可以为客户提供有价值的信息和服务，那么会对该品牌产生满意感，否则将对企业品牌产生负面影响，但不至于对一个知名企业完全失去信任。因为该企业的品牌还有更多的途径对客户产生影响，而且已有的品牌威力会形成一种印象惯性，即使在网络品牌方面有不足的地方，客户也容易忽略。当客户看到一个并不熟悉的企业网站时，通常会产生一定的印象，但很难一下子和企业的品牌结合在一起，因为这个品牌在该客户心中还不存在，这时通过网络形成的品牌印象，也是客户对企业品牌的第一印象。

这也可以说明，知名品牌企业的网络品牌策略主要是品牌形象从网下向网上的延伸和发展；而非知名企业和新创企业的网络品牌则近乎全新的创建过程，对于网络用户来说，从网上获得的印象几乎就是对于企业的全部印象，因此这些企业在向客户传递品牌信息时更应细心。这与基于互联网业务的纯粹网络公司有一定的相似性。

网络品牌包含三个层次，如图 15-2 所示。

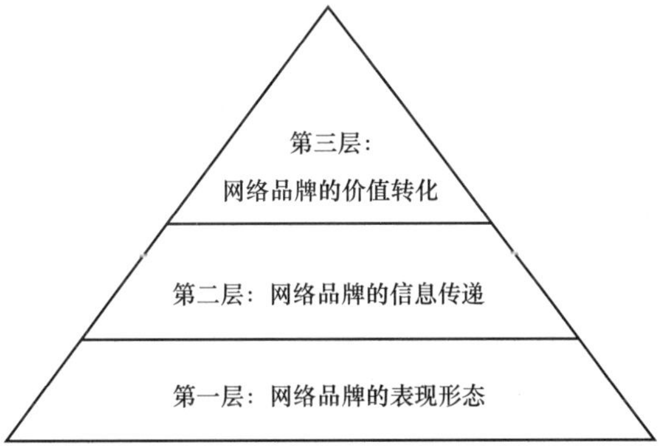

图 15-2　网络品牌的层次结构示意图

（1）网络品牌要有一定的表现形态。一个品牌之所以被认知，首先应该有其存在的表现形式，也就是可以表明这个品牌确实存在的信息，即网络品牌具有可认知的、在网上存在的表现形式，如域名、官方网站（网站名称和网址）、logo、官方微博、企业电子邮箱、企业二维码等。

（2）网络品牌需要一定的信息传递手段。仅有网络品牌的存在并不能为客户所认知，还需要通过一定的手段和方式向客户传递网络品牌信息，品牌才能为客户所了解和接受。网络营销的主要方法如搜索引擎营销、社会化网络、许可 Email 营销、网络广告、病毒性营销等，它们都具有网络品牌信息传递的作用。因此，网络营销的方法和效果之间具有内在的联系。例如在进行网站推广的同时也达到了品牌推广的目的，只有深入研究其中的规律，才能在相同营销资源的条件下获得综合营销效果的最大化。

(3) 网络品牌价值的转化。网络品牌的最终目的是获得忠诚的客户并增加销售，因此网络品牌价值的转化过程是网络品牌建设中最重要的环节之一。客户从对一个网络品牌的了解到形成一定的转化，如网站访问量上升、注册人数增加、促进销售、提高客户满意度等，这个过程也就是网络营销活动的过程。

15.3.3 如何建立网络品牌

目前有很多网上商店想通过网络打造属于自己的网络品牌，做了大量工作却发现品牌仍然可望而不可即。怎样才能让消费者牢牢记住品牌，建立起属于自己的网络品牌呢?

1. 品牌命名

一个好的品牌名称应当容易被记忆、朗朗上口，logo 容易被识别且与产品的属性和卖点有一定的联系。

2. 提炼好卖点

从营销的角度看，有核心技术的产品竞争力相对较强，因为核心技术就是最好的卖点。没有核心技术的产品，可以从技术以外的因素中提炼出它的卖点。卖点越突出，消费者越容易记住，消费认知一旦形成，产品就会畅销，就容易形成品牌忠诚。

卖点提炼要遵循简单、聚焦的原则。只有极其简单的信息才容易让消费者记住。传播过程中信息越多，消费者记住的就越少。定位要聚焦，只需要一部分人满意，不是让所有人满意。

3. 过硬的产品品质

产品品质是品牌的载体和基石。如果产品品质不过关，无论品牌大厦如何雄伟，都终将会倒塌。

4. 制定品牌传播策略

传播是品牌腾飞的翅膀，若没有传播，品牌就很难占据消费者的心智。随着新媒体的不断崛起，传播途径和传播效果都呈现碎片化趋势。因此，企业在预算有限的情况下，更应当制定策略、选择最为有效的媒体组合，实现最大的投入产出比。

5. 品牌传播聚焦

要利用企业有限的资源，把品牌和产品信息有效地传递给目标消费者，引导其产生购买行为。品牌传播应当遵循五个原则：①目标消费群要明确，可以被精确描述。②产品要聚焦。每个企业都会研发很多产品，在一款产品没有成功时，不要盲目推广第二款产品。③要明确产品利益诉求点，并在此基础上进行传播。④平台推广选择要精准，要调查目标消费者经常接触哪些平台、什么时间点接触，这样才能把产品或品牌信息更精准地传递给消费者。⑤传播要整合，集中各种平台或宣传活动形式，在某一时间段内整合聚焦持续投放，要让消费者在不同时间、不同地点都能接收企业传递的产品或品牌信息，这样才能让消费者在大量的广告信息中有效识别企业信息。

除了上述几种建立和传播网络品牌的常见方法之外，还有多种对网络品牌传播有效的方法，如开展网络公益活动、参加行业论坛、借力事件营销等。网络品牌建设往往需要一定的资源投入，并且是一项长期的工作。

15.4　网络营销服务策略

15.4.1　网络营销服务的概念

网络营销服务（on-line marketing service 或 e-marketing service）就是以国际互联网为基础，利用数字化的信息和网络媒体的交互性来辅助营销目标实现的一种新型的市场营销服务方式。简单地说，网络营销服务就是以互联网为主要手段进行的，为达到一定营销目的的一系列营销服务活动。

广义的网络营销服务是以互联网（包括企业内部网、EDI 行业系统专线网及国际互联网）为主要手段开展的营销服务活动。

狭义的网络营销服务是指组织或个人基于开放便捷的互联网，对产品或服务所做的一系列经营服务活动，从而达到满足组织或个人需求的全过程。

15.4.2　网上客户服务的内容

不同的客户对企业的需求是不同的，要让客户满意就是要满足客户的需求，客户的需求一般是有层次性的，如果企业能够提供满足客户更高层次需求的服务，那么客户的满意度就会更高。网络营销服务利用互联网的特性可以更好地满足客户不同层次的需求。同时，客户需求的层次实际上反映了网上服务的内容，具体来说有以下几种：

1. 了解产品信息

网络时代，客户需求呈现出个性化和差异化特征，客户为满足自己个性化的需求，需要全面、详细了解产品或服务信息，寻求最能满足自己个性化需求的产品或服务。

2. 解决问题

客户在购买产品或服务后，可能面临许多问题，需要企业提供服务解决这些问题。客户面临的问题主要是产品安装、调试、试用和故障排除，以及有关产品的系统知识等。在企业网络营销站点上，许多企业的站点提供技术支持和产品服务，以及 FAQ。有的还建设有客户虚拟社区，客户可以通过互联网向其他客户寻求帮助，自己学习解决。

3. 接触企业人员

对于那些比较难以解决的问题，或者客户难以通过网络营销站点获得解决方法的问题，客户也希望企业能提供直接支援和服务。这时，客户需要与企业人员进行直接接触，向企业人员寻求帮助，得到直接答复。

4. 了解全过程

客户为满足个性化需求，不仅通过掌握信息来选择产品和服务，还要求直接参与产品的设计、制造、运送整个过程。个性化服务是一种双向互动的企业与客户之间的密切关系。企业要实现个性化服务，就需要改造企业的业务流程，将企业的业务流程改造成按照客户的需求来进行产品的设计、制造、改进、销售、配送和服务。客户了解和参与整个过程意味着企业与客户需要建立一种“一对一”的关系。互联网可以帮助企业更好地改造业务流程，以适应对客户的“一对一”营销服务。

上述几个层次的需求之间有相互促进的作用。只有低层次需求满足后才可能促进更高层次的需求，客户的需求越得到满足，企业与客户的关系也就越密切。

15.4.3 网上客户服务的主要形式

当在淘宝网购物时，经常会通过淘宝旺旺与卖家进行沟通；当第一次编辑百度百科词条时，可能需要查看常见问题解答，需要了解相关的操作；当申请微博认证时，遇到问题可能需要发邮件咨询……这些通过互联网工具为客户提供服务的形式，就是网上客户服务。专业的网上客户服务体系主要有三个方面的作用：增进客户关系，提高客户满意度；提高客户服务效率；降低客户服务成本。

从表现形式和所采用的手段来看，网上客户服务包括客户自助服务和人工服务两种基本形式。自助服务是客户通过网站上的说明信息寻找相应的解答，或者自己通过加入网络社区等方式获取自己感兴趣的信息。自助服务常见的方式有 FAQ、微信公众服务号、在线演示等。人工服务则需要根据客户提出的问题，通过人工回复的方式当时给予回答，如通过电子邮件或者各种在线聊天工具等。

归纳起来，网上客户服务常用的手段有 FAQ、电子邮件、在线表单、即时通信、论坛、微信等。目前尤其以即时通信、FAQ、微信等应用最为普遍。下面分别给予简要介绍。

1. FAQ

FAQ 是“经常问到的问题”（Frequently Asked Questions）的英文缩写，即把一些功能和服务的常见问题罗列出来供客户自主查看。在利用一些网站的功能或者服务时往往会遇到一些看似很简单，但不经过说明可能很难搞清楚的问题，有时甚至会因为这些细节问题的影响而失去客户。其实在很多情况下，只要经过简单的解释就可以解决这些问题，这就是 FAQ 的价值。网站上 FAQ 是一种常用的在线帮助形式，一个好的 FAQ 系统应该至少可以回答客户 80%的一般问题，这样不仅方便了客户，也大大减轻了网站工作人员的压力，节省了大量的客户服务成本，并且提高了客户的满意度。因此，一个优秀的网站应该重视 FAQ 的设计。

FAQ 之所以很重要，是基于两个基本事实：一是当客户到一个新网站时，难免会遇到这样那样不熟悉的问题，有时可能是非常简单的问题，但可能会导致客户无法使用或使用困难；二是绝大多数客户在遇到问题时，宁可自己在网站上找答案，或者自己不断试验，而不是马上发邮件给网站管理员，何况即使发了邮件也不一定能很快得到回复。

网站的 FAQ 一般包括两部分：一部分是在网站正式发布前就准备好的内容，这些并不是等客户经常问到以后才回答的问题，而是一种“模拟客户”提出的问题，或者说是站在客户的角度，对在不同的场合中可能遇到的问题给出的解答；另一部分是在网站运营过程中客户不断提出的问题，这才是真正意义上的客户问题解答。不过，通常并不需要对这两部分内容做严格的区分，统称为 FAQ。如果网站发布前的 FAQ 设计比较完善，那么在运营过程中遇到的问题就会大大减少，因此，比较理想的状况是，前期准备的问题应该至少包含 80%以上的内容。

通常情况下，一个网站从规划、设计到功能开发、测试，这些工作一般不可能由一个人完成，各个环节的人员对一个网站各项功能和要素的理解不可能都站在客户的角度考虑，也不可能都按照网络营销的观点来处理问题。当各个部分的工作基本完成之后，还需要对网站进行总体的“调试”，对客户（尤其是新客户）在各个环节可能产生的疑问分别给予解答，这是一项很重要的工作。相对而言，国内一些知名网上零售网站的 FAQ 体系设计比较完善，一般针对客户在购物流程、商品选择、购物车、支付、配送、售后服务等方面分别给出了一些常见问题解答。

很多网站对 FAQ 重视不够，不少大型企业网站甚至根本没有这项内容，一些网站仅仅是流于形式，不仅内容贫乏，甚至答非所问。这样不仅解决不了客户关心的问题，在一定程度上也损害了网站的形象。

2. 电子邮件和在线表单

当通过 FAQ 无法得到满意的解答时，就需要一对一的网上客户服务方式。电子邮件和在线表单都是在线联系工具，通过它们可以将客户咨询的信息发送给企业/网站相关人员，但由于两者发送信息的方式不同，其效果也存在一定的差异。

作为一种主要的在线交流手段，电子邮件在客户服务中的作用非常重要，担负着主要的网上客户服务功能，不仅表现在一对一的客户咨询，更多情况下是作为长期维持客户关系的工具。随着客户对服务的要求越来越高，回复客户 Email 咨询的时间已经成为衡量一个企业整体客户服务水平的标准。在线表单的作用与 Email 类似，客户无须利用自己的电子邮件发送信息，而是通过浏览器界面上的表单填写咨询内容，提交到网站，由相应的客户服务人员处理。由于可以事先设定一些格式化的内容，如姓名、单位、地址、问题类别等，通过在线表单提交的信息比一般的电子邮件更容易处理。因此，为数不少的网站采用这种方式。

从功能上看，在线表单和 Email 这两种常用的在线联系方式都可以达到客户信息传递的目的，但从效果上来说有着很大的区别，如果处理不当，在线表单可能会存在很大的潜在问题，因此应该对此给予必要的重视。

首先，由于在线表单限制了客户的个性化要求，有些信息可能无法正常表达；其次，当表单提交成功之后，客户并不了解信息提交到什么地方，多长时间才能得到回复，并且自己无法保留邮件副本，不便于日后查询。因此，有时会对采用在线表单的联系方式产生不信任感。另外，客户填写的联系 Email 地址也有错误的可能，这样将无法通过 Email 回复客户的问题，甚至会造成客户不满。因此，对于在线表单方式的在线客服通常需要做一些提醒设置。例如，在联系信息的表单页面同时给出其他联系方式（如电子邮件地址、电话号码），并且给出一个服务承诺，即在提交后多久会回复客户的问题，同时也有必要提醒客户对有关咨询的问题自行用其他方式保留副本。

3. 即时通信

腾讯 QQ、淘宝千牛工作台等是应用较多的即时通信工具，许多网站采用 QQ 咨询的方式，而在淘宝网店一般会采用千牛工作台作为首选实时在线客服工具。即时通信大大提高了客户服务的效率，使得客户关心的问题可以及时得到解决，因而更受欢迎。

但由于这种实时聊天方式对客户服务人员要求很高，占用人工也比较多，客户服务成本会增高，因此在面向大量用户的时候，仍然有一定的限制。此外，由于多种在线聊天工具之间无法直接沟通，同时采用多种聊天工具也为客户服务增加了更多的负担。

4. 微信客服

在企业应用方面，微博适合做营销传播，微信适合做客户服务。因为微博是陌生人关系，可以进行有效的链式传播；而微信是熟人关系，可以一对一地进行对话。微信基于一对一对话和交互菜单，可以实现类似短信营业厅的自助服务业务；而且基于语音对讲的异步功能，又可以实现类似电话中心的呼叫中心业务。因此，客户服务将是微信在企业应用中的关键领域。

传统客户服务中大多服务的是企业的存量客户，或者知晓了企业的电话中心号码直接拨打的潜在客户。微信客户服务也一样，都针对已经是企业公众号好友的消费者，这里面可能部分是存量客户，部分是潜在客户，都是在线下刷过微信二维码或者已在微信上搜索添加。对于存量客户，微信客户服务可以提供最基本的受理类业务，如企业指定业务受理、客户投诉及建议、产品维修或障碍保修、预约服务等。

（1）微信可以让企业实现与客户的一对一交互，这个交互是私密的、双向的，私密性确保了信息不被传播，双向避免了单向的推送，而更好地体现了企业与客户的平等对话，从而微信客户服务可以提供消费者市场调查、客户满意度调查、销售/服务回访、节假日关怀、客户信息验证等。

（2）微信的语音对讲不同于电话的同步语音，而是异步语音，而异步语音让客户服务有了很好的演变，可以充分利用知识库、预录制语音、业务情景结合交互菜单等进行服务。基于该功能，微信客户服务可以实现的增值类业务有人工语音的自助服务、拓展的信息服务、转语音信箱服务/转电子邮件/OA 系统服务、城市/企业秘书台等。

（3）微信的自定义菜单和关键字回复，可以实现智能交互菜单，类似于呼叫中心的 IVR 机制，从而让微信客户服务可以实现更大比例的自助服务，如业务咨询、费用查询、订单查询、业务受理状态查询等查询类业务，以及自助下单、交付和预约资源（座位、包厢、菜品）等预约类业务。

（4）微信的对话机制中可以嵌入超链，进入专门的 App 页，通过 HTML5 页面或者其他技术开发的页面，可以进行企业特定的业务受理。因此，微信客户服务可以实现进一步的特定业务，比如自助缴费、充值、购买零配件、兑换礼品等业务。

（5）微信的扫一扫在客户服务中也可以起到很大作用。通过二维码、条码的支持，可以对产品条码或者维保证书进行扫描，实现售后服务的信息验证、维保索赔等业务；通过近距离无线通信（NFC）技术的支持，实现与智能家电、物联网等的对接，实现智能的人机对话。

（6）微信可以在公众平台上对好友进行分组，然后基于不同分组进行差异化的主动服务，实现一个简单的 CRM 功能。比如针对不同客户群体的业务提醒、促销通知、产品服务调查、消费交易后的回访、生日关怀等业务。

（7）微信的朋友圈可以进行内容分享。企业可以设计交易后的回访和致谢内容模板，同时添加口碑分享的元素成为分享模板，鼓励消费者进行朋友圈分享，从而又可以扩展为微信客户服务的服务营销业务。

总而言之，对于那些 B2C 模式的、客户互联网使用程度高的企业，在微信上做客户服务的优势非常明显，远远优于传统电话中心和 Email、网站页面自助服务等渠道。

5. 在线论坛与博客

在线论坛是网络社区的常见形式之一，在早期的互联网应用中担负着重要的在线客服职能，尽管目前论坛仍有其存在空间，但与其他在线客服工具相比，重要性已在逐步降低。借助于网站的论坛，客户可以将自己的问题发表，网站服务人员或者其他客户可以通过论坛回答客户的问题。一个客户的问题可能代表多个客户的心声，所以，通过论坛开展客户服务也是对 FAQ 的一种补充，并且可以将论坛上的常见问题及解答补充到 FAQ 中，从而让更多的人了解有关问题。

同样，博客在一定程度上也具有在线服务的作用，不过这些方式目前都没有成为在线服务的主流应用。

对于一些公共的问题，如生活常识、上网等，一些经验分享网站、ASK 社区、贴吧、搜索引擎等也在一定程度上承担了网站外部的在线客服功能。也就是说，将一些用户咨询较多的问题发布到第三方网站社区，也是为客户提供服务的补充方式。

此外，在线客服与手机短信相结合的服务模式也得到了广泛应用，尤其在对客户信息安全性要求比较高的电子商务领域，如网络银行、支付宝、订单处理等方面，通过短信验证增加了安全性，提高了客户服务的专业性。

尽管在线服务手段很多，并且新的在线服务工具还在不断发展中，但在强调网上客户服务的同时，不应忽视传统工具（如电话和普通邮件）的作用，它们在增进客户关系和实现客户服务方面同样重要。正如网络营销和传统营销密不可分一样，选择客户服务手段最重要的不是区分网上还是网下，而是考虑效率和客户满意度，最理想的方式是根据客户需求的特点，采取网上与网下客户服务手段相结合的方式。

思考题

1. 学习网络营销整体产品概念有何重要意义？
2. 适合网上零售的产品一般具有哪些特征？目前适合网上销售的产品主要有哪些类型？
3. 为何要建立网络品牌？如何建立网络品牌？
4. 根据客户的需求不同，网络营销应提供哪些不同层次的服务？
5. 目前网上客户服务的主要形式有哪几种？

第16章

网络营销价格策略

本章要点

- 网络营销产品的定价目标
- 网络营销产品的定价策略
- 免费价格策略

16.1 网络营销价格概述

16.1.1 网络营销价格的内涵

无论是传统营销还是网络营销，价格策略是最富有灵活性和艺术性的策略，是企业营销组合策略中的重要组成部分。网络营销价格是指企业在网络营销过程中买卖双方成交的价格，产品的价格是由市场供应方和需求方共同决定的。网络营销价格的形成是极其复杂的，它受到多种因素的影响和制约。企业在进行网络营销决策时必须对各种因素进行综合考虑，从而采取相应的定价策略。

16.1.2 网络营销产品的定价目标

定价目标是指企业通过制定一定水平的价格所要达到的预期目的。定价目标一般可分为利润目标、销售额目标、市场占有率目标和稳定价格目标。

1. 利润目标

利润目标是企业定价目标的重要组成部分，获取利润是企业生存和发展的必要条件，是企业经营的直接动力和最终目的。因此，利润目标为大多数企业所采用。由于企业的经营哲学及营销总目标不同，这一目标在实践中有以下两种形式：

（1）以追求最大利润为目标。最大利润有长期和短期之分，还有单一产品最大利润和企业全部产品综合最大利润之别。一般而言，企业追求的应该是长期的、全部产品的综合最大利润。这样，企业就可以取得较大的市场竞争优势，占领和扩大更多的市场份额，拥有更好的发展前景。当然，对于一些中小型企业、产品生命周期较短的企业、产品在市场上供不应求的企业等，也可以谋求短期最大利润。

最大利润目标并不必然导致高定价，如果价格太高，会导致销售量下降，利润总额可能因此而减少。有时，高额利润是通过采用低价策略，待占领市场后再逐步提价来获得的；有时，企业可以采用招徕定价策略，对部分产品定低价，赔钱销售，以扩大影响，招徕顾客，从而带动其他产品的销售，谋取最大的整体效益。

（2）以获取适度利润为目标。它是指企业在补偿社会平均成本的基础上，适当地加上一定量的利润作为产品价格，以获取正常情况下合理利润的一种定价目标。以最大利润为目标，尽管从理论上讲十分完美，也十分诱人，但实际运用时常常会受到各种限制。因此，很多企业按适度原则确定利润水平，并以此为目标制定价格。采用适度利润目标有各种原因，以适度利润为目标使产品价格不会显得太高，从而可以阻止激烈的市场竞争，或由于某些企业为了协调投资者和消费者的关系，树立良好的企业形象，而以适度利润为其目标。

以适度利润为目标确定的价格不仅使企业可以避免不必要的竞争，而且又能获得长期利润，由于价格适中，消费者愿意接受，还符合政府的价格指导方针，因此是一种兼顾企业利益和社会利益的定价目标。需要指出的是，适度利润的实现，必须充分考虑产销量、投资成本、竞争格局和市场接受程度等因素。否则，适度利润只能是一句空话。

2. 销售额目标

这种定价目标是在保证一定利润水平的前提下，谋求销售额的最大化。某种产品在一定时期、一定市场状况下的销售额由该产品的销售量和价格共同决定，因此销售额的最大化既不等于销售量最大，也不等于价格最高。对于需求价格弹性较大的产品，降低价格而导致的损失可以由销售量的增加而得到补偿，因此企业宜采用薄利多销的策略，保证在总利润不低于企业最低利润的条件下，尽量降低价格，促进销售，扩大盈利；反之，若产品的需求价格弹性较小，降价会导致收入减少，而提价则使销售额增加，企业应该采用高价、厚利、限售的策略。

采用销售额目标时，确保企业的利润水平尤为重要。这是因为销售额的增加，并不必然带来利润的增加。有些企业的销售额上升到一定程度，利润就很难再上升，甚至销售额越大，亏损越多。因此，销售额和利润必须同时考虑。当两者发生矛盾时，除非是特殊情况（如为了尽量地回收现金），应以保证最低利润为原则。

3. 市场占有率目标

市场占有率又称市场份额，是指企业的销售额占整个行业销售额的百分比，或者是指某企业的某产品在某市场上的销售量占同类产品在该市场销售总量的比重。市场占有率是企业经营状况和企业产品竞争力的直接反映。作为定价目标，市场占有率与利润的相关性很强，从长期来看，较高的市场占有率必然带来高利润。

市场占有率目标在运用时存在着保持和扩大两个互相递进的层次。保持市场占有率定价目标的特征是根据竞争对手的价格水平不断调整价格，以保证足够的竞争优势，防止竞争对手占有自己的市场份额。扩大市场占有率的定价目标就是从竞争对手那里夺取市场份额，以达到扩大企业销售市场乃至控制整个市场的目的。

在实践中，市场占有率目标被国内外许多企业所采用，其方法是以较长时间的低价策略来保持和扩大市场占有率，增强企业的竞争力，最终获得最优利润。但是，这一目标的顺利实现至少应具备以下三个条件：

（1）企业有雄厚的经济实力，可以承受一段时间的亏损，或者企业本身的生产成本本来就低于竞争对手。

（2）企业对竞争对手情况有充分了解，有从其手中夺取市场份额的绝对把握；否则，企业不仅不能达到目的，反而可能会受到损失。

（3）在企业的宏观营销环境中，政府未对市场占有率做出政策和法律的限制。比如，美国的反垄断法对单个企业的市场占有率进行限制，以防止少数企业垄断市场。在这种情况下，盲目追求高市场占有率，往往会受到政府的干预。

4. 稳定价格目标

稳定的价格通常是大多数企业获得一定目标收益的必要条件，市场价格越稳定，经营风险也就越小。稳定价格目标的实质就是通过本企业产品的定价来左右整个市场的价格，避免不必要的价格波动。按这种目标定价，可以使市场价格在一个较长的时期内相对稳定，减少企业之间因价格竞争而产生损失。

为达到稳定价格的目的，通常情况下是由那些拥有较高市场占有率、经营实力较强或较具有竞争力和影响力的领导者先制定一个价格，其他企业的价格则与之保持一定的距离或比例关系。对于大企业来说，这是一种稳妥的价格保护政策；对于中小企业来说，由于大企业不愿意随便改变价格，竞争性减弱，其利润也可以得到保障。在钢铁、采矿业、石油化工等行业，稳定价格目标得到最广泛的应用。

将定价目标分为利润目标、销售额目标、市场占有率目标和稳定价格目标，只是一种实践经验的总结，它既没有穷尽所有可能的定价目标，又没有限制每个企业只能选用其中的一种。由于资源的约束，企业规模和管理方法的差异，企业可能从不同的角度选择自己的定价目标。不同行业的企业有不同的定价目标，同一行业的不同企业可能有不同的定价目标，同一企业在不同的时期、不同的市场条件下也可能有不同的定价目标，即使采用同一种定价目标，其价格策略、定价方法和技巧也可能不同。企业应根据自身的性质和特点，具体情况具体分析，权衡各种定价目标的利弊，灵活确定自己的定价目标。

在网络营销中，市场还处于起步阶段的开发期和发展时期，企业进入网络营销市场的主要目标是占领市场，求得生存和发展机会，然后才是追求企业的利润。目前，网络营销产品的定价一般都是低价甚至是免费，以求在迅猛发展的网络虚拟市场中寻求立足的机会。

16.1.3 网络营销产品的定价基础

从企业内部来说，企业产品的生产成本总的是呈下降趋势，而且成本下降趋势越来越快。在网络营销战略中，可以从降低营销及相关业务管理成本费用和降低销售成本费用两个方面分析网络营销对企业成本的控制和节约。下面将全面分析互联网应用会对企业其他职能部门业务带来哪些成本费用节约。

1. 降低采购成本费用

在采购过程中经常出现问题，是由过多的人为因素和信息闭塞造成的，通过互联网可以减少人为因素和信息不畅通的问题，从而在最大限度上降低采购成本。

首先，利用互联网可以将采购信息进行整合和处理，统一从供应商订货，以求获得最大的批量折扣。其次，通过互联网实现库存、订购管理的自动化和科学化，可以最大限度地减少人为因素的干预，同时能以较高的效率进行采购，从而节省了大量的人力以及避免人为因素造成不必要的损失。最后，通过互联网可以与供应商进行信息共享，帮助供应商按照企业生产的需要进行供应，同时不影响生产，也不增加库存产品。

2. 降低库存

利用互联网将生产信息、库存信息和采购系统连接在一起，可以实现实时订购，企业可以根据需要订购，最大限度地降低库存，从而实现“零库存”管理。这样的好处是：一方面，减少资金占用和减少仓储成本；另一方面，可以避免价格波动对产品的影响。正确管理存货能为客户提供更好的服务并为公司降低经营成本，加快库存核查频率会减少与存货相关的利息支出和存储成本。减少库存量意味着现有的加工能力可更有效地得到发挥，更高效率的生产可以减少或消除企业和设备的额外投资。

3. 控制生产成本

利用互联网可以节省大量的生产成本。一方面，利用互联网可以实现远程虚拟生产，在全球范围寻求最适宜的生产厂家生产产品；另一方面，利用互联网可以大大缩短生产周期，提高生产效率。使用互联网与供货商和客户建立联系，使企业能够比从前大大缩短用于收发订单、发票和运输通知单的时间。有些部门通过 VAN 共享产品规格和图样，以提高产品设计和开发的速度。互联网发展和应用将进一步减少产品的生产时间，其途径是通过扩大企业电子联系的范围，或是通过与不同研究小组和企业进行合作来实现。

16.1.4　网络营销产品的定价特点

1. 全球性

网络营销市场面对的是开放的和全球化的市场，用户可以在世界各地直接通过网站进行购买，而不用考虑网站是属于哪一个国家或地区的。这种目标市场从过去受地理位置限制的局部市场，一下拓展到范围广泛的全球性市场，使得网络营销产品在定价时必须考虑目标市场范围的变化给定价带来的影响。

如果产品的来源地和销售目的地与传统市场渠道类似，则可以采用原来的定价方法；如果产品的来源地和销售目的地与原来传统市场渠道差距非常大，则在定价时就必须考虑这种地理位置差异带来的影响。例如，亚马逊网上商店的产品来自美国，购买者也是美国，那么产品定价可以按照原定价方法进行折扣定价，定价也比较简单。如果购买者是我国或者其他国家或地区的消费者，那么采用针对美国本土的定价方法就很难面对全球化的市场，影响网络市场全球性作用的发挥。为解决这些问题，可采用本地化方法，准备在不同市场的国家或地区建立地区性网站，以适应地区市场消费者需求的变化。

因此，企业面对的是全球性网上市场，但企业不能以统一市场策略来面对差异性极大的全球性市场，必须采用全球化和本地化相结合的原则进行产品定价。

2. 低价位定价

互联网是从科学研究应用发展而来的，因此互联网使用者的主导观念是网上的信息产品是免费的、开放的、自由的。在早期互联网开展商业应用时，许多网站采用收费方式想直接从互联网盈利，结果证明是失败的。

网上产品定价较传统定价要低，还有一个原因是其成本费用的降低。互联网可以从诸多方面来帮助企业降低成本费用，从而使企业有更大的降价空间来满足顾客的需求。

3. 顾客主导定价

顾客主导定价是指为满足顾客的需求，顾客通过充分的市场信息来选择购买或者定制生产自己满意的产品或服务，同时以最小代价（产品价格、购买费用等）获得这些产品或服务。简单地说，顾客的价值最大化，顾客以最小成本获得最大收益。

顾客主导定价的策略主要有顾客定制生产定价和拍卖市场定价。根据调查分析，由顾客主导定价的产品并不比企业主导定价获取利润低，根据国外拍卖网站 eBay. com 的分析统计，在网上拍卖定价产品，只有 20%的产品拍卖价格低于卖者的预期价格，50%的产品拍卖价格略高于卖者的预期价格，剩下 30%的产品拍卖价格与卖者预期价格相吻合，在所有拍卖成交产品中有 95%的产品成交价格卖者比较满意。因此，顾客主导定价是一种双赢的发展策略，既能更好地满足顾客的需求，又能使企业的收益不受影响。

16. 1. 5 影响产品定价的因素

影响产品定价的因素很多，有企业内部因素，也有企业外部因素；有主观的因素，也有客观的因素。概括起来，有产品成本、市场需求、竞争因素和其他因素四个方面。

1. 产品成本

产品的价格是按成本、利润和税金三部分来制定的。成本是构成价格的主要因素，价格如果过分高于成本，则有失社会公平；价格如果过分低于成本，则不可能长久维持。

2. 市场需求

当产品的市场需求大于供给时，价格应高一些；当产品的市场需求小于供给时，价格应低一些。反过来，价格变动影响市场需求总量，从而影响销售量，进而影响企业目标的实现。因此，企业制定价格就必须了解价格变动对市场需求的影响程度。反映这种影响程度的一个指标就是产品的价格需求弹性系数。

3. 竞争因素

市场竞争也是影响价格制定的重要因素。根据竞争的程度不同，企业定价策略也会有所不同。按照市场的竞争程度，可以分为完全竞争、不完全竞争与完全垄断三种情况。

完全竞争与完全垄断是竞争的两个极端，中间状况是不完全竞争。在不完全竞争条件下，竞争的强度对企业的价格策略有重要影响。所以，企业首先要了解竞争的强度。竞争的强度主要取决于产品制作技术的难易、是否有专利保护、供求形势以及具体的竞争格局。其次，要了解竞争对手的价格策略，以及竞争对手的实力。最后，还要了解、分析本企业在竞争中的地位。

4. 其他因素

企业的定价策略除受成本、需求以及竞争状况的影响外，还受其他多种因素的影响。这些因素包括政府或行业组织的干预、消费者的习惯和心理、企业或产品的形象等。

16. 2 网络营销产品的定价策略

企业为了有效地促进产品在网上销售，就必须针对网上市场制定有效的价格策略。由于网上信息的公开性和消费者易于搜索的特点，网上的价格信息对消费者的购买起着重要的作用。消费者选择网上购物，一方面是由于网上购物比较方便，另一方面是因为从网上可以获取大量的产品信息，从而可以择优选购。网络定价的策略很多，下面根据网络营销的特点，着重介绍竞争定价策略、折扣定价策略、个性化定制生产定价策略、使用定价策略、企业声誉定价策略和拍卖定价策略。

1. 竞争定价策略

通过顾客跟踪系统经常关注顾客的需求，时刻注意潜在顾客的需求变化，才能保持网站向顾客需要的方向发展。大多数网上购物网站经常会将网站的服务体系和价格等信息公开申明，这就为了解竞争对手的价格策略提供了方便。所以，应随时掌握竞争对手的价格变动，调整自己的竞争策略，时刻保持同类产品的相对价格优势。

2. 折扣定价策略

折扣定价策略是在原价格基础上给予一定折扣来定价的，让顾客直接了解产品的降价幅度以促进顾客购买，如打折、有奖销售或者附带赠品等。例如，亚马逊、当当一般都会有一些折扣。

这类价格策略主要为一些网上商店所采用，它一般按照市面上的流行价格进行折扣定价。

3. 个性化定制生产定价策略

个性化定制生产定价策略是在企业能实行定制生产的基础上，利用网络技术和辅助设计软件，帮助消费者选择配置或者自行设计能满足自己需求的个性化产品，同时承担自己愿意付出的价格成本。这种策略是利用网络互动性的特征，根据消费者的具体要求来确定产品价格的一种策略。网络的互动性使个性化营销成为可能，也使个性化定价策略有可能成为网络营销的一个重要策略。个性化定制生产定价策略由于没有可比性，所以可以采取高定价策略。

4. 使用定价策略

使用定价策略就是顾客通过互联网注册后可以直接使用某企业产品，顾客只需根据使用次数进行付费，而不需要将产品完全购买。这一方面减少了企业为完全出售产品进行大量不必要的生产和包装的浪费，另一方面可以吸引那些有顾虑的顾客使用产品，扩大市场份额。采用这种定价策略，一般要考虑产品是否适合通过互联网传输，是否可以实现远程调用。目前，比较适合的产品有软件、音乐、电影等。

5. 企业声誉定价策略

企业的形象、声誉成为网络营销发展初期影响价格的重要因素。消费者对网上购物和订货往往会存在许多疑虑。比如，在网上所订购的产品，质量能否得到保证、货物能否及时送到等。如果网上商店的店号在消费者心中享有声望，则它出售的产品价格可比一般商店高些；反之，价格则低一些。

6. 拍卖定价策略

与传统零售业和网上购物的买方被动接受产品价格的模式不同，网上拍卖允许买卖双方对交易产品的价格进行更为广泛的协商。经济学认为：市场要想形成最合理的价格，拍卖竞价是最合理的方式。网上拍卖由消费者通过互联网轮流公开竞价，在规定时间内价高者赢得产品。目前比较有名的拍卖站点是 http：//www. ebay. com。它允许产品公开在网上拍卖，拍卖竞价者只需要在网上登记即可，拍卖方只需将拍卖品的相关信息提交给 eBay 公司，经公司审查合格后即可上网拍卖。

国内的易趣、拍拍网（http：//www. paipai. com/）等拍卖网站相继关闭，而一些二手产品拍卖、海淘产品拍卖纷纷诞生，如瓜子网（https：//www. guazi. com/）、洋觅

（http：//www. ymi. cn/）等。

随着互联网市场的拓展，将有越来越多的产品通过互联网拍卖竞价。企业在选择拍卖竞价策略时要慎重，因为拍卖竞价可能会破坏企业原有的营销渠道和价格策略。拍卖竞价比较适合一些库存积压产品和二手产品，也适应企业刚刚上市的新产品，通过拍卖展示，以低廉的起拍价吸引消费者注意，起到促销作用。

16. 3　免费价格策略

16. 3. 1　免费价格策略的内涵

免费价格策略是市场营销中常用的营销策略，它主要用于促销和推广产品，这种策略一般是短期和临时性的。但在网络营销中，免费价格不仅是一种促销策略，还是一种非常有效的产品和服务定价策略。

具体来说，免费价格策略就是将企业的产品或服务以零价格形式提供给顾客使用，满足顾客的需求。免费价格形式有以下几类：①产品或服务完全免费，即产品（服务）从购买、使用到售后服务所有环节都实行免费，如浏览网易新闻、使用网易邮箱是无须支付任何费用的；②产品或服务限制免费，即产品（服务）可以被有限次使用，超过一定期限或者次数后，取消这种免费服务，如金山软件公司免费赠送可以使用99次的WPS 2000软件，达到使用次数后需要付费申请继续使用；③产品或服务部分免费，如一些著名研究公司的网站公布部分研究成果，如果要获取全部成果必须付费；④产品或服务捆绑式免费，即购买某产品或服务时赠送其他产品或服务。

免费价格策略之所以在互联网上流行，是有其深刻背景的。一方面，互联网的发展得力于免费策略实施；另一方面，互联网作为20世纪末最伟大的发明，它的发展速度和增长潜力令人生畏，任何有眼光的人都不敢放弃发展成长的机会，免费策略是最有效的市场占领手段。

目前，企业在网络营销中采用免费策略，一个目的是让用户免费使用形成习惯后，再开始收费，如智联招聘免费体验活动，为用人单位提供一个免费账号，体验网上招聘；一些B2B电子商务平台也采用免费体验三个月的会员服务，其目的是让用户体验产品或服务，形成偏好后再开始收费。这种免费策略主要是一种促销策略，与传统营销策略类似。另一个目的是想发掘后续商业价值，它是从战略发展的需要来制定价格策略的，主要目的是先占领市场，然后再在市场上获取收益。例如，腾讯公司推出的即时聊天工具QQ被我国消费者大量免费使用，除了QQ外，还提供微信等免费产品，巨大的用户数量为腾讯公司带来了商机，会员增值服务、虚拟服务、移动广告、微信支付、腾讯游戏、申请认证微信公众号等为腾讯公司带来了巨大利润。

16. 3. 2　免费产品的特性

在网络营销中，产品实行免费策略是受一定环境制约的，并不是所有的产品都适合采用免费策略。互联网作为全球性开放网络，它可以快速实现全球信息交换，只有那些适合互联网这一特性的产品才适合采用免费价格策略。一般说来，免费产品具有以下特性：

1. 易于数字化

互联网是信息交换的平台，它的基础是数字传输。易于数字化的产品都可以通过互联网实现零成本的配送。企业只需要将这些免费产品放到企业的网站上，用户可以通过互联网自主下载使用，企业通过较小成本就实现了产品推广，可以节省大量的产品推广费用。

2. 无形化

通常采用免费策略的大多是一些无形产品，它们只有通过一定的载体才能表现出一定的形态。例如，软件、信息服务（如报纸、杂志、电台、电视台等媒体）、音乐制品、电子图书等。这些无形产品可以通过数字化技术实现网上传输。

3. 零制造成本

这里，零制造成本主要是指产品开发成功后，只需要通过简单复制就可以实现无限制的生产。对这些产品实行免费策略，企业只需要投入研制费用，至于产品生产、推广和销售则完全可以通过互联网实现零成本运作。

4. 成长性

采用免费策略的产品一般都是利用产品成长推动占领市场，为未来市场发展打下坚实基础。

5. 冲击性

产品采用免费策略，主要目的是推动市场成长，开辟新的市场领地，同时对原有市场产生巨大的冲击。例如滴滴打车首单免费、当天第二单不超过×元也免费，这些举措使滴滴打车迅速抢占了出租车市场。

6. 间接收益

采用免费价格的产品（服务），可以帮助企业通过其他渠道获取收益。这种收益方式也是目前大多数 B2B 电子商务平台的主要商业运作模式。

16.3.3　免费价格策略的实施

1. 免费价格策略的风险

自从有了互联网之后，大家都在想：怎样才能在网上迅速发展，迅速扩大自己的知名度？大家都在寻找这种机会。互联网上最早出现这种机会的是浏览器，网景（Netscape）把它的浏览器免费提供给用户，开创了互联网上产品免费的先河。后来微软也如法炮制，免费发放 IE 浏览器。再后来 Netscape 公布了浏览器的源码，实行彻底的免费。

Netscape 当时允许用户免费下载浏览器，策略是在用户使用习惯之后，就可以开始收钱了，这是 Netscape 提供免费软件的背后动机。但是 IE 的出现打碎了 Netscape 的美梦。所以，对于这些公司来说，为用户提供免费服务只是其商业计划的开始，商业利润还在后面，但并不是每个公司都能顺利获得成功。Netscape 的免费浏览器计划就没有成功。所以，对于这些实行免费策略的企业来说，必须做好承担很大风险的准备。

2. 免费价格策略的实施步骤

免费价格策略一般与企业的商业计划和战略发展规划紧密关联，企业要降低免费价格策略带来的风险，提高免费价格策略的成功率，应思考以下几个方面的问题：

（1）互联网是成长性的市场，企业要获取成功，关键要有一个可能获得成功的商业运作模式，因此考虑免费价格策略时必须考虑是否与商业运作模式相吻合。

（2）分析采用免费价格策略的产品（服务）能否获得市场认可，即提供的产品（服务）是不是市场迫切需求的。互联网上通过免费价格策略已经获得成功的企业都有一个特点，就是提供的产品（服务）受到市场的极大欢迎。例如，互联网上的信息是海量的，消费者在查询信息时存在较高的搜索成本，百度公司的搜索引擎克服了这一难题，给消费者搜索信息带来了便利。

（3）分析采用免费价格策略的产品推出的时机。在互联网上的游戏规则是“win take all”（赢家通吃），只认第一，不认第二，因此在互联网上推出免费产品是为抢占市场，如果市场已经被占领或者已经比较成熟，则要审视推出的产品（服务）的竞争力。

（4）考虑产品（服务）是否适合采用免费价格策略。目前国内外很多提供免费 PC 的 ISP（Internet service provider，互联网服务提供商），对用户也不是毫无要求。它们有的要求用户接受广告；有的要求用户每月在其站点上购买定量的产品。例如，在优酷视频网站观看视频之前，都必须先看一段广告，如果想跳过广告，用户必须支付一定的费用。

（5）策划推广免费产品（服务）。互联网是信息的海洋，网上用户已经习惯免费的产品（服务）。因此，要吸引用户关注免费产品（服务），应当与推广其他产品一样有严密的营销策划。在推广免费产品（服务）时，主要考虑通过互联网渠道进行宣传。比如，在知名站点进行链接，发布网络广告，同时还要考虑在传统媒体发布广告，利用传统渠道进行宣传。奇虎公司在推出免费 360 杀毒软件时，就是通过电视广告宣传了其永久免费。

思考题

1. 网络营销产品的定价目标是什么？影响定价的主要因素有哪些？
2. 网络营销定价有何特点？如何保证企业低价策略的实施？
3. 企业对网络营销产品的定价一般采用什么策略？
4. 什么是个性化定制生产定价策略？
5. 如何使用定价策略？
6. 网上拍卖竞价有何利弊？
7. 什么是免费价格策略？免费价格有哪几类形式？
8. 实施免费价格策略应思考哪些方面的问题？
9. 适合采用免费价格策略的产品有哪些特性？

第17章

网络分销渠道策略

本章要点

- 网络直销渠道
- 网络间接销售渠道
- 双道法

17.1　网络分销渠道概述

17.1.1　网络分销渠道的意义

营销渠道（marketing channel）也称为营销网络，有时也称为分销渠道（distribution channel）。关于营销渠道的定义，有很多种版本，其中最具有代表性的当首推美国著名营销学家菲利普·科特勒的描述。科特勒认为："营销渠道就是指某种货物或劳务从生产者（制造商）向消费者（用户）转移时取得这种货物或劳务的所有权的所有组织或个人。"

从严格意义上说，营销渠道与分销渠道是两个不同的概念。前者包含后者，后者只是前者的一个子集；或者说前者是一个系统，后者只是前者的一个子系统。营销渠道包括某种产品或服务的供、产、销过程中的所有组织和/或个人。比如，原材料或零配件供应商（supplier）、生产商（producer）、商人中间商（merchant middleman）、代理中间商（agent middleman）、辅助商（facilitator）以及终端用户（end-user）等构成一条营销渠道。而生产商、商人中间商和/或代理中间商、终端用户则构成一条分销渠道。举例来说，联想 PC 的营销渠道，不仅包括生产者——联想以及联想的各级代理商、经销商和最终用户（家庭用户和行业用户），而且还包括其上游供应商，如中央处理器（CPU）供应商——英特尔（Intel）以及辅助商、运输公司、公关公司、广告代理公司、市场研究机构等；而其分销渠道则简单得多，仅包括联想及其各级代理商、经销商以及最终用户。

尽管营销渠道与分销渠道在严格意义上存在上述区别，而事实上，很多情况下，二者常常混合等同使用。

合理的分销渠道，一方面可以最有效地把产品及时提供给消费者，满足消费者的需要；另一方面也有利于扩大销售，加速商品和资金的流转速度，降低营销费用。有些企业的产品尽管有质量和价格上的优势，但缺乏分销渠道或分销渠道不畅，无法扩大销售，这样的例子屡见不鲜。在市场经济条件下，无论是哪一个国家或生产者生产出来的符合市场需要的产品，只有通过一定的分销渠道，才能在适当的时间、地点，以适当的价格销售给广大用户和消费者，以满足他们的需要，从而实现企业的营销目标。

与传统营销渠道一样，以互联网作为支撑的网络分销渠道也应具备传统分销渠道的功能。网络分销渠道就是借助互联网将产品从生产者转移到消费者的环节。从总体上看，网络分销渠道可分为网络直销渠道和网络间接分销渠道两种基本类型。需要注意的是，有人认为随着网络营销的发展，直销渠道将会完全替代间接分销渠道。这种认识是片面的，因为从商品流通的构成来看，它是由信息流、商流、资金流、物流四个方面构成的，在网络技术比较发达的情况下，信息流、商流和资金流可直接通过网上来完成，但物流则必须通过储存和运输来完成。

17.1.2 网络分销渠道与传统分销渠道的联系与区别

1. 网络分销渠道与传统分销渠道的联系

以互联网作为支撑的网络分销渠道也应具备传统分销渠道的功能：

（1）交易功能。即实现产品在实物上从生产者向消费者的转移，而消费者通过向生产者支付货币获得商品的所有权，这个功能通过组成分销渠道的各个组织机构来实现，如订货、付款、送货、售后服务等。

（2）调节功能。即对整个市场的供需在时间、空间、数量和品种等起调节的作用。分销渠道通过储存、运输在时间上和空间上对整个市场商品的供应与需求进行调节。当市场上的商品供大于求时，分销渠道中的中间商把商品储存起来，当市场上的商品供不应求时，分销渠道中的中间商把商品向市场释放；分销渠道的中间商还可以把各个生产者所生产的产品进行分类整理，然后根据各个细分市场的不同需求组织配送，以满足每个消费者在数量和品种上的不同需求。

（3）信息发布功能。在商品的流通过程中，分销渠道中的各组织机构还在信息沟通方面发挥着积极的作用，如企业的概况和产品的质量、种类、价格等。

2. 网络分销渠道与传统分销渠道的区别

无所不及、超越时空，将渠道、促销、电子交易、互动客户服务以及市场信息收集分析与提供多种功能集于一体的互联网的出现，带来了分销渠道的革命：

（1）网络分销渠道的结构更简化。根据有无中间环节，分销渠道可分为直接分销（即直销）渠道和间接分销渠道。由生产商直接将商品卖给消费者的分销渠道称为直接分销渠道；而至少包括一个中间商的分销渠道称为间接分销渠道。

传统分销渠道根据中间商数目的多少，将分销渠道分为若干级别。直接分销渠道没有中间商，因而称为零级分销渠道；间接分销渠道则包括一级、二级、三级乃至级数更高的渠道，如图 17-1 所示。

相对于传统的分销渠道，网络分销渠道也可以分为直接分销渠道和间接分销渠道，网络直接分销渠道和传统的直接分销渠道一样，都是零级分销渠道；而其间接分销渠道结构要比传统间接分销渠道简单得多，网络营销中只有一级分销渠道，即只存在一个电子中间商来沟通买卖双方的信息，而不存在多个批发商和零售商的情况，因而也就不存在多级分销渠道。

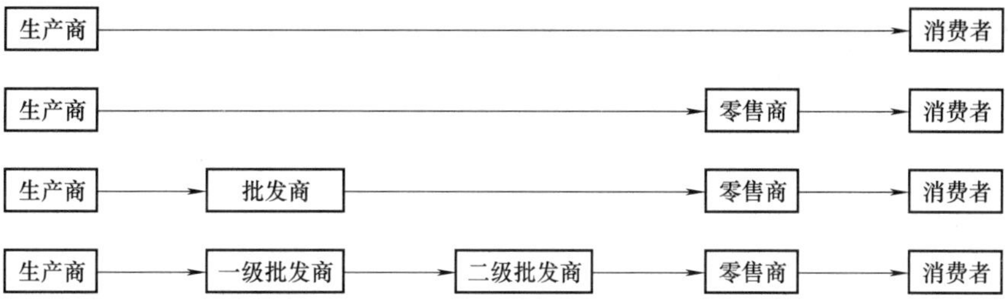

图 17-1　传统的分销渠道

（2）网络分销渠道更能节省流通费用。在网络营销中，无论是直接分销渠道还是间接分销渠道，较之传统营销的渠道结构都大大减少了流通环节，有效地降低了交易成本。

企业通过传统的直接分销渠道销售产品，通常采用两种具体实施方法：第一种方法是直接销售，不设仓库。例如，企业在外地派驻推销人员，但在当地不设仓库。推销人员在当地卖出产品后，将订单发回企业，由企业直接把货物发送给购物者。这种方法，企业需支付推销人员的工资和日常推销开支。第二种方法是直接销售，但需设立仓库。在这种方法中，企业一方面要支付推销人员的工资和费用，另一方面还需要支付仓库的租赁费。

通过网络的直接分销渠道销售产品，企业可以从网上直接受理来自全球各地的订货单，然后直接将货物寄给购物者。这种方法所需的费用仅仅是网络管理人员的工资和低廉的网络费用，驻外人员的差旅费及仓库的租赁费用等都不需要了。

通过传统的间接分销渠道销售产品，必须依靠中介机构，而且产品由生产单位流转到最终用户手中，中介机构常常不止一个。中介机构越多，流通费用就越高，产品的竞争能力也就在这种流转过程中逐渐丧失了。

网络的间接分销渠道完全克服了传统间接分销渠道的上述弱点。网上商品交易中心之类的中介型电子商务网站，完全承担起信息中介机构的作用，同时也利用其在各地的分支机构承担起批发商和零售商这类传统中间商的作用。网上商品交易中心合并了众多的中介机构，使其数目减少到一个，从而使商品流通的费用降低到最低限度。

（3）网络分销渠道更快捷。从网上直接挑选和购买商品，并支付货款，是销售产品、提供服务的快捷途径。

17.2　网络直销

在网络直销渠道中，生产商直接和消费者交易，不存在任何中间环节，这里的消费者可以是个人消费者，也可以是进行生产性消费或集团性消费的企业和商家，如图 17-2 所示。

图 17-2　网络营销的直销渠道

17.2.1　网络直销流程图

网络直销是指厂家通过网络分销渠道直接销售产品，中间没有任何形式的网络中间商介入其中。B2C 电子商务基本属于网络产品直销的范畴。这种交易的最大特点是供需直接见面，环节少，速度快，费用低。其流转程式如图 17-3 所示。

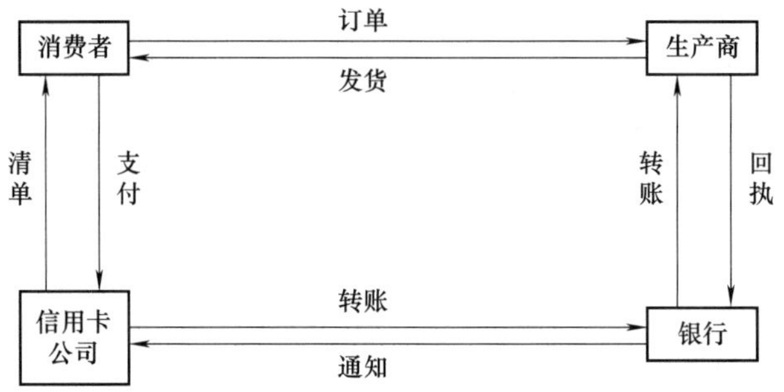

图 17-3　网络产品直销的流转程式

由图 17-3 可以看出，网络产品直销过程可以分为以下几个步骤：

（1）消费者进入互联网，查看在线商店或企业的主页。

（2）消费者通过购物对话框填写姓名、地址以及购买商品的品种、规格、数量和价格。

（3）消费者选择支付方式，如信用卡，也可选用借记卡、电子货币或电子支票等。

（4）在线商店或企业的客户服务器检查支付方服务器，确认汇款额是否认可。

（5）在线商店或企业的客户服务器确认消费者付款后，通知销售部门送货上门。

（6）消费者的开户银行将支付款项传递到消费者的信用卡公司，信用卡公司负责发给消费者收费清单。

17.2.2　网络直销的形式

1. 自建网站

企业在互联网上建立自己独立的站点，申请域名，制作主页和销售网页，由相关人员专门处理有关产品的销售事务，如戴尔（DELL）和我国的海尔网上商城。

自建网站的好处是：①可以扩大企业的知名度、提高企业的形象；②由于网站是企业自己的，因此企业在开展各种网络促销活动时可以把外界干扰减到最低限度；③企业可以充分利用自己的网站资源在网站架起一座与消费者进行有效沟通的桥梁，及时掌握消费者的动态、分析消费者的心理等，从而使企业的网络促销活动设计得更有针对性。从近几年国外发展的情况看，许多企业在互联网上都拥有自己的网站。

但是，自建网站也存在其自身的缺点：①自建网站的费用开支比较大；②网站建立起来以后需要一支专门的维护队伍对其进行日常维护；③网站的内容不仅要及时更新，而且企业还应当把网站办得生动活泼，如果企业的网站总是一副老面孔，总是这几条内容，或者办得枯燥无味，将大大影响企业的声誉和形象。

2. 企业委托信息服务商在其网点上发布信息，企业利用有关信息与客户联系，直接销售产品

虽然在这一过程中有信息服务商参加，但主要的销售活动仍然是在买卖双方之间完成的。这两种做法形式略有不同，但功能相同，都属于直接营销的范畴，所以不做具体分析。

17.2.3　网络直销的优点和缺点

1. 网络直销的优点

网络直销具有以下优点：

（1）有效减少交易环节，促成产需直接见面。

（2）网络直销对买卖双方都有直接的经济利益。由于网络可以大大降低企业的营销成本，企业能够以较低的价格销售自己的产品，消费者也能够买到大大低于现货市场价格的产品。

（3）有效减少售后服务的技术支持费用。

2. 网络直销的缺点

由于越来越多的企业和商家在网上建站，反而使用户处于无所适从的尴尬境地，面对大量分散的域名，网络访问者很难耐心地逐个访问企业主页，尤其是那些不知名的中小企业网站，大部分网络漫游者不愿意在此浪费时间，或只是在路过时看一眼。我国目前建立的企业网站，除个别行业和部分特殊企业外，大部分企业网站访问者寥寥无几，营销收效不大。

这个问题的解决必须从两方面入手：一方面，需要尽快建立高水平的网络信息服务站点，并加强网站推广工作，网站推广工作就是要让顾客知晓并主动点击企业网站，可以说它是企业进行网络营销成功与否的关键；另一方面，需要从网络间接分销渠道中寻找出路。

17.3　网络间接分销渠道

网络间接分销渠道是指商品从生产领域转移至消费者或用户手中，要经过中间商的分销渠道。为了克服网络直销的缺点，网络商品交易中介机构应运而生。中介机构成为连接买卖双方的枢纽，使网络间接销售成为可能。

网络中间商主要有两大类：商品或服务经销中间商和网络信息中间商。商品或服务经销中间商与传统渠道的中间商一样，起着将商品从生产领域向消费领域转移的作用。而网络信息中间商本身不经营任何商品和服务，仅仅凭借其掌握的大量信息沟通买卖双方的交易，而最终交易的完成、商品实体的流转还是供应方和需求方之间的事。如图 17-4、图 17-5 所示。

图 17-4　以商品或服务经销中间商为中介的网络营销间接渠道

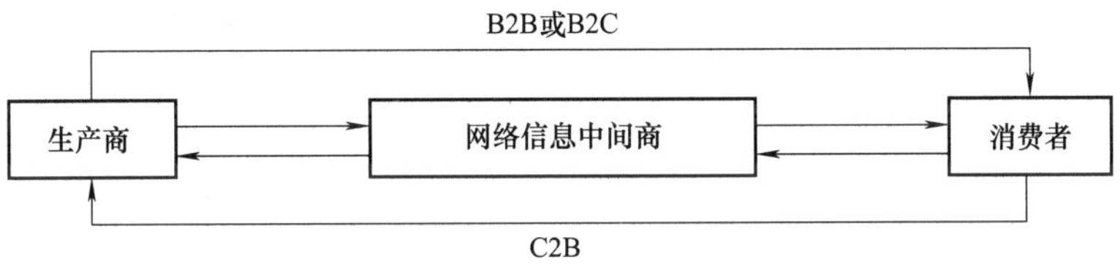

图 17-5　以网络信息中间商为中介的网络营销间接渠道

网络间接分销渠道是由融入互联网技术后的中间商提供的，是指把商品从中间商销售给消费者或使用者的营销渠道。传统间接分销渠道可能有多个中间环节；而由于互联网技术的运用，网络间接分销渠道只需要新型电子中间商这一中间环节即可。间接分销渠道一般适应于小批量商品及生活资料的交易。

17.3.1 网络商品交易中介机构产生的必然性

从经济学的角度分析，有四个基本原因使网络商品交易中介机构的产生成为必然。

1. 网络商品交易中介机构简化了市场交易的过程

设想一种最简单的情况，市场上仅仅存在 3 个生产商和 3 个消费者。在没有网络商品交易中介机构的情况下，总共需要发生 9 次交易关系（见图 17-6）。增加一个网络商品交易中介机构，在网络直销中必须发生的 9 次交易关系由此减少到 6 次（见图 17-7）。网络商品交易中介机构的存在，简化了市场交易的过程，加速了商品由生产领域向消费领域的转化，使交易双方都感到方便和满意。

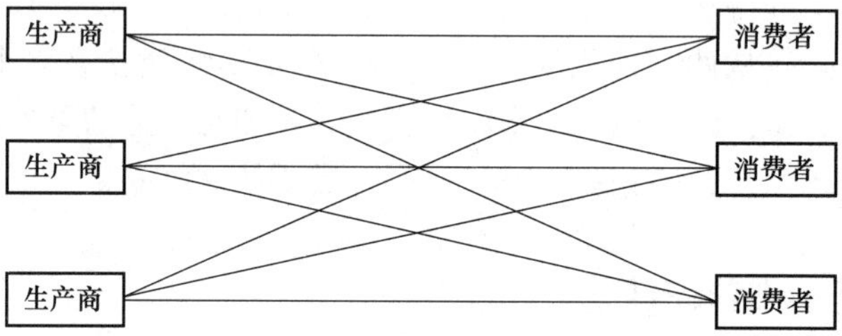

图 17-6 没有网络商品交易中介机构的交易关系

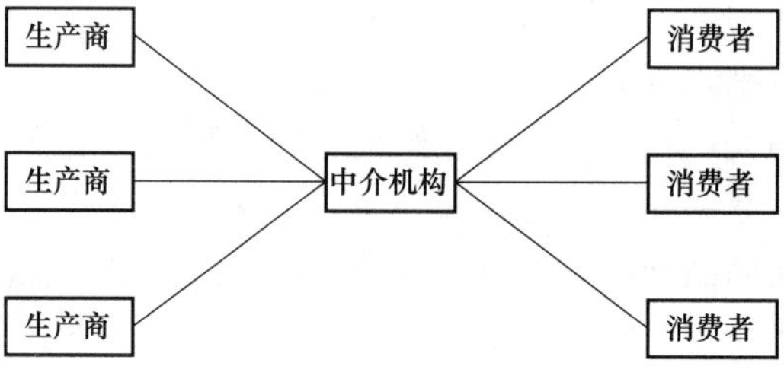

图 17-7 存在网络商品交易中介机构的交易关系

2. 网络商品交易中介机构的撮合功能有利于平均订货量的规模化

生产商一般生产大量种类有限的产品，而消费者则通常只需数量有限但品种繁多的产品，这一矛盾通过中介服务商来解决，使商品和服务流通更顺畅。

网络商品交易中介机构作为连接生产商和消费者的一种新型纽带，可以有效克服传统商业的弊端。一方面，它能以最短的渠道销售商品，满足消费者对商品价格的要求；另一方面，它能够通过计算机自动撮合的功能，组织商品的批量订货，满足生产商对规模经济的要求。这种具有集约功能的商品流转程式的出现，为从根本上解决现代企业发展中批量组货与预订的难题创造了先行条件。

3. 网络商品交易中介机构使得交易活动常规化

在传统交易活动中，影响交易的因素很多，如价格、数量、运输方式、交货时间和地点、支付方式等，每一个条件、每一个环节都可能使交易失败。如果这些变量能够在一定条件下常规化，交易成本就会显著降低，从而有效提高交易的成功率。

网络商品交易中介机构在这方面做了许多有益的尝试。由于是虚拟市场，这种机构可以一天 24 小时、一年 365 天不停地运转，避免了时间上、时差上的限制；买卖双方的意愿通过统一、规范的交易表格表达，避免了相互扯皮；中介机构所属的配送中心分散在全国各地，可以最大限度地减少运输费用；网络交易严密的支付程序，使买卖双方彼此增加了信任感。很明显，网络商品交易中介机构的规范化运作，减少了交易过程中大量的不确定因素，降低了交易成本，提高了交易的成功率。

4. 网络商品交易中介机构便利了买卖双方的信息收集过程

在传统的交易中，买卖双方都被卷入了一个双向的信息搜寻过程。这种信息搜寻既要付出成本，也要承担一定的风险。信息来源的局限性使得生产商不能确定消费者的需要，消费者也无法找到他们所需要的东西。网络商品交易中介机构的出现改变了这种状况，为信息搜寻提供了极大的便利。网络商品交易中介机构本身是一个巨大的数据库，其中云集了全国乃至全世界的众多生产商，也汇集了成千上万种商品。这些生产商和商品实行多种分类，可以从各个不同的角度检索。买卖双方完全可以在不同的地区、不同的时间，在同一个网址上查询不同的信息，方便地交流不同的意见，在中介机构的撮合下，匹配供应意愿和需求意愿。

17.3.2　网络间接分销渠道的交易流程

网络商品中介交易是通过网络商品交易中心，即通过虚拟网络市场进行的商品交易。以 B2B 电子商务为例，在这种交易过程中，网络商品交易中心以互联网为基础，利用先进的通信技术和计算机软件技术，将商品供应商、采购商和银行紧密地联系起来，为客户提供市场信息、商品交易、仓储配送、货款结算等全方位的服务。其流程如图 17-8 所示。

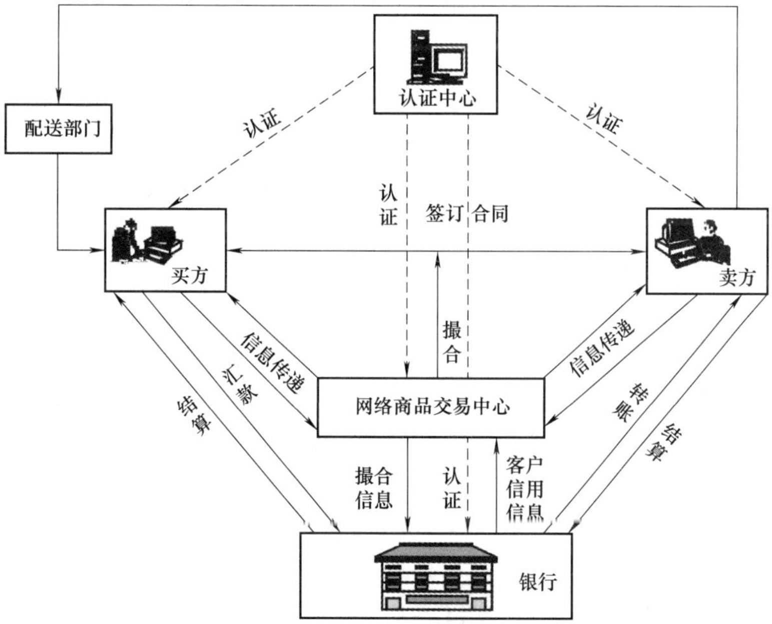

图 17-8　网络商品中介交易的流程

网络商品中介交易的流程可分为以下几个步骤：

(1) 买卖双方将各自的供应和需求信息通过网络告诉网络商品交易中心，网络商品交易中心通过信息发布服务向参与者提供大量的、详细准确的交易数据和市场信息。

(2) 买卖双方根据网络商品交易中心提供的信息，选择自己的贸易伙伴。

(3) 网络商品交易中心从中撮合，促使买卖双方签订合同。

(4) 买方在网络商品交易中心指定的银行办理转账付款手续。

(5) 指定银行通知网络商品交易中心买方货款到账。

(6) 网络商品交易中心通知卖方将货物发送到设在离买方最近的交易中心配送部门。

(7) 配送部门送货给买方。

(8) 买方验证货物后通知网络商品交易中心货物收到。

(9) 网络商品交易中心通知银行买方收到货物。

(10) 银行将买方货款转交卖方。

(11) 卖方将回执送交银行。

(12) 银行将回执转交买方。

中小微企业普遍采用网络间接渠道的方式开展电子商务。由于中小微企业在资金、规模、知名度等方面的弱势，无法实现自建网站，所以必须找到一种适合自身发展的电子商务路径。网络商品交易中心就是在这种需求下诞生的。网络商品交易中心指的是独立于买卖双方，能够提供在线交易、支付、物流配送、信用保证体系等综合解决方案的电子商务平台，可以为中小微企业提供低成本、专业、便捷、动态的电子商务应用服务。网络商品交易中心的应用有利于企业降低成本、提高效率、扩展市场，是企业进行商务活动获取订单的有效途径。

中小微企业通过网络商品交易中心的应用，不仅可以避免一次性投入太多而影响生产，也不会因没有人才而搁浅。而网络商品交易中心存在的最大意义，还在于聚集行业内的大部分企业形成集群效应。这类平台知名的有阿里巴巴、慧聪网、淘宝网、1号店等。

利用网络商品交易中心发展电子商务具有以下优势：①门槛较低，易于上手；②浏览量有保障，易带来商机；③交易体系完善，可实现在线购买、网上支付、物流配送，还提供在线推广、旺铺、黄金展位等增值服务；④交易安全可靠，第三方平台的认证技术、支付手段、安全技术等确保了交易的安全性。

17.3.3 网络中间商的类型

电子商务的出现和发展不仅没有使中间商消失，反而给传统的中间商带来了新的发展机遇。随着电子商务的日益盛行，在互联网上出现了越来越多的新型网络中间商，因为这些中间商是在网络市场上为用户提供信息服务中介功能的，因而一些学者就把这些新型中间商称为“网络中间商”或“电子中间商”。与传统中间商一样，电子中间商起着连接生产商和消费者的桥梁作用，帮助消费者做出购买决策和满足其需要，帮助生产商掌握产品销售状况，降低生产商为达成与消费者的交易所支付的成本费用。根据业务模式的不同，可以将网络中间商进行以下分类：

1. 目录服务商

目录服务商对互联网上的网站进行分类并整理成目录的形式，使用户从中能够方便地找到所需要的网站。目录服务包括三种形式：

（1）综合性目录服务。比如某些门户网站，为用户提供了各种各样不同站点的综合性索引，在这类站点上通常也会提供对索引进行关键词搜索的功能。

（2）商业性目录服务（如互联网商店目录）。例如被百度公司收购的网址之家（www.hao123.com），用户通过网站中的链接可以进入不同的常用网站。商业性目录服务仅仅提供对现有的各种商业性网站的索引，而不从事建设和开发网站的服务，类似于实际生活中的出版厂商和公司目录出版商。

（3）专业性目录服务。即针对某一专业领域或主题建立的网站，通常是由该领域中的企业或专业人士提供内容，包括为用户提供对某一品牌商品的技术评价信息、同类商品的性能比较等，对商业交易具有极强的支持作用。例如提供数字期刊目录的万方数据知识服务平台（www.wanfangdata.com.cn）。

2. 搜索引擎服务商

与目录服务商不同，搜索引擎站点为用户提供基于关键词的检索服务，如 Google、Baidu 等站点，用户可以利用这类站点提供的搜索引擎对互联网进行实时搜索。

3. 虚拟商场

虚拟商场是指包含与两个以上的商业性站点链接的网站。虚拟商场与商业性目录服务商的区别在于，虚拟商场为需要加入的厂商或零售商提供建设和开发网站的服务，并收取相应的费用，如租用服务器的租金、销售收入的提成等。这类站点的主要收入来源依靠其他商业站点对它的租用，如天猫、QQ 商城。

4. 互联网内容服务商

互联网内容服务商即在互联网上向目标客户群提供所需信息的服务提供者，如新浪、腾讯、网易。这类站点提供了访问者感兴趣的大量信息，目前互联网上的大部分网站都属于这种类型。然而，现在大多数互联网内容服务商的信息服务对网络浏览者是免费提供的，其预期的收益主要来源于以下几方面：在互联网上免费提供信息内容，以促进传统信息媒介的销售；降低信息传播的成本，从而可以提高利润率；为其他网络商家提供广告空间，并收取一定的广告费或销售提成。

5. 网络零售商

与传统零售商一样，网络零售商通过购进各种各样的商品，然后再把这些商品直接销售给最终消费者，从中赚取差价。例如亚马逊、京东商城等。由于在网上开店的费用很低，因而网上零售商店的固定成本显著低于同等规模的传统零售商店。另外，由于网上零售商店的每一笔业务都是通过计算机自动处理完成的，节约了大量的人力，使零售业从原来的劳动密集型行业转变为技术密集型行业，并使网上零售商店的可变成本显著低于同等规模的传统零售商店。网上零售商店还可以比传统零售商店更容易获得规模经济和范围经济，所以网络零售商具有极强的价格竞争优势，很多网上零售商店也往往会以打折、优惠券等促销方式来吸引消费者购物，既促进了销售又使消费者剩余得到了增加。

6. 虚拟评估机构

互联网是一个开放性的网络，任何人都可以在互联网上设立站点，对基于互联网而形成的网络市场来说也同样如此，任何人都可以在网络市场上开设商店，销售商品。也就是说，网络市场的进入门槛非常低，以至于无法将具有不良企图的经营者从一开始就排除在市场之外，因而在网络市场中充斥着良莠不齐的厂商和销售商，使消费者的购物风险升高。虚拟评估机构就是一些根据预先制定的标准体系对网上商家进行评估的第三方评级机构，通过为消费者提供网上商家的等级信息和消费评测报告，降低消费者网上购物的风险，对网络市场上商家的经营行为起到了间接的监督作用。例如网站评测专家（https://www.pingjiae.com/）。

7. 网络统计机构

电子商务的发展也需要其他辅助性的服务，如网络广告商需要了解有关网站访问者的特征、不同的网络广告手段的使用率等信息，网络统计机构就是为用户提供互联网统计数据的机构。例如，Forrester、A. C. Nielsen 以及我国的 CNNIC 等。

8. 网络金融机构

交易的完成还需要得到金融机构的支持，如网上交易过程中的信贷、支付、结算、转账等金融业务，网络金融机构就是为网络交易提供专业性金融服务的机构。

9. 虚拟集市

虚拟集市为那些想要进行物品交易的人提供一个虚拟的交易场所，任何人都可以将想要出售物品的相关信息上传到虚拟集市的网站上，也可以在站点中任意选择和购买。虚拟集市的经营者对达成的每一笔交易收取一定的管理费用，网上拍卖站点是较具代表性的一种虚拟集市。

10. 智能代理

随着电子商务在全球范围内的飞速发展，网上的商业信息正以指数级数增长，面对网上浩瀚的信息，消费者不得不花费更多的时间和精力进行筛选和处理。智能代理（intelligent agent）就是利用专门设计的软件程序（智能代理软件/程序），根据消费者的偏好和要求预先为消费者自动提供所需信息的搜索和过滤服务的提供者。智能代理软件在搜索时还可以根据用户自己的喜好和别人的搜索经验自动学习、优化搜索标准。那些专门为消费者提供购物比较服务的智能代理，又称为比较购物代理（comparison shopping agent）、比较购物引擎（comparison shopping engine）、购物机器人（shopbot/pricebot）等，而且在此基础上还产生了一种新的电子商务模式——比较电子商务，例如比价网（http://www.b1bj.com/）。由于这种商业模式的先进性，一些采用这一模式的网站迅速脱颖而出，成为众多网络消费者经常访问的站点，这从一个侧面反映了这种服务对于消费者的价值。

综上所述，电子商务的发展对中间商提出了更高的要求，传统意义上的中间商必须向网络中间商转型，以适应电子商务环境的要求。网络中间商使厂商和消费者之间的信息不对称程度显著降低，提高了网络交易的效率和质量、网络市场的透明度，在电子商务的价值链中扮演着重要的角色，具有不可替代的作用和功能，网络中间商的存在促进了电子商务的应用和发展。

17.3.4 选择网络商品交易中间商的原则

在互联网飞速发展的今天，网上每天都在诞生着新的中间服务商，这些中间服务商的功能和作用、服务特色、服务质量差别很大。作为一个企业，要想使自己的网络营销获得成功，必须正确选择网络中间服务商。在筛选网络中间服务商时，要考虑功能、成本、信用、覆盖、特色和连续性六大因素。这六大因素是网络间接营销能否成功的关键所在。

1. 功能

功能是指网络中间服务商所能够提供的服务功能。一般要求网络中间服务商能够提供多种复合功能，而不是只提供信息服务功能。担当网络间接销售渠道的网络中间服务商，必须具备以下功能：

（1）信息收集功能。它是指能够收集和传播网络营销环境中有关顾客、竞争对手和其他参与者的营销信息。

（2）网络促销功能。它是指具有强有力的网络促销方式的开发能力，这种促销方式对顾客极具说服力。不仅如此，同时还具有迅速传播促销信息的能力。

（3）网络谈判功能。它是指能够在网络上尽力谈判撮合买卖双方的意愿，通过网络中间服务商的撮合，能使买卖双方就价格、数量等其他条件达成协议，并顺利实现商品或服务所有权的转移。

（4）网络订货功能。它是指网络营销渠道中的中间服务商向制造商做出有购买意图的反向沟通行为，即网络服务商能够根据网络消费者的需求反向向商品或服务的供应者提出订货要求。

（5）网络融资功能。它是指网络中间服务商有能力收集和分散资金，以负担从事网络分销工作所需的费用。

（6）承担风险功能。它是指在执行网络分销任务的过程中为生产者和消费者承担有关商品或服务的风险。

（7）占有实体功能。它是指在商品由供应方向需求方转移的过程中，能承担进货、存储、送货等各个环节的连续性工作。

（8）网络付款功能。它是指具有在网络上向买方收款、向卖方付款的功能。当然，这中间离不开与银行或其他金融机构的联系。

网络中间服务商所能够提供的功能服务，是选择网络中间服务商时所要考虑的最重要因素。

2. 成本

成本是指使用网络中间服务商时的支出。这种支出分为两类：一类是在中间商网络服务站建立主页时的费用；另一类是维持正常运行时的成本。在两类成本中，维持成本是主要的、经常的，成本的大小与所选择的网络中间服务商有关，因为不同的中间服务商对成本的支出有较大的差别。

3. 信用

信用是指网络中间服务商所具有的信用度的大小，这一点往往会被忽略。相对于其他基本建设投资来说，建立一个网络服务站所需的投资较少，因而信息服务商如雨后春笋般出现。目前，我国还没有权威性的认证机构对这些信息服务商进行认证，因此在选择中间服务商时应注意其信用程度。

4. 覆盖

覆盖是指网络宣传所能够波及的地区和人数，即网络站点能够影响的市场区域。对于企业来讲，站点覆盖面并非越广越好，还要看市场覆盖面是否合理、有效，是否最终能够给企业带来经济效益。

5. 特色

每一个网络站点都受到中间商总体规模、财力、文化素质的影响，在设计、更新过程中表现出各自不同的特色，因而具有不同的访问群。企业应当研究这些访问群（即顾客群）的特点、购买习惯和购买频率，进而选择不同的电子商务交易中间服务商。

6. 连续性

网络发展的实践证明，网络站点的寿命有长有短。一个企业要想使网络营销持续稳定地运行，就必须选择具有连续性的网络站点，在用户或消费者中建立品牌信誉、服务信誉。为此，企业应采取措施密切与中间服务商的关系，防止中间服务商将其他企业的产品放在经营的主要位置。

17.4 双道法

所谓双道法，是指企业同时使用网络直接分销渠道和网络间接分销渠道，以达到销售量最大的目的。在买方市场下，通过两条渠道销售产品比通过一条渠道更容易实现“市场渗透”。

企业在销售产品时，选择哪一种渠道要结合企业的具体情况。目前，许多企业的网站访问者不多，有些企业的网络营销收效也不大，但是却不能据此否定企业网站的作用。企业在互联网上建站，一方面，通过网站优化增加网上曝光率，为自己打开了一个对外宣传的窗口；另一方面，也建立了自己的网络直销渠道。国外亚马逊书店，国内青岛海尔集团、苏宁电器网上商城的实践，都说明企业上网建站大有可为，建站越早，收益越早。不仅如此，一旦企业的网页与信息服务商链接，其宣传作用更不可估量，不仅覆盖全国，而且可以传播到全世界，这种优势是任何传统的广告宣传都不能比的。很多网站都拥有自身的专门站点，并且与天猫、腾讯等大型网站合作，建立链接，扩大宣传。

有着酿造葡萄酒悠久历史的张裕集团近年来也开始发展自身的网上订购业务，张裕旗下的官方商城——酒先锋（http：//www.jiuxianfeng.com/）专门经营张裕产品，网站针对高端客户、大批量客户和个性化定制客户提供了全面在线订购服务，同时在天猫、京东商城设立了旗舰店。

在现代化大生产和市场经济条件下，企业在网络营销活动中除了自己建立网站外，大部分都是利用网络间接分销渠道销售自己的产品，通过中间商的信息服务、广告服务和撮合服务扩大企业的影响，开拓企业产品的销售空间，降低销售成本。因此，对于从事企业营销活动的企业来说，必须熟悉、研究国内外电子商务交易中间商的类型、业务性质、功能、特点及其他有关情况，必须正确地选择中间商，顺利完成产品从生产商到消费者的整个转移过程。

思考题

1. 什么是分销渠道？网络分销渠道与传统分销渠道有何不同？
2. 网络分销渠道有哪些类型？有何优缺点？

3. 什么是网络直销？网络直销有哪些优点？以什么形式开展网络直销？

4. 什么是网络间接分销？网络商品交易中介机构产生的必然性是什么？如何选择网络交易中间商？

5. 简述网络直销和网络间接分销的一般流程。

6. 一般情况下，中小企业应该采用自建网站形式还是网络商品交易中心形式开展零售业务？为什么？

第18章

网络营销促销策略

本章要点

- 网络促销的形式
- 网络广告的类型及策划过程

18.1 网络促销概述

18.1.1 促销的本质

促销是企业市场营销活动的基本策略之一。它是指企业以各种有效的方式向目标市场传递有关信息，以启发、推动或创造对企业产品和服务的需求，并引起购买欲望和购买行为的综合性策略活动。促销的本质是企业同目标市场之间的信息沟通，不管是传统的促销活动还是网络促销活动，都有以下基本功能：

1. 告知功能

促销活动能把企业的产品、服务、价格、信誉、交易方式和交易条件等有关信息告诉广大公众，使他们对企业由无知转为有知，从知之不多到知之较多，从而使顾客在选择购买目标时，将企业的产品或服务纳入其选择范围。

2. 说服功能

促销活动往往致力于通过提供证明、展示效果、表示承诺等方法来说服消费者，化解目标公众的疑虑和犹豫，加强他们对本企业产品或服务的信心，促使其迅速采取购买行为。

3. 影响功能

促销活动通过对社会广泛、经常的信息传播，形成一种社会舆论，对目标市场的消费者产生舆论导向，使他们在不知不觉中接受本企业的各种宣传，建立对本企业的印象，形成对本企业的好感。

18.1.2 网络促销的特点

网络促销是指利用现代化的网络技术向虚拟市场传递有关产品或服务的信息，以启发需求，引起消费者购买欲望和购买行为的各种活动。其表现有以下三个明显的特点：

（1）网络促销是通过网络技术传递产品或服务的存在、性能、功效及特征等信息的。因此，网络促销不仅需要营销人员熟悉传统的营销技巧，而且需要具备相应的计算机和网络技术知识，包括各种软件的操作和某些硬件的使用。

（2）网络促销是在互联网这个虚拟市场环境下进行的。作为一个连接世界各国的大网络，它聚集了全球的消费者，融合了多种生活和消费理念，显现出全新的无地域、无时间限制的电子时空观。在这个环境中，消费者的消费理念和消费行为都发生了很大的变化。他们普遍采取的是大范围的选择和理性的消费，许多消费者还直接参与生产和流通的循环，所以，网络营销人员必须突破传统实体市场和物理时空观的限制，采用虚拟市场全新的思维方法，调整自己的促销策略和实施方案。

（3）互联网虚拟市场的出现，打破了传统的区域性市场的小圈子，将所有的企业，无论其规模大小，都推向了一个统一的全球大市场，传统的区域性市场正在被逐步打破，企业不得不直接面对激烈的国际竞争。如果一个企业不想被淘汰，就必须学会在这个虚拟市场中做生意。

18.1.3　网络促销与传统促销的区别

虽然传统促销和网络促销的目的都是帮助消费者认识商品，引导消费者对商品的注意和兴趣，激发他们的购买欲望，并最终实现购买行为。但由于互联网强大的通信能力和覆盖面积，网络促销在时间和空间观念上、在信息传播模式上以及在顾客参与程度上都发生了较大的变化。

1. 时空观念的变化

传统的产品销售和消费者群体都有一个空间上地理半径的限制，网络营销大大突破了这个原有的半径，使之在空间上成为全球范围的竞争；另外，传统的产品订货都有一个时间的限制，而在网络上，订货和购买可以在 24 小时、365 天内的任何时间进行。时间和空间观念的变化要求网络营销人员能随时调整自己的促销策略和具体的实施方案。

2. 信息沟通方式的变化

促销的基础是买卖双方信息的沟通。在网络上，信息的沟通渠道是单一的，所有的信息都必须经过线路的传递。但是，这种沟通又是十分丰富的，多媒体信息处理技术提供了近似于现实交易过程中的商品表现形式；双向的、快捷的、互不见面的信息传播模式，将买卖双方的意愿表达得淋漓尽致，也留给对方充分思考的时间。在这种环境下，网络营销人员需要掌握一系列新的促销方法和手段，促进买卖双方的撮合。

3. 消费群体和消费行为的变化

在网络环境下，消费者的消费理念和消费行为都发生了很大的变化。上网购物者是一个特殊的消费群体，具有不同于消费大众的消费需求。这些消费者直接参与生产和商业流通的循环，他们普遍实行大范围的选择和理性的购买，这些变化要求对传统的促销理论进行充实，对传统的促销模式进行修订。

4. 促销手段的变化

网络促销与传统促销在推销商品的目的上是相同的，因此，整个促销过程的设计具有很多相似之处。所以，对于网络促销手段的运用，一方面，应当依赖现代网络技术，通过网络与客户交流思想和意愿，达到推销商品的目的；另一方面，应当吸收传统促销方式的整体设计思想和行之有效的促销技巧，打开网络促销的新局面。

18.1.4 网络促销战略的实施

网络促销战略的实施程序由四个方面组成，即确定网络促销对象、设计网络促销组合方式、制订预算方案、衡量网络促销效果。

1. 确定网络促销对象

网络促销对象是针对可能在网络虚拟市场上产生购买行为的消费群体提出来的。随着网络的迅速普及，这一群体也在不断膨胀。这一群体主要包括三部分：

（1）产品的使用者。产品的使用者是指实际使用或消费产品的人。实际的需求构成了这些消费者购买的直接动因。抓住了这一部分消费者，网络销售就有了稳定的市场。

（2）产品购买的决策者。产品购买的决策者是指实际决策购买产品的人。在许多情况下，产品的使用者和购买决策者是一体的，特别是在虚拟市场上更是如此。因为大部分上网人员都有独立的决策能力，也有一定的经济收入。但在另外一些情况下，产品的购买决策者和使用者则是分离的。例如，中小学生在网络市场上看到富有挑战性的游戏，非常希望购买，但实际的购买决策往往由学生的父母做出。所以，网络促销同样应当把购买决策者放在重要的位置上。

（3）产品购买的影响者。产品购买的影响者是指在看法或建议上对最终购买决策可以产生一定影响的人。在低价、易耗日用品的购买决策中，产品购买的影响者的影响力较小，但在高价耐用消费品的购买决策上，影响者的影响力较大。这是因为对高价耐用品的购买，购买者往往比较谨慎，希望广泛征求意见后再做决定。因此，这部分人群也不能忽视。

2. 设计网络促销组合方式

企业的促销方式大致有两类：一类是厂家通过广告和公共关系等手段极力向消费者促销，消费者向中间商指名购买，致使中间商主动向厂家进货，即“拉策略”（拉销），如图 18-1 所示；另一类是厂家通过销售促进和人员推销等手段极力向中间商促销，中间商再极力向消费者促销，即“推策略”（推销），如图 18-2 所示。

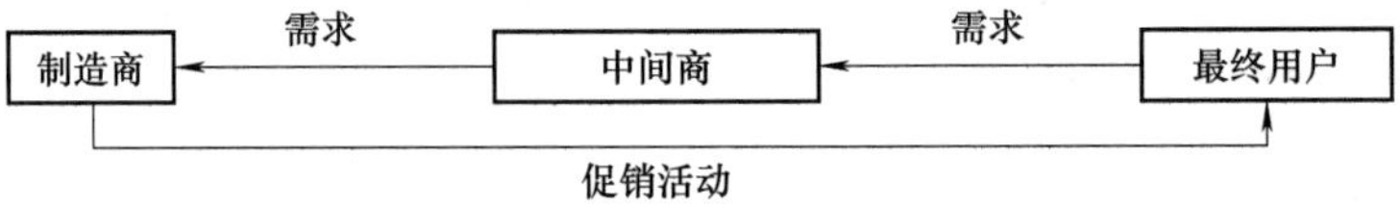

图 18-1　拉销

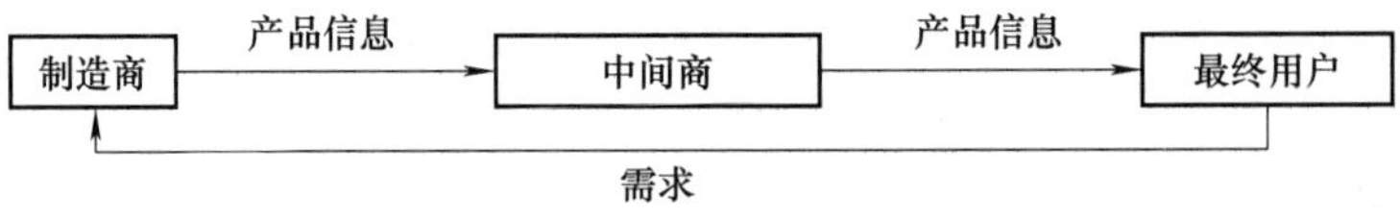

图 18-2　推销

在网络营销中，拉销就是企业吸引消费者访问自己的 Web 站点，让消费者浏览产品网页，做出购买决策，进而实现产品销售。在网络拉销中，最重要的是企业要推广自己的 Web 站点，吸引大量的访问者，才有可能把潜在的顾客变为真正的顾客。因而企业的 Web 站点除了要提供顾客所需要的产品和服务外，还要生动、形象和个性化，要体现企业文化和品牌特色。

在网络营销中，推销就是企业主动向消费者提供产品信息，让消费者了解、认识企业的产品，促进消费者购买产品。有别于传统营销中的推销，网络推销有两种方法：一种方法是利用互联网服务商或广告商提供的经过选择的互联网用户名单，向用户发送电子邮件，在邮件中介绍产品信息；另一种方法是应用推送技术，直接将企业的网页推送到互联网用户的终端上，让互联网用户了解企业的 Web 站点或产品信息。

网络广告促销主要实施“推策略”，其主要功能是将企业的产品推向市场，获得广大消费者的认可。网络站点促销主要实施“拉策略”，其主要功能是将消费者牢牢地吸引过来，保持稳定的市场份额。

一般来说，对日用消费品，如化妆品、食品、饮料、医药制品、家用电器等，网络广告促销的效果比较好。而对大型机械产品、专用品则采用网络站点促销的方法比较有效。

3. 制订预算方案

在网络促销实施过程中，使企业感到最困难的是预算方案的制订。所有的价格、条件都需要在实践中不断学习、比较和体会，不断地总结经验。只有这样，才可能做到事半功倍。

首先，必须明确网上促销的方法及组合的办法。选择不同的信息服务商，宣传的费用可能相差悬殊。这好比在不同的电视台做广告，在中央电视台做广告的费用远远高于在地方电视台做广告的费用。自己设立站点宣传价格最低，但宣传的覆盖面可能最小。所以，企业应当认真比较各站点的服务质量和服务收费，从中筛选适合于本企业的、质量与价格匹配的信息服务站点。

其次，需要确定网络促销的目标。是树立企业形象、宣传产品，还是宣传售后服务？围绕这些目标来策划投入内容的多少。包括文案的数量、图形的多少、色彩的复杂程度，投放时间的长短、频率和密度，广告宣传的位置、内容更换的时间间隔以及效果检测的方法等。这些细节确定好了，对整体的投资数额就有了预算的依据，与信息服务商谈判时也有了一定的把握。

最后，需要明确希望影响的是哪个群体、哪个阶层，是国外的还是国内的？因为在服务对象上，各个站点有较大的差别。有的站点侧重于中青年，有的站点侧重于学术界，有的站点侧重于产品消费者。一般来讲，侧重于学术交流的站点的服务费用较低，专门从事新产品推销的站点的服务费用较高，而某些综合性的网络站点费用最高。在宣传范围上，单纯使用中文促销的费用较低，使用中英文促销的费用较高。企业促销人员应当熟知自己产品的销售对象和销售范围，根据自己的产品选择适当的促销形式。

4. 衡量网络促销效果

网络促销的实施过程到了这一阶段，必须对已经执行的促销内容进行评价，衡量一下促销的实际效果是否达到了预期的促销目标。对促销效果的评价主要依赖于两个方面的数据：

（1）要充分利用互联网上的统计软件，及时对促销活动的效果做出统计。这些数据包括主页访问人次、点击次数、CPM 等。因为网络不像报纸或电视，难以确认实际阅读和观看者的人数，在网上，可以很容易地统计站点的访问人数，也可以很容易地统计广告的阅览人数，甚至可以告诉访问者，他是第几个访问者。利用这些统计数据，网上促销人员可以了解自己在网上的优势与弱势以及与其他促销者的差距。

（2）销售量的增加情况、利润的变化情况、促销成本的降低情况，有助于判断促销决策是否正确。同时，还应注意促销对象、促销内容、促销组合等方面与促销目标的因果关系的分析，从而对整个促销工作做出正确的判断。

网络促销活动主要通过网络广告促销和网络站点促销两种方法展开。在衡量网络促销效果的基础上，对偏离预期促销目标的活动进行调整是保证促销取得最佳效果必不可少的程序。同时，在促销实施过程中，不断地进行沟通和协调，也是使企业促销连续性、统一性的基本保证。

18.2 网络促销的形式

网络促销的形式有四种，分别是网络站点推广、网上销售促进、网络公共关系和网络广告促销。其中，网络广告促销和网络站点推广是主要的网络促销形式。

18.2.1 网络站点推广

网络站点推广简称为网站推广，就是利用网络营销策略扩大网站的知名度，吸引上网者访问网站，起到宣传和推广企业以及企业产品的目的。

1. 网站推广常用的方法

网站推广常用的方法包括搜索引擎推广、第三方网络平台推广、电子邮件推广、资源合作推广、信息发布推广、博客推广、SNS 推广、病毒性营销等，在前面章节中已有详细描述，不再赘述。

2. 网站推广的阶段及其特征

在网站运营的不同阶段，网站推广策略的侧重点和所采用的推广方法也存在一定的差别。因此，有必要对网站推广的阶段特征及相应的网站推广方法进行系统的分析。

从网站推广的角度来看，一个网站从策划到稳定发展要经历四个基本阶段：网站策划与建设阶段、网站发布初期、网站增长期、网站稳定期。

（1）网站策划与建设阶段网站推广的特点。本阶段网站推广并没有开始，网站没有建成发布，不存在访问量的问题，但这个阶段的“网站推广”意义最大。表现如下：

1）“网站推广”很可能被忽视。网站在策划和设计过程中必须将推广的需要考虑进来，等到网站发布之后才回过头来考虑网站的优化问题，不仅浪费人力，而且也会影响网站推广的时机。

2）策划与建设阶段“网站推广”的实施与控制比较复杂。一般来说，无论是自行开发，还是外包给专业服务商，一个网站的设计开发都需要由技术、设计、市场等方面的人员共同完成，不同专业背景的人员对网站的理解会有比较大的差异。

3）策划与建设阶段的“网站推广”效果需要在网站发布之后才能得到验证。在网站建设阶段所采取的优化设计等“推广策略”，只能凭借网站建设相关人员的主要经验来实施。是否真正能满足网站推广的需要，还有待于网站正式发布一段时间之后的实践来验证，并进一步做出修正，不断完善。

（2）网站发布初期推广的特点。网站发布初期通常是指网站正式开始对外宣传之日开始后大约半年左右的时间。网站发布初期推广的特点表现在：

1）网络营销预算比较充裕。资金在网站发布初期投入较多，因为一些需要年度支付使用费的支出发生在这个阶段。另外，为了在短期内获得明显的成效，新网站会在发布初期加大推广力度。

2）网络营销人员具有较高的热情。在网站发布初期，网络营销人员非常注重尝试各种推广手段，对于网站访问量和用户注册数量增长等指标非常关注。

3）网站推广具有一定的盲目性。尽管营销人员具有较高的热情，但由于缺乏足够的经验、必要的统计分析资料，加之网站推广的成效还没有表现出来，因此无论是网站推广策略实施还是网站推广效果方面，都有一定的盲目性。需要广撒网，方能进一步总结最有效的推广方式。

4）网站推广的主要目标是加深用户的认知程度。推广初期网站访问量快速增长，得到更多用户了解是这个阶段的主要目标，也就是获得尽可能多的用户的认知，产品推广和销售促进通常居于次要地位，因此这一阶段的重点是引起用户对网站的注意。

（3）网站增长期推广的特点。经过网站发布初期的推广，网站拥有一定的访问量，并且访问量仍在快速增长中。这个阶段仍然需要保持网站推广的力度，并通过前一阶段的效果进行分析，发现最适合于本网站的推广方法。网站增长期推广的特点表现在：

1）网站推广方法具有一定的针对性。与网站发布初期的盲目性相比，由于尝试了多种网站推广方法，并取得了一定效果，因此在进一步的推广上往往更具有针对性。

2）网站推广方法的变化。与网站发布初期相比，网站增长期的推广需要独创性，达到针对性的效果。

3）网站推广效果的管理应得到重视。网站推广的直接效果之一就是网站访问量的上升，网站访问量指标可以从统计分析工具获得，对网站访问量进行统计分析可以发现哪些网站推广方法对促进访问量的增长更为显著，哪些方法可能存在问题，同时也可以发现更多有价值的信息。

4）网站推广的目标将由用户认知向用户认可转变。网站发布初期的网站推广获得一定数量的新用户。如果用户肯定网站的价值，将会重复访问网站以继续获得信息和服务，因此在此阶段，既有新用户又有重复访问者，网站推广要兼顾两种用户的不同需求。

5）用户流量的转化率将是这个阶段的重点工作，也就是从网站流量向产品购买转化。产品推广和销售促进是本阶段的重要目标。

（4）网站稳定期推广的特点。网站从发布到进入稳定阶段，一般需要一年甚至更长时间。稳定期的特点如下：

1）网站访问量增长速度减慢。

2）访问量增长不再是网站推广的主要目标。当网站拥有一定的访问量后，网络营销的目标将更注重用户资源的价值，它不仅仅包括访问量的提升，更取决于企业的经营策略和盈利模式。

3）网站推广的工作重点将由外向内转变。也就是将以新用户为重点的网站推广工作逐步转向维持老客户，以及网站推广效果的管理等方面。

3. 网站推广四阶段的主要任务

（1）网站策划与建设阶段。该阶段的主要任务包括网站总体结构、功能、服务、内容、推广策略等方面的策划方案制订；网站开发设计及管理控制；网站优化设计的贯彻实施；网站的测试和发布准备等。把网站作为一个产品来看待，产品是否合格，是否得到市场的认可，应在这个阶段反复论证，才能投放市场检验。

（2）网站发布初期。该阶段的主要任务是常规网站推广方法的实施，尽快提升网站访问量，吸引尽可能多用户来了解。网站产品是否合格，是否得到认可，需要检验后不断改进更新，扩展推广。

（3）网站增长期。该阶段的主要任务是常规网站推广方法效果的分析，制定和实施更有效的、针对性更强的推广方法，重视网站推广效果的管理。

（4）网站稳定期。该阶段的主要任务是保持用户数量的相对稳定；加强内部运营管理和控制工作；提升品牌和综合竞争力，推出创新的功能或模式；制定差异化的产品服务体制和推广策略，为网站进入下一轮增长做准备。

4. 网站推广计划

网站推广计划是网络营销计划的组成部分，与完整的网络营销计划相比，网站推广计划比较简单，然而更为具体。一般来说，网站推广计划至少应包含下列主要内容：

（1）确定网站推广的阶段目标。例如，在发布后一年内实现的每天独立访问用户数量、与竞争者相比的相对排名、在主要搜索引擎的表现、网站被链接的数量、注册用户数量等目标。

（2）在网站发布运营的不同阶段所采取的网站推广方法。如果可能，最好详细列出各个阶段的具体网站推广方法，如登录搜索引擎的名称、网络广告的主要形式和媒体选择、需要投入的费用等。

（3）网站推广策略的控制和效果评价。例如，阶段推广目标的控制、推广效果评价指标等。对网站推广计划的控制和评价是为了及时发现网络营销过程中的问题，保证网络营销活动的顺利进行。

18.2.2　网上销售促进

销售促进主要是用来进行短期性的刺激销售。网上销售促进就是在网上市场利用销售促进工具刺激顾客对产品的购买和消费使用，如采用价格折扣、有奖销售等方式。互联网作为交互的沟通渠道和媒体，具有独特的优势，在刺激产品销售的同时，它还可以与顾客建立互动关系，了解顾客的需求和对产品的评价。

对于工业品，可使用网上论坛、软文、案例分析、网上咨询等促销方式。对于消费品，网上销售促进主要有以下方法：

1. 网上折价促销

折价又称打折、折扣。在传统的促销活动中，折扣是历史最为悠久但如今仍颇为风行的一种极为重要的促销手段。在网络促销中，折价也是最常用的一种促销方式。阿里巴巴集团的“双 11”购物狂欢节活动自 2009 年开始，天猫、淘宝、聚划算网站中所有参与活动的商家，基本上都采用折扣促销策略。

2. 网上赠品促销

一般情况下，在新产品推出试用、产品更新、对抗竞争品牌、开辟新市场情况下利用赠品促销可以达到比较好的促销效果。赠品促销的优点有：可以提升品牌和网站的知名度；鼓励人们经常访问网站以获得更多的优惠信息；能根据消费者索取赠品的热情程度而总结分析营销效果和对产品的反应等。

3. 网上抽奖促销

抽奖促销是网上应用较广泛的促销形式之一，是大部分网站愿意采用的促销方式。抽奖促销是以一个人或数人获得超出参加活动成本的奖品为手段进行产品或服务的促销，网上抽奖活动主要附加于调查、产品销售、扩大用户群、庆典、推广某项活动等。消费者或访问者通过填写问卷、注册、购买产品或参加网上活动等方式获得抽奖机会。

4. 积分促销

积分促销在网络上的应用比起传统营销方式要简单、易操作。网上积分活动很容易通过编程和数据库等来实现，并且结果可信度很高，操作较为简便。积分促销一般设置价值较高的奖品，消费者通过多次购买或多次参加某项活动来增加积分以获得奖品。积分促销可以增加上网者访问网站和参加某项活动的次数，可以增加上网者对网站的忠诚度，可以提高活动的知名度等。

5. 免费促销

由于互联网的开放和自由，一些易于通过互联网传输的产品非常适合在网上促销。例如，许多软件厂商为吸引顾客购买软件产品，允许顾客通过互联网下载产品，在试用一段时间后再决定是否购买。另一种形式是免费资源下载，目的是推广网站。

18.2.3　网络公共关系

网络公共关系简称为网络公关，是指企业为了塑造形象，赢得消费者信任并取得竞争优势，通过网络沟通工具来影响各类相关公众的活动。在互联网上，已经出现了诸如新闻媒介、网络社区、公共论坛等直接或间接与企业相关的公众，通过借助互联网的交互功能吸引用户与企业保持密切关系，培养用户的忠诚度，提高企业的收益率。

1. 网络公关的特征

（1）网络公关能够快速传递信息，因为网络媒体的特点就是能够快速地发布信息。

（2）企业的网络公关可以通过网上论坛、新闻组、Email 等方式直接宣传自己的理念，不受中介媒体的制约。

（3）网络公关可以针对个别对象一对一地实现公关，如利用 Email 与社会公众建立一对一的信息交流与沟通，从而提高公关效率。

2. 网络公关的要求

（1）诚实。网络环境下的公共关系更需要企业时刻维护自己的信誉。

（2）免费。企业开展网络公关，同样应该不定期地提供免费的服务或者实体产品，以吸引消费者访问自己的网站。

（3）友好与趣味。一个友好而富有情趣的主页是拉近与消费者距离的前提。

（4）专家。无论企业大小，都必须是所在领域的专家，这可以使访问者对企业产生信赖感。

3. 网络公关的活动方式

（1）建设公关型的企业网站。企业网站是帮助企业树立形象的最佳工具之一。网站上的企业背景资料、商标、广告语、经营理念、企业视觉形象识别系统等公关信息元素可以源源不断地向公众进行传播。

(2) 借助网络媒体发布新闻稿。撰写新闻稿发布在三大门户网站（新浪、搜狐、网易）的相关频道。

(3) 通过电子邮件向公众提供个性化的信息服务。

(4) 在网上赞助公益事业，在推动公益事业发展的同时为企业赢得良好的声誉。

(5) 举办网上公众代表座谈会。企业在做出影响相关公众利益的政策之前，或是企业在相关政策实施一段时间以后，想收集公众对此项政策的态度和反映，都可以通过网上公众座谈会的方式来进行。

(6) 召开网上新闻发布会。在传统公关活动中，新闻发布会是组织和公众沟通的例行方式。

在网络公关的操作中应始终坚持整合公关观念，网络公关和企业的营销战略要相互匹配，相互支持。

18.2.4 网络广告促销

网络广告类型很多，根据形式不同可以分为旗帜广告、电子邮件广告、电子杂志广告、新闻组广告、公告栏广告等。网络广告主要是借助网上知名站点（如 ISP 或者 ICP）、免费电子邮件和一些免费公开的交互站点（如新闻组、BBS）发布企业及其产品的信息，对企业和产品进行宣传推广。网络广告作为有效而可控制的促销手段，被许多企业用于网上促销，但花费的费用也不少。

18.3 网络广告

18.3.1 网络广告概述

网络广告是指利用网站上的广告横幅、文本链接、多媒体的方法，在互联网刊登或发布广告，通过网络传递到互联网用户的一种高科技广告运作方式。它是互联网兴起以来广告业务在计算机领域的新拓展。

追本溯源，网络广告发源于美国。1994 年 10 月 14 日，美国著名的《连线》杂志推出了网络版 Hotwired，其主页上开始有 AT&T 等 14 个客户的旗帜广告。这是互联网广告里程碑式的一个标志。

我国的第一个商业性的网络广告出现在 1997 年 3 月，传播网站是 Chinabyte，广告表现形式为 468 像素×60 像素的动画旗帜广告。Intel 和 IBM 是最早在互联网上投放广告的广告主。我国网络广告一直到 1999 年年初才稍有规模。历经多年的发展，网络广告行业经过数次洗礼已经慢慢走向成熟。

目前，网络广告的市场正在以惊人的速度增长，成为传统四大媒体（电视、广播、报纸、杂志）之后的第五大媒体。众多国际级的广告公司都成立了专门的网络媒体分部，以开拓网络广告的巨大市场。

虽然网络广告目前占所有类别广告的份额并不是最大，但其快速以及瞄准特定的消费群体的优势已明显地表现出来。特别是对受教育程度和收入较高的人，今后会更多地在互联网上浏览广告，接收新的信息。随着科学技术的进步，网络广告的效益也会越来越容易被衡量，网络广告对传统广告的冲击也会越来越大。

18.3.2　网络广告的特点

网络采用多媒体技术，提供文字、声音、图像等综合性的信息服务，不仅能做到图文并茂，而且可以双向交流，使信息准确、快速、高效地传达给每一个用户。因此，与广播、电视、报纸、杂志四大传统广告媒体相比，网络广告的特点主要体现在以下几个方面：

1. 传播范围广，无时空限制

网络广告的传播不受时间和空间的限制，互联网将广告信息 24h 不间断地传播到世界各地。只要具备上网条件，任何人在任何地方都可以看到这些信息，这是其他广告媒体无法做到的。

2. 定向与分类明确

网络广告可以投放给某些特定的目标人群，甚至可以做到一对一的定向投放。根据不同来访者的特点，网络广告可以灵活地实现时间定向、地域定向、频道定向，从而实现对消费者的清晰归类，这在一定程度上保证了广告的到达率。不同的网站或者同一网站不同的频道所提供的服务是不同质的且具有很强的分类性，这就为密切迎合广告目标受众的兴趣提供了可能。网络实际是由一个一个团体组成的，这些组织成员往往具有共同的爱好和兴趣，无形中形成了市场细分后的目标顾客群，企业可以将特定的产品广告投放到具有相应消费者的站点。

3. 灵活的互动性和选择性

传统的广告信息流是单向的，即企业推出什么内容，消费者就只能被动地接受什么内容。而网络广告突破了这种单向性的局限，实现了供求双方信息流的双向互动。交互性强是网络媒体的最大优势，它不同于传统媒体的信息单向传播，而是信息互动传播。通过网络广告的链接，用户可以从厂商的相关站点中得到更多、更详尽的信息。网络广告的载体基本上是多媒体、超文本格式文件，只要受众对某种产品感兴趣，轻按鼠标就能进一步了解更多、更为详细的信息。

用户可以获取自己认为有用的信息，厂商也可以随时得到宝贵的用户反馈信息。例如，用户在访问广告的发布站点时，除可以有选择地阅读有关产品的详细资料外，还可以通过在线提交表单或发送电子邮件等方式，向厂商请求特殊咨询服务。厂商根据用户的要求和建议及时做出积极反馈。

4. 精确有效的统计

传统媒体广告的发布者无法得到诸如有多少人接触过该广告的准确信息，因此一般只能大致推算一下广告的效果。而网络广告的发布者则可以通过公共权威的广告统计系统得到庞大的用户跟踪信息库，从中找到各种有用的反馈信息。也可以利用服务器端的访问记录软件，如 Cookie 程序等，追踪访问者在网站的行踪。访问者曾点击浏览过哪些广告，曾经深入了解过哪类信息，这些行踪都被储存在 Cookie 中，广告商通过这类软件可以随时获得访问者的详细记录，即点击的次数、浏览的次数以及访问者的身份、查阅的时间分布和地域分布等。

与传统媒体的做法相比，上述方式可以随时监测广告投放的有效程度，并更精确、更有实际意义。一方面，精确的统计有助于企业了解广告发布的效果，明确哪些广告有效，哪些无效，并找出原因，及时对广告投入的效益做出评估，以便调整市场和广告策略；另一方面，广告商可以根据统计数据评估广告的效果、审定广告投放的策略，及时采取改进广告的内容、版式、加快更新速度等顺应消费者的举措，进一步提高广告的效益，避免资金的浪费。

需要指出的是：网络广告的诞生使一些人认为大众传播时代已经结束，然而事实究竟如何？现在还没有令人特别信服的答案。从广告媒体发展的历史来看，新媒体的出现只会为广告业拓展新天地，电视广告曾是新媒体，但它并没有取代报刊广告。同样，网络广告是对传统广告媒体的补充，盲目从众或是仅仅依靠老经验是难以获得成功的，只有掌握了网络广告的特点，扬长避短，才会给广告主和广告商带来无限的商机。

18.3.3 网络广告的类型

1. Banner 广告（旗帜广告）

Banner 广告又称旗帜广告、横幅式广告、条幅广告，一般以 Flash、gif、jpg 等格式放置在网页的不同位置，在用户浏览网页信息的同时，吸引用户对广告信息的关注，从而提高网络营销的效果。它有多种表现规格和形式，最常用的是 486 像素×60 像素的标准广告。与 banner 广告类似的定位在页面中的广告形式还有通栏广告、按钮广告、对联广告、擎天柱广告等，这类广告的主要作用是提升企业品牌形象和企业品牌的认知度。

2. 文本链接广告

文本链接广告是以一排文字作为一个广告，点击可以进入相应的广告页面。广告简单明了，直接涵盖主题，对访问者而言具有较强的针对性和引导性。这是一种对浏览者干扰最小，但较为有效果的网络广告形式。有时候，最简单的广告形式效果却最好。

3. 弹出式广告

弹出式广告又叫插播式广告，是指访客在请求登录网页时强制插入一个广告页面或弹出广告窗口。它们有些类似电视广告，都是打断正常节目的播放，强迫观看。弹出式广告有各种尺寸，有全屏的也有小窗口的，有静态的也有动态的，而且互动的程度也不同。浏览者可以关闭窗口不看广告，但是它的出现没有任何征兆，肯定会被浏览者看到。

4. 富媒体广告

在互联网发展的初期，因为带宽的原因，网站的内容以文本和低质量的 gif、jpg 格式图片为主，人们通常所说的网络广告也主要是指 banner 广告。随着技术的进步以及消费市场的成熟，出现了具备动画、声音、视频、图像、文字等多媒体组合的媒介形式，人们普遍把这些媒介形式的组合叫作富媒体（rich media），以此技术设计的广告叫作富媒体广告。富媒体能够提高广告的互动性，提供更广泛的创意空间，富媒体广告的点击率明显比其他网络广告形式的点击率高。

5. 网络视频广告

网络视频广告是指在提供网络视频播放的网站或者视频软件中插入的广告。目前，我国国内的网络视频主要有三种：第一种是视频分享网站，如优酷网。第二种是基于点对点（P2P）流媒体技术的网络视频软件提供的网站，如 PPTV、PPS 等。第三种则是宽频影视类，可以提供较为清晰的在线视频观看。该类广告具有表现形式新颖且感官冲击力强、内容丰富、互动性强、实时信息更新快等优点，给客户带来深刻记忆。

6. 电子邮件广告

利用企业的客户电子邮件资源或者第三方电子邮件列表，将各种形式的广告以直接发送广告邮件或者将广告内容搭载进新闻邮件、订阅期刊等方式发送给邮件所属人。该广告形式具有针对性强（除非肆意滥发）、费用低廉的特点，且广告内容可以个性化定制，针对某一个人发送特定的广告，为其他网络广告形式所不及。

7. 搜索引擎广告

企业通过付费给搜索引擎提升网站的排名，使企业网站在主要搜索引擎的搜索结果中处于好的位置，以吸引更多网络用户访问该网站。目前，我国搜索引擎广告的主要方式是关键词广告，有两种形式：固定排名和竞价排名。固定排名也称付费排名，即搜索引擎使所付费的关键词网页在搜索结果中的第 1～10 位出现，位置固定，网站付费才能被搜索引擎搜索到，付费越高者在检索结果中排名越靠前；竞价排名则是按照搜索引擎的排名规则，对购买了同一关键词的网站进行排名的一种方式，然后按点击量付费。

18.3.4　网络广告策划过程

网络媒体的特点决定了网络广告策划的特定要求。例如，网络的高度互动性使网络广告不再只是单纯的创意表现与信息发布，广告主对广告回应度的要求会更高；网络的时效性非常重要，网络广告的制作时间短，上线时间快，受众的回应也是立即的，广告效果的评估与广告策略的调整也都必须是即时的。因此，传统广告的策划步骤与网络广告有很大的不同，网络广告有自己的策划过程，具体如下：

1. 确定网络广告的目标

广告目标的作用是通过信息沟通，消费者产生对品牌的认识、情感、态度和行为的变化，从而实现企业的营销目标。在企业的不同发展时期有不同的广告目标，可分为形象广告、产品广告；根据产品广告在产品的不同发展阶段，广告的目标可分为提供信息、说服购买和提醒使用等。AIDA 法则是网络广告在确定广告目标过程中的规律。

A 是“注意”（attention）。在网络广告中意味着消费者在计算机屏幕上通过对广告的阅读，逐渐对广告主的产品或品牌产生认识和了解。

I 是“兴趣”（interest）。网络广告受众注意到广告主所传达的信息之后，对产品或品牌产生了兴趣，想要进一步了解广告信息，他可以点击广告，进入广告主放置在网络上的营销站点或网页。

D 是“欲望”（desire）。感兴趣的广告浏览者对广告主通过商品或服务提供的利益产生“占为己有”的企图，他们必定会仔细阅读广告主的网页内容，这时就会在广告主的服务器上留下网页阅读的记录。

A 是“行动”（action）。最后，广告受众把浏览网页的动作转换为符合广告目标的行动，可能是在线注册、填写问卷参加抽奖或者是在线购买等。

2. 确定网络广告的目标群体

确定网络广告的目标群体就是确定网络广告希望让哪些人来看，确定他们是哪个群体、哪个阶层、哪个区域。只有让合适的用户来参与广告信息活动，才能使广告有效实现其目标。由于不同的广告对象有不同的生活习惯，如上网时间、感兴趣的页面等，因此对不同的对象要采取不同的广告战略。

3. 站点的选择

站点的选择应该符合广告目标和目标客户的行为习惯，合适的网络广告站点具有一些共同的特点：稳定的访问群、高点击率、覆盖面广、雄厚的技术基础、良好的信誉等。

在选择站点时，应注意以下问题：

（1）网站的质量与技术力量以及由此决定的网站信誉。网站要安全可靠，否则网站的破产倒闭也会殃及自己，这不仅浪费了广告费，而且有可能延误商机。

（2）访问者的性质及数量。不同的站点有不同的受众对象，所以站点的选择对网络广告的最终效果影响很大，站点的选择应当同广告的目标受众有很高的契合度。例如，你想要发布一个少女用品的网络广告，而选择的站点是工程师们经常光顾的专业网站，尽管有许多人来浏览这个站点或好奇地点击了这个条幅广告，但最终广告效果不会好。

（3）对网站管理水平的考察。一个好的网站也会因为管理水平的波动而衰落。比如，某个网站的点击数在短时间内有大幅下降，那么及时查清其原因以调整广告预算是非常必要的。一个不负责任的管理者会擅自更改你的广告位置、大小或播放时间，这往往是令人失望和生气的，为了避免这种情况，就需先对网站进行考察，同时要签订必要的合同。

4. 广告形式的确定

网络广告的具体形式有新闻组式广告、电子邮件广告、条幅广告、游戏式广告、交流式广告、弹出式广告、旗帜广告等。每一种形式都有其各自的特点和长处，在网络广告策划中选择合适的广告形式是吸引受众、提高浏览率的可靠保证。例如，广告的目标是品牌推广，让更多的人知道、了解这个品牌，那么广告形式可以选择旗帜广告；若广告对象是 30 多岁的成熟女性，那么广告形式就可以考虑用交流式的。另外，不同的广告形式其制作成本是不同的，因而确定广告形式要兼顾广告预算。

5. 进行网络广告创意及策略选择

在进行网络广告创意及策略选择时，应注意以下几点：

（1）要有明确有力的标题。广告标题是一句吸引消费者的带有概括性、观念性和主导性的语言。

（2）简洁的广告信息。网络广告的文字不宜太多，配合的图形也不要太复杂，文字尽量使用黑体等粗壮的字体，否则很容易被网页上的其他文字淹没。

（3）发展互动性。在网络广告上增加游戏功能，提高访问者对广告的兴趣。例如，有一则关于游戏软件的网络广告，在网站的主页里有一个动态条幅，文字是“游戏爱好者请点击这里，有大奖!!!”链接过去是关于这个游戏的页面，开始介绍这个游戏的玩法，接着让你试着玩一段游戏。最后是抽奖，只要填写一个调查表格（关于你对游戏的看法、你的职业、兴趣等）就有资格进行抽奖了。这样的网络广告对游戏爱好者具有很大的吸引力。

（4）确定广告创意，明确广告诉求重点。广告活动因为不同的创意而产生很大差异，只有在广告引起注意后，才能有助于提高品牌的形象和销售。

确定创意策略有三个基本步骤：信息制作、信息评估与选择、信息表达。广告创意的确定通常由广告主和广告代理公司共同参与完成。

6. 进行网络广告费用预算

企业首先要确定整体促销预算，再确定用于网络广告的预算。整体促销预算可以运用量力而行法、销售百分比法、竞争对等法、目标任务法来确定。用于网络广告的预算可依据目标群体情况及企业所要达到的广告目标来确定，既要有足够的力度，也要以够用为度。量力而行法是指企业确定广告预算的依据是它们所能拿得出的资金数额。销售百分比法是指企业按照销售额（销售实绩或预计销售额）或单位产品售价的一定百分比来计算和决定广告开支。竞争对等法是指企业比照竞争者的广告开支来决定本企业广告开支的多少，以保持竞争上的优势。目标任务法的步骤是：①明确地确定广告目标；②决定为达到这种目标而必须执行的工作任务；③估算执行这种工作任务所需的各种费用，这些费用的总和就是广告预算。

7. 设计好网络广告的测试方案

根据本次广告策划中所规划的广告形式、广告内容、广告表现、广告创意及具体网站、受众终端机等方面来设计一个全方位的测试方案。测试的内容主要包括对技术的测试和对广告内容的检测。技术的测试主要包括：

（1）检查广告能否在网络传输技术和接受技术上行得通。有时一则网络广告在广告制作者计算机上和通过传输后在客户终端机上显示的效果不一样，因而要对客户终端机的显示效果进行检测。

（2）对服务器的检测，要避免网络广告设计所用的语言、格式在服务器上不能进行正常处理，以致影响最后的广告效果。

（3）测试网络传输技术，也就是对网络的传输速度的检测，防止因为广告信息存量太大而影响传输的效果。

对内容的测试主要用来检测网络广告内容与站点是否匹配、与相关法律是否冲突。例如，广告内容是关于食品类产品的，但站点却选择了一个机械工程技术类的专业网站，这就是内容与网站的不匹配。内容的法律问题就是检查广告内容是否在法律规定的范围之内，如香烟广告、色情广告就是违法的。

8. 广告效果监测

网络广告的效果评价关系到网络媒体和广告主的直接利益，也影响到整个行业的正常发展，广告主总是希望了解自己投放广告后所能取得的回报。准确的广告效果监测，能做到有的放矢，使同样的广告预算发挥出最大效力。全面衡量网络广告效果的基本因素有下列几个方面：

（1）广告曝光次数（advertising impression）。广告曝光次数是指网络广告所在的网页被访问的次数，这一数字通常用计数器（counter）来进行统计。假如广告刊登在网页的固定位置，那么在刊登期间获得的曝光次数越高，表示该广告被看到的次数越多，获得的注意力就越多。

（2）点击次数与点击率（click&click through rate）。网民点击网络广告的次数称为点击次数。点击次数可以客观准确地反映广告效果，而点击次数除以广告曝光次数，就可得到点击率（CTR），这项指标也可以用来评估网络广告效果，是衡量广告吸引力的一个指标。点击率是网络广告最基本的评价指标，也是反映网络广告最直接、最有说服力的量化指标。

（3）网页阅读次数（page view）。当浏览者点击网络广告之后即进入了介绍产品信息的主页或者广告主的网站，浏览者对该页面的一次浏览阅读称为一次网页阅读。而所有浏览者对这一页面的总的阅读次数就称为网页阅读次数。这个指标也可以用来衡量网络广告的效果，它从侧面反映了网络广告的吸引力。

（4）转化次数与转化率（conversion&conversion rate）。转化次数就是受网络广告影响所产生的购买、注册或者信息需求行为的次数，转化次数除以广告曝光次数，即得到转化率。

网络广告效果评估可以使用一些专门的软件（如 Webtrends、Accesswatch 等），可随时监测广告发布的情况，并能进行分析，生成相应报表，广告主可以随时了解在什么时间、有多少人访问过载有广告的网页，有多少人通过广告直接进入广告主自己的网址等。评估人员也可以从市场研究监测公司购买或委托软件公司专门设计适合需要的广告管理软件，用以对网络广告进行监测、管理与评估。此外，评估人员还可以根据反馈情况来衡量效果，统计 HTML 表单的提交量以及 Email 的数量在广告投放后是否大量增加，以判断广告投放的效果。如果投放之后目标受众的反应比较热烈，反馈大量增加，则可以认为广告的投放是成功的。

思考题

1. 什么是网络促销？网络促销有什么特点？
2. 简述网络促销与传统促销的区别。
3. 网络促销有哪些形式？各有什么作用？
4. 简述网络促销战略实施的程序。
5. 网上销售促进的方法有哪些？
6. 企业在对站点进行推广时，可采用哪些方法？网站推广计划包括哪些基本内容？
7. 什么是网络公共关系？网络公共关系的活动方式有哪些？
8. 与传统广告相比，网络广告有什么特点？
9. 常用的网络广告有哪些类型？各有什么特点？
10. 简述网络广告的策划过程。
11. 从网上观察一个网络广告，分析其广告的设计思想。

第19章

网络营销实训

实训1　网络营销认知实训

【实训目的】

了解网络营销应用和企业对网络营销人才的需求。

【实训方式】

利用网络上机收集相关信息并整理。

【实训要求】

（1）收集资料，了解企业对电子商务、网络营销人才的职位要求。

（2）将收集的资料整理成 PPT 形式，注意版面美观。

（3）不允许相互复制，一经发现，两个作业均不记成绩。

【实训内容】

（1）用“网络营销”“电子商务”关键词查询，了解网络营销的含义，并回答以下问题：

1）什么是网络营销？与电子商务有何联系与区别？

2）学习网络营销课程后，以后能从事什么工作，其工作内容是什么？

推荐网站：

百度：www. baidu. com。

艾瑞市场咨询：www. iresearch. com. cn。

网络营销手册：www. tomx. com。

新竞争力：www. jingzhengli. cn。

（2）登录前程无忧（www. 51job. com）、58 同城招聘、智联招聘（www. zhaopin. com）和中华英才网（www. chinahr. com），查找与“电子商务”“网络营销”“网络推广”“SEO”相关的职位，了解企业对网络营销人才的要求，并进行总结，列入表 19-1 中。

（3）提交实验报告（PPT 版）。

表 19-1 网络营销人才需求情况调查

序号	需求企业名称	需求岗位名称	岗位职责描述	岗位能力要求
1				
2				
⋮				
n				

实训 2 在淘宝网开设个人网店

对一个还没有社会实践经验的在校大学生来说，开设网上商店是锻炼自己电子商务与网络营销能力的理想平台，对经营成功的学生来说还是创业的良好手段。在开设网上商店之前，首先要明确的是要开设一家什么样的网上商店，在确定卖什么的时候，要综合自身财力、商品属性以及物流运输的便捷性，对售卖商品加以定位。

【实训目的】

了解常见的购物网站及其模式；根据自己的情况，明确开设什么样的网上商店；掌握网上商店的开设步骤。要求提前准备好一张个人银行卡和个人身份证。

【场景设计】

小丽是某大学市场营销专业的在校学生，想在学校学习期间就进行创业，同时锻炼自己的营销能力，提高自己的营销水平。由于手中的资金有限，无法开设实体店，因此就想开设一家网上商店。在选择经营商品时，和同寝室的同学商议之后，确定以女包作为主营商品，主要向本市及周边地区的人们提供服务。寻找商品货源不是一个容易的过程，通过多方打听与了解，她终于找到了自己想经营的货源，在多次与女包生产厂家及代理商洽谈后，暂时以代卖的形式合作。做法是：小丽接到订单后，到厂家或代理商处现金取货，同城的送货给买家，周边的平邮或快递过去。虽然这种方式只能赚买家与代理商（或出厂价）的价格差，但好处是零库存，不占用过多的资金，当然也就没有太大风险。

【相关知识】

相对于传统的经营模式，网上创业具有成本低、时效强、风险小、方式灵活的优势。当然，网上开店也并不是有百利而无一害的，服务始终是其软肋，如诚信问题、安全问题、物流问题等。目前，网上交易最大的问题还是信任感的建立。

网上购物的便捷性和实用性日益凸显，从发展的角度看，以不断扩大的网民数量为基础，随着电子商务的不断发展以及网络信用、电子支付和物流配送等瓶颈的逐渐突破，网上创业的前景必然更加广阔。

如果想开网上商店，就要先解决好以下几个问题：

1. 购物网站的选择

初次在网上创业的人多会选择在网上商店平台（网上商城）来完成开店，使用其提供的基本功能与服务，而且客户也多是来自该站点的访问者。由于不同的购物网站在平台功能、服务、操作方式和管理水平上有相似的地方，也有不同的方面，因此选择一家良好的网上商店平台应考察以下方面：

（1）网站的知名度及影响力。

（2）网站的资金实力及发展状况。

（3）先进且稳定的后台支持技术。

（4）简单、快捷的申请手续。

（5）周到的客户服务。

（6）完善的交易体系。

（7）严密的订单管理系统。

（8）方便、完善的网店维护和管理。

（9）服务费用适当。

目前，我国提供网上开店服务的大型购物网站有上百家，真正有一定影响力的购物网站数量并不多，可参考我国购物网站排行榜来选择。

2. 主营商品的选择

目前，网上个人店铺中交易量比较大的包括服装、饰品、化妆品、珠宝、手机、家居用品等。在这方面，网上开店与传统的店铺并无太大区别，寻找好的市场和有竞争力的商品是成功的重要因素。

通过对网上出售商品的细分发现，适合网上开店销售的商品一般具备以下特点：

（1）体积较小。主要是方便运输，降低运输的成本。

（2）附加值较高。价值低过运费的单件商品是不适合在网上销售的。

（3）具有独特性或时尚性。网店销售得不错的商品，往往都是独具特色或者十分时尚的商品。

（4）价格较合理。如果网下可以用相同的价格买到，就很少有人在网上购买了。

（5）通过网站对商品的了解就可以激起购买欲。如果这件商品必须要亲眼所见才可以达到购买所需要的信任，那么就不适合在网上开店销售。

（6）网下没有，只有在网上才能买到，如外贸订单商品或者直接从国外带回来的商品。

网上开店也要注意遵守国家的法律法规，不能销售以下商品：

（1）法律法规禁止或限制销售的商品，如武器弹药、管制刀具、文物、淫秽品、毒品。

（2）假冒伪劣商品。

（3）其他不适合网上销售的商品，如医疗器械、药品、股票、债券和抵押品、偷盗品、走私品，或者以其他非法途径获得的商品。

（4）客户不具有所有权或支配权的商品。

根据以上条件，目前适宜在网上开店销售的商品主要包括首饰、数码产品、计算机硬件、手机及配件、保健品、服饰、化妆品、工艺品、体育用品、旅游用品等。有特色商品的店铺到哪里都是受欢迎的，如果能寻找到时尚又独特的商品，如自制饰品和玩具等，将是网上店铺的最佳选择之一。

3. 如何寻找货源

怎样才能寻找到适合自己创业的货源是所有网上开店的创业者最关心的问题，也是网上创业行动的标志，直接关系到网上创业能否成功。寻找货源一般有以下途径：

（1）厂家货源。正规的厂家货源充足，态度较好，如果长期合作，那么一般都能争取到滞销退换货或者退款。但是一般而言，厂家的起批量较大，不适合小批发客户。如果有足够的资金储备，并且不会有压货的危险或不怕压货，那就去找厂家进货吧。

（2）批发市场进货。这是最常见的进货渠道，如果你的小店是经营服装的，那么你可以去周围一些大型的服装批发市场进货。在批发市场进货需要有强大的议价能力，力争将批发价压到最低，同时要与批发商建立良好的关系，在调换货的问题上要与批发商说清楚，以免日后起纠纷。

（3）大批发商。一般用百度就能找到很多。他们一般直接由厂家供货，货源较稳定。不足之处是因为他们已经做大了，订单较多，服务难免有时跟不上。而且他们一般都有固定的回头客，你很难和他们谈条件，除非你订的次数多了，成为他们的一个大客户，那样才可能有特别的折扣或优惠。而最糟糕的是，他们的发货速度和换货态度往往不尽如人意。订单多发货慢一点倒也可以理解，只要我们提前一点订货就可以解决。真正的问题在于换货。收到的东西有时难免有些瑕疵，尤其是饰品。所以要事先做好充分的沟通与协商。

（4）刚刚起步的批发商。这类批发商由于刚起步，没有固定的批发客户，没有知名度，为了争取客户，他们的起批量较小，价格一般不会高于甚至有些商品还会低于大批发商。你可以按照你进货的经验和他们谈条件，如价格和换货等问题。他们不同意你的条件也没关系，如果同意了岂不是更好，也许可以达成一个中间协议价。为了争取回头客，他们的售后服务一般比较好。不足之处是由于是新批发商，要好好了解他们的诚信度，可以去看别人对他们的评价，也可以让他们自己出具资信证明。

（5）关注外贸产品或贴牌产品。目前，许多工厂在外贸订单或者为一些知名品牌贴牌生产之外还有一些剩余产品需要处理，价格通常十分低廉，通常为正常价格的 2~4 折，这是一个不错的进货渠道。

（6）买入库存积压或清仓处理产品。因为急于处理，这类产品的价格通常是极低的，如果你有足够的砍价能力，就可以用一个极低的价格拿下，然后转到网上销售，利用网上销售的优势，利用地域或时间差价获得足够的利润。所以，你要经常去市场上转转，密切关注市场变化。

（7）寻找特别的进货渠道。比如，如果你在我国香港或国外有亲戚、朋友，可以由他们帮忙，进到一些我国内地市场上见不到的商品，或者一些价格较低的商品。

在以上进货渠道中，对于小本经营的卖家而言，后三者更适合一些，但是要找到这样的进货渠道难度较大，需要卖家多用时间、细心留意。在网上开店，进货是一个很重要的环节，不管通过何种渠道寻找货源，低廉的价格都是关键因素，找到了物美价廉的货源，你的网上商店就有了成功的基石。

4. 网上开店的流程

（1）开店前的准备。开店初时并不在网上，而是在你的脑子里。你需要想好自己所开店的市场定位是什么，目标客户是什么群体，他们有什么购买特征，你的商品能否满足他们的需求，以及你的困难和可能的解决办法等。开网店与传统的店铺在思想准备上没有区别，定位准确、拥有有竞争力的商品是成功的基石。也就是说，如果你拥有合适的商品，并且找到了需要这种商品的人，那么你基本上已经成功了一半。

（2）选择开店平台。接下来需要选择一个提供个人店铺平台的网站，并注册为用户。

这一步很重要。大多数网站会要求用真实姓名和身份证等有效证件进行注册。在选择网站时，人气是否旺、是否收费以及收费情况等都是很重要的指标。现在很多平台提供免费开店服务，这样可以省下不少资金。

（3）向网站申请开设店铺。此时要详细填写自己店铺所提供商品的分类，如你出售时装手表，那么应该归类在“珠宝首饰、手表、眼镜”中的“手表”一类，以便让你的目标客户可以准确地找到你。同时，你需要为自己的店铺起个醒目的名字，网友在列表中点击哪个店铺，更多取决于名字是否吸引人。有的网店会显示个人资料，所以应该真实填写，以增加买家对店铺的信任度。

（4）进货。进货可以从熟悉的渠道和平台开始，控制成本和低价进货是关键。当然，你也可以选择其他销售方式，如代销。在进货时一定要注意验货，以保证自己拿到的是名实相符的真品。另外，进货的数量也很关键，刚开始的时候可以少量多次，等积累了一定经验之后，再根据销售情况调整进货的批次和数量。

（5）添加产品。网上开店，需要把每件商品的名称、产地、所在地、性质、外观、数量、交易方式、交易时限等信息填写在网站上，最好配上商品的图片。名称应尽量全面，突出优点，因为当别人搜索该类商品时，只有名称会显示在列表上。为了增加吸引力，图片的质量应尽量好一些，说明也应尽量详细，如果需要邮寄，最好声明邮费标准和要求等。

（6）设置价格。通常卖家设置商品的起始价、底价、一口价等项目。起始价是拍卖网上常用的策略，卖家先要设置一个起始价，买家由此向上出价。起始价越低越能引起买家的兴趣，有的卖家设置 1 元起拍，不乏是吸引注意力的好办法。但起始价太低会有最后成交价太低的风险，所以卖家最好同时设置底价，如定 105 元为底价，以保证商品不会低于成本被买走。起始价太低的另一个缺点是可能暗示你愿意以很低的价格出售该商品，从而使竞拍在很低的价位上徘徊。如果卖家觉得等待竞拍完毕时间太长，可以设置一口价，一旦有买家愿意出这个价格，商品立刻成交。缺点是即使几个买家都有兴趣，也不可能托高价钱。卖家应根据自己的具体情况设置商品价格。

（7）营销推广。为了提升自己店铺的人气，在开店初期，应适当地进行营销推广，但只限于网络上是不够的，要网上网下多种渠道一起推广。例如，购买网站上流量大的页面上的“热门商品推荐”位置，并将商品分类列表上的商品名称加粗、增加图片以吸引眼球。也可以做些不花钱的宣传，如与其他店铺和网站交换链接。

（8）售中服务。客户在决定是否购买的时候，很可能需要很多你没有提供的信息，他们随时会在网上提出，你应及时并耐心地回复，抓住购买时机促成购买。

（9）完成交易。双方根据约定的方式进行交易。

（10）评价或投诉。信用是网上交易中很重要的因素，为了创立良好的信用记录，作为卖家应通过良好的服务获取对方的好评。如果交易失败，客户可以向网站投诉，以减少损失，并警示他人。

（11）售后服务。完善周到的售后服务是生意经久不衰的重要保障，适时地与客户保持联系，做好客户管理工作，对于维护老客户、开发新客户都很有帮助。

【实训步骤】

在淘宝网上，从个人网店的注册与认证到拥有店铺，需要经过以下步骤：

1. 用户注册

登录淘宝网（http：//www. taobao. com），单击页面最上方的“免费注册”。在打开的页面中输入会员名、密码、电子邮件等信息，单击“同意以下服务条款，提交注册信息”按钮。然后，注册时提供的邮箱会收到一封确认信息邮件，打开其中的链接，确认之后，就完成了用户注册。

提示：为了保证交易的安全性，注意密码不要设置得太过简单，建议使用“英文字母+数字+符号”的组合密码。

2. 身份认证

淘宝网规定，只有通过实名认证之后，才能出售商品，开店铺。所以在注册用户之后，还要进行相应的认证（包括个人实名认证和支付宝认证两个过程）。具体的操作步骤如下：

（1）登录淘宝网，单击页面上方的“我的淘宝”。在打开的页面中单击“想卖宝贝先进行支付宝认证”文字旁边的“请点击这里”。

（2）在打开的页面中，会提示还没有激活支付宝账号，单击“点击这里完成支付宝账号激活”。在弹出的页面中输入真实姓名、证件类型及号码、支付宝密码等内容，单击“保存并立即启用支付宝账户”按钮。

（3）激活支付宝账号成功后，回到原来的页面，按下“F5”键刷新页面。单击“申请支付宝个人实名认证”按钮，阅读支付宝认证服务条款之后，单击“我已经阅读”按钮继续。

（4）首先根据提示填写个人信息，单击“下一步”；接着，选择身份证件核实。可以选择“在线上传”或“邮寄”身份证件复印件，单击“下一步”；然后，输入银行卡信息，包括开户行、银行卡号、省份、城市等，输入完成后，一日内等待支付宝汇款。

提示：如果在线上传身份证件复印件，图片文件大小要控制在 200KB 以内，需要提供身份证正反两面图片。

（5）一日之后，重新打开“我的淘宝”，在认证区域单击相应的链接，打开“支付宝认证”页面，在“银行账户核实”区域单击“确认汇款金额”，然后输入支付宝向你的银行账号注入的资金数目，单击“确定”按钮即可。

3. 发布宝贝

要在淘宝网上开店，除了要符合认证的会员条件之外，还需要发布 10 件以上宝贝（发布宝贝之前，还需要经过淘宝开店考试）。

提示：如果没有通过个人实名认证和支付宝认证，可以发布宝贝，但是宝贝只能发布到“仓库里的宝贝”中，买家是看不到的。只有通过认证，才可以上架销售。

（1）登录淘宝网，在页面上方单击“我要卖”。在打开的页面中，可以选择“一口价”或“拍卖”两种发布方式，这里选择单击“一口价”。

提示：“一口价”有固定价格，买家可以立即购买；“拍卖”无底价起拍，让买家竞价购买。

（2）选择类目，根据自己的商品选择合适的类目。比如选择女鞋的宝贝详情，单击“选好了，继续”按钮继续下一步。

（3）填写宝贝信息，这一步非常重要。首先，在“宝贝信息”区域取一个好的标题，单击“浏览”按钮来上传宝贝图片，输入宝贝描述信息、宝贝数量、开始时间、有效期等；

接着，在“交易条件”区域输入宝贝的售价、所在地、运费、付款方式等内容；其他信息保持默认设置即可，比如默认使用支付宝支付等。最后，单击“确认无误，提交”按钮来发布该宝贝。

如果发布成功，下面会出现一个成功页面。单击“这里”可以查看发布的宝贝页面，单击“继续发布宝贝”可以继续发布宝贝。

提示：在买家没有出价时，如果要修改发布的宝贝信息，可以到“我的淘宝”→“我是卖家”→“出售中的宝贝”中进行编辑、修改。

宝贝在发布完成之后，最好进行定期更新、添加，以免店铺被系统删除。

4. 获取免费店铺

淘宝网为通过认证的会员提供免费开店的机会，只要发布 10 个以上的宝贝，就可以拥有一间属于自己的店铺和独立网址。

【效果评价及考核内容】

1. 选择购物网站

2. 掌握网上商店的开设步骤

（1）制订网上商店策划方案。

（2）建立网上商店。

（3）掌握网上商店工作流程。

（4）建立友情链接。

实训 3　网上商店的管理

一般来说，并不是开设了网上商店，就会顾客盈门，还需要一系列网店运营与管理才能使网店变成旺店。如何才能吸引客户，让客户有流连忘返的感觉，这也正是网店管理的作用体现。

【实训目的】

掌握网店的一般运营与管理方法，了解网店推广与营销的常用策略，学会与客户进行有效沟通的方式。

【场景设计】

小丽在淘宝网上开了一个女包店，注册、申请、开通、进货、整理、上架，经过一系列紧凑而有序的忙碌，她的店铺终于开张了。由于刚刚开张，人气还不旺，她就征求同学们的意见，准备在原来店铺的基础上再装修一下，进一步管理并推广网店和出售的商品。

【相关知识】

目前利用第三方提供的电子商务平台建立一个网上专卖店是企业或个人比较明智的选择。现在有许多网站提供这种免费的网上商店平台，利用这个平台可以快速开展电子商务，实在是利人利己的好事。

1. 网店的运营与管理

（1）装修一个漂亮的店铺。我们可以浏览一些网上旺铺，会发现它们都有许多共同点：一个好听的店铺名称、一个独特的店标、合理的商品搭配与分类、美观的店铺式样等。

1）起一个好听的店铺名称。一般来说，一个好听的店铺名字，会让人一下子记住不忘。如果想长久做下去，把自己的店做成一种品牌，名字就至关重要。尤其当你的店铺拥有了一定客户群的时候，再去改个好听的名字，损失就会很大。如何起店名？每个人有自己的偏好，下面几点供大家参考：

① 突出商品属性。比如，卖数码类商品的，可以叫某某数码；卖衣服的，可以叫衣衣布舍等；卖箱包的，可以叫包您满意、包打天下等。如果不能体现商品属性，店铺的名字就是失败的。如果名字听起来很大，什么诚信天下，只能说是虚张声势、徒有其名，因为客户不知道你主要经营什么商品。

② 突出个人特色。在突出商品属性的同时，店名要尽量体现个人的特点。只有两者结合起来，才能够给客户留下很深的、独一无二的印象。

③ 突出地域特点。这一点不是对所有的人都通用。比如，数码类的商品，哪个地方都有卖的，就没有必要突出地域了。如果你的商品在该地区是独有的，那么就充分体现出来。比如，你在西藏卖天珠，就可以起名为“雪域天珠”；在新疆卖英吉沙刀具，可起名为“七剑下天山”“买买提刀具”“刀郎”或者“天涯明月刀”；在贵州卖苗族的衣服、饰品、蜡染等，可起名为“苗描妙”；如果在浙江卖书，可从余秋雨的散文中找灵感，起名为“天一阁”；如果是在江西卖书，可起名为“白鹿书院”；如果在陕西卖玉，可起名为“蓝田日暖玉生烟”。这样不仅有地域特色，也显得很有文化。如果把品牌文化挖掘出来做宣传，那么境界和影响力都会提高，从而吸引更多人光顾。

2）设计一个独特的店标。每一个成功的企业都有自己的标识，它是企业视觉识别系统（VIS）的主要组成部分。

店标是自己店铺的标志，一个好的店标图片能够给客户留下深刻的印象，可以提高网上商店的人气与点击数。店标图片可以是 gif 或 jpg 格式的，在设计过程中要注意开店平台要求的店标尺寸，否则上传后图片会变形而影响视觉效果。

3）合理的商品搭配与分类。无论开什么样的网店，都需要对自己的商品进行合理的分类，再根据分类进行不同的管理。一般来说，商品分为以下几种：

① 主打商品。它是指主营特色商品或者销售量或销售金额占最大比例的商品。

② 辅助商品。它是指与主打商品具有相关性的商品，可以弥补主打商品的不足，从不同方面树立自己店铺的形象。

③ 附属品。它是辅助商品的一部分，是只要被客户看到，就容易被接受而且会立即被购买的商品。

④ 刺激性商品。该类商品主要是为了刺激客户的购买欲望，挑选出来并以主要系列的方式在显眼的地方陈列出来，借以带动整个销售。

4）店铺的美化。网店的风格要统一、美观大方，页面上的每一部分都不是可有可无的。每件商品的名称、产地、所在地、性质、外观、数量、交易方式、交易时限等信息都需要填写在网站上，最好搭配商品的图片及相关说明，这样可以让客户全面了解商品的性能与特点，增加浏览率和成交量。为了增加吸引力，图片的质量应尽量好一些，说明也应尽量详细、明确。商品名称应尽量全面、突出优点，因为当别人搜索该类商品时，只有名称会显示在列表上。

（2）开通网上与网下联系驿站。良好的信息沟通与交流是经营好网上商店必不可少的，可以通过网上各种渠道的沟通与交流建立自己的人气圈，提高自己的网络知名度和影响力。还有一点需要注意的是，不管用何种交流与联系方式，都要让网友查到自己的实名，这是将虚幻的网络信任变成现实交易的技巧之一。

建立网上与网下联系的方式主要有：

1）利用 QQ 来交流，并根据不同的客户特征建立多个 QQ 群。

2）使用微信公众号定期发布商品信息及促销信息。

3）使用电子邮件主动派发商品以及店铺活动信息。

4）建立自己的博客来展示或宣传自己的商品及网店。

5）经常在相关的论坛上发布有自己署名的帖子。

6）利用其他即时聊天工具联系网友，如 UC、聊天室、××空间或沙龙等。

7）在网下，手机要经常处于正常通话的状态，不要经常更换号码。

（3）商品的配送。商品的配送方式有多种，要根据自己的情况进行选择。在设计自己的配送方式之前，首先要了解当地物流市场的情况，选择有保障、运费低、速度快、知名度高的专业物流公司，还要与它们进行协商与谈判，尽一切可能将运费降到最低。为了避免纠纷，还应在每种配送方式说明中填写预计送达的时间、途中责任承担等必要的信息。

（4）付款方式的选择。目前，网上开店主要的付款方式有网上支付、货到付款等，为了方便客户付款，应该给出多种选择，不要只接受一种支付方式，因为这样很可能会使客户感觉不方便而失去成交机会。由于人们对网络交易的信用度还有所担心，所以新开网上商店的店主在选择在线支付方式时应首选第三方支付平台，如最常见的支付宝。

2. 网店的推广与营销

（1）网店的广告宣传。网店运作起来后，只有吸引浏览者进来浏览你的商品，才会有成交的机会，一般常用的广告方式有：

1）利用好网站内的收费推广。在淘宝等网站上开网店，网站本身提供了一些广告宣传方式，如粗体显示、图片橱窗、首页推荐位展示等，这些服务通常是收费的，但是可以为自己的网店带来浏览量，值得一试。需要注意的是，不要将自己网店里的每一件商品都采用收费推广的方式，只需要选出一两件有代表性的商品进行推广，将浏览者吸引到自己的网店，当浏览者进入之后自然就会浏览其他商品。

2）利用好网站内其他推广方式。比如，多参加网站内的公共活动，为网站做贡献，以后就可以得到一些关照，网店自然也可以得到相应的推广。

3）利用留言簿或论坛宣传自己的网店。不要采用直接发广告的形式，一般情况下，论坛对于广告帖是屏蔽的，可以采用签名档，将自己的网店地址与大概的经营范围蕴含在签名档里，这无形中会引起许多阅读者的注意，并进入你的网店，进而成为你的客户。

4）广开门路，广交朋友。通过认识许多朋友，介绍他们关注你的商品，同时争取回头客，并让你的客户为你介绍新的客户。

5）一店多开。在精力允许的情况下，可以将同一内容、同一形式的网店在多个网店平台上开设，也就是争取一切资源来扩大自己的知名度与影响力，但要注意以一个网店为主打平台，其他的网店起互相推介的作用。

6）在各种提供搜索引擎注册服务的网站上输入网店的资料，争取获得更多的浏览者进入网店。

网络广告也是促销策略的一种。企业在做网络广告策划时应充分发挥网络的多媒体功能，通过三维动画等引导消费者做出购买决策并达到尽可能地开发潜在市场的目的。关于其他的网店宣传推广方法在以后的内容中表述。

（2）如何扩大网店规模。当自己的网店发展到一定程度，并形成了成功的模式与管理体系后，通过设立连锁店或分店来扩大店铺规模，可以有效地增加销量，进一步提高店铺的影响力。

对于什么样的店铺适于设立连锁店，如何设立连锁店，可参考连锁经营方面的资料，这里不再赘述。

【实训步骤】

1. 店铺装修

登录淘宝网，开通淘宝店铺，进入卖家中心，然后在左侧的菜单中选择“店铺装修”，进入装修模式。

进入“店铺装修”后，店铺由四个模块组成，1920 这个模块是收费的，建议新手朋友刚开始不要购买。其他的 950、750、190 是免费使用的。

首先在“布局管理”界面添加所选模块到店铺所需要的位置，然后回到“页面编辑”界面，在添加的模块处单击“编辑”。

（1）第一步就是店铺招牌。店铺招牌是 950×120 的模块。找到右侧该模块中的店铺招牌，按住鼠标左键，拖动到页面的最上方，会出现“松开鼠标，模块会放到这里”这几个字。松开鼠标就可以了。

鼠标放在店铺招牌上，在右上角会出现铅笔头形状的“编辑”，单击“编辑”，就进入店铺招牌的编辑页面了。店铺招牌的招牌内容有三个，建议用第一个，单击“添加文件”。在添加店铺招牌图片之前，要先把图片添加到图片空间中去。

（2）将鼠标轻轻移动至导航条，单击“编辑”按钮，进入导航设置，单击“添加”。导航条对于网店来说非常重要，建议卖家将其放入店铺的重要信息。导航类目最多可放入 12 项一级内容，建议不要放入超过 7 项；否则看起来比较拥挤，影响视觉效果。

（3）把图片添加到图片空间。首先，回到第一步找到千牛工作台的网址，找到图片空间，单击进入，然后单击图片管理。其次，找到右上角上传图片，选择通用上传就可以了。完成以上步骤后，我们需要的图片就进入图片空间了。

（4）默认分类模块的添加，编辑默认分类页面，添加手工分类，然后保存。

（5）图片轮播模块的添加。选择 750 的模块，和操作店铺招牌的步骤是一样的。单击“编辑”进入编辑页面，会出现图片地址和图片链接。图片地址指的是图片空间中的图片地址，回到图片空间，找到需要的图片，在图片下方有三个按钮，中间的一个就是复制图片按钮，单击一下就可以了。图片链接指的是这张图片和什么内容链接在一起。比如，想让这张图片和一款宝贝链接在一起，那就复制宝贝的链接，放到图片链接这个框里。

（6）编辑完成后，单击最后的“发布”。

特别提醒：淘宝店铺装修是一项个性化设计，每个人可按照店铺特点结合自己的想法进行创造性设计，充分利用淘宝提供的各个基础模块。

2. 网店推广

网店推广的主要方式有：

（1）通过 QQ 等网络社区向网友介绍网店、商品特性和服务等。通过网友把商品推广出去。

（2）向自己的亲朋好友介绍自己的网店、商品特性和服务。

（3）通过电子邮件或博客有目的和有针对性地发布网店、商品特性和服务等信息。例如，可以在进行业务洽谈的电子邮件中附上网店的专用网址及介绍，如“感谢您的关注！敬请访问 http：//shop123. taobao. com 查看每日新品”。无论是通过电子邮件还是博客，标题都应力求新颖，否则客户直接就当垃圾邮件删除了。

（4）在第三方商务平台、门户网站上发布信息。在第三方商务平台上，可以开展商品促销、新品发布、市场推广等专题活动，以扩大网店的浏览量和成交量。

（5）假如有一定的经济基础，可以在淘宝网上打出精美的广告，配以响亮的广告词，这样可以在第一时间吸引客户的眼球，将客户吸引到网店。

（6）参与所在网站开展的各种网上与网下市场推广活动。

（7）利用其他网站资源吸引客流到网店中。巧妙利用其他信息平台也可以吸引到一定的客流。例如，可以到其他商务网站上注册、登记公司，并且把网店的地址留在上面，让看到公司信息的客户都到网店逛逛。这样，你只要花几分钟时间到其他网站注册并留下网店地址，就可能为你带来一定的客流量。

【效果评价及考核内容】

1. 网上商店店铺管理

（1）装修网店。

（2）添加商品说明，进行合理定价。

2. 网上商店推广

（1）列出 10 种以上的网上商店推广方法。

（2）将至少两种方法应用于实践。

实训 4　营销导向的企业网站规划与建设

一个网站的成功与否与建站前的网站规划有极为重要的关系。在建设网站前应明确建设网站的目的，确定网站的功能、规模、投入费用，进行必要的市场分析等。只有详细规划，才能避免在网站建设中出现很多问题，使网站建设顺利进行。

网站规划是指在网站建设前对市场进行分析、确定网站的目的和功能，并根据需要对网站建设中的技术、内容、费用、测试、维护等做出规划。网站规划对网站建设起到计划和指导的作用，对网站的内容和维护起到定位作用。

网站规划书应该尽可能涵盖网站规划中的各个方面，网站规划书的写作要科学、认真、实事求是。

【实训目的】

通过规划与设计以营销为导向的网站，加强对网络营销导向的企业网站的认识，掌握营销导向网站的规划与设计方法，学会撰写网站规划书，从而达到学以致用的目的。

【实训要求】

（1）明确网站的主题、整体风格、目标浏览人群。
（2）绘制网站结构示意图，确定网站的各级页面及内容。
（3）绘制各个页面的布局示意图，对页面进行初步规划。
（4）提交网站规划书。
（5）在自主建站平台上完成网站建设。

【场景设计】

W 是一家经营音像制品，集音像生产、加工、编辑、制作、销售、工业开发于一体的企业，现欲开发建设自己的营销型网站，请为该企业建立官方网站。

【相关知识】

1. 营销型网站的阅读对象：潜在客户和搜索引擎

2. 高成交量的网页必备的四大元素

（1）我为什么要？——产品定位。
（2）产品真的好吗？——展示客户关注的产品卖点。
（3）你说的是真的吗？——打消客户疑虑。
（4）拖延一下可以吗？——分析客户要求，找到能打动他的地方。

3. 营销型网站建设的注意事项

（1）客户体验最重要——美观、易用。
（2）关键词的优化能为网站带来很大的流量——Meta、栏目、导航、标题、内容、域名。
（3）差异化营销突出优势——放大差异，让客户记住。
（4）产品展示是企业网站永恒的主题。
（5）经常更新提升排名。
（6）权威网站发布信息或友情链接。
（7）加强客户沟通环节——微信、二维码、QQ、400 或 800 电话。

【实训内容】

登录凡科自主建站网站（http：//www. faisco. com/），完成网站建设。
要求：网站形象要美，客户体验好，对页面适当优化。

【效果评价及考核内容】

制作 PPT 文档，在计算机上演示网站建设情况。

附：网站规划书格式

1. 建设网站前的市场分析

分析内容如下：

（1）相关行业的市场是怎样的，市场有什么样的特点，是否能够在互联网上开展企业业务。

（2）市场主要竞争者分析，竞争对手上网情况及其网站规划和功能作用。

（3）企业自身条件分析、企业概况、市场优势，可以利用网站提升哪些竞争力，建设网站的能力（费用、技术、人力等）。

2. 建设网站的目的及功能定位

（1）为什么要建立网站？是为了宣传产品，开展电子商务，还是建立行业性网站？是企业的需要，还是市场开拓的延伸？

（2）整合企业资源，确定网站功能。根据企业的需要和计划，确定网站的功能，包括产品宣传型、网上营销型、客户服务型、电子商务型等。

（3）根据网站功能，确定网站应达到的目标和作用。

（4）企业内部网（Intranet）的建设情况和网站的可扩展性。

3. 网站技术解决方案

根据网站的功能确定网站技术解决方案。

（1）是自建服务器，还是租用虚拟主机。

（2）选择操作系统，是用 UNIX、Linux，还是用 Window XP/NT。分析投入成本、功能、稳定性和安全性等。

（3）采用系统性的解决方案（如 IBM、HP 等公司提供的企业上网方案、电子商务解决方案）还是自己开发。

（4）网站安全性措施，如防黑客攻击、防病毒方案。

（5）相关程序开发，如网页程序 ASP、JSP、CGI、数据库程序等。

4. 网站基本要素规划

从网站布局、内容、服务、功能四个方面进行网站整体规划。

（1）布局规划。用 Excel 表格展示各个页面的版面设计，要求各级页面结构清晰，主次分明，风格统一，特别是客户体验要好，力争突破俗套，进行个性化设计。

（2）内容规划。展示各级页面之间的调用关系，说明网站的栏目名称以及每个栏目要展示的内容。

（3）网站服务。说明该网站需要提供的服务内容，如 FAQ、在线咨询等。

（4）网站功能。说明该网站需要具备的营销功能和技术功能。

5. 网页设计

（1）网页美术设计要求。网页美术设计一般要与企业整体形象一致，要符合企业识别（CI）规范。要注意网页色彩、图片的应用及版面规划，保持网页的整体一致性。

（2）在新技术的采用上要考虑主要目标访问群体的分布地域、性别、年龄、受教育程度、阅读习惯等。

（3）制订网页改版计划，如隔半年到一年时间进行较大规模改版等。

6. 网站维护

（1）服务器及相关软硬件的维护，对可能出现的问题进行评估，制定响应时间。

（2）数据库维护，有效地利用数据是网站维护的重要内容，因此数据库的维护要受到重视。

（3）内容的更新、调整等。

（4）制定网站维护的相关规定，将网站维护制度化、规范化。

7. 网站测试

网站发布前要进行细致周密的测试，以保证正常浏览和使用。主要测试内容如下：

（1）服务器的稳定性、安全性。

（2）程序及数据库测试。

（3）网页兼容性测试，如浏览器、显示器。

（4）需要的其他测试。

8. 网站发布与推广

（1）网站测试后发布的公关、广告活动。

（2）搜索引擎登记等。

9. 网站建设日程表

各项规划任务的开始时间、完成时间、负责人等。

10. 费用明细

各项事宜所需费用清单。

以上为网站规划书中应该体现的主要内容，根据不同的需求和建站目的，内容也会增加或减少。在建设网站之初一定要进行细致的规划，才能达到建站的预期目的。

实训 5　搜索引擎营销

【实训目的】

（1）掌握搜索引擎的类型及工作原理。

（2）掌握搜索引擎营销的主要模式。

（3）掌握搜索引擎的注册登记流程、广告投放方法、排名规则。

【场景设计】

某公司的网站准备投资 5000 元做网站的搜索引擎推广，请你帮助完成。

【相关知识】

1. 搜索引擎营销的基本原理

搜索引擎营销是根据客户使搜索引擎的方式，利用客户检索信息的机会尽可能地将营销信息传递给目标客户。企业网站在被搜索引擎收录的基础上应尽可能获得好的排名，但仅仅做到被搜索引擎收录并且在搜索结果中排名靠前是不够的，这样并不一定能增加客户的点击率，更不能保证将访问者转化为客户。若要实现访问量增加，需要从整体上进行网站优化设计，并充分利用关键词广告等有价值的搜索引擎营销专业服务来完成，而把访问量转化为收益是由企业网站的功能、服务、产品等多种因素共同决定的。

2. 搜索引擎营销的主要模式

（1）免费登录分类目录。

（2）搜索引擎优化。

（3）付费登录分类目录。

（4）关键词广告。

（5）关键词竞价排名。

（6）网页内容定位广告。

3. 关键词广告的特点

（1）形式比较简单。

（2）显示方式比较合理。

（3）可以自行控制费用。

（4）可以随时查看流量统计。

（5）可以方便地进行关键词管理。

4. 影响搜索引擎营销效果的因素

（1）网站设计的专业性。

（2）被搜索引擎收录和检索的机会。

（3）搜索结果对客户的吸引力。

【实训步骤】

1. 搜索引擎登录

百度搜索网站登录网址：http：//www. baidu. com/search/url_submit. htm

360 搜索引擎登录入口：http：//info. so. 360. cn/site_submit. html

搜狗网站收录提交入口：http：//www. sogou. com/feedback/urlfeedback. php

神马网站提交入口：https：//zhanzhang. sm. cn/open/detialPage

打开搜索引擎网站登录的页面，在输入框中输入完整的网址和验证码，单击“提交网站”即可。注意在提交网站网址的时候要输入完整的网址，包括 http：//等前缀。

搜索引擎的登录入口还有很多，但是现在比较流行的搜索引擎是上面几种，这些搜索引擎几乎占据了市场 95%以上的份额。

2. 竞价排名

百度竞价排名现名为百度推广、商业推广，是一种按效果付费的网络推广方式。每天有数亿人次在百度上查找信息，企业在百度注册与产品相关的关键词后，就会被查找这些产品的客户找到。

百度竞价排名操作步骤请参考本书第 3. 5 节的相关内容。

【效果评价及考核内容】

1. 搜索引擎登录

2. 竞价排名

（1）在百度上注册账户。

（2）确定目标客户。

（3）关键词选择与定价。

（4）完成百度推广方案。

1）推广单元创意设计。设计三个不同的创意，每个创意包括创意标题、创意描述第一行、创意描述第二行、访问 URL、显示 URL，如图 19-1 所示。

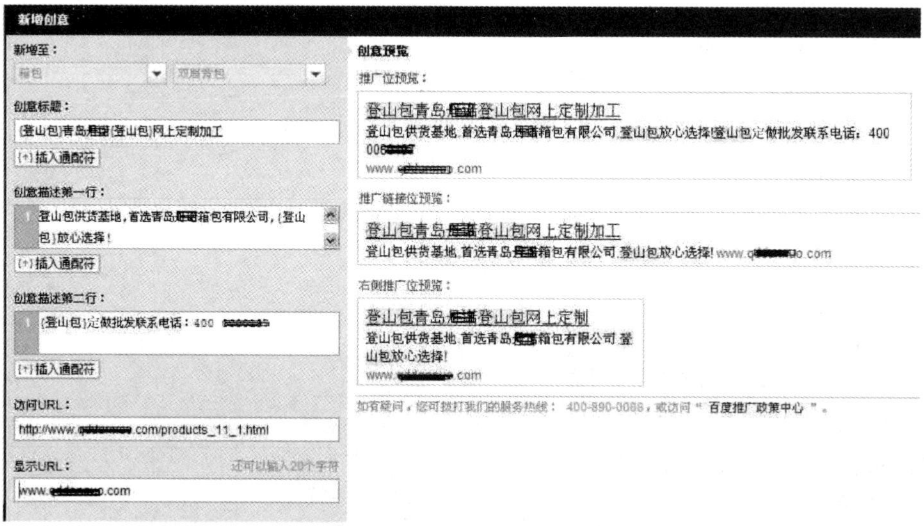

图 19-1　推广单元创意设计

2）广告推广时段及推广地域设置。例如，推广时段设置如图 19-2 所示。

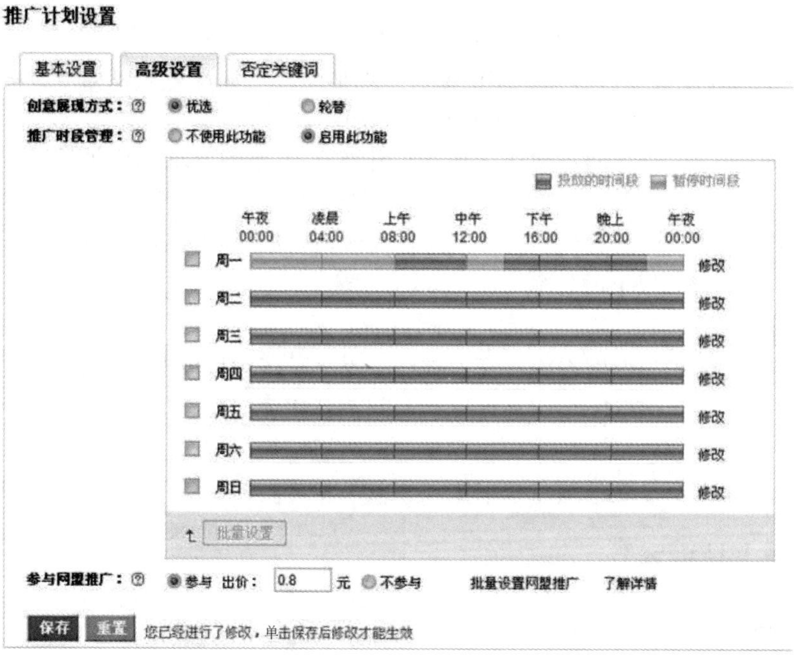

图 19-2　推广时段设置

实训 6　搜索引擎优化分析

【实训目的】

了解搜索引擎优化对网络营销信息传递的作用，通过对指定网站的 SEO 情况进行友好性分析，包括栏目结构优化分析、内容优化分析、测试外部链接数量、查询网站流量及网站排名等指标，对于发现的问题，提出相应的改进建议。

【相关知识】

1. 关键词

一个好的关键词就是一个优秀的业务员，关键词是连接企业和客户的桥梁。

（1）列出大量相关关键词，即“泛关键词”，有以下方法或途径：

1）头脑风暴法。

2）同事、朋友。

3）查看竞争对手网站的 Meta 标签，了解竞争对手使用的关键词。

4）可使用关键词扩展工具，如百度搜索建议、百度相关搜索、站长工具、百度指数等。

（2）建立“长尾关键词”多维组合表，做站内优化和站外优化。

（3）设立并运用“问题关键词”，做站内优化和站外优化。

（4）设立并巧借“借力关键词”，做站内优化。

（5）分析关键词竞争程度、关键词被搜索次数，然后确定“核心关键词”，并说明理由。

（6）将关键词运用到页面合适位置。

2. 网站优化情况分析

（1）网站被各搜索引擎收录的页面数。在搜索引擎搜索框中输入“site：网站的域名”。例如，要测试联想中国网站被收录的页面数，则输入“site：www. lenovo. com. cn”，按 <Enter>键，结果页面则出现网站被收录的页面数以及详细的收录页面。

（2）网站栏目结构分析。

1）通过主页可以到达任何一个一级栏目首页、二级栏目首页及最终内容页面。

2）每个页面有个辅助导航，即列出当前页的路径。

3）设计一个表明站内各个栏目和页面链接关系的网站地图。

4）通过任何一个网页，经过最多三次点击可以进入任何一个内容页面。

5）通过任何一个网页，可以进入任何一个一级栏目首页。

6）通过网站首页一次点击，可以直接到达某些最重要内容的页面（如核心产品、客户帮助、网站介绍等）。

（3）网站内容优化。网站要有完整的页面标题和 Meta 标签、高质量的文案和及时更新的内容。站内每个页面都应该有独立的反映网页内容的标题和 Meta 标签。

例如，阿里巴巴首页的页面标题和 Meta 标签设计：

<meta name="description" content="阿里巴巴是全球企业间（B2B）电子商务的著名品牌，汇集海量供求信息，是全球领先的网上交易市场和商人社区，首家拥有超过1400万个网商的电子商务网站，遍布220个国家和地区，成为全球商人销售产品、拓展市场及网络推广的首选网站" />

<meta name="keywords" content="阿里巴巴，行业门户，网上贸易，B2B，电子商务，内贸，外贸，批发，行业资讯，网上贸易，网上交易，交易市场，在线交易，买卖信息，贸易机会，商业信息，供求信息，采购，求购信息，供应信息，加工合作，代理，商机，行业资讯，商务服务，商务网，商人社区，网商" />

（4）测试网站外部链接数量。

1）第一种方法：在搜索引擎搜索框中输入“link：网站的域名”。

2）第二种方法：使用站长工具中的“反链查询”。

（5）URL层次。网站的URL层次不能太深，最好不超过3层，如果超过4层，搜索引擎就很难搜索到它了，所以网站首页的URL一定要简短，如www. haier. com，而首页URL为http：//www. hilton. com/en_ US/hi/index. asp就不太利于搜索引擎搜索。

3. PR值的测试

PR值的查询可利用有关的站长工具，如http：//pr. chinaz. com/等。

PR值总分为10分，一般在6分以下都为正常，请查阅第6.5节。

【实训内容】

对实训4中已经建成的网站进行SEO。

（1）关键词分析。合理运用关键词扩展工具列出“泛关键词”“长尾关键词”多维组合表、“问题关键词”“借力关键词”，最后确定3～5个“核心关键词”并说明选择理由，如分析关键词竞争程度、关键词被搜索次数、客户习惯等。

说明：在关键词分析过程中要合理使用关键词扩展工具，将使用情况截图并写在实训报告中。

（2）运用“问题关键词”做站内优化和站外优化。

（3）运用“借力关键词”做站内优化。

（4）优化Meta标签（Tile/Description/Keywords）。

（5）设立H1/H2标题，并在标题中融入关键词。

（6）设计Alt文字。

（7）建立站内和站外锚文字链接。

（8）使用站长工具（http：//tool. chinaz. com/）检测站内死链接。

【效果评价及考核内容】

（1）高质量完成实训要求的内容。

（2）查询网站被搜索引擎收录的页面数。

实训 7　B2B 电子商务平台免费推广

【实验目的】

（1）了解 B2B 电子商务平台的特点。

（2）B2B 平台的比较与选择。

（3）通过 B2B 电子商务平台快速建立企业推广店铺。

（4）通过 B2B 电子商务平台推广产品及宣传企业形象。

【场景设计】

小强是某高校电子商务专业刚刚毕业的学生，来到一家生产经营型企业工作，该企业近几年来生意每况愈下，业务量越来越少。该企业原来主要是通过参加商品交流会或展销会方式来获取订单的，但是近几年来参加展会的效果越来越差，甚至连参会成本都赚不回来，参加商品展会的人挺多，但是客户质量不高，接不到订单。企业决定让小强通过电子商务手段，利用阿里巴巴等商务平台拓展市场，期望得到更多订单。

【相关知识】

我国许多中小企业在 B2B 网络营销方面已经有所尝试，但是专业投入与研究还不够，只是把网络看作一个简单的信息发布平台，网络营销的效果不够好。B2B 网络营销平台是为中小企业量身定做的综合性的网络营销平台，通过在该平台上进行信息发布、在线贸易、在线客服等的整合，可以迅速提高企业形象，扩大采购与销售渠道，进而为企业创造价值。

中小企业的市场知名度不高，最主要的问题是怎样做才能把自己的产品推销出去，让消费者了解产品。大家首先想到的是建设企业网站，但建设网站容易，推广难。企业官方网站建设、搜索引擎优化及百度推广等手段是非常必要的，利用 B2B 商务平台推广也是必不可少的。

阿里巴巴诚信通、慧聪网是国内知名的 B2B 网络平台，还有更多的垂直网络平台，如中国 B2B 联盟（http：//hao. b2b. cn/），这些平台上汇集了众多会员，中小企业可以利用这些平台来展示企业和产品形象，突出企业产品的优势，吸引买家，让生意自动找上门，同时也提供全方位的电子商务解决方案，帮助中小企业开启网上生意之门。

1. B2B 平台的选择

（1）阿里巴巴是开展 B2B 商务活动的首选平台。阿里巴巴是全球企业间（B2B）电子商务的著名品牌，为数千万网商提供海量商机信息和便捷安全的在线交易市场，也是商人们以商会友、真实互动的社区平台。目前，阿里巴巴已覆盖原材料、工业品、服装服饰、家居百货、小商品等 12 个行业大类，提供原料、生产、加工、现货等一系列的供应产品和服务。

（2）确定本企业的核心产品，然后利用搜索引擎搜索该产品名称，搜索结果显示，B2B 商务平台是该企业的重要选择。

（3）登录中国 B2B 联盟网站，参考本企业所在行业的垂直商务平台。

2. 免费开店（以阿里巴巴为例）

（1）登录阿里巴巴网站，单击免费注册，填写个人信息。

（2）进行邮箱验证，验证成功。

（3）注册完成，成为普通会员。

（4）开通阿里巴巴诚信通。

3. 阿里巴巴一般诚信通会员开通流程

登录阿里巴巴网站，登录店铺，联系阿里巴巴后台工作人员，上传营业执照，缴纳相关费用（这是基础费用，费用比标准诚信通要低些）；阿里巴巴后台审核通过后，完成开通。

4. 一般诚信通会员享受的服务

网站空间权限提高，可以任意修改产品资料；发布的产品在阿里巴巴的关键词搜索排名中更靠前；有商标使用权，专业的认证机构做认证，使店铺可信度更高；可以使用支付宝交易，在网络的交易中更安全，让客户产生更多信任感，得到更多保障；提供采购会、展会等行业信息。

5. 产品信息流量提升技巧

（1）高质量信息标题。产品标题是衡量该产品与客户所搜索关键词是否相关的最重要的内容之一，标题的填写尽量规范化，不要堆砌多个产品词，即不要在标题里面填写不相关的内容。

一个好的标题需要注意以下三点：①标题中只含有一个产品，并使用通俗的产品名称；②标题中突出产品最具竞争力的功能特性；③标题尽可能标明产品优惠政策和低价促销信息。

（2）准确的产品分类。选择准确的产品分类以便于客户查找，增加产品的曝光率。发布信息时，可使用搜索功能，系统自动匹配较为合适的一些类别供选择。

（3）产品描述信息要准确。产品描述应该是对标题中的产品进行详细的描述，包含产品参数、产品特点、产品优势的详细阐述以及售后服务等信息，让买家更了解产品，让交易更简单、快捷。

（4）产品图片要真实清晰。上传清晰的产品图片，给客户更好的指引，尽量增加实拍图。产品配图可以把产品形象立体地呈现出来，让客户更有兴趣。

（5）价格信息很重要。发布产品价格，买家可对相同产品进行价格对比，提高贸易成交率。因为价格是客人选购产品的基本要素之一。

（6）商铺分类要精确。精确的商铺分类有利于客户在商铺查看产品信息，挑选产品，提高浏览量及客户体验度。

（7）批量更新。每天对自己的供应信息进行批量更新可提升网站排名。

（8）交易因素。交易额对排名有重大影响。

（9）优质的客服。保持旺旺在线状态每天不少于 8h。

6. 商机标题建立技巧

关键词（这里的关键词是表示商机标题的关键词）的设置也是企业发布信息最为关键的一部分，是影响发布效果的关键。同时，选择好的关键词不但可以增加潜在客户对网站的访问量，而且可以进一步提高销售的转换率。那么该如何选择关键词？怎样才能选择好关键词？下面一起来看看关键词设置的方法。

第一种：列举关键词。每个企业都有几个关键词，有的企业甚至有成千上万个关键词，首先要把企业所有可能的关键词尽可能多地列举出来。列举出来的关键词与网站的相关度要高。列举的关键词可以短可以长，可以是搜索量大的，也可以是搜索量小的。列举出关键词后就要利用百度、百度指数等一些工具加以分析，如百度关键词分析工具，然后确定关键词。例如，某五金厂部分关键词如表 19-2 所示。

表 19-2　某五金厂部分关键词

五金螺母	五金螺钉	五金滑轨	五金曲手
古典拉手	现代拉手	家具拉手	五金铁皮
散热器材	家具五金配件	铝合金试模	铝合金压铸试模
通信五金配件	电器铝合金配件	电器锌合金配件	装潢铝合金压铸件

第二种：关键词单发。如果只是企业名称或产品名称，这样的商机标题搜索率是不会太高的，因为潜在客户并不知道你的企业名称，所以客户以企业名称去搜索的可能性很低，除非是老客户。建议使用关键词组合或者联想的形式。

例如，“天津市某化工有限公司”编辑的商机标题是“双氧水厂家直销”，而不是直接的企业名（注意：部分商机标题可以是企业的一些宣传语，但主推的必须是与产品相关联的标题）。

第三种：型号+关键词。例如，AB32+壳牌奇伟士。

第四种：地区+关键词。例如，安徽+线路板。

第五种：厂家+关键词。例如，济南某某园艺制品厂+（生产）花箱。

第六种：品牌+关键词。例如，卡西欧+手表。

第七种：性能+关键词。例如，耐油+高压胶管。

第八种：供应+关键词。例如，供应（低价）+PET 专用自动破碎机。

第九种：用途+关键词。例如，建筑工地+大型洗砂设备。

第十种：材料+关键词。例如，丁腈+高压胶管。

第十一种：地区+厂家+关键词。例如，广东+广州市某某环保科技有限公司+健宜生态仪。

第十二种：地区+品牌+关键词。例如，深圳+卡西欧+手表。

第十三种：品牌+关键词+厂家。例如，卡西欧+手表+深圳表业有限公司。

第十四种：材料+性能+关键词。例如，丁腈+耐油+高压胶管。

第十五种：地区+品牌+关键词组合。例如，温州+黑神牌+耐油高压胶管（关键词组合）。

第十六种：地区+厂家+关键词组合。例如，温州+宇力液压+耐油高压胶管（关键词组合）。

第十七种：地区+厂家+品牌+关键词组合。例如，温州+宇力液压+黑神牌+耐油高压胶管（关键词组合）。

第十八种：淘宝型+关键词。例如，正品+铝合金压铸（限时、反季促销、团购、包邮）。

第十九种：百度型+关键词。例如，深圳哪里的女装质量好+便宜、实惠。

第二十种：肯定式关键词句子。例如，专业脚踏垃圾桶就是好。

第二十一种：长尾关键词。主关键词或者一些与网站的内容相关的辅助关键词。例如，护坡砖制品模具厂商，辽宁护坡砖制品模具直销。

第二十二种：口语式关键词。例如，口语中的“高压橡胶管”一般都是指高压胶管，很多人不懂行业术语，一般直接搜索“高压橡胶管”。专业术语的口语式叫法各个地方不同，可以从客户电话反馈中得到经验，选取口语式关键词。

第二十三种：搜索引擎（百度、谷歌、搜狗）下方的推荐词。例如，百度“冰柜”后面会出现“冰柜价格”“冰柜尺寸”“冰柜哪个牌子”……

【实训内容】

以小组为单位，联系我们熟悉的企业，经过网络和实地调研，为该企业在 B2B 电子商务平台上建立推广店铺。

（1）根据该企业特点，选择 10 个关系密切的 B2B 电商平台。

（2）在一个平台上完成店铺建设，上传产品不少于 10 个。

（3）店铺内容建设要注意提升流量技巧。

【效果评价及考核内容】

（1）搜索并写出 10 个与该企业相关的电商平台。

（2）店铺建设布局及形象。

（3）产品标题、产品描述、图片处理符合页面优化原理。

实训 8　博客营销

【实训目的】

了解博客营销的目的，掌握建立个人博客空间和企业博客的方法，利用博客开展营销。

【场景设计】

小张是某化妆品公司营销部的一名营销经理，在多年的工作经历中积累了一定的化妆品常识、化妆品选购经验以及化妆技巧等，她很想把自己的积累与众多客户和朋友一起分享，所以想建立一个自己的博客，同时为公司注册一个企业博客。

【相关知识】

1. 博客营销

博客营销就是利用博客这种网络应用形式开展网络营销。博客的内容通常是公开的，可以发表自己的网络日记，也可以阅读别人的网络日记，因此可以理解为一种个人思想、观点、知识等在互联网上的共享。

博客具有知识性、自主性、共享性等基本特征，这也决定了博客营销是一种基于个人知识资源的网络信息传递形式。开展博客营销就是共享对某个领域知识的掌握、学习和有效利用，并通过对知识的传播达到营销信息传递的目的。

博客营销的目的有以下几个方面：

（1）以营销自己为目的。这类博客，博主的目的是通过博客的写作，给自己带来人气、名气，最终能为自己带来利益。当然，这类博主刚开始写博客的时候并没有目的性，只是随着时间的推移，发现博客有营销自己的功能，也就有心为之了。

（2）以营销企业文化、品牌，建立沟通平台，更好地为企业销售服务为目的。这类博主基本上是企业的老板或者高层管理人员，主要看好博客这种营销手段。这类博客营销要做好，最关键的不是博客文章，而是整体的管理策划和引导。

（3）以营销产品为目的。这类博客目的很简单，就是通过博客文章的写作，达到销售产品和取到订单的目的。由于这类博主的目的简单明了，博客文章的写作对他们是非常实用的。

2. 企业博客

企业博客独创性地将博客与电子商务、企业发展有机地结合在一起，为企业构建一个真正意义上的网上商务与工作平台。企业可以用此发布产品信息、供求信息、合作信息，开设网上销售与采购的窗口，宣传企业诚信形象，建立客户信任，开辟高效、直接的客户互动交流渠道，开展高效的网上协同商务和协同办公等。

企业博客的内容主要有产品评测、企业文化生活、人物聚焦、各界评论、新闻爆料、投资者关系、经营管理等。其中，新闻软文（即新闻爆料）的比重最大，各界评论和企业文化生活（即企业杂谈）、人物聚焦的比重次之。

企业博客营销主要表现为三种基本形式：利用第三方博客平台开展网络营销活动；企业网站自建博客频道，鼓励企业内部有写作能力的人员发表博客文章以吸引更多的潜在客户；有能力运营、维护独立博客网站的个人，可以通过个人博客网站达到企业博客营销的目的。

3. 企业博客的运用

企业博客的运用主要有以下几点：

（1）自建博客网站或者选择博客托管网站，开设博客账号。对于在国际范围内营销的企业，一般来说，应选择访问量比较大以及知名度较高的博客托管网站，这些资料可以根据Alexa（www. alexa. com）全球网站排名系统等进行分析判断，对于某一领域的专业博客网站，则应在考虑其访问量的同时，还要考虑其在该领域的影响力。影响力较高的网站，其博客内容的可信度也相应较高。如有必要，也可选择在多个博客托管网站进行注册。

（2）制订一个中长期博客营销计划。这一计划的主要内容包括从事博客写作的人员、写作领域选择、博客文章的发布周期等。由于博客写作内容有较大的灵活性和随意性，因此博客营销计划实际上并不是一个严格的“企业营销文章发布时刻表”，而是一个从较长时期来评价博客营销工作的参考。

如果某个企业的一两个博主偶尔发表几篇企业新闻或者博客文章，则很难发挥博客长久的价值。可以利用多种发布渠道，发布尽可能多的企业信息，长期坚持才能发挥其应有的作用。通过对一些博客网站的浏览可以发现，虽然注册的博客用户数量很多，但真正能坚持每天或定时发表文章的人并不多。如何促使企业的博主有持续的创造力和写作热情，也是企业博客营销策略的重要环节。因此，引入适当的激励机制，建立一个合适的博客环境是博客营销良性发展的必要条件，这样有利于激发企业员工的写作热情，并将个人兴趣与工作相结合，让博客文章成为工作内容的延伸。经过一段时间的积累，企业博客才会有比较丰富的信息，企业在网上的记录多了，被客户发现的机会也会大大增加，因此利用博客进行企业信息传播需要一个循序渐进的过程。

（3）将博客营销纳入企业营销战略体系中。企业博客被纳入营销领域，其行为便归属了集体，但从事博客写作的却是个人，那么做到个人观点与企业营销策略之间的协调就被提上了日程。如果所有的文章都代表企业的官方观点，类似于企业新闻或者公关文章，那么博客文章显然失去了其个性特色，这样也很难获得读者的关注，从而失去了信息传播的意义。反之，如果博客文章只是代表个人观点，与企业立场不一致，那么也就无法将企业的信息或者观点正确、恰当、适时地传递给消费者。因此，企业应该培养一些有思想和表现欲强的员工进行写作，文章写完以后先在企业内部进行交流，然后再发表在一些博客社区中。博主们所写的东西是反映和代表企业的，绝对不能泄露企业机密。

（4）综合利用博客资源与其他营销资源。博客营销并不是独立的，只是企业营销活动的一个组成部分。为使博客营销的资源发挥更多的作用，将企业网站的内容以及其他媒体资源上的内容合理利用起来，就成为博客营销不可缺少的工作。在很多企业的网站中载入的大都是些严肃的企业简介和产品信息等，而博客文章的内容、题材、形式多样，因而更容易受到客户的欢迎。通过在企业网站上增加博客内容，以个人的角度从不同层面介绍与企业业务相关的问题，既丰富了企业网站的内容，又为客户提供了更多的信息资源，在增进客户关系和提高客户忠诚度方面具有一定的价值，尤其对于拥有众多消费群体的企业网站更加有效，如化妆品、服装、运动健身、金融保险等企业的网站，因此，企业的博客营销思想有必要与企业网站内容相结合，与企业网站相辅相成，产生良好的互动。而将产品在博客上进行营销，除了要找到对产品感兴趣的人之外，还要找到这个产品的切入点，从而用来与博客上的消费者进行沟通。

（5）对博客营销的效果进行评估。与其他营销策略一样，对博客营销的效果也有必要进行跟踪评价，并根据发现的问题不断完善博客营销计划，让博客营销在企业营销战略体系中发挥应有的作用。博客营销的效果评价方法，可参考网络营销其他方法的评价方式来进行。无论哪种形式的博客营销，都存在如何将个人知识、思想与企业营销目标和策略相结合的问题，这也是现阶段博客营销中最为突出的问题之一。

4. 企业博客给企业带来的好处

企业博客是以第三方形式全面、客观展示企业形象的场所。对于企业来说，这是一种全新的网络营销手段，它给企业带来的好处包括以下几个方面：

（1）企业通过这个平台可以实现危机公关、企业文化建设、品牌/产品调研等。

（2）企业通过这个平台可以实现信息公开、流通，从而实现与员工以及外界更好的交流。

（3）有助于企业正视存在的问题并进行自我改进和提高。

（4）高人气的企业博客能快速提高企业知名度。

（5）有助于推广企业产品和服务。

【实训步骤】

（1）进入企博网（http：//www. bokee. net/）注册页面，申请自己的博客空间，查看该博客空间提供的功能并应用，完善空间功能后，将博客空间提交到百度搜索。将过程记录作为考核的标准。

（2）登录阿里巴巴商友圈，申请注册，查看该博客空间提供的功能并应用该功能，将功能完善后的博客空间提交到百度搜索。将过程记录作为考核的标准。

【效果评价及考核内容】

（1）搜索博客营销的网站。

（2）了解博客营销的特点与功能。

（3）掌握博客的建立过程。

（4）熟练利用博客开展营销。

实训 9　SNS 营销

【实训目的】

（1）了解 SNS 营销平台。

（2）认识和使用 SNS 营销工具。

【相关知识】

1. 日志推广

日志推广是目前推广方法里普遍使用的，把推广内容发表在日志里，供全站客户阅读。需要注意的是，日志发表成功后，最好能和网友沟通，形成互动，请他们帮忙分享，这样才能获得更多的读者，自然效果也就更好。有的 SNS 社区这方面就做得比较好，他们在发表日志后，可以提醒好友关注。日志发表后，能被好友最大限度地分享，前提就是你要与好友多多互动和交流。

2. 微博

使用微博，每天发布一些与你的产品或者网站相关的即时信息，信息要简单明了，一天可以发布、更新多次。或者以问答的方式去发布信息，这个 SNS 社区的推广技巧和问答网站推广的方法很相似。例如自己去提问：“××产品怎样？有朋友使用过吗？”或者“××网站到底有什么好玩的内容？”等等。请好友去主动回答，尽量把答案内容描述得吸引人一些。

3. 相册推广

建立自己的个人相册，可以把企业产品的一些图片上传到自己的相册。或者上传最新的、能引起广泛传播的图片到网站，像一些有趣的图片，自己再加工一下，增添自己网站或者产品的信息。这样，SNS 社区推广的效果也会很不错。

4. 写心情和好友日志回复推广法

很多的 SNS 社区都有“心情”这个功能，也就是把自己当天或者当时的心情发布到网站上，大家也可以使用这个功能进行 SNS 社区推广，把自己一些与推广相关的信息发布上去。或者在回复好友日志的时候，适当地带上自己推广的产品或者网站的信息内容一起回复。

5. 个人资料

SNS 的好友主页里，第一屏往往都是好友的资料。如此好的位置，当然不能放过。这里重点提示一下：一定要将用于宣传的个人资料设置成所有人可见，同时推荐到个人首页显眼的位置。

【实训步骤】

（1）通过搜索引擎搜索 5 个 SNS 社区，比较各个社区的特点。

（2）注册人人网或开心网，熟悉 SNS 平台，好友数不低于 50 人，并依次运用日志、状态、相册、心情、分享、私信、圈子等功能，至少有一项提到你所在的班级。

（3）将主页截图，作为考核标准（涉及隐私的可在图片上自行处理）。

【效果评价及考核内容】

（1）熟练利用 SNS 社区开展营销工作。

（2）写出 5 个 SNS 社区，并比较其特点。

（3）将所做的 SNS 营销推广工作截图。

实训 10　制订网站推广计划

网络推广是企业整体营销战略的重要组成部分，是借助互联网的特性来实现一定营销目标的一种营销手段。随着网络科技发展的日新月异，网络推广手段也层出不穷。根据网络营销实践经验，当前企业应用较为普遍的推广方式主要有以下几类：搜索引擎免费登录、搜索引擎广告投放、门户网站网络广告投放、第三方电子商务平台推广、Email 营销推广等。

【实训目的】

通过制订网站推广计划，规划网站推广的主要内容，分析竞争对手的网站推广特点，确定网站推广的目标与市场定位，选择恰当的网站推广方式以更好地完成网络推广任务。

【场景设计】

李某在一家大型建材企业的电子商务部工作。有一天，部门经理告知李某，本企业的网站已经建立了半年左右的时间，但访问的人数很不理想，没有达到宣传企业产品和最终实现在线交易的目的，要求李某尽快提出一套网站推广方案。请根据该企业的有关情况，帮助李某提出网站推广途径和推广要点。

【相关知识】

1. 网站推广计划的内容

网站推广是在网站正式发布之前就已经开始进行的工作，要保证推广效果好，就必须先做推广计划，网站推广计划相对于网络营销计划来说比较简单，但至少要包括以下内容：

（1）确定网站推广的阶段性目标。网站推广的阶段性目标可以分解成很多指标，如发布后一年内需实现的每天独立访问客户数量、与竞争者相比的相对排名、在主要搜索引擎的表现、网站被链接的数量、注册用户数量等。

（2）在网站发布运营的不同阶段所采取的网站推广方法和费用。如果可能，最好详细列出各个阶段具体的网站推广方法和费用，如登录搜索引擎的名称、网络广告的主要形式和媒体选择、需要投入的费用等。

（3）网站推广策略的控制和效果评价。对网站推广计划的控制和评价是为了及时发现网络营销过程中的问题，保证网络营销活动的顺利进行。

2. 关于网站推广的评价

网站推广的效果在一定程度上说明了网络营销人员为之付出劳动的多少，而且可以进行量化，这些指标主要有：

（1）登记搜索引擎的数量和排名。一般来说，登记的搜索引擎越多，对增加访问量越有效果，同时，搜索引擎的排名也很重要，一些网站虽然在搜索引擎注册了，但排名在几百名之后，同样起不到多大作用。

（2）被其他网站链接的数量。被其他网站链接的数量越多，对搜索结果排名越有利，而且访问者还可以直接从链接的网页进入你的网站。实践证明，在其他网站设置链接能对网站推广起到重要作用。

（3）用户数量。用户数量是一个网站价值的重要体现，在一定程度上反映了网站内容的价值大小，而且用户就是潜在的客户，用户数量直接反映了一个网站的潜在价值。

（4）独立访问者数量。独立访问者数量是指在一定时期内访问网站的人数，访问者越多，说明网站推广越有成效，也意味着网络营销的效果卓有成效。当然，访问量与最终收益之间并没有固定的比例关系。

（5）页面浏览数。页面浏览数是指在一定时期内所有访问者浏览的页面数量，页面浏览数说明了网站受关注的程度，是评价一个网站受欢迎程度的主要指标之一。

（6）访问者的平均页面浏览数。访问者的平均页面浏览数是指在一定时期内全部页面浏览数与所有访问者相除的平均数。这一指标表明了访问者对网站内容或者产品信息感兴趣的程度。如果大多数访问者的页面浏览数仅为一个网页，表明访问者对网站内容或者产品显然没有多大兴趣。

（7）访问者在每个页面的平均停留时间。访问者在每个页面的平均停留时间是指访问者在网站停留的总时间与网站页面总数之比，这个指标的水平高低说明了网站内容对访问者的有效程度。

尽管可以监测到网站的流量、页面浏览数等指标，但这些指标本身并不直接代表网站的成功或者失败，与收益之间也没有什么直接关系，只能作为相对指标，而且指标本身有时很难做到精确。

【实训步骤】

（1）制定网站推广目标。计划在网站发布一年后达到每天独立访问者 1000 人，注册用户 5000 人。

（2）网站策划与建设阶段的推广。网站正式发布前就要做好推广准备，如在网站建设过程中从网站结构、内容等方面进行优化设计。

（3）网站发布初期的基本推广手段。登录 10 个主要搜索引擎和分类目录、购买 2~3 个网络实名/通用网址、与部分合作伙伴建立网站链接。另外，也可以配合企业其他营销活动；在部分媒体和行业网站发布企业新闻。在网站推广的不同阶段需要采用不同的方法，也就是说，网站推广方法具有阶段性特征。

（4）网站增长期的推广。当网站有一定的访问量之后，为继续保持网站访问量的增长、销售量的增长和提升品牌，可以在相关行业网站投放网络广告（包括计划投放广告的网站及栏目选择、广告形式等），在若干相关专业电子刊物投放广告，或者与部分合作伙伴进行资源互换。

网站推广的基本方法对于大部分网站都是适用的，但是有些网站推广方法可能长期有效，有些则仅适用于某个阶段，或者临时有用，各种网站推广方法结合使用往往效果更好。

（5）网站稳定期的推广。处于稳定期的网站推广，可以结合企业新产品促销，不定期发送在线优惠券，或者参与行业内的排行评比等活动，以期获得新闻价值。在条件成熟的情况下，成立一个中立的与企业核心产品相关的行业信息类网站来进行辅助推广也是不错的做法。网站进入稳定期之后，推广工作不应停止，但由于进一步提高访问量有较大难度，需要采用一些超乎常规的推广策略。

（6）推广效果的评价。对主要网站推广措施的效果进行跟踪，定期进行网站流量统计分析（可通过计数器/流量监测软件完成），必要时与专业网络顾问机构合作进行网络营销诊断，改进或者取消效果不佳的推广手段，在效果明显的推广策略方面加大投入比重。

网站推广不能盲目进行，需要进行效果跟踪和控制。在网站推广评价指标中，最为重要的一项指标是网站的访问量，访问量的变化情况基本上反映了网站推广的效果。

（7）上网操作。根据实训 4 建立企业网站，确定该网站的推广目标，选择正确的推广方法并在相关互联网平台上加以实现，将推广的结果截图并写进实训报告。推广方法如下：

1）建立百度百科词条。

2）B2B 商贸平台推广。列出相关 B2B 水平平台和垂直平台的名称和网址，说明该平台的特点及选择该平台的理由，选择平台数量不少于 20 个。选择其中一个平台发布产品信息和商业信息，店铺建设完整。

3）博客推广。在自己的博客（或另申请博客）上完成一篇有价值的博文，并在博文中建立锚链接指向官方网站。

4）问答推广。列出相关问答平台的名称和网址，选择其中一个平台完成问答推广。

5）论坛推广。列出论坛的名称和网址，在其中一个论坛上完成论坛发帖和论坛顶帖。

6）视频推广。制作小视频，介绍企业及产品情况，时长不超过 50s，要有片头片尾、加入广告水印或植入广告信息，将视频发布到相关视频网站上，发布成功后对视频进行优化（如视频标题、内容和简介必须一致，视频标题有吸引力并嵌入关键词等）。

7）根据企业实际情况选择其他推广方式，如微信订阅号、SNS 推广、交换链接等。

【效果评价及考核内容】

（1）网络推广计划各阶段目标明确，推广方法得当，网络计划书完整。

（2）按实训要求完成上网操作内容，将操作结果截图并写进 PPT 文案。

实训 11　网络市场调查实训

市场营销的起点是市场调查，网络营销的起点同样是网络市场调查。有效地收集一手资料与二手资料，整理商务信息并发布，设计网络市场调查方案，撰写调查报告等，是企业开展网络营销活动的基本职能。

【实训目的】

掌握在线调查问卷设计的方法与技巧，理解在设计问卷过程中应当注意的问题；掌握在线调查问卷发布的途径和方式。通过收集信息、整理数据，为市场调查报告的撰写打下良好的基础。

【场景设计】

大学生更换手机的频率越来越高，因此了解大学生对手机的消费倾向和各种需求是很有必要的。现通过网络对其进行市场调查，制订网络市场调查方案与调查问卷，并撰写网络市场调查报告。

【相关知识】

1. 网络市场调查的步骤

（1）确之定调查目标，制定网上调查提纲。在进行网络市场调查前，首先要明确调查的内容，即希望通过调查得到什么样的结果。例如，客户的消费心理、购物习惯、对竞争者的印象、企业的形象、对产品的评价等，即谁有可能在网上使用你的产品或服务，谁是最有可能买你提供的产品或服务的客户，你在行业中的地位如何，你的客户对你的竞争者的印象如何，企业日常的运作受哪些法律法规的约束，如何规避等。

一般企业进行网上调查的目的不外乎以下几个方面：为开发新产品而有针对性地对市场前景或客户群体进行访问；了解市场竞争者（包括潜在竞争者）的相关情况；通过客户的声音来发现市场机会，或改善目前的经营效果，降低经营风险等。一旦确定了调查目的，就应制定网络调查提纲。调查提纲可以将网络调查的思路具体化、条理化，将企业（调查者）与客户（被调查者）两者结合在一起。调查提纲内容包括调查的时间、框架、问题、格式要求、题目、实施方法等。制定好提纲之后，还应选择合适的搜索引擎，进入相关的主题检索，查询有关的调查信息。

（2）确定调查的对象。网络调查的对象一般分为四大类：企业产品的消费者、企业的竞争者、企业的合作者和行业内的中立者。

（3）制订调查方案。网上调查方案包括三个方面：确定资料来源、确定调查方法和确定调查方案。

1）资料来源：确定收集的是二手资料还是一手资料（原始资料）。

2）调查方法：网络市场调查可以使用专题讨论法、问卷调查法和实验法。其中，专题讨论法是通过新闻组、邮件列表讨论组和网上论坛（也可称 BBS 或电子公告牌）的形式进行；问卷调查法可以使用 Email 分送（主动出击）和在网站上刊登（被动）等形式。

3）调查手段主要有两种：①在线问卷，其特点是制作简单、分发迅速、回收方便，但要注意问卷的设计水平；②交互式计算机辅助电话访谈。

（4）收集信息。问卷、注册等形式的网上调查，通过表单中的提交功能，被调查者的信息就可以直接进入相关的数据库。并且程序可以监控被调查者填写的资料是否完整、正确，若有遗漏，可以拒绝提交，这样调查问卷会重新发送给被调查者进行补填。

（5）分析整理有效信息。营销人员从互联网上获取大量的信息之后，必须对这些信息进行整理和分析，如通过筛选、分类、整理等定量、定性的方法进行分析研究，以掌握市场动态，探索解决问题的措施和方法等。

（6）撰写报告。对信息进行整理、分析之后，调查者要写出一份图文并茂的市场分析报告，直观地反映市场的动态。调查报告不是数据和资料的堆砌，而是市场调查成果的最终体现，它要求调查者在对所获得的资料进行分析的基础上，对所调查的问题做出结论。

2. 调查问卷设计的步骤

问卷设计是调查者根据调查目的，将所需调查的问题具体化，从而顺利地获取必要的信息资料，便于统计分析等。通常，问卷的设计可以分为以下步骤：

（1）根据调查目的，确定所需要的信息资料。在问卷设计之前，调查人员必须明确需要了解哪些方面的信息，这些信息中的哪些部分是必须通过问卷调查才能得到的，这样才能较好地说明所需要调查的问题，实现调查目标。在这一步骤中，调查人员应该列出所要调查的项目清单。根据项目清单，问卷设计人员就可以进行设计了。

（2）确定问题的内容，即问题的设计和选择。设计人员应根据信息资料的性质，确定提问方式、问题类型和答案选项如何分类等。对一个较复杂的信息，设计人员可以设计一组问题进行调查。问卷初步设计完成后设计人员还应对每一个问题都加以核对，以确保问卷中的每一个问题都是必要的。

（3）决定措辞。措辞的好坏，将直接或间接地影响调查的结果。因此，对问题的用词必须十分审慎，要力求通俗、准确、客观。所提的问题应在对被访者进行预试之后，才能被广泛地进行测试。

（4）确定问题的顺序。在设计好各项单独问题以后，设计人员应按照问题的类型和难易程度来安排询问的顺序。如果可能，引导性的问题即能引起被访者兴趣的问题，应放在问卷的前面，回答有困难的问题应放在问卷的后面，以避免被访者处于守势地位。问题的排列要符合逻辑的次序，使被访者在回答问题时有循序渐进的感觉，同时能引起被访者回答问题的兴趣。有关被访者的分类数据（如个人情况）适合放在问卷最后，因为如果涉及个人问题，容易引起被访者的警惕、抵制情绪等，尤其在电话式问卷调查中。

（5）问卷的测试与检查。在问卷用于实施调查之前，应先选一些符合抽样标准的被访者进行试调查，在实际环境中对每一个问题进行讨论，以求发现设计上的缺陷。例如，是否包含了整个调查主题、是否容易造成误解、是否语意模糊和是否抓住了重点等。如果发现了问题，应及时进行修正。

（6）审批、定稿。问卷经过修改后还要呈交调查部的部长，审批通过后才可以定稿、复印，正式实施调查。

3. 调查问卷的基本格式

一份完整的调查问卷通常由以下内容构成：

（1）问卷标题。问卷的标题应概括地说明调查主题，使被访者对所要回答的问题有大致的了解。问卷标题要简明扼要，但又必须点明调查对象或调查主题。

（2）问卷说明。问卷的卷首一般要有一个简要的说明，主要介绍调查的意义、内容和选择答案的方式等，以消除被访者的紧张和顾虑。问卷的说明要力求言简意赅，文笔亲切又不过于随便。

（3）问卷主体。问卷主体是按照调查设计逐步逐项列出调查的问题，是调查问卷的主要部分。这部分内容的好坏直接影响整个调查价值的高低。

（4）结束语或致谢。

4. 调查问卷设计的注意事项

（1）问题的安排要先易后难、先简后繁，被访者熟悉的问题在前。问卷开头的几个问题的设置必须谨慎，招呼语措辞要亲切、真诚，问题要比较容易回答，不要使对方难以启齿，给接下来的访问造成困难。

（2）提出的问题要具体，避免提一般性的问题。一般性的问题对实际调查工作并无指导意义。例如，“你认为食堂的饭菜供应怎么样？”这样的问题就很不具体，很难达到了解被访者对食堂的饭菜供应状况总体印象的预期调查效果。应把这一类问题细化为具体询问关于产品的价格、外观、卫生、服务质量等方面的印象。

（3）一个问题只能有一个问题点。一个问题如有若干问题点，不仅会使被访者难以作答，对结果的统计也会很不方便。在问卷中要特别注意“和”“与”等连接性词语及符号的使用。例如，“你为何不在学校食堂吃饭而选择在校外吃饭？”这个问题就包含了“你为何不在学校食堂吃饭？”“你为何选择在校外吃饭？”“什么原因使你改在校外吃饭？”三个问题。防止出现这类问题的最好方法，就是分离语句，使得一个问句只问一个要点。

（4）要避免设计带有倾向性或暗示性的问题。例如，“你是否和大多数人一样认为某某食堂的饭菜口味最好？”这一问题带有明显的暗示性和引导性。“大多数人认为”这种带有暗示性的提问会带来两种后果：一是被访者会不假思索地同意引导问题中暗示的结论；二是使被访者产生反感——“既然大多数人都这样认为，那么调查还有什么意义”，或是被访者拒答或是给予相反的答案。所以，在问句中要避免使用类似的语句，如“普遍认为”“权威机构或人士认为”等。此外，在引导性提问下，被访者对于一些敏感性问题，可能会不敢表达其他想法等。因此，这种提问是调查的大忌。

（5）先一般问题，后敏感性问题；先泛指问题，后特定问题；先封闭式问题，后开放式问题。

（6）要考虑问题的相关性。同样性质的问题应集中在一起，以利于被访者集中思考，否则容易引起思路的混乱。此外，还要注意问题之间内在的逻辑性和分析性。

（7）提问中使用的概念要明确，要避免使用有多种解释而没有明确界定的概念。问卷中不得有蓄意考倒被访者的问题。

（8）避免提出断定性的问题。例如，“你一天用在自习上面的时间有多少？”这个问题的潜在意思就是“你一定自习”。而对于不是每天都自习的人来说，这个问题就难以回答。因此，在这一个问题之前可加一个判断性问题，即“你有每天自习的习惯吗？”如果回答“是”，可继续提问，否则就可终止提问。

（9）一些问题不要放在问卷之首，如关于被访者的私人资料、令人漠不关心的问题和有关被访者生活态度的问题等。

（10）最后问背景资料问题，因为有时出于统计和分析的需要必须问被访者一些背景资料方面的问题。

5. 调查报告的结构

一般由标题和正文两部分组成。

（1）标题。标题可以有两种写法：一种是规范化的标题格式，即发文主题加文体，基本格式为“××关于×××的调查报告”“关于×××的调查报告”“×××调查”等；另一种是自由式标题，包括陈述式、提问式和正副标题结合使用三种。陈述式如“×××大学硕士毕业生就业情况调查”；提问式如“为什么大学毕业生择业倾向沿海和京津地区”；正副标题结合式，正题陈述调查报告的主要结论或提出中心问题，副题标明调查的对象、范围和问题，这实际上类似于发文主题加文体的规范格式，如“高校发展重在学科建设——×××大学学科建设实践思考”等。作为公文，最好用规范化的标题格式或自由式中的正副标题结合的格式。

（2）正文。正文一般分前言、主体、结尾三部分。

1）前言。前言有以下几种写法：①写明调查的起因或目的、时间和地点、对象或范围、经过与方法，以及人员组成等调查本身的情况，从中引出中心问题或基本结论；②写明调查对象的历史背景、大致发展经过、现实状况、主要成绩、突出问题等基本情况，进而提出中心问题或主要观点；③开门见山，直接概括调查的结果，如肯定做法、指出问题、提出影响、说明中心内容等。前言起到画龙点睛的作用，要精练概括，直切主题。

2）主体。这是调查报告最主要的部分，这部分详述调查研究的基本情况、做法、经验，分析调查研究所得材料中的各种具体认识、观点和基本结论等。

3）结尾。结尾的写法也比较多，可以提出解决问题的方法、对策或下一步改进工作的建议；或总结全文的主要观点，进一步深化主题；或提出问题，引发人们的进一步思考；或展望前景，发出鼓舞和号召等。

【实训步骤】

（1）指导教师将全班学生分组。

（2）各组长与组员讨论确定本次网络市场调查的任务，以小组为单位完成本项调查任务。

（3）制订网络市场调查方案，包括是收集二手资料还是一手资料，确定相应的调查提纲和调查方法等。

（4）以小组为单位设计在线调查问卷。

（5）利用合适的在线问卷调查系统，设计在线问卷，开展对各企业的网络市场调查。步骤如下：

1）进入问卷星网站（https：//www. wjx. cn/intro. aspx）。

2）选择“注册”填写用户信息后单击“创建用户”。

3）用注册的账号重新登录。

4）“免费试用”创建新问卷，填写有关内容。

5）发布问卷。

6）收集并分析数据。
7）提交调查结果。
（6）资料的收集与整理。
（7）撰写调查报告，并由各组长进行汇报，组员补充说明。

【效果评价及考核内容】

（1）制作调查问卷。
（2）拟订网络市场调查方案。
（3）网上市场调查方法。
1）利用本企业网站调查。
2）利用邮件发布调查问卷。
3）利用第三方平台调查。

实训 12　网络商务信息整理与发布

互联网上的信息资源非常丰富，是一个取之不尽、用之不竭的信息海洋。如果信息搜集的方法得当，你会在最短的时间内获得最有效的信息。

【实训目的】

通过百度等搜索引擎工具及阿里巴巴等第三方网站，收集整理网络营销信息，帮助学生树立自主学习的意识，提高信息收集与整理的能力，学会网络营销信息收集的方法与技术，同时掌握网上商务信息的发布方法。

【场景设计】

小张前一阵一直忙忙碌碌，又是发广告，又是登录文件，还添加了其他知名网站的链接，希望能够让更多的客户了解网络营销网站及产品信息，增加网站的流量，带来可观的销售额。而一般客户在网络上大多选择使用搜索引擎来查找自己感兴趣的网站或相关的产品和信息，于是小张采用搜索引擎收集先前发布的新闻、产品信息、文件和广告等。

同时，小张也想为公司发布相关的商务信息。

【相关知识】

1. 网络营销信息特点与分类

网络营销信息不仅是企业进行网络营销决策和计划的基础，而且对于企业的战略管理、市场研究以及新产品开发等都有极为重要的作用。与传统信息相比，网络信息主要有以下特点：①具有极强的实效性；②具有广泛的传播面；③是多媒体化的信息，具有视听效果的综合性，且信息之间的联系采用了非线性的超链接方式，信息容量大；④交互性不断增强，信息流动是双向的，信息投放准确；⑤具有灵活多变的传播模式。

网络营销信息可粗略地分为四个等级：①免费商务信息；②收取较低费用的信息；③收取标准信息费的信息；④优质优价的信息。

2. 网络商务信息的收集方法

互联网凭借其跨时空、低成本、效率高等优势，已经成为企业采集信息不可或缺的平台。世界各地数以亿计的网民、企业可以利用互联网进行信息交流和资源共享，从而有效地降低信息收集的成本，提高信息搜集的质量与效率。

一般而言，企业可以通过以下四个途径收集商务信息：搜索引擎、综合网站、行业网站和网络社区。

（1）利用搜索引擎收集商务信息。搜索引擎是指根据一定的策略、运用特定的计算机程序搜集互联网上的信息，在对信息进行组织和处理后，为客户提供检索服务的系统。

搜索引擎主要分为以下类型：全文索引、目录索引和元搜索引擎。

搜索引擎能让客户很方便地查找到所需的信息资源。网民在互联网上登录的站点大都为搜索引擎、门户站点及公共类网站。常见的搜索引擎有百度（www. baidu. com）、中搜（www. zhongsou. com）、搜狐（www. sohu. com）、搜狗（www. sogou. com）、有道搜索（www. youdao. com）、中国经济信息网（www. cei. gov. cn）等。

现在全球范围内已经有几千个搜索引擎站点，而且这个数量还在不断增加。在这些站点中，既有搜索引擎中的精品，也不乏一些质量不高的粗糙之作。一般来说，可以用以下标准来选择搜索引擎，即速度、返回的信息量、信息相关度、易用性和稳定性。下面对这五个标准进行详细说明：

1）速度。速度包括两个方面：一是信息查询的速度，当然是越快越好，否则等半天才看到结果，心里一定不会高兴；二是信息的更新速度，这反映了一个站点数据更新的频率，搜索引擎数据库中收集的是最新的信息，因为互联网上的信息更新非常快，每天都有新站点产生，同时也有站点消失，所以对于搜索引擎网站来说，要及时更新数据库内容。

2）返回的信息量。这是衡量一个搜索引擎数据库大小的重要指标，如果它返回的有效信息量多，就说明这个站点收录的信息范围广、数据容量大，能给客户提供更多的信息资源。

3）信息相关度。一个搜索引擎站点不仅要对查询的信息数据返回量大，而且要求准确、与客户所要求的信息相关度高，否则返回一大堆垃圾信息，再多又有何用。

4）易用性。查询操作的方式是否简便易行、对查询结果能否实施控制和选择、能否改变显示的方式和数量等，这也是衡量一个搜索引擎站点的重要指标，因为互联网是面向大众的，只有操作简单，才能为大多数人所接受。

5）稳定性。一个好的搜索引擎站点，它的服务器和数据库应该非常稳定，这样才能保证为客户提供安全可靠的查询服务。

使用搜索引擎所用关键字的实用窍门：①只用产品名，去掉所有修饰词。如果想找“铜铝复合暖气片”，可以只用“暖气片”搜索，然后在找到的信息中进行挑选，或者和厂商联系后，再询问对方是否生产铜铝复合暖气片，这样就扩大了寻找范围；如果想找很多产品，建议分次搜索。例如想找手提包和皮包，虽然用“手提包皮包”也能找到相应的信息，但是先找“手提包”，再找“皮包”，分次查找，有利于更准确地寻找信息。②相关联的产品名都找找看。想找塑料，可以用“PVC”“塑料”来搜索。③用行业目录来搜索。想找“火龙果”，除了用“火龙果”，还可以用“水果”来搜索，扩大搜索范围。

（2）利用综合网站收集商务信息。综合网站是指通向某类综合性互联网信息资源并提供有关信息服务的应用系统。目前，门户网站的业务包罗万象，成为网络世界的“百货商场”或“网络超市”。我国著名的电子商务类综合网站包括阿里巴巴、慧聪网、环球资源网（http：//globalsources. cntrades. com）等。

大多数电子商务综合网站的主要内容包括供应信息、需求信息、创业加盟、竞价排名、行业资讯和论坛等。

（3）利用行业网站收集商务信息。行业网站即所谓行业门户。根据行业的类型，行业网站可以细分为以下类型：汽车汽配、商务贸易、建筑建材、工业制品、机械电子、服装服饰、农林牧渔、交通物流、食品饮料、环保绿化、冶金矿产、纺织皮革、印刷出版、化工能源等。我国著名的行业网站有“今日五金网”“中国化工网”“中国服装网”“中国纺织网”等。这些行业网站的主要内容是本行业产品与服务的供应信息与需求信息、企业信息、人才信息，还设有相关论坛等。

（4）利用网络社区收集商务信息。

1）BBS。目前，很多 ICP 都提供免费的 BBS，你只需要申请使用即可。

2）电子邮件。首先获得客户的电子邮件地址，其次通过电子邮件向各客户发送资料，最后在自己的信箱中接收客户反馈信息和汇集反馈信件等。

3）QQ、博客、微博、微信等。

3. 网络信息平台选择方法

企业应根据自身业务特点来选择恰当的网络信息平台。在信息收集初期，企业需要获取大量的商务信息，此时可以通过搜索引擎网站来收集面广、量多的信息。在此基础上，为了获取与本企业相关的大量精确信息，企业可以登录电子商务类综合网站，获取较为丰富的产品与服务的供求信息。如果企业需要获取专而精的行业信息，可以通过本行业的行业网站收集。

因此，企业在选择网络信息平台时，既要考虑本企业的自身业务特点，也要考虑所需收集信息的质与量。

4. 网络商务信息整理分析

网络商务信息的下载和存储的方法包括屏幕保存、网页保存、部分文本保存、图像保存和软件下载等。

网络商务信息的整理包括明确信息来源、重新命名和进行信息分类（按主题分类，用不同的文件夹存放不同类别的文档；建立信息管理系统，使用数据库对信息进行有效的分类和管理）。

【实训步骤】

1. 网络商务信息的收集

网络商务信息的收集是指企业在网络上对商务信息的寻找和调取工作。这是一种有目的、有步骤的从各个网络站点查找和获取信息的行为。

网络营销对网络信息收集的要求是及时、准确、适度、经济。

（1）利用搜索引擎收集商务信息。在 http：//www. baidu. com 搜索引擎中，输入“手机”关键字，单击“百度一下”按钮即可搜索与手机有关的信息。

（2）利用综合网站收集商务信息。以北京市一家企业准备求购暖气片来查询供应商数据为例，在阿里巴巴网（http：//www. 1688. com）学习收集供应信息的基本方法。其操作步骤如下：

1）启动浏览器，打开阿里巴巴网站。

2）单击供应商，在搜索栏中输入“暖气片”，单击搜索。

3）根据需要，企业可以按照“管径”选择，也可以按照“类型”选择所需信息。在此按照“类型”选择，在此种选择中又有“串片”“绕管”“其他”几种类型。我们仍可根据需要进行选择，如选择“串片”。

如果想缩小选择范围，如该企业只想查看北京市暖气片生产企业的情况，那么还可以在“所在地区”选择“北京”，在“经营模式”中选择“生产加工”，就会出现相应的结果。

至此，该公司找出了符合自己要求的供应商的列表，并通过对所获得的信息进行整理、加工和分析，从而找出最符合自己要求的供应商。

2. 网络商务信息发布

（1）通过网库企业黄页发布信息。通过本实例的学习，要求学生能够利用网库网络平台为企业发布广告信息。中国网库（www. 99114. com）是全球企业间（B2B）行业电子商务平台，汇集了海量供求信息，是国内领先的单品通模式发起平台、全球领先的电子商务网上交易平台，拥有超过 760 万个供应商的电子商务网站，是我国各类企业销售产品、采购批发及网络推广首选的电子商务平台。

通过网库企业黄页发布信息的步骤如下：

1）地址栏内输入 http：//www. 99114. com/，进入网库首页。

2）单击左上方“注册”按钮进入注册页面，填写注册信息。

3）单击“会员信息”，完善企业信息。

4）单击“销售中心”——“发布产品”，即可发布企业产品信息。

（2）企业网站发布信息。网站是企业或个人发布信息的载体，通过网站发布信息是网络营销的基本职能，也就是说，无论运用哪种营销方式，结果都是将一定的信息传递给目标人群（如客户、媒体、合作伙伴、竞争者等）。所以，通过自建网站或服务商的网站发布信息这种途径不可小视，此种方式图文并茂、快速及时、成本较低，是推销新产品的重要渠道。

在阿里巴巴发布产品信息的操作步骤如下：

1）打开阿里巴巴网站：http：//www. 1688. com。

2）单击“免费注册”，注册为阿里巴巴会员。

3）登录阿里巴巴网站，输入会员名及密码。

4）普通会员登录后，单击“我的阿里”“发布供应产品”，可以发布产品供求信息。

（3）电子邮件发布信息。在电子邮件中，企业可以用附件的方式，向客户发送产品说明、功能介绍和产品图片等信息；也可以用超链接方式，附上企业网址，使客户能够方便地访问本企业网站。利用电子邮件发布网络信息具有以下特点：可以有目的地选择发送对象，使信息发布更有针对性；以主动的方式发布信息，可以直接让邮件接收者了解信息的内容；成本低廉；操作简单等。

注意：在向客户发送带广告性质的电子邮件时，最好事先征得收件人的同意，以免由于滥发广告邮件（被称为垃圾邮件）而引起客户的反感。

（4）网络社区。这种方式宣传效果较好，如在论坛、QQ 上发布软文信息。

【效果评价及考核内容】

（1）商务信息收集。
（2）商务信息发布。
1）利用企业网站、第三方平台发布。
2）利用邮件、网络社区发布。
3）掌握网上商店工作流程。
（3）掌握另存网页、图片的技巧，以及收藏夹等信息的整理技巧。

实训 13　微信营销

【实训目的】

（1）掌握个人对微信公众号的基本营销原则和营销技能。
（2）掌握微信公众号的注册、维护和运营方法。
（3）学会微信公众号的素材管理、客户管理、消息管理。
（4）学会使用统计功能进行客户分析、图文分析、消息分析，合理规划微信营销的内容。
（5）学会使用个人微信号与微信公众号相结合的方法进行营销宣传。

【实训项目名称及任务】（表 19-3）

表 19-3　实训项目名称及任务

序号	实训项目名称	实 训 任 务
1	个人微信设置	注册并设置个人对公微信，包括名称、头像、个人签名、朋友圈等
2	创建公众微信	以组为单位创建一个或多个公众账号，建立主题模块，发展粉丝关注
3	微信营销策划	确定微信营销主题，制订营销计划，设计营销方案和素材
4	微信营销实施	利用个人微信号和公众微信号，开展营销宣传，统计分析营销效果

【实训内容】

1. 个人微信设置

任务 1：注册微信账号。

任务 2：设置微信头像、名称、个人签名、二维码名片、微信号。完善自己的朋友圈，设置朋友圈的封面。

任务 3：通过通讯录和 QQ 联系人，或通过微信扫一扫、雷达加好友等方式增加微信好友，至少加 50 个好友。

任务 4：关注至少 5 个与本组所选行业相关的微信公众号（添加朋友→公众号→输入关键词搜公众号→关注公众号）。

任务5：查看你所关注的微信公众号有什么有价值的信息（点开通讯录→公众号→点开一个微信公众号→右上角人头标志→查看历史信息），把你认为有价值的信息分享到朋友圈。

任务6：微信公众号认证准备。需要提供本人身份证照片，请提前拍摄并保存。

2. 创建公众微信

任务1：以组为单位，注册微信公众号（注册订阅号）。一个组可注册多个公众号，但要注意，一个身份证号只能注册一个公众号，微信号一旦确定不能更改，头像一个月可以更改一次，名称在认证时可以更改一次。所以请谨慎选择公众号名称。

任务2：策划微信公众号的定位，规划好自动回复（被添加自动回复、消息自动回复、关键词自动回复）和基本功能模块。

任务3：观察你所添加的微信公众号是如何设定的，了解其功能。参考同类行业微信号，策划和设计本组的微信公众号。

3. 微信营销策划

任务1：为实训2中所创立的店铺设计微信营销方案。将方案策划写在实训报告上。

任务2：根据上面设计的营销方案，设计一期微信公众号营销内容，将营销广告文案保存，以备后期编辑微信公众号素材时使用。

任务3：完善本组微信公众号的资料和内容。制作二维码，实地开展“求关注”活动，增加本组微信公众号的粉丝关注量（至少有100个粉丝）。

4. 微信营销实施

任务1：完善本组微信公众号的素材内容，将前期策划好的微信营销内容编辑到素材中，并保存。

任务2：小组组长审核素材内容，无误后向粉丝群发送营销内容。

任务3：小组成员转发公众号群发的内容到自己的朋友圈，可以开展集赞等活动。

【实训步骤】

1. 注册微信公众号

（1）进入微信的官方网站 http：//weixin. qq. com/，单击“公众平台”。

（2）单击“立即注册”。

（3）输入邮箱地址和登录微信公众平台的密码，单击“注册”。

（4）激活公众平台账号。进入你的邮箱，会收到一封激活微信账号的邮件，进入邮件后单击链接，激活账号。

（5）选择“个人”选项，输入你的相关信息，需要真实并有效的资料。

（6）公众号信息中的账号名称设置了就不能更改，想好了再输名称。其他都根据个人的需要输入。最后单击“确定”。注册好以后，进入微信公众平台查看结果。

2. 设计微信公众号内容

（1）先将你想要发布的内容在Word中进行排版编辑。

（2）登录微信公众号，选择“素材管理”中的“单图文消息”或“多图文消息”（按照内容选择），再编辑图文内容。

（3）编辑好内容后，单击“预览”，发送内容到你的个人微信账号，检查一下格式和内容，无误后保存。

（4）保存后，为你的素材内容设置关键词自动回复，并用你的个人微信号测试是否可以自动回复（记得添加关键词时，单击回车键，确定该关键词）。

（5）可以使用群发功能，把这个图文信息发给关注了你微信公众号的客户。

【效果评价及考核内容】

（1）掌握微信订阅号和服务号的区别。

（2）将涉及的微信公众号内容截图。

实训 14　新媒体营销

【实训目的】

新媒体营销实训是在新媒体营销理论教学的基础上进行的，本次实训的目的是通过今日头条的设计与制作，让学生了解企业营销目前面临的新挑战，掌握新媒体营销传播的手段和方法，并学会如何结合企业现实运用新媒体开展营销活动。

【相关知识】

新媒体营销传播是指以网络新媒体、数字新媒体、移动新媒体等新兴媒体为传播渠道的整合营销过程。新媒体营销，就是在深入研究互联网资源和移动客户端资源，熟悉网络营销和移动营销方法的基础上，从企业的实际情况出发，根据不同新媒体的优缺利弊，整合多种新媒体营销方法，为企业提供新型营销解决方案。

例如现在常见的微信、微博、贴吧等社交平台，哔哩哔哩弹幕网、优酷、西瓜视频这类视频平台，豆瓣、天涯这类社区，都属于新媒体的范畴。

新媒体营销是以新媒体平台为传播和购买渠道，以内容为核心，把相关产品的功能、价值等信息传送到目标群众的心里，以便形成记忆和好感，从而实现品牌宣传、产品销售目的的营销活动。

新媒体区别于广播、电视、报纸杂志等传统媒体，是一种新兴的信息传播交流的方式。

（1）新媒体具有非常明显的即时性。新媒体的信息传播速度非常快，网民通过手机、计算机或其他智能终端能够快速发布信息和及时接收信息，打破了传统媒体定时传播的规律。

（2）新媒体具有超强的交互性。传统媒体都是单向传播，媒体处于强势地位，客户很难进行信息反馈。而在新媒体环境下，信息的传输是双向甚至是多向的。每个客户既是信息的接收者也是信息的发送者；客户最大限度地发挥了参与性和主动性，实现了信息的强力交互。

（3）新媒体具有超时空性。手机新媒体发送信息时间短、接收信息速度快，受制约因素少，几乎不受任何时间和地域的限制，在移动互联网络覆盖的全球任何地方，在任何时间、任何地方都可以搜索信息、查阅信息、发布信息。

（4）新媒体具有失真性。以手机微博、微信等新媒体作为传播媒介，客户可以自由表达个人观点、发布消息、传达资讯。但网络的虚拟性也导致虚假信息泛滥，信息的真实性经常遭到公众的质疑。

【实训准备】

1. 个人

个人账号名称（不能与别人重复，具有唯一性）、手机号码、清晰头像、一个发布素材、身份证信息及正面照片、手持身份证照片。

2. 企业

（1）企业账号（不能与别人重复，具有唯一性）。

（2）账号介绍（10~30 个字，需要有详细的企业相关介绍，包括但不限于产品、服务的介绍）。

（3）账号头像。

（4）企业营业执照信息及扫描件。

（5）运营者姓名、身份证号码、手持身份证照片、联系邮箱。

（6）企业公章（下述注册时需要根据提示下载“确认书”，确认书需要加盖企业公章）。

注意：

（1）今日头条是以分享型为主的，所以内容不能营销色彩过浓，包括图片。

（2）今日头条产品有问答（悟空问答，性质类似于百度问答、知乎问答）、头条号（软文推广、图集发布）、图虫（图片摄影），注册一个账号能同时使用今日头条下面的其他产品。本实训着重于头条号的使用。

【实训内容】

一、今日头条（PC 端）

1. 注册/申请

注册：浏览器搜索“头条号”，进入官网，单击“注册”，用手机号或者邮箱进行注册。

登录注册的今日头条账号，在搜索主页找到“头条号”，单击右上角“账号设置”，选择“机构”，再选择“企业”，然后填入以下账号信息：

（1）账号名称（2~10 个字，需与企业相关，包含但不限于商标、产品、服务名称）。

（2）账号介绍（10~30 个字，需要有详细的企业相关介绍，包括但不限于产品、服务的介绍）。

（3）账号头像（不超过 5M，200 像素×200 像素）。

（4）企业名称（严格按照营业执照填写）。

（5）企业营业执照图片上传（不超过 2M）。

（6）确认书。需要先单击“点击下载确认书模板”，然后打开该文件，填写企业名称，网站（选填），注册账号名称，运营者姓名、身份证号码，日期，然后打印出来，盖公章，最后将盖公章的确认书拍照上传（拍照时相机应与纸面保持平行）。

（7）依次填写运营者姓名、身份证号、运营者手持身份证照片（身份证正面放置于胸前，确保照片上身份证号码数字清晰）、联系邮箱（邮箱要与上述确认书一致）。

（8）勾选两个“请同意”，显示“申请成功”。

（9）申请成功后，可以关联“百家号”“企鹅号”“微信公众号”，也可以选择不关联。如果要关联，登录各平台的账号进行授权即可。

（10）申请成功之后，进入账号后台“个人中心”。

1）可查看注册的账号信息。

2）功能设置。可以设置图片添加水印，然后保存（审核成功之后才能更改）。

3）安全中心。可修改密码、更换绑定手机号等。

注意：此处申请成功不代表注册完全成功，需要“今日头条”官方审核，所以上述材料均不可少。材料越全，越容易通过审核。审核成功会在右上角信封图标“通知”—“消息中心”提示。

2. 发布

回到“今日头条”—“发头条”，可选择文章、图集、微头条、小视频、问答，然后单击“发表”。

一般营销号以发布“文章”为主，图集发布图片、微头条类似朋友圈发文，不是很正式。注意以下发文规范：发布的内容存在规范中提到的以下问题，将无法通过审核或不被系统推荐，违规严重账号将受到处罚甚至封禁。

（1）格式。

1）标题中含有错别字、繁体字、特殊符号，或标题不通顺，标题使用全英文、外文等。

2）正文（视频）存在全文使用繁体字、全文英文、全文少数民族文字，且无翻译（字幕）。

3）文章含有大段乱码、未分段、无标点。

（2）内容。

1）发布标题党内容。

2）发布的内容涉嫌色情低俗。

3）发布的内容含有广告信息。

4）发布旧闻或重复内容。

5）发布不实内容。

6）内容低质。

7）发布的内容违背相关现行政策与法律法规。

8）其他。

3. 插入图片

使用头条号编辑器，在“插入图片-免费正版图库”中输入关键词，即可免费获取正版、高清图片。目前，图库已向全部头条号作者开放。该图库对外为付费图库，仅在头条号平台作者可以免费使用。

免费正版图库的图片在头条号发布有版权保护，无须担心版权风险。但是需要注意的是图库中的图片仅供创作者在头条号平台发文使用，不可在其他平台或其他途径以任何方式使用。

4. 查看发布状态

在“内容管理”，可以查看文章发布状态。

二、今日头条（手机/客户端）

1. 注册

（1）在“应用商店”下载“今日头条”App，下载完毕之后登入，单击右下角“我的”，用手机号进行注册，获得短信验证码，填写之后显示注册成功。

（2）注册之后，在“今日头条”App登录，先单击“我的”，再单击“系统设置”—“编辑资料”，进行头像、用户名、介绍等相关设置。

单击“系统设置”—“账号和隐私设置”进行手机号绑定与更换、密码设置、允许将我推荐好友设置、允许给我推荐可能认识的人设置、社交平台账号绑定设置（新账号不能绑定微信号——微信限制）、账号注销设置等。

（3）注册之后，在“今日头条”App登录，单击“我的”—（右上角）“申请认证”，进行身份认证（个人账号）/企业认证（企业账号）。

1）企业认证，需要在计算机上操作，流程参考PC端。

2）个人认证之前，需要有清晰的头像、合法的用户名、绑定手机、发布过微头条内容，才能进行身份认证。上传身份证上的姓名、身份证号、行业、手持身份证照片以及身份证正面照片，用于头条身份认证。

2. 发布

注册以及申请认证成功之后，可以登录“今日头条”App，在“首页”右上角“发布”进行发文：发图文、写文章、拍小视频、发视频、提问等，发文规范以及注意事项与PC端一致。

实训15　综合实训

【实训目的】

通过本次实训，学生应能正确运用所学过的电子商务知识、市场营销知识，深刻领会在互联网市场开展营销活动的原理和特点、环境与方法、工具和手段、目标与实施控制等相关内容，掌握开展网络营销的操作思路和相应的运作技巧，培养学生将理论应用于实践的初步能力。

【实训条件】

每人一台计算机，并连入互联网。

【实训要求】

1. 基本要求

（1）本次实训采取小组或个人两种形式，小组（3~5人及以下）由组长全面负责，题目均来自实际的企业需要。在学校周边联系你感兴趣的企业，并为该企业完成网络营销整体方案设计。

（2）学生在规定时间内完成全部设计内容，并撰写设计报告和完成设计答辩。

（3）每个小组提交一份网络营销设计方案（A4 纸打印稿和电子稿）。

（4）设计方案的封面内容包括设计题目、专业、班级、姓名、实习时间。

2. 设计方案内容

（1）公司背景。

（各小组联系实习单位，行业不限，收集企业信息、产品图片及相关资料。）

1）企业名称：________________________________。

2）所属行业：________________________________。

3）销售区域：________________________________。

4）公司网址：________________________________。

5）拥有官方网站____年。

6）网络营销部门目前职员配备（人数、岗位）：____________________。

7）在这之前一年网络广告投放额度：____________________。

8）在这之前一年网络销售额：____________________。

（2）网络营销定位。

1）传统企业网络盈利模式定位。

2）核心竞争力定位。

3）目标客户定位。

4）核心产品定位。

5）网络营销差异化定位。

6）高效网络渠道定位。

7）关键词定位。

（3）营销型官方网站整体规划。从网站布局、内容、服务、功能四个方面进行网站整体规划，要求：定位要准，形象要靓，营销要广，体验要好，有信赖感，有黏度。

（4）营销型官方网站 SEO 方案。从 meta、栏目、导航、标题、内容、域名等方面提出具体可实施的方案，并写出文案。

（5）网页制作。

1）主页制作。利用图、文、视频等各种形式突出展示核心产品及卖点，视觉冲击力强。

2）产品详细页面制作。产品展示是企业网站永恒的主题，产品展示遵循 FABE 法则（F 代表产品基本特征，A 代表产品特征具备的优点，B 代表这些优点带给客户的利益，E 代表用证据来支撑前面的描述）。

3）增强客户信赖感页面制作。荣誉、成功案例等。

4）其他页面制作可根据各个小组的网站规划情况决定。

5）不少于 5 个栏目。

（6）免费网络推广方案。

（设计本企业网络推广方案。）

1）列出与本企业相关的第三方平台，并说明原因。

2）建设 B2B 店铺。

3）视频推广，明确视频标题，并完成一个视频，时长 1min 左右，将最具表现力的一帧画面截图并写进实训报告。

4）博客推广，写出一个博客推广文案，不需要上网发布。

5）百度百科推广。

6）其他网络推广方式及文案。

（7）总结。

1）优点与不足。

2）本实施方案效果预测。

说明：本次实训需要学生根据真实企业的经营状况设计网络营销整体方案，所用的知识广，环境复杂，因此，学生团队要投入较多的时间和精力，具体问题具体分析，设计方案要有根据、切实可行，才能获得好的成绩。

【效果评价及考核内容】

评分标准如表 19-4 所示。

表 19-4　评分标准

评分点	分值/分	判　分　要　求	得分/分
企业介绍/网络营销定位	10	企业介绍能让阅读者清晰了解企业状况	
		盈利模式设定、核心竞争力、目标客户、核心产品定位、网络营销差异化定位、网络渠道定位、关键词定位，要求具体明确、合理	
官方网站整体规划	10	定位准确、结构清晰、栏目合理	
官方网站 SEO 方案设计	10	考虑问题全面，设计方案目标明确，可操作性强	
营销型网站建设	30	1. 突出核心产品、广告语 2. 产品丰富 3. 公信力展示 4. 图片清晰，反映产品细节 5. 产品描述完整 6. 栏目不少于 5 个	
免费网络推广方案设计	10	推广手段 5 种以上，且方案可行	
字数与版面	20	3000 字以上，版面规整	
答辩	10		
总分	100		

参 考 文 献

[1] 昝辉 Zac. 网络营销实战密码：策略、技巧、案例［M］. 修订版 . 北京：电子工业出版社，2013.

[2] 江礼坤 . 网络营销推广实战宝典［M］. 北京：电子工业出版社，2012.

[3] 冯英健 . 网络营销基础与实践［M］. 4 版 . 北京：清华大学出版社，2013.

[4] 李光明 . 网络营销［M］. 北京：人民邮电出版社，2014.

[5] 阿里学院 . 网络整合营销［M］. 北京：电子工业出版社，2014.

[6] 迈尔-舍恩伯格，库克耶 . 大数据时代：生活、工作与思维的大变革［M］. 盛杨燕，周涛，译 . 杭州：浙江人民出版社，2013.

[7] 王毅 . 微信营销与运用策略、方法、技巧与实践［M］. 北京：机械工业出版社，2014.

[8] 查菲 . 网络营销：战略、实施与实践［M］. 马连福，等译 . 北京：机械工业出版社，2008.

[9] 郦瞻 . 网络营销［M］. 北京：清华大学出版社，2013.

[10] 瞿彭志 . 网络营销［M］. 4 版 . 北京：高等教育出版社，2014.

[11] 方成民，李玉清 . 网络营销实训［M］. 大连：东北财经大学出版社，2009.

[12] 邓平 . 网络营销实训［M］. 上海：上海交通大学出版社，2009.

[13] 斯特劳斯，弗罗斯特 . 网络营销：英文版 第 5 版［M］. 北京：中国人民大学出版社，2010.

[14] 杨帆 . SEO 攻略：搜索引擎优化策略与实战案例详解［M］. 北京：人民邮电出版社，2009.

[15] 单仁 . 抢道［M］. 北京：中国电力出版社，2013.

[16] 单仁 . 网道［M］. 广州：广东经济出版社，2011.

[17] 单仁 . 渠道新战争［M］. 广州：广东经济出版社，2010.

[18] 王宇川 . 电子商务网站规划与建设［M］. 北京：机械工业出版社，2007.